中国西部开发
信息百科

·新疆生产建设兵团卷·

新疆生产建设兵团西部开发领导小组办公室　组编

Zhongguo Xibu Kaifa
Xinxi Baike
Xinjiang Shengchan Jianshe Bingtuan Juan

中国建筑工业出版社
·北　京·

图书在版编目(CIP)数据

中国西部开发信息百科．新疆生产建设兵团卷/新疆生产建设兵团西部开发领导小组办公室组编．—北京:中国建筑工业出版社,2003

ISBN 7-112-05688-8

Ⅰ．中…　Ⅱ．新…　Ⅲ．①西部大开发(中国)—经济信息②生产建设兵团—经济信息—新疆

Ⅳ．F127

中国版本图书馆 CIP 数据核字(2003)第 012937 号

*　*　*

责任编辑　时咏梅

中国西部开发信息百科

新疆生产建设兵团卷

新疆生产建设兵团西部开发领导小组办公室　组编

*

中国建筑工业出版社出版、发行(北京西郊百万庄)

新　华　书　店　经　销

北京佳信达艺术印刷有限公司印刷

*

开本:787×960　毫米　1/16　印张:25.5　字数:500 千字

2003 年 8 月第一版　　2003 年 8 月第一次印刷

定价:**78.00** 元

ISBN 7-112-05688-8

Z·11(11327)

本社网址:http://www.china-abp.com.cn

网上书店:http://www.china-building.com.cn

图1　兵团现有十四个师，所辖174个农牧团场，分布在天山南北。图为农八师师部所在地——戈壁新城石河子市一角

图2　兵团土地总面积743.3万公顷，其中耕地面积105.2万公顷。图为昔日亘古荒原，今日绿海桑田

图3　兵团农业具有规模化种植、机械化生产、集约化经营的特点。图为激光平地仪。

图4　“十五”期间，兵团喷滴灌面积将达到26.7万公顷。图为大田棉花膜下滴灌

图6　石河子农业高新技术开发区

图5　喷灌

图7　位于中哈边界的乌拉斯台水库，双曲砌石拱坝，坝高62.4米

图8　2001年底，兵团共有防渗渠道24 109.5千米

图9　2001年底，兵团农业综合机械化程度达到83%以上，兵团通用航空公司拥有农用飞机35架

图10　飞机田间作业

图 11　粮食生产基地

图 12　棉花生产基地

棕色棉

绿色棉

图13　油料生产基地

图14　甜菜生产基地

图15　三北防护林

图18　径流造林，加速荒漠梭梭林的恢复

图16　农田防护林

图17　塔克拉玛干沙漠是世界上第二大流动性沙漠，中国第一大沙漠，兵团的37个团场成月牙形分布在塔克拉玛干沙漠北缘，分布线长1 500多千米，目前，已建成人进沙退的防沙生物带

图 19　兵团封育的胡杨次生林

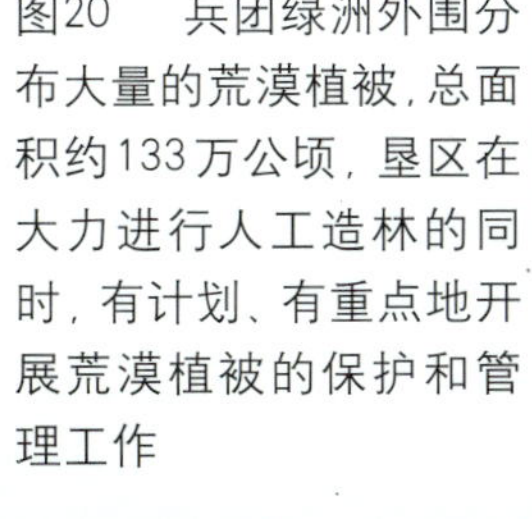

图20　兵团绿洲外围分布大量的荒漠植被，总面积约133万公顷，垦区在大力进行人工造林的同时，有计划、有重点地开展荒漠植被的保护和管理工作

图21　野生植物沙拐枣

图 22　库尔勒香梨生产基地

图 25　2001 年，兵团啤酒花种植面积为 2 490 公顷，产量 6 550 吨。甲酸含量平均达 6.5% 以上，最高达 13.5%以上

图 23　无核白葡萄生产基地

图 26　枸杞

图 27　薰衣草

图24　兵团盛产各种优质哈密瓜、西瓜

图28　获国家科技进步一等奖的“中国美利奴新疆军垦型细毛羊”的育成与推广，取得了显著的经济效益和社会效益

图29　多浪羊

图30　兵团已建成全国最大的马鹿驯养基地

图31　优质肉牛—牛胚胎移植产业化

图32　奶牛场一角

图33　伊力特系列白酒多次荣获国际、国内大奖和自治区级荣誉称号

图34　番茄酱生产线

图 35　新天葡萄酒系列产品销往全国各地和东南亚部分国家

图36　兵团棉纺重点发展无疵无结纱新型纺纱及天然彩色棉环保产品

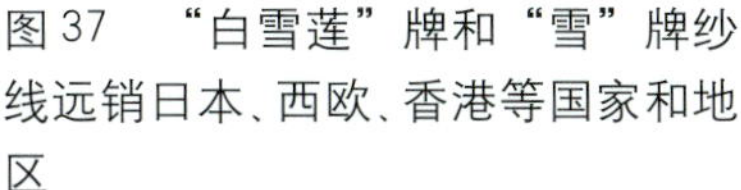

图 37　“白雪莲”牌和“雪”牌纱线远销日本、西欧、香港等国家和地区

图 38　天业股份有限公司节水灌溉器材生产线

图 39　迅速发展的兵团建筑业

图 40　2000 年底，兵团公路通车总里程 23 153 千米。图为团场公路

图 41　2002 底，兵团共有旅行社 36 家，其中国际社 3 家，国内社 33 家

图 43　兵团对外经济贸易大厦

图 44　环境优雅、具有西部特色的旅游设施

图 42　象征祖国统一、民族团结的格登碑屹立于中哈边境农四师 76 团的格登山上，碑文由乾隆皇帝撰写

图 45　新疆农垦科学院院部

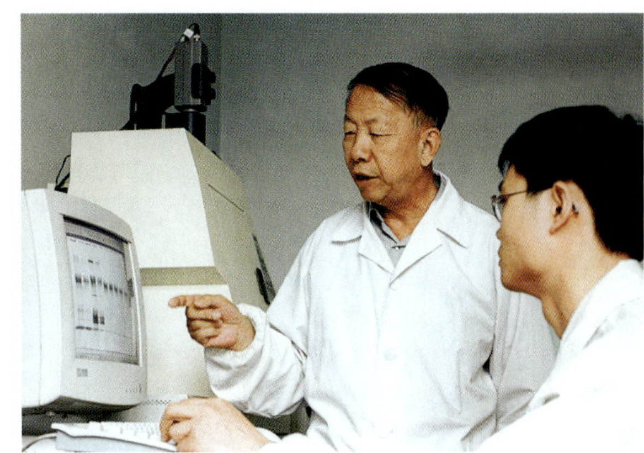

图 46　中国工程院刘守仁院士

图 47　江泽民同志题写校名的石河子大学

图48　团场学校

图 49　团场幼儿园

图 50　兵团电视台演播厅

图51　兵团歌舞团演出民族歌舞

图 52　团场文化活动中心

图 53　团场医院

图54　五家渠市鸟瞰

团场住宅小区

图 56　团场枸杞节

图57　地处和田地区的农十四师皮山农场改变世代吃涝坝水的历史，洁净、卫生的自来水进入了家门

图58　地处中哈边境的农四师 71 团七连职工住宅安装了程控电话

图 59　热电厂

图 60　文化广场

图 61　五家渠城市道路

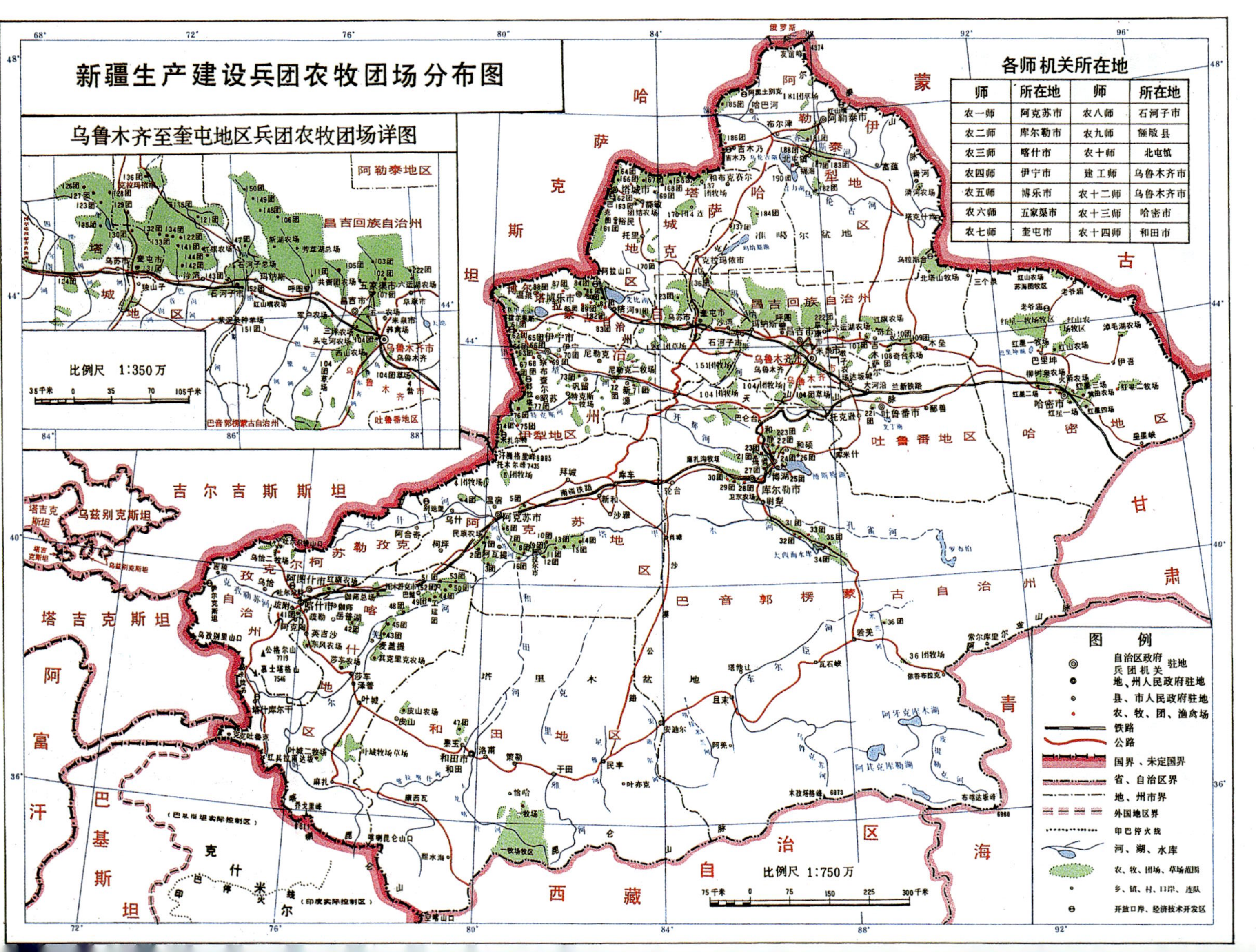
新疆生产建设兵团农牧团场分布图
乌鲁木齐至奎屯地区兵团农牧团场详图
比例尺 1:350万
各师机关所在地
师	所在地	师	所在地
农一师	阿克苏市	农八师	石河子市
农二师	库尔勒市	农九师	额敏县
农三师	喀什市	农十师	北屯镇
农四师	伊宁市	建工师	乌鲁木齐市
农五师	博乐市	农十二师	乌鲁木齐市
农六师	五家渠市	农十三师	哈密市
农七师	奎屯市	农十四师	和田市
图例
自治区政府 兵团机关 驻地
地、州人民政府驻地
县、市人民政府驻地
农、牧、团、渔良场
铁路
公路
国界、未定国界
省、自治区界
地、州市界
外国地区界
印巴停火线
河、湖、水库
农、牧、团场、草场范围
乡、镇、村、口岸、连队
开放口岸、经济技术开发区
比例尺 1:750万
蒙古
哈萨克斯坦
吉尔吉斯斯坦
塔吉克斯坦
阿富汗
巴基斯坦
甘肃
青海
西藏自治区
昌吉回族自治州
伊犁哈萨克自治州
博尔塔拉蒙古自治州
巴音郭楞蒙古自治州
克孜勒苏柯尔克孜自治州
阿勒泰地区
塔城地区
吐鲁番地区
哈密地区
阿克苏地区
喀什地区
和田地区
乌鲁木齐市

策划组织工作委员会

主　任：周　谊

副主任：宁吉喆　杜　平　徐　平

委　员：（按姓氏笔画为序）

丁　聪　王为珍　王郁明　邓正权　巨　伟　冯大真

叶红专　刘　红　刘长明　刘立强　刘宗昌　刘慈慰

那顺孟和　杨新书　李书敏　李宗柏　张广生　张庆黎

胡大卫　胡兆璋　胡明琇　赵公卿　赵玉秋　高　伟

黄振益　章远新　康利华　惠西平　蔡永春　额敦桑布

本卷编委会

名誉主任：张庆黎
主　　任：胡兆璋
副 主 任：陈献政　王运华　张德云
委　　员：李芝祥　肖发灿　陈万春　刘持谋　郭　军　王孟丽

条目撰写者

主　　编：陈献政
副 主 编：张德云　李东风
编纂人员：李芝祥　肖发灿　陈万春　刘持谋　王　健
　　　　　赵鸣岫　彭玉泉　周连瑞　张玉华　高　瑞
　　　　　王孟丽　吴戍江　孙　玮
编审人员：罗　骥　刘宝新　郭　军　王孟丽　高　瑞
彩页版式：郑　华　王孟丽
摄　　影：郑　华　廖周炎　杨兵才　黄　龙　马得良
　　　　　王建军　陈　平　戴增和　金仁春　郭　松

Contents 总目

策划者的话

“秦时明月汉时关，万里长征人未还”，“大漠孤烟直，长河落日圆”……古往今来，这些千年绝唱几乎成了人们心头的西部写照。战乱、荒凉——一片悲壮气氛。到了近代，仍是贫穷、落后。但是，这片土地同样是祖国的壮丽山河。这里是中华民族的发祥地。这里不仅有世界奇迹秦始皇兵马俑和丝绸之路、敦煌石窟、大足石刻、布达拉宫等丰富的历史遗存，还有众多地域辽阔的自然生态保护区和九寨沟、武陵源等神奇瑰丽的自然景色，这里还是我国自然矿产资源和水力发电资源最为丰富的蕴藏地。然而，由于历史、自然等各种原因，西部的发展长期滞后，人民生活相对贫困。新中国建立后，尤其改革开放以来，西部经济固然大有改观，但和我国东部比较，差距仍在日益扩大。

为了使中国获得长期的可持续发展，使13亿人民都能过上幸福富裕的生活，党中央、国务院提出了西部大开发的发展战略。这是中央总揽全局作出的重大决策。因为没有西部的现代化，就谈不上中国的现代化；没有西部的小康，就谈不上中国社会的全面小康！中国56个兄弟民族就谈不上协调发展，共享繁荣。作为出版工作者，积极配合西部开发，大力推出宣传西部、建设西部的出版物，理所当然成为我们义不容辞的历史责任。因此我们策划组织了这套《中国西部开发信息百科》丛书，目的是提供一部直接为西部开发服务的全面、系统的资讯类工具书。

这套丛书从讨论选题开始，即得到新闻出版总署和中央宣传部的重视和支持，很快列入国家“十五”重点图书规划。工作启动后，原国家计委、国务院西部开发办，西部各省、区、市、建设兵团和有关自治州计委、开发办也都给予大力支持。尤为令人鼓舞的是曾培炎同志与国家发展和改革委员会及西部办其他领导同志欣然担任本书正副总主编，并批示要认真抓好编写质量。西部地区的全部科技出版社、重庆出版社和西藏、青海、宁夏人民出版社积极投入所在地区的各分卷组织工作。中国计划出版社、中国建筑工业出版社、中国地图出版社、电子工业出版社和上海科技、江苏科技、辽宁科技三家东部地区的出版社也以不同方式参与或支持这套丛书的出版工作。所有这些充分体现了出版界对西部开发的热情关注,体现了出版界的团结协作和出版人的社会责任感。在此,我们谨向所有支持此书出版的领导同志、有关单位、广大作者和编辑出版人员表示由衷的感谢和诚挚的敬意。

这套丛书从出版意图、框架体例、内容安排到编写方法都经过反复讨论,中途举行了两次全国性的审稿会议。我们期望书中的内容对从事西部开发的各级政府机构和研究部门,对关注西部商机的海内外投资者,对有志献身西部开发的广大干部和知识分子,特别是即将走出校门的大专院校毕业生,都会有实际的参考价值。

实现西部大开发是一项宏伟的历史性工程,要有几代人的共同奋斗。只要我们坚持以邓小平理论和“三个代表”重要思想为指导,扎扎实实地做好各项工作,我们一定会取得伟大成功。不久的将来,我们就会看到“玉门关外春风暖,西部大地花更红”的繁荣景象。

《中国西部开发信息百科》丛书
策划组织工作委员会
2003年6月

序

王春正

实施西部大开发战略,加快中西部地区发展,是以江泽民同志为核心的第三代中央领导集体高瞻远瞩、总揽全局、审时度势,为进一步推进我国现代化建设、巩固民族团结、保障边疆稳定和促进东中西部地区经济协调发展而作出的重大战略决策,也是我们在新的历史条件下按照党的十六大精神,全面贯彻"三个代表"重要思想,全面建设小康社会的重大实际行动。

三年多来,在党中央、国务院的正确领导下,经过各地区、各部门特别是西部地区广大干部群众的共同努力,西部大开发有了一个良好开端,西部地区经济社会发展呈现出生机勃勃的新气象。西部地区投资和经济快速增长,居民消费和收入水平不断提高;国家重点支持西部开发的政策措施得到落实,一批重大项目相继开工,基础设施建设迈出实质性步伐;退耕还林工程全面启动,生态环境保护和建设显著加强;农村基础设施建设明显加强,农民生产生活条件逐步改善;科技、教育和社会事业加快发展,人才开发力度加大;经济结构调整不断推进,对外开放进一步扩大;各少数民族地区经济建设步伐加快。

同时,我们也要清醒地认识到,西部大开发是一项宏大的系统工程和艰巨的历史任务,也是世界经济开发史上前所未有的壮举。西部地区基础设施仍然十分薄弱,生态环境恶化的趋势尚未扭转,科技教育滞后和产业结构不合理等问题还相当突出。实施西部大开发战略,任重而道远。无论是在资金、技术和人才等要素的合理配置,还是在制度创新、开放搞活和管理创新等方面,我们仍然面临着许多全新的课题,其中还有一些是严峻的挑战。因此,继续推进西部大开发,既要有紧迫感,又要有长期奋斗的思想准备。要坚持从实际出发,积极进取、量力而行,统筹规划、科学论证,突出重点、分步实施。以加快基础设施建设为基础,以加强生态环境保护和建设为根本,以调整产业结构为关键，以发展科技教育为重要保障，以改革开放为强大动力，以提高人民生活水平为出发点，扎扎实实地推进西部大开发。

不久前召开的党的十六次全国代表大会，对建设中国特色社会主义经济、政治、文化和党的建设等各项工作作出了全面部署。当前和今后一段时期，是我国全面建设小康社会、加快推进社会主义现代化的重要战略机遇，也是为实施西部大开发战略奠定坚实基础的关键时期。我们要按照党的十六大精神，全面贯彻"三个代表"重要思想，进一步提高对西部大开发重大意义的认识，贯彻落实中央关于西部大开发的战略部署、政策措施和总体规划。重点抓好基础设施和生态环境建设，争取十年内取得突破性进展。积极发展有特色的优势产业，推进重点地带开发。发展科技教育，培养和用好人才。加大对西部地区的政策支持，着力改善投资环境，引导外资和国内资本参与西部开发。增强西部地区自我发展能力，在改革开放中走出一条加快发展的新路。

实施西部大开发，涉及685万平方千米的国土面积和3.6亿人口。西部12个省区市以及144个地市(州、盟)不仅经济发展水平与东部省市存在较大差距，而且它们之间在自然地理条件、经济技术基础、社会发展水平及其历史文化风俗等方面，也存在着或大或小的差异。因此，调动社会各方面积极因素推进西部大开发，要求我们更多地关注西部、研究西部、宣传西部，帮助东中西部地区广大干部群众、国内外各类投资经营者、港澳台同胞乃至世界上一切关心我国西部大开发的友好人士，更好地了解进而熟悉西部各地的基本区情，更加主动地参与西部大开发。所以，组织编辑《中国西部开发信息百科》丛书是很有意义的。在此，我也对本丛书的策划者、组织者和众多作者为西部开发所做的工作表示感谢。

2003年1月

分卷序

正值西部大开发实施三年之际，《中国西部开发信息百科 新疆生产建设兵团卷》问世了。该书全面地展示了新疆生产建设兵团（以下简称兵团）自然资源、人文历史、招商引资、政策法规以及经济社会发展现状和设想，为广大读者及投资者认识兵团、了解兵团、走进兵团提供了很好的信息平台。兵团地处祖国西部边陲，组建于1954年10月，是中央直属单位，是新疆维吾尔自治区的重要组成部分，国民经济和社会发展计划在国家实行单列，享有计划单列的各项经济管理权限。兵团是西部大开发的先行实践者，担负着“屯垦戍边”和开发建设新疆的历史使命。48年来，兵团人在这块亘古荒原上披荆斩棘、勤奋耕耘，发扬“热爱祖国、无私奉献、艰苦奋斗、开拓进取”的精神，在无际的荒滩戈壁上开垦了百万多公顷的绿海桑田，建成了戈壁明珠——石河子、卫星城市——五家渠、边陲重镇——北屯、大漠新城——阿拉尔、绿州城市——图木舒克等一座座新型城镇，创办了174个现代化农牧团场和一大批工交商建企业，她们像一颗颗璀璨耀眼的明珠撒落在天山南北，在西部边陲日夜闪烁，成为兵团各垦区政治、经济和文化的中心。充满生机的兵团崛起在广袤的西部原野，开创了为世人瞩目的屯垦戍边伟业。兵团的历史是一部向瀚海进军、征服亘古荒原的开发史，是一部自力更生、艰苦奋斗、披荆斩棘的创业史，更是一部百万职工几代人无私奉献的英雄史。回首昨天，我们欣慰自豪：兵团人为西部开发、新疆建设做出了不可磨灭的贡献，在共和国的历史上写下了辉煌的一页，正如当年陈毅同志视察兵团时赋诗称赞的“戈壁惊开新世界，天山常涌大波涛。”而今兵团已发展成为一个以现代化大农业为基础、工业为主导、农林牧副渔并举、工交建商服综合经营、科教文卫体全面发展的特殊组织。展望明天，我们信心百倍：兵团的前景美好而壮观，结构优化、外向带动、科教兴兵团、可持续发展四大战略的实施将使兵团发生巨大变化。天山北坡经济带迅速发展，充满活力；40万吨优质出口棉基地、20万公顷特色经济林、66.7万公顷生态草场及1000万头优质草食畜、26.7万公顷现代化灌溉工程规模雄伟；食品加工基地、西北最大的纺织基地和节水器材基地迅速崛起；5个城市及众多的小城镇功能齐全、辐射力强；生态环境、基础设施不断改善，兵团明天更美好。到2005年，兵团国内生产总值将达270亿元；2010年，在经济总量上比2000年再翻一番，率先在西部实现农业现代化；到建党100周年，全面实现农业现代化；本世纪中叶，兵团屯垦戍边百年之际，基本实现社会主义现代化。兵团有48年西部开发建设的实践经验，有良好的规模经营基础，集规模优势、科技优势、组织优势为一体，其优良的团队精神、高度的组织纪律性、雷厉风行的工作作风为兵团今后实施西部开发奠定了坚实的基础。兵团真诚地期望与世界各国、国内各省、市、自治区及港、澳、台地区之间的信息沟通、融汇，愿与一切有识之士携手合作，用我们的真诚、我们的热情、我们的热土，拥抱你们的智慧与科学技术、你们富有成效的经营与管理经验、你们的开拓与创新精神，欢迎你们来兵团投资开发、创办企业、贸易洽谈、经济技术合作和旅游观光，愿你们正确的决策和选择，在兵团这块土地上得到丰厚的回报。

胡兆璋

前 言

实施西部大开发战略，加快中西部地区发展，是党中央、国务院面向新世纪作出的重大决策。为了让世界了解兵团、认识兵团、走进兵团，从而促进兵团加快实施西部开发，早日走向世界，融入世界经济的大循环，特编纂出版《中国西部开发信息百科 新疆生产建设兵团卷》（以下简称《兵团卷》）。

《兵团卷》是《中国西部开发信息百科》丛书 17 卷中的一个分卷，是根据中国版协科技出版工作委员会的发起、策划而组织编纂的。全书包括综合信息、资源信息、产业产品发展信息、地区发展信息、发展计划信息、招商引资信息、政策法规信息、企业信息、历史文化信息等九个部分。

《兵团卷》的编辑、出版，得到了兵团领导的重视和关心，张庆黎司令员担任编纂委员会名誉主任，胡兆璋副司令员为本卷作序。兵团计划委员会领导此项工作，西部开发领导小组办公室具体指导，工程咨询中心负责策划、组织、资料收集，兵团机关各有关部门和各师给予大力支持。兵团专家咨询组根据编纂条目起草了《兵团卷》初稿，编审小组逐一进行审核、修改，编委和编辑人员在有限的时间内付出了艰辛的劳动，经过编纂、编改，最后审定报批，可以说，《兵团卷》的出版，是兵团各单位、各部门有关人员共同辛勤劳作的结果。

我们在编纂中，遵照内容翔实、信息准确、数据确凿、文字简洁的原则，力求准确、全面反映兵团实情，追求体例规范、规格整齐和层次分明。同时，做到分工明确、各负其责。

各类信息编纂人员如下：

综合信息：李芝祥

资源信息：王健、周连瑞、赵鸣岫、张玉华、李芝祥、顾烈峰

产业产品发展信息：陈万春、王健、赵鸣岫

地区发展信息：张玉华

发展计划信息：刘持谋、彭玉泉

招商引资信息：刘持谋

政策法规信息：彭玉泉

企业信息：肖发灿

历史文化信息：彭玉泉、李芝祥

《兵团卷》编纂的过程中，主编——兵团计划委员会主任陈献政十分关心编纂工作，多次召开会议传达中国版协科技出版工作委员会有关会议及兵团领导指示精神，并认真细致地审阅、核定文稿；西部开发办郭军、高瑞同志上下联系，组织协调和认真审阅、修改文稿；计划委员会罗骥、刘宝新同志参加了文稿的审核工作；工程咨询中心王孟丽等同志做了大量策划、组织工作及多方协调、资料收集、文稿审阅、修改等工作；郑华、廖周炎等人提供了大量图片资料；兵团勘测设计规划研究院提供了兵团农牧团场分布图等。他们为《兵团卷》的顺利出版做出了贡献。

《兵团卷》出版过程中，得到了中国版协科技出版工作委员会和中国建筑工业出版社的大力支持。在此，谨对所有参与工作的同志和给予大力支持的单位表示衷心的感谢!

编写《兵团卷》，涉及工作面广、内容多、时间紧、编纂人员的业务知识和水平有限，难免存在疏漏和不妥之处，对此，敬请专家、学者和广大读者不吝指正。

本卷编委会

2002年10月30日

凡 例

一、《中国西部开发信息百科》按综合、重庆、四川、贵州、云南、西藏、陕西、甘肃、青海、宁夏、新疆、内蒙古、广西、新疆生产建设兵团、湖北恩施自治州、湖南湘西自治州、吉林延边自治州等分别列卷出版，共17卷。

二、各卷(综合卷除外)分为九大部分：Ⅰ综合信息；Ⅱ资源信息；Ⅲ产业产品发展信息；Ⅳ地区发展信息；Ⅴ发展计划信息；Ⅵ招商引资信息；Ⅶ政策法规信息；Ⅷ企业信息；Ⅸ历史文化信息。

三、全书内容以条目形式表述，按内容归类设Ⅰ、一、(一)、条3~4个层次。第一层用“罗马数字”Ⅰ~Ⅸ表示；第二层用“汉字数字”表示；第三层用“带括号的汉字数字”表示；第四层为条目，用“鱼尾号”表示，个别内容较多的条目用阿拉伯数字表示其中的小条目(不加鱼尾号)。

四、全书设有总目、简目、详目三个目录。总目反映全书内容的构成；简目列出Ⅰ、一、(一)名称，后注详目页码；详目列出Ⅰ、一、(一)、条目名称，后注正文页码。

五、查阅时宜先查简目，找出Ⅰ、一、(一)所在详目页码，再通过详目查找具体条目。

六、条目释文力求使用规范的现代汉语。

七、为便于读者阅读，本书在一些条目释文中配有必要的图表。图均集中在文前，并配有图号，如图1、图2等；表格均在本条目下列出，若只有一个表，不标表序，只标表题；若超过一个表时，则分别编上序号，标在表题之前。

八、如有参考文献，在书后集中列出本卷所参阅的参考文献。

九、本书所用汉字，以国家语言文字工作委员会1986年10月重新发表的《简化字总表》为准。

十、本书所用标点符号，以《中华人民共和国国家标准》

GB/T 15834—1995为准。

十一、本书所用数字,以《中华人民共和国国家标准》GB/T 15835—1995为准。

十二、本书所用量和单位,以《中华人民共和国国家标准》GB 3100~3102—93为准。但为了方便阅读,正文中"单位"用中文符号表示,如千克、米、千米等,温度用"℃"、经纬度用"°、′、″"表示。

十三、本书中所用统计数据,主要以国家和各部门、省区市及州公开出版的统计年鉴或年报为基础,并进行必要的计算、分析和整理。

Contents 简目

Contents 详目

I 综合信息

Ⅱ 资源信息

Ⅲ 产业产品发展信息

Ⅳ 地区发展信息

V　发展计划信息

Ⅵ 招商引资信息

Ⅶ 政策法规信息

Ⅷ　企业信息

Ⅸ　历史文化信息

I　综合信息

一、兵团信息

【兵团体制】

新疆生产建设兵团（以下简称兵团）是集党政企为一体的特殊组织，是中央直属单位，也是新疆维吾尔自治区的重要组成部分，担负着中央赋予的屯垦戍边使命，在自治区党委和人民政府领导下，自行管理内部的行政、司法事务，发挥开发、建设、稳定新疆和巩固边防的作用。中心任务是进行经济建设。国民经济和社会发展计划，在国家实行单列。在财务方面，兵团为中央一级预算单位，预算管理、经费拨款由财政部直接对兵团；在农垦业务方面，归口农业部管理。兵团机关驻乌鲁木齐光明路15号，邮编830002。

【兵团沿革】

王震将军奉命率领人民解放军一兵团二、六军进军新疆后，与陶峙岳率领起义的原国民党驻疆部队（后改编为人民解放军二十二兵团）和新疆三区革命民族军（后改编为人民解放军五军），胜利会师，解放了全新疆。1954年10月中央军委命令一兵团二、六两军主要部分、五军大部分、二十二兵团全部，就地转业正式组建新疆军区生产建设兵团。兵团以转业官兵为基础，之后汇集来自全国各地的大中专毕业生，复员转业军人、城市知识青年和农村青壮年，组成屯垦戍边大军，按照“不与民争利”的原则，在天山南北塔里木、准噶尔两大盆地边缘兴修水利，植树造林，在亘古荒原上兴建了一大批团场、企业、工厂和城镇，兵团得到了蓬勃发展。十年动乱中，兵团事业遭到严重破坏，1975年兵团建制被撤销，损失很大。1981年，以邓小平同志为核心的党中央第二代领导集体决定恢复新疆生产建设兵团，肯定兵团是新疆经济建设、社会稳定、民族团结、巩固边防的重要力量，重视、关心和支持兵团的发展。以江泽民同志为核心的党中央第三代领导集体高瞻远瞩、深谋远虑，继续重视、关心、支持兵团的发展，进一步明确了兵团的地位、性质、任务和作用，并采取一系列措施，解决兵团在发展社会主义市场经济形势下遇到的一些新的实际困难和问题。1997年党中央、国务院发出进一步加强新疆生产建设兵团工作的通知，明确了兵团体制、计划单列方式，确定兵团为财务一级预算单位，组建中新建集团，享受国家大型企业集团试点的各项政策，参照石河子市的管理方式，在兵团农一师、农三师、农六师、农十师所在地的阿拉尔、图木舒克、五家渠和北屯，设立自治区直辖的县级市以及人事管理、部分贷款实行停息挂账等项优惠政策和措施。

2000年兵团共有10个农业师，1个建筑工程师，3个农场管理局。2000年11月经中央编委办公室批准，将乌鲁木齐农场管理局、哈密农场管理局、和田农场管理局分别更名为兵团农十二师、农十三师和农十四师。全兵团下辖174个农牧团场，8个工程团，分布于自治区13个地州67个县市内。

【兵团分布】

新疆的地形特点是“三山夹两盆”。东北面雄踞着阿尔泰山，南面是高峻的昆仑山，中部横亘着雄伟的天山。天山把新疆分成两部分，天山以南是塔里木盆地，天山以北是准噶尔盆地。天山东段的哈密、吐鲁番又称吐哈盆地。天山西段伸出两臂形成伊犁河谷。兵团农一、二、三师和十四师（原和管局）的54个农牧团场就分布在塔里木盆地边缘的绿洲地带；兵团的农六、七、八、十二师（原乌管局）和建工师在准噶尔盆地的南缘的山前冲积平原，开发建设了一片片绿洲，创办了53个农牧团场；兵团的农四、五、九、十师分布在北疆西部和北部沿边境一带兴建了54个边境团场；农十三师（原哈管局）分布在哈密、吐鲁番盆地，有12个农牧团场。整个兵团形成了“两周一线”的战略布局。兵团所处的地貌主要有山前冲积平原、洪积平原、湖积平原，此外还有山地、丘陵、山间盆地、河谷低地、沼泽和沙漠。在阿尔泰山、天山、昆仑山的山地中点缀着兵团10个牧场；在天山山谷盆地中分布着兵团54个团场；在天山南北洪积、冲积平原上散布着兵团90个团场；在南北疆风蚀地貌上有兵团20个团场。

新疆从东北至西南分别与蒙古国、俄罗斯联邦、哈萨克斯坦、吉尔吉斯斯坦、塔吉克斯坦、阿富汗、巴基斯坦、印度8国毗连。国界线长5 700千米。其中兵团与蒙古国、哈萨克斯坦和吉尔吉斯斯坦3国接壤管理的国界线有2 019千米。

兵团总面积7.43万平方千米，占新疆总面积4.47%，约为全国农垦面积的1/5，是全国农垦最大的垦区之一。

【兵团人口】

到2000年底，兵团总人口2 427 920人，其中汉族2 143 676人，占88.4%，少数民族284 244人，占11.6%。少数民族中，维吾尔族157511人，占55.4%，回族62 175人，占21.87%，哈萨克族40 713人，占14.3%，蒙古族5 941人，占2.1%，其他少数民族17 904人，占6.3%。少数民族分布在各师、各单位，又以农三、四师居多。

【兵团经济】

到2000年底，农业播种面积90.98万公顷、427个独立核算工交建商企业和3 215个社会事业单位，其中有新天国际、伊力特、新农开发、新中基、新疆天业、百花村等6家上市公司，有2所大学和1所农垦科学院，有国家级的石河子经济技术开发区。2000年兵团实现国内生产总值

180.68 亿元，比上年增长 11.7%，人均国内生产总值略高于全国平均水平。在岗职工 70.23 万人，平均工资 6 763 元，比上年增加 1 312 元，增长 24.7%，扣除物价下降因素实际增长 25.4%。第一、二、三产业增加值占国内生产总值分别为 39.7%、28.4% 和 31.9%。兵团国内生产总值占新疆的 13.2%。其中棉花、棉纱、棉布分别占新疆的 46%、45% 和 45.4%，甜菜占 36.2%，进出口总额占 33.3%。全兵团实现综合利润 7.78 亿元。完成固定资产投资 73.6 亿元，增长 23.7%。

【兵团西部开发】

兵团在国家实施西部大开发战略中实行单列，成立了“兵团实施西部开发战略领导小组”，下设办公室。已制订《新疆生产建设兵团实施西部大开发战略规划》。享受国家关于西部开发的一系列相关优惠政策和措施。随着西部开发工程的实施，2000 年新建喷滴灌面积 3.87 万公顷，累计建成喷滴灌 11 万公顷，规划在“十五”末，使节水总面积达到 36.7 万公顷，成为国家较大的节水农业示范区。开始着手解决 58 个边境团场基础建设严重滞后问题，2000 年选定 5 个边境团场试点建设“金边工程”，基本达到了科学规划、规范建设的要求。在发展特色产业方面，重点实施了“白绿红”工程。“白”是指 40 万吨出口棉基地和 30 万锭棉纺的技术进步升级项目，2000 年全兵团棉花总产 69.4 万吨，每公顷 1 759 千克，90% 是优质棉，出口居全国前列。“绿”是指 6.66 万公顷优质香梨、葡萄为主的名优特瓜果基地项目，2000 年全兵团水果面积 3.69 万公顷，比上年增长 17.4%。“红”是指以年产 50 万吨番茄酱为主的食品工业项目，大力发展枸杞、红花、胡萝卜汁、大枣、酿酒葡萄等红色产品。小城镇建设在兵团具有特殊的战略意义，对新疆的繁荣发展、长治久安和“屯垦戍边”事业的巩固壮大都至关重要。计划在“十五”期间建设 38 个小城镇。2000 年，一批小城镇基础设施建设工程已投入使用，并按中央的要求，采取石河子市模式，积极做好五家渠、阿拉尔、图木舒克、北屯的建市工作。石河子市地处自治区率先发展的天山北坡经济带，2000 年被联合国授予“人居环境改善最佳范例奖”，2001 年获首届中国“人居环境奖”，有一个国家级经济技术开发区，各方面的条件都比较好，兵团将集中力量做大、做强石河子垦区。2000 年，石河子开发区新开工项目 31 个，完成总投资比上年增长了 1.4 倍。2000 年国家给兵团下达了 4 133 公顷退耕还林、还草任务，兵团完成 4600 公顷。

二、各师信息

(一) 农一师

【区位】

位于南疆阿克苏地区境内，总面积2 943平方千米。地形由西向南倾斜，海拔1 340～997米。师部驻阿克苏市。下辖16个团场，分布在阿克苏地区四个县市。有工交建商企业117个，其中工业企业87个，运输企业5个，建筑企业20个，商贸企业5个。大中型工业企业4个：青松建材化工总厂（大型）、农一师电力公司、阿克苏塔里木艾森油脂有限公司（大型）、恒达棉纺公司，所在地均在阿克苏市。

【气候】

垦区地处欧亚大陆腹地，属暖带极端大陆干旱荒漠气候。日照时间长，蒸发量大，降水少。该师垦区气候适宜种植棉花、水稻、小麦、瓜菜和水果生产。

【资源】

矿产有煤、硫磺、石灰石、石英砂、芒硝、盐、陶土等。野生植物有胡杨、山柳等；草本植物有芦苇、罗布麻等40余科，140余种；中草药有党参、桑葚等130余种。野生动物有马鹿、野猪、黄羊等百余种。

水资源主要来源于阿克苏河、塔里木河和哈拉玉尔滚河、多浪河。

(二) 农二师

【区位】

位于南疆巴音郭楞蒙古自治州境内，海拔820～1 100米，总面积5 164平方千米，师部驻库尔勒市。下辖17个团场，分布在巴音郭楞蒙古自治州7个县市。共有工交建商企业175个，其中工业企业146个，运输企业1个，建筑企业21个，商贸企业7个。大中型工业企业6个：新疆湖光造纸厂、新疆湖光纺织针织厂位于库尔勒市，农二师36团石棉矿（大型）位于若羌县芒崖，农二师21团天河食品总厂位于和静县开来，新疆博斯腾番茄制品有限公司（大型）、农二师湖光糖厂位于和静县。

【气候】

地处中纬度地带，深居内陆，属北温带大陆性极干旱气候，日照时间长，降水量少，蒸发量大，昼夜温差大。冬夏两季长，春秋两季短。该师垦区气候适宜种植棉花、水稻、小麦、玉米、甜菜、瓜菜和水果生产，盛产库尔勒香梨。

【资源】

矿产资源已查明的有29种，已开发利用的有煤炭、石棉、蛭石、石灰石等。天然胡杨林0.2万公顷。资源中价值较高的有马鹿、甘草和罗布麻；农二师水资源主要来自开都河、黄水沟（季节性河流）、孔雀河、塔里木河、米兰河及车尔臣河，水产资源主要是鱼类。

（三）农三师

【区位】

位于南疆喀什地区和克孜勒苏柯尔克孜自治州境内，总面积4 115平方千米，师部驻喀什市。下辖18个团场，分布在两地州10个县市。有工交建商企业258个，其中工业企业233个，运输企业3个，建筑企业16个，商贸企业6个。

拟建的图木舒克市，将成为农三师新的经济增长点。

【气候】

位于欧亚大陆腹地，北、西、南三面环山，东临塔克拉玛干大沙漠，属于暖温带极端干旱荒漠气候，降水量少，蒸发量大，光照时间长，昼夜温差大。垦区内适宜种植棉花、小麦、玉米、瓜菜及水果等。

【资源】

全师有天然胡杨林3.33万公顷，分布在叶尔羌河、克孜河冲积平原上。有甘草2.33万公顷及罗布麻、沙棘、大芸、列当等野生植物。野生动物有狐狸、野鸭、野猪、旱獭等。鱼类资源丰富。

水源来自克孜河、盖孜河、库山河、叶尔羌河、提孜那甫河和布布孜河。

（四）农四师

【区位】

位于伊犁河谷的伊犁地区，与哈萨克斯坦交界，边境线长420千米，全师总面积5 972.5平方千米，师部驻伊宁市。该区属天山西部北坡山区，为外泄型山间盆地，北东南三面环山，谷地向西开口，呈明显的楔形。伊犁河及三大支流特克斯河、喀什河、巩乃斯河蜿蜒穿插，奔流其间，形成各具特色的四河谷地和昭苏盆地。下辖21个团场，分布在伊犁地区8个县市。有工交建商企业678个，其中工业企业647个，运输企业4个，建筑企业22个，商贸企业5个。大中型工业企业5个：农四师楼兰酒厂位于乌鲁木齐，农四师霍尔果斯糖厂位于霍城县可可达拉镇，农四师西迪粮油总厂（大型）位于霍城县，农四师南岗水泥厂位于巩留县，农四师伊犁酿酒总厂（大型）位于新源县肖尔布拉克镇。

【气候】

以北温带半干旱大陆性气候为主，部分山区属高寒半湿润冷凉气候类型。作物生长期内，日照充足，热量自西向东、向南递减。由于地形条件，在近山和丘陵地区，冬季形成不同高度、不同厚度的逆温层，为果树和牲畜越冬提供了较好条件。降水自西向东递增，西部平原最小，在200毫米左右，东部山区最多，达800毫米左右，降水主要集中在春夏两季。该师垦区适宜种植小麦、玉米、高粱、甜菜、油菜、蓖麻、棉花、瓜果等作物，尤其适宜种植薰衣草等特种植物。

【资源】

全师有天然林1.64万公顷，以云杉为主，木材蓄积量约为489万立方米。野生动植物主要有黄羊、马鹿、野鸡、草鱼、鲢鱼、鲤鱼、鲫鱼、鲟黄鱼、橡胶草、党参、贝母、甘草等。主要矿产有煤、铁、石灰石、高岭石、耐火黏土等。水资源主要来自伊犁河及其支流、霍尔果斯河。

（五）农五师

【区位】

位于北疆博尔塔拉蒙古自治州境内，总面积3 093平方千米。地势西高东低，逐渐倾斜。海拔202～3 500米，地形分为山地、平原和盆地。师部驻博乐市，下辖11个农牧团场，分布在三个县市。有工交建商企业200个，其中工业企业170个，运输企业2个，建筑企业15个，商贸企业13个。中型企业1个：赛里木电业有限责任公司，位于博乐市。亚欧大陆桥新疆段通过垦区，由阿拉山口通往哈萨克斯坦阿拉木图。

【气候】

地处中纬度地带，深居内陆，除山区气候属垂直带谱外，平原各地属温带干旱沙漠气候类型。特点是冬冷夏热，降水少，日照时间长，昼夜温差大。山区气温随海拔升高明显降低，降水增多。适应种植枸杞、棉花、小麦、玉米、油料、瓜菜及水果等。

【资源】

矿产主要有石灰石、石膏、芒硝和磷灰石等，已开发的主要是石灰岩。野生木本植物有红柳、沙枣、沙棘、白杨、胡杨、桦木、梧桐、梭梭等。野生草本植物有芦苇、芨芨、骆驼刺、苦豆子、泡泡柴、毛腊和水生蒲等。中草药材有贝母、党参、麻黄、甘草、大黄、红花、雪莲、薄荷等。野生动物有马鹿、草鹿、黄羊、野猪、羚羊、旱獭、熊、狼、野鸡、雪鸡、野鸭、北鲵等。

主要水源来自博乐河及其支流、精河、阿卡尔河等。

（六）农六师

【区位】

位于北疆昌吉回族自治州境内，地势南高北低，自东南向西北倾斜，南北坡降大于东西坡降，海拔360～3 278米，总面积7812平方千米，师部驻五家渠市(拟建)。下辖19个团场。有工交建商企业671个，其中工业企业627个，运输企业7个，建筑企业26个，商贸企业7个。中型企业9个：新疆梧桐维特绿色有限公司、农六师五家渠梧桐化工厂位于五家渠市梧桐镇，农六师汽车改装厂位于米泉市，农六师芳草湖糖厂位于呼图壁县芳草湖镇，农六师五家渠联营棉纺织厂、农六师微型汽车厂、农六师五家渠潜水泵厂、农六师五家渠华新皮革工业联合公司、农六师五家渠味精食品厂位于五家渠市。

拟建的五家渠市将成为该师政治、经济、文化中心和新的经济增长点。

【气候】

属中温带，为典型的大陆性气候，冬季严寒，夏季炎热，春季升温快，秋季降温迅速。降水量少，蒸发量大，昼夜温差大。冬夏两季长，春秋两季短。日照时间长，光热资源丰富，适宜种植棉花、小麦、玉米、啤酒花、瓜菜及水果等。

【资源】

植物资源丰富，具有采集价值的有47种，主要有贝母、当归、柴胡、枸杞、大黄、雪莲、锁阳、甘草、大芸等。主要野生动物有蒙古野驴、雪豹、马鹿、盘羊、北山羊、黄羊、狍子等。

农六师地表水源主要来自玛纳斯河、塔西河、呼图壁河、三屯河、头屯河等13条河流。

（七）农七师

【区位】

地处准噶尔盆地西南部，天山北麓山前平原，位于北疆塔城地区的乌苏县、伊犁哈萨克自治州的奎屯市和克拉玛依市境内，总面积3 073平方千米。师部驻奎屯市，乌（鲁木齐）伊（犁）公路与独（山子）克（拉玛依）公路在师部交会，北疆铁路横贯其中。下辖10个农牧团场。有工交建商企业151个，其中工业企业118个，运输企业7个，建筑企业14个，商贸企业12个。大中型工业企业2个：奎屯棉纺织厂、奎屯绿叶食品公司（大型），均驻奎屯市。

【气候】

地处欧亚大陆腹地，属中温干旱地区，具有典型大陆性气候特征，夏季炎热，冬季严寒，春季升温快，秋季降温迅速。降水量少，光照充足，昼夜温差大，春季多大风，夏季多干热风，秋季天热晴朗，冬季略多雾，适宜种植棉花、小麦、玉米、瓜菜及水果等。

自然灾害有冻害、风灾、霜冻、冰雹等。

【资源】

境内主要矿藏有煤、石油、沥青等。野生动物10余种，多为林带栖居的鸟类以及狼、狐、野猪、黄羊等兽类。野生植物140余种，主要有大芸、锁阳、当归、甘草、贝母、雪莲、骆驼蓬等，均有药物价值。

农七师水资源较为丰富，奎屯河、四棵树河、古尔图河、白杨河的年平均流量13.85亿立方米，地下水储量3.4亿立方米。

（八）农八师

【区位】

位于天山北麓中段，地处塔城地区沙湾县、昌吉回族自治州玛纳斯县、克拉玛依市。以石河子市为中心，南部从沙湾县直抵巴音郭楞蒙古自治州和静县界，北部濒临古尔班通古特大沙漠，东北部在玛纳斯县境内与兰州湾乡和新湖农场接壤，西北部深入克拉玛依市境内，西部在沙湾县西境与奎屯市相邻。总面积5085平方千米，有山地、平原、沙漠，地形自东南向西北倾斜。海拔最高5102米，最低291米。师部驻石河子市，下辖18个农牧团场。有工交建商企业1 200个，其中工业企业1 118个，运输企业16个，建筑企业53个，商贸企业13个。大中型工业企业11个：大型企业有石河子八一毛纺织股份有限公司、新疆天业股份有限公司、石河子八一棉纺织厂、石河子市造纸厂、石河子粮油加工厂大力宝总公司、石河子新疆酒业有限责任公司、石河子八一糖业有限公司7个；中型企业有石河子市天纤织染厂、新疆天富热电股份有限公司、石河子食品厂、石河子南山水泥厂4个。大中型工业企业均驻石河子市。

【气候】

地处欧亚大陆腹地，远离海洋，干旱少雨，属典型大陆性气候。适宜种植棉花、小麦、玉米、甜菜、油料、瓜菜及水果等，是酿酒葡萄的最佳种植区域。

【资源】

林木有雪岭云杉、落叶松、新疆杨、胡杨、天山柳、榆、桦、新疆圆柏、沙枣等。灌木有黑果枸杞、红果山楂、铃铛刺、梭梭、沙拐枣、红柳等。牧草资源丰富（62科，314属，567种）。

野生动物有狼、狐狸、黄羊等，禽类有麻雀、野鸽等。水生动物有雅罗鱼等。

南部山区煤蕴藏量约6~8亿吨，石灰石储量841万吨，还有石英砂、耐火黏土、沙金、玉石等。北部沙漠有石油、盐、芒硝等。

水资源主要依靠冰川融化和降水补给，地表水资源由东向西分别为玛纳斯河、宁家河、金沟河、巴音沟河、大南沟河。

（九）农九师

【区位】

位于新疆西北边境塔城地区境内，地处准噶尔盆地西部边缘的塔额盆地一带。北至塔尔巴哈台山，东邻吾尔喀什尔山，南到巴尔鲁克山，西北部与哈萨克斯坦接壤，国界线长380千米，8个农牧团场分布在边境线上，形成边境农场带。全师总面积36 777平方千米，为三面环山、东高西低的盆地，海拔430～1 400米。师部驻额敏县额敏镇。下辖11个团场，分布在额敏、裕民、托里和塔城市境内。有工交建商企业476个，其中工业企业459个，运输企业2个，建筑企业10个，商贸企业5个。大中型工业企业2个：新疆西塔通心面有限责任公司（大型）、九师西裕糖厂位于额敏县。

【气候】

位居大陆腹地，属中温带大陆性干旱气候。适应种植小麦、大麦、油菜、甜菜、瓜菜和发展水果。

【资源】

天然草场面积23.48万公顷，占垦区面积的63.9%，主要分布在巴尔鲁克山西北及南部、加依尔山中部、塔尔巴哈台山前及中部、吾尔卡什尔山东部。主要生长有鸡脚草、雀麦、羊狐草、苔草、针第、苇子草、蒿属等牧草。野生药用植物约48种，主要有贝母、大芸、党参、甘草、麻黄等。

野生动物资源主要有马鹿、草鹿、黄羊、大头羊、野猪、狼、熊等。鱼类有鲫、草、鲤、鲢等。

主要矿藏资源有煤、石灰石、大理石、石膏、黏土、陶土、黄金等。

塔城区内有大小河流33条，年地表径流9.3亿立方米，可利用河流22条，年径流3.18亿立方米。

（十）农十师

【区位】

位于新疆最西部，总面积3 820平方千米。地貌分为山区、山前低山丘陵区和平原区3部分，平均海拔420～700米，主要区域坡降为1/500～1/700。师部驻阿勒泰市北屯镇，下辖11个农牧团场。有工交建商企业166个，其中工业企业144个，运输企业3个，建筑企业15个，商贸企业4个。大中型工业企业2个：农十师北屯油脂化工责任有限公司位于北屯市，农十师184团膨润土厂位于和丰县夏孜盖。

【气候】

地处欧亚大陆腹地，系典型的温带大陆性气候。春季多风，夏季短暂，冬季长达6个月，气温差异很大，年平均气温3℃～4℃。适宜种植小麦、大麦、油菜，尤其适宜种植阿魏菇等；184团可种植棉花和发展水果。

【资源】

矿藏主要有云母、煤炭、膨润

土、蛋白土、石灰石、石英砂、石膏、陶土、沙金、铁、镍、水晶石、珍珠岩等。沙金有部分开采，云母矿开采有30余年历史，其中184团的膨润土矿已探明储量5亿吨，位居全国之最。

野生动物资源主要有狐狸、狼、熊、河狸、猞狸、紫貂、水獭、雪鸡、羚羊、鹿等。

主要中药资源有鹿茸、党参、黄芪、贝母、雪莲、阿魏、甘草、麻黄、五灵脂、冬虫夏草等。

垦区地表水资源丰富，可从10条河引水灌溉，大小河年地表径流量129.29亿立方米，占全疆年径流16%，主要有额尔齐斯河、乌伦古河，水源分布特点是西多东少。

（十一）农十二师

【区位】

海拔320~1460米。西以头屯河中心线为界与昌吉市相望，北邻乌鲁木齐县安宁渠和乌鲁木齐种畜场，东与柴窝堡和盐湖化工厂为邻，南面深入和静、托克逊县境内（104团牧场）。总面积2 542平方千米。因地处天山北麓山前洪积——冲积扇缘，地势从东南向西北倾斜，地面坡降南高北低，南部坡降23‰~25‰，中部13‰~7‰，北部10‰。师机关驻乌鲁木齐市北京路。下辖6个农牧团场，有工交建商企业159个，其中工业企业147个，运输企业3个，建筑企业7个，商贸企业2个。中型工业企业2个:乌鲁木齐乳业集团公司位于乌鲁木齐北京路，乌鲁木齐永红针织总厂位于乌鲁木齐头屯河区。

【气候】

属大陆性气候。适应种植小麦、玉米、土豆、啤酒花、瓜菜及发展葡萄、蟠桃等水果生产。

【资源】

矿产资源主要有煤、石灰石、硫磺等。生物资源主要有山区草场，雪莲；水产资源主要是鱼类；水资源主要有乌鲁木齐河、头屯河和地下水。

（十二）农十三师

【区位】

地处东疆哈密、吐鲁番地区。东与甘肃酒泉地区接壤，西到吐鲁番市交河西，北至中蒙边界133~140碑，与蒙古国隔山为邻，南抵兰新铁路盐泉站。总面积1985平方千米（不含221团），占哈密地区总面积的6.9%，耕地面积占哈密地区的23.25%。师部驻哈密市，下辖12个农牧团场。有工交建商企业71个，其中工业企业60个，运输企业1个，建筑企业9个，商贸企业1个。中型工业企业1个：红星钙塑厂，位于哈密市。

【气候】

属典型的大陆性气候，降水量极少。冬季寒冷，夏季炎热，春季多风。由于高山、盆地、平原的地域差异，气候差别很大，高山终年积雪，气候寒冷，从山顶到平原气候呈垂直分布。天山南部较温暖，北部气候寒冷。适宜种植棉花、小麦、玉米、瓜菜和发展红枣、葡萄等水果生产。

【资源】

矿产资源主要有煤、石油、盐、芒硝、碱、锰、铀、白云石、大理石、玉石、铁、铜、镁等。已发现和开采的矿藏达75种。

野生动物资源主要有黄羊、野猪、野驴、野骆驼、狼、雪豹、青羊、大头羊、野兔、狐狸等。

野生植物资源主要以中草药为主，有党参、当归、甘草、麻黄、贝母等。

水资源主要是融雪、降水山溪性小河，平原地区水资源主要为泉水及地下水。

（十三）农十四师

【区位】

位于新疆和田地区，地处新疆西南部昆仑山和塔克拉玛干大沙漠之间，总面积5583平方千米。师部驻和田市，下辖3个农牧团场。有工交建商企业30个，其中工业企业22个，运输企业2个，建筑企业2个，商贸企业4个。

【气候】

属典型的大陆干旱性气候，光照充足，夏季炎热，冬季寒冷，昼夜温差大。适宜种植棉花、小麦、瓜菜和发展水果、蚕桑等。

【资源】

开采利用矿产资源有煤、铁、玉石、石灰石、石膏、石墨、云母、黄金及稀有金属。

水资源以皮山河、喀拉喀什河、奴尔河为主要水源。与自治区合建的乌鲁瓦提水利枢纽竣工后将为该师的工农业发展提供良好的水资源环境。

（十四）建工师

【区位】

师部驻乌鲁木齐市河滩路57号，师部及师下辖8个工程团。有工交建商企业50个，其中工业企业38个，运输企业2个，商贸企业3个。

【资质】

建工师具有国家一级建筑资质。能承担铁路、公路、水利、电力、工民建等大中型工程建筑设计和施工，在城市高层民用建筑领域拥有很大优势，施工装备机械化程度较高。曾承担过北疆铁路、南疆铁路、天山山区公路等大型工程建设。

II 资源信息

一、气候资源

【概况】

兵团共有174个农牧团场。10个牧场、54个团场分布在阿尔泰山、天山、昆仑山的山地以及天山山谷盆地中；90个团场分布在天山南北的洪积、冲积平原上；20个团场分布在北疆的风蚀地貌上。兵团垦区的气候与整个新疆一样，属于干旱的温带大陆性气候。由于天山横贯新疆中部地区，使兵团北疆各垦区与南疆、东疆各垦区的气候悬殊。按地理位置的不同，兵团垦区的气候，大致可分为三种类型。北疆西、北部的农四、九师及农十师的东部地区属中温带半干旱区气候；北疆准噶尔盆地的农五、六、七、八、十二师和农十师的部分地区，属中温带干旱区气候；南疆、东疆的农一、二、三、十三、十四师，属于暖温带干旱区气候。详见“兵团各师主要农业气象要素表”。

兵团各师主要农业气象要素表

农业气象要素	单位	北疆西部、北部地区	北疆准噶尔盆地地区	南疆及东疆地区
		温带半干旱地区	温带干旱地区	暖温带干旱地区
		农四师、九师及十师东部地区	农五师、六师、七师、八师及十师大部地区，农十二师	农一师、二师、三师、农十三师和十四师
年平均气温	℃	2.9~9.2	2.4~8.3	1~12.3（多数地区7~12）
极端最高气温	℃	41.9	48.3	44.4
极端最低气温	℃	-50.1	-43.2	-35.2
无霜期	天	74~180	130~194（平均160以上）	80~230（多数地区180以上）
全年日照	小时	2 400~3 000	2 526~3 236	2 501~3 357（多数地区3 000以上）
年太阳辐射量	千焦/厘米^2	543~578.2	515~578.2	552.7~656.5
≥10℃积温	℃	1 818~3 528（大部分地区>2 000）	1 300~3 929（大部分地区>3 500）	2 792~5 372（大部分地区>4 000）
年降水量	毫米	200~800	90.9~291.3	7.9~143.8
年蒸发量	毫米	1 250~1 995	1 500~3 421	1 000~4 337

【气候基本特征】

兵团地处欧亚大陆中心，远离海洋，并受地形封闭的影响，气候具有强烈的大陆性特征。特点为冬季严寒，夏季炎热，昼夜冷热悬殊大，日较差大；晴日多，光照充足，光能和热量丰富；降水稀少，年内分配不均衡，年际变幅大；蒸发强烈，空气干燥，相对湿度低，灾害性天气多，地区分布差异大。兵团各师海拔高度、年平均气温、年平均蒸发量、年平均降水量见“兵团各师垦区主要气候要素表”。

兵团各师垦区主要气候要素表

气象台（站）	台（站）地点	海拔高度（米）	年平均气温（℃）	年平均蒸发量（毫米）	年平均降水量（毫米）	7月份平均气温（℃）	1月份平均气温（℃）	≥10℃积温（℃）	无霜期（天）
农一师	阿拉尔	1 012	10.7	2 044.6	42.4	24.9	-8.8	4 123.8	210
	1团	1 052.6	11.4	255.9	55.2	26.2	-8.4	4 389.1	218
	5团	1 233	9.9	2 002.3	78.7	24.1	-9.8	3 867.9	203
	4团	1 320.8	8.4	1 876.6	86.8	22.4	-11.5	3 470.7	187
农二师	27团	1 055.8	7.9	1 949.5	64.6	22.8	-12.5	3 404.2	162
	库尔勒	931.5	11.4	2 788.2	50.1	26.1	-8.1	4 273.8223	
	32团	861.3	10.9	2 383.1	34.9	26.3	-9.3	4 084.4	210
	36团		11.3	2 474	23.3	26.6	-8	4 245	187
	巴音布鲁克	2 500左右	-4.5	1 128.9	276.2	10.4	-26	227.2	29
农三师	50团	1 098.1	11.6	2 030.8	38.3	25.7	-7.4	4 323.8	216
	45团	1 157	12.2	2 318.2	34.1	25.5	-5.9	4 571.8	213
	41团	1 304	11.4	2 287.7	69.3	25.1	-7	4 201.8	212
	岳普湖	1 205.9	11.7	2 651	43.2	26.1	-7	4 359.2	221
农四师	67团	640	9.3	1 785.1	155			3 612	164
	76团		1.6	1 100	419			975.6	90
	霍城	640	9.1	1 694	224	23.4	-10	3 534	162
	新源	928.2	8.1	1 285.5	479.7	20.8	-8	2 952.2	145
农五师	博乐	532	5.5	1 558.5	181.5	23.2	-17.4	3 116	168
	精河	320	7.2	1 626.6	90.9	25.2	-16.7	3 582	171
	温泉	1 133	3.6	1 555.7	204.2	19.6	-15.3	2 422	154
农六师	芳草湖	452	6.3	1 818	116.4	25.5	-18.2	367	170
	103团	440.5	5.7	2 176.7	126.1	25.5	-19.4	3 508.6	162
	奇台县	793.6	4.7	2 141.3	175.8	23.5	-18.4	3 106.7	155
农七师	农科所	464	7.3	1 775.6	158.4	25.6	-16.3	3 685.6	158
	123团	478.8	6.5	2 109.9	161.6	25.7	-18.8	3 627.3	162
	乌尔禾	400	6.1	1 825.7	175	25.1	-17.3	3 606.6	157
农八师	石河子	422.9	6.6	1 537.5	199.1	244	-16.8	3 428.5	170.9
	炮台	337.1	6.3	1 826.2	141.8			3 595.5	158
	安集海	500	7	1 802.4	179	25.2	-17.2	3 600.5	164
	莫索湾	346	6	1 943.3	117.2			3 568.2	164
农九师	塔城	548	6	1 604.9	291.6	21.9	-12.9	2 858.1	131
	161团	715.4	6.5	1 872.6	275.9	22.7	-11.2	2 905.4	143
	168团	778	5.3	2 082.1	320.4	21.9	-14.6	2 435.9	114

续表

气象台(站)	台(站)地点	海拔高度(米)	年平均气温(℃)	年平均蒸发量(毫米)	年平均降水量(毫米)	7月份平均气温(℃)	1月份平均气温(℃)	≥10℃积温(℃)	无霜期(天)
农十师	巴里巴盖	518.4	4.2	2 034.1	103.7	23.1	-17	2 947.9	155
	顶山	600	4.3	2 251.9	112.5	23.9	-18.9	3 081.2	133
	哈巴河	532.6	4	2 065.4	170.5	21.7	-15.9	2 678.6	124
	吉木乃	984.1	3.5	2 183.6	188.6	20.2	-12.9	2 242.6	147
农十三师	哈密	737.9	9.8	3 092	33.8	27.3	-12.3	4 058	182
	巴里坤	1 637.6	1	1 638	202.3	16	-18.6	1 730	104
	淖毛湖	400	9.8	4 377	11.5	28.1	-12.6	4 162	175
农十二师	104团	633.5	7.3	2 617	195.3	25.7	-14.7	3 559	
	乌鲁木齐	917.9	5.7	1 914.1	277.6	23.5	-15.4	3 060.3	
农十四师	皮山农场	1 200~1 300	11.7	3 412.9	13.1	25.4	-6.5	4 264.8	
	47团	1 350~1 323	11.4	2 162.3	34.7	24.6	-6.3	4 455	
	一牧场	2 300	10.7~12.8	2 539.3	34.3				

【光热条件】

兵团垦区的光能资源十分充裕，是我国日照最多的地区之一。全年日照时数达2 500~3 500小时，地区分布特点是：

1. 从北向南略有减少，农七师为3 000小时，农十二师2 570小时，农十四师2 715小时。

2. 从西向东增加，农四师为2 830小时，农七师3 000小时，农六师3 100小时。

3. 从盆地到山区，全年日照时数北疆是减少的，南疆是增加的。详见“兵团各师垦区日照时数”

兵团各师垦区日照时数（2000年） 单位:小时

	1月	2月	3月	4月	5月	6月	7月	8月	9月	10月	11月	12月	全年
兵团	112.1	173.5	230.4	287.4	307.3	268.4	277.6	282.9	266.3	167.3	99.8	97.5	2 570.5
农一师	184.8	228	265.8	253.7	295.7	300.1	262.6	303	260.6	255.9	180.9	89.4	2 880.5
农二师	160.8	196.1	219.4	228.6	173.6	217	262	257	272.6	238.3	200.6	97.6	2 523.6
农三师	163.4	220.9	252.9	268.5	327.7	301.9	272.3	341.9	292.1	259.6	201.2	154.5	3 056.9
农四师	183.8	215.8	289.8	318.1	341.7	338.5	334	360.2	299.8	189.6	136.4	138.7	3 146.4
农五师	142.3	174.6	233	280.8	309	273.9	260.8	294.4	261.1	149.8	67.9	95.8	2 543.4
农六师	100	160.4	231.8	312.3	314	288.8	300.6	310.7	290.4	189.9	88.4	62.3	2 649.6
农七师	113.3	162.8	226.4	280.2	274.5	261.5	246.6	286.3	249.7	153.9	76.5	67.2	2 398.9
农八师	135.1	193.3	245.1	310.7	334.6	309.1	301	313.2	284	176.8	104.6	67.2	2 774.7
农九师	58.1	159.6	237.5	251	360	331.1	314.1	303.2	261.1	171.7	145.6	144.1	2 737
农十师	156	208	278.2	285.1	332.3	280	306.8	301.6	282.5	164.9	125.5	71	2 791.9
农十二师	112.1	173.5	230.4	287.4	307.3	268.4	277.6	282.9	266.3	167.3	99.8	97.5	2 570.5
农十三师	194.8	233.5	305.3	319.1	357.2	303.7	310.2	319.9	290.4	224.7	209.2	123.9	3 191.9
农十四师	202.4	212	251.7	257.4	280.3	212.4	134.8	294.5	244.7	259.1	220.5	146.1	2 715.9

作物生长季节（4~9月），日照时数为1 460~1 981小时，农十师比农十四师多424小时，农十三师比农三师多292小时，比农四师多253小时。一年中多数师7月日照时数最多，其次是8月，再次是6月，且北疆稍多于南疆。

日照百分率，变化于60%~80%之间，最高值出现在秋高气爽的9月和10月，北疆少数师出现在8月，其值为70%~80%，最低值北疆出现在12月，其值为40%~60%，南疆和东疆各师出现在1月，其值为55%~71%。作物生长季节（4~9月）的平均日照百分率都高于全年平均值，这对作物的生长发育十分有利。

全年太阳总辐射量2 177~2 763千焦/厘米^2，其中能被作物吸收利用的光合有效辐射量1 047~1 298千焦/厘米^2，北疆各师一般小于1 130千焦/厘米^2，南疆和东疆各师一般超过1 130千焦/厘米^2。兵团垦区年总辐射量比同纬度的华北和东北地区多63~84千焦/（厘米^2·年），比长江流域中、下游多126~209千焦/（厘米^2·年），居全国第二。

兵团多数垦区热量资源丰富，南疆各师垦区高于北疆各师垦区，东疆农十三师垦区高于北疆西部农四师。南疆各师年平均气温10℃~12℃，北疆的农五、六、七、八师垦区为7℃~8℃，农九、十师垦区为5℃~7℃。

多数垦区年平均大于等于10℃的积温较高，其中以吐鲁番盆地的221团最高，为5 372.5℃，持续期200天以上；南疆各师一般在4 000℃以上，持续期200~220天；农六、七、八师和农四师西部，农五师东部及农二师的焉耆垦区为3 000℃~3 500℃；农九、十师为2 300℃~2 900℃，持续期140~150天，是兵团年平均积温较低的地区。兵团垦区积温虽然高，但部分地区不稳定，变幅在500℃~600℃之间，保证率只占平均值的50%左右。

无霜期各师垦区差异较明显，北疆各师垦区较南疆各师垦区短，山区较平原短。北疆多数垦区无霜期在150~170天之间，只有农九、十师为140天左右；南疆和东疆各垦区无霜期为200天左右，详见“兵团各师垦区主要气候要素表”。

气温日较差大，气温日较差对作物的有机物质积累有明显的影响。因为，光合作用是在白天有光的条件下进行的，呼吸作用则是白天、晚上都在进行，只是由于气温高低的不同而有强、弱之分。白天温度高，光照充足，光合作用强，制造的有机物质多，而夜间气温较低，呼吸作用弱，消耗的有机物质少，作物在机体内积累的营养物质就比较多；反之，作物积累的营养物质较少。因此，在气温日较差大的地区，作物产量高，品质也较好。兵团垦区的气温日较差比国内同纬度的东部地区大。南疆各师垦区年平均日较差多为13℃~16℃，北疆各师垦区多为12℃~14℃，年最大日较差一般都在25℃左右。详见表“兵团各师垦区太阳总辐射量”、“兵团各师垦区日照百分率”、“兵团各师垦区日平均气温通过0℃和

10℃的初终日(月/日)、持续日数(天)和积温(℃)保证率(%)"、"兵团各师垦区年·月平均日较差和最大较差"、"兵团各师平均气温"。

兵团各师垦区太阳总辐射量 单位:千焦/厘米^2

单位	1月	2月	3月	4月	5月	6月	7月	8月	9月	10月	11月	12月	全年
农一师	24.7	28.9	41	50.2	60.1	69.1	70	62.4	47.9	38.9	27.2	22.6	546.4
农二师	28.1	33.9	49.8	60.2	77	80.4	80.4	74.5	57.8	46.1	31.4	24.7	644.8
农三师	25.5	29.7	43.1	53.6	68.7	77	77	67	50.7	41.9	29.3	23.4	587
农四师	22.6	28.9	44.8	57.8	72	74.9	78.3	68.7	49.8	37.3	23.9	19.3	578.2
农五师	22.2	28.9	44	59	73.7	76.2	77	68.7	50.7	36	21.8	18	575.3
农六师	21.8	27.6	42.7	56.9	70.3	72.9	74.9	66.2	49.4	38.1	21.8	16.3	559.4
农七师	21.4	27.2	41.4	56.1	72	74.5	75.4	67.4	49.4	36	20.9	16.3	557.7
农八师	21.8	27.2	42.3	57.4	72.4	75.4	76.2	67.8	50.2	37.3	21.8	16.3	566.9
农九师	20.5	27.6	44.8	58.2	74.1	77.9	77.9	69.5	49.4	34.8	21.4	16.3	571.9
农十师	19.7	27.2	44.8	59.5	73.7	77	77	67.4	48.1	33.9	20.1	15.5	563.5
农十二师	20.9	26.8	40.6	55.3	69.1	70.8	72.9	65.7	49	38.5	21.4	16.3	546.4
农十三师	26.4	33.9	50.7	62	78.3	80	78.3	72	56.9	44.4	28.9	23	659.8
农十四师	30.1	31.8	46.1	54.4	67.8	73.3	70.8	64.1	52.8	48.1	36	32.2	607.5

兵团各师垦区日照百分率 单位:%

单位	1月	2月	3月	4月	5月	6月	7月	8月	9月	10月	11月	12月	全年
农一师	65	66	60	53	61	64	67	72	69	73	72	67	66
农二师	66	65	63	58	66	67	66	73	74	76	72	66	68
农三师	56	53	58	52	64	73	72	70	69	75	69	58	64
农四师	56	58	56	59	62	65	69	74	72	64	59	52	63
农五师	57	64	53	61	66	63	66	71	73	60	48	47	62
农八师	54	60	55	62	64	64	65	70	70	66	54	43	62
农九师	60	67	60	68	69	71	72	79	78	60	56	57	67
农十师	62	72	65	71	70	71	69	72	75	62	53	55	68
农十二师	57	62	57	64	65	63	67	71	72	70	58	46	63
农十三师	71	81	73	74	76	77	75	77	83	83	78	75	77
农十四师	62	50	59	49	57	62	57	61	65	78	74	67	61

兵团各师垦区日平均气温通过0℃和10℃的初终日(月/日)、持续日数(天)和积温(℃)保证率(%)

项目 / 保证率 / 单位	0℃								10℃							
	初日		终日		持续日数		积温		初日		终日		持续日数		积温	
	80	90	80	90	80	90	80	90	80	90	80	90	80	90	80	90
农一师	3/3	5/3	11/16	11/13	261	257	4123	4084	11/4	4/14	10/10	7/10	188	184	3668	3602
农二师	3/3	6/3	11/13	10/11	259	253	4600	4553	5/4	10/4	12/10	9/10	190	186	4125	4047
农四师	3/25	3/31	10/11	5/11	237	229	3710	3636	4/21	4/25	9/30	9/26	168	162	3188	3103
农五师	3/30	4/4	10/27	10/22	216	210	3420	3346	11/4	4/14	9/10	6/10	150	144	2935	2845
农八师	3/24	3/28	10/28	10/24	224	219	3738	3657	5/5	9/5	9/21	9/18	157	151	3231	3130
农九师	3/4	7/4	10/24	10/20	211	205	3130	3014	5/14	5/19	9/20	9/17	136	129	2552	2432
农十师	8/4	11/4	10/20	10/17	201	197	3042	2927	5/14	5/20	9/19	9/16	136	130	2589	2447
农十三师	3/15	3/19	6/11	3/11	242	238	4314	4263	4/17	4/20	5/10	1/10	175	171	3840	3762
农十四师	2/26	2/3	11/21	11/18	268	261			4/4	8/4	10/19	10/16	204	201	4236	4175

兵团各师垦区年·月平均日较差和最大日较差

单位:℃

保证率(%) / 项目 / 单位	1月		4月		7月		10月		全年	
	80	90	80	90	80	90	80	90	80	90
	平均	最大	平均	最大	平均	最大	平均	最大	平均	最大
农二师	11.4	16.7	13.1	22.6	12.8	20.2	14.1	22.0	12.7	23.4
农三师	11.9	26.4	13.6	24.4	13.4	24.3	14.9	27.5	13.1	27.5
农四师	13.2	21.9	15.3	24.7	15.7	23.3	15.0	26.3	14.4	26.3
农九师	12.4	23.2	14.3	23.4	15.2	23.8	12.5	24.9	13.7	25.5
农十师	12.2	20.6	12.3	20.0	12.9	20.0	10.7	21.0	12.3	26.5
农十二师	9.9	20.6	11.8	22.9	11.9	21.6	10.4	16.2	10.7	26.3
农十三师	12.8	21.6	16.3	26.7	15.8	24.1	16.2	22.5	15.3	26.7
农十四师	10.9	22.8	13.0	22.0	13.3	21.6	14.0	21.5	12.6	22.8

兵团各师平均气温 (2000年)

单位:℃

单位	1月	2月	3月	4月	5月	6月	7月	8月	9月	10月	11月	12月	全年合计
兵团	-13.9	-9.5	0.5	13.2	19.1	21.9	24.7	23	17.8	3.1	-4.8	-7	7.3
农一师	-5.4	-2	6.7	16.1	21.1	22.6	25.2	23	18.6	10.1	1.6	-4.4	11.1
农二师	-5.8	-1.6	8.3	16.4	23	24.3	27.8	25.4	19.8	10	1.3	-4.6	12
农三师	-2.2	0.3	8.8	16.9	22.5	24.4	25.7	24.8	19.8	12.6	4.4	-3	12.9
农四师	-6.8	-5	3.5	15.2	19.5	21.9	24	23.3	17.9	7.1	1.4	-3.7	9.9
农五师	-16.6	-10.4	0.9	13.8	19.8	23.3	24.2	23.3	17.3	4.2	-3.8	-10.1	7.2
农六师	-14.7	-9.5	1.1	15.1	21.1	24.3	26.8	25	19.3	4.9	-3.1	-9	8.4
农七师	-15.9	-9.6	1.8	16	22.1	26.1	27.8	26.5	19.3	5.3	-3.1	-9.6	8.9
农八师	-17.2	-11.4	0.9	15.4	21.1	24.6	26.3	24.5	17.7	4.9	-3.1	-10.2	7.8
农九师	-13.6	-8.1	0.1	9.2	19.4	23	22.6	22.7	15.3	8.1	2.3	-14.6	7.2
农十师	-17.7	-13	-2.2	11.8	17.9	22.2	23.7	22.6	16.7	3.1	-8.9	-12.1	5.3
农十二师	-13.9	-9.5	0.5	13.2	19.1	21.9	24.7	23	17.8	3.1	-4.8	-7	7.3
农十三师	-10.1	-4	5.9	14.2	22.3	24.3	27.4	24.2	18.4	6.7	-1.8	-6.1	10.1
农十四师	-1.3	0.4	9.3	18	24.1	24.7	25.8	25.5	20.4	13.5	4.9	-2.7	13.6

【水分资源】

兵团垦区降水稀少，气候干燥，南疆垦区尤为干燥，因此形成了灌溉农业的特点。

北疆各师垦区因受北冰洋和大西洋湿润气候的影响，降水量较南疆垦区多。平原区降水量在150～200毫米，干燥度为3～9之间，山地降水量一般在300毫米以上。降水量的分布，北部和西部多于南部和东部，山区多于平原。降水量集中在夏季的6～8月，占全年的40%左右，降雪多集中在12～次年2月份。

南疆各师垦区的平原垦区降水量不足100毫米，东南部多在50毫米以下，最低仅10毫米左右，干燥度在8以上，最高超过40，是全疆最干旱的地方。降水量集中分布在夏季，占全年的45%，降雪少而不稳定，详见“兵团各师垦区降水量”。

兵团各师垦区降水量　(2000年)　　单位:毫米

单位	1月	2月	3月	4月	5月	6月	7月	8月	9月	10月	11月	12月	全年合计
兵团	30.3	20.6	13.7	20.6	25.5	58.2	19.1	42.1	16.2	49.8	27.6	8.6	332.3
农一师	0	0.5		0	8.1	26.3	6.9	3.2	6.6	2.8	2.6	1.8	58.8
农二师	3	0.3	0	0	5.2	24	8.8	10.6	0.1	0.5	0	0.1	52.6
农三师	0.1	0		0.9	1	6.5	3	2.8	9.9	1	0	0	25.2
农四师	50.8	17.3	8.9	30.5	23.7	26.8	7.6	15.8	20.9	79.3	30.8	34.8	347.2
农五师	8.6	6.5	12.1	2.9	11.2	16.4	43.6	16.8	8.4	22.9	7.4	3.2	160
农六师	28.2	15.3	7.7	19	19.8	41.9	13.9	36.2	12.9	43.5	15.3	5.9	259.6
农七师	7.4	4.3	4	11.8	12.5	13.4	13.8	14.1	4.4	28.5	8.4	7.6	130.2
农八师	40.2	11.2	9.6	16.2	23	15.4	18.9	5.7	7.6	36.4	24.7	11	219.9
农九师	32.3	38.4	8.4	43.4	20.4	18.2	54.1	27.8	18.5	21.5	14.3	12	309.3
农十师	9.4	1.9	1.7	2.7	21.9	7.1	21	2.6	6.1	22.4	16.1	25.1	138
农十二师	30.3	20.6	13.7	20.6	25.5	58.2	19.1	42.1	16.2	49.8	27.6	8.6	332.3
农十三师	3.6	0.1	0	8.7	2.3	12.7	5.1	5.3	2	11	0	2.3	53.1
农十四师	0.1	0		1	7.7	7.7	1.9	0	0.2	0	0	0.6	19.2

二、主要灾害性天气综述

【概述】

我国是一个灾多灾重的国家，年年都有自然灾害发生。新疆是我国多种自然灾害群生的典型地区，也是自然灾害多发省区之一。气象灾害的类型多、频度高，造成的损失比重最大，约占各种灾害损失的60%。历年农作物平均总受灾面积为17.28万公顷，其中，死亡面积近5万公顷。受灾面积占农作物播种面积的26.5%。其中，碱灾面积为2.95万公顷，旱灾面积为6.31万公顷，占受灾面积的36.5%，霜冻面积为1.24万公顷，占受灾面积的7.2%，受灾死亡面积为0.24万公顷。雹灾面积为2.01万公顷，占受灾面积的11.6%，其中，受灾死亡面积0.3万公顷。其他受灾面积为2.06万公顷，死亡面积为0.54万公顷。

【低温霜冻】

寒潮是当年9月至第二年3月主要的灾害性和转折性天气之一，危害性很大。兵团垦区的寒潮在春、秋、冬三个季节均可发生，而春秋两季是兵团垦区农、牧业生产的主要季节，特点是春季出现的寒潮，可以使季节推迟，有时甚至会使已经变暖的天气，出现严重的回寒，即所谓“倒春寒”，致使终霜冻推迟，给喜温作物和大田蔬菜幼苗造成危害；秋季出现的寒潮，又往往使季节提前，引起初霜冻较早来临，使晚秋作物产量降低，棉花品质下降，霜后花比例增大，影响职工收入。牧业上，牲畜越冬后，体质较弱，由冬牧场转向夏牧场和春牧场的期间也是产羔育幼的重要时期，遇上大风和剧烈降温的寒潮天气，易造成牲畜的大批死亡。

兵团垦区春、秋两季冷空气活动频繁，气温变化很不稳定。秋霜冻往往过早来临，春霜冻也常常结束较晚，致使兵团各师垦区历年均有不同程度的霜冻害发生。主要危害的作物有玉米、高粱、水稻、棉花、薯类、蔬菜和瓜果等。

兵团的终霜冻日，北疆垦区主要受冷空气活动影响而形成；南疆垦区则以冷空气活动和地面辐射冷却同时作用而形成。北疆垦区比南疆垦区约晚一个月。

兵团的初霜冻日，主要是受冷空气活动而形成。南疆各师垦区初霜冻大都与一次较强的冷空气或寒潮入侵有关。相比之下，北疆各师垦区更为明显。初霜冻北疆北部农九、十师，一般在9月下旬；伊犁河谷和沿天山一带农四、五、六、七、八、十二师垦区，一般在10月上旬；南疆东北部垦区为10月下旬，西南部垦区为10月底。北疆垦区比南疆垦区平均早一个月左右。初霜冻对未成熟的作物，如棉花、晚熟玉米、夏播玉米、瓜类和蔬菜等作物的影响比终霜冻严重，损失也大。

冻害，通常情况下，冬季气温过低，变化剧烈，小气候条件不良，品种抗寒力差，土壤盐碱大，水肥不足，栽培管理技术粗放等均可造成果树和冬麦的冻害。部分垦区地势低洼，冷空气易于积聚，极端最低气温多年平均值可达 -35℃以下，个别年份在 -40℃以下；冬季下雪少，积雪时间晚，厚度薄，冻害时有发生。

【干旱】

形成干旱气候的主要原因是：

1. 地理位置距海遥远。东到太平洋约4 400千米，西到大西洋约4 300千米，北距北冰洋约3 000千米。由于水汽源遥远，大量水汽难以输送到兵团垦区。

2. 三面环山，青藏高原又位于南侧，阻挡了东来的气流，使水汽输送量减少。

3. 青藏高原在4~5月份是热源，使降水量减少。

干旱的发生除因降水量年际变化和河流丰枯差异引起外，还由于河流径流的季节分布与农作物需水时期的不匹配。山区的干旱完全是山区降水量较常年降水明显偏小引起。山区降水量显著减少会引起森林和草场干旱，使森林生长不良，牧草产量骤减，造成林、牧业减产减收。山区降水偏少的年份，是气温偏高的年份。冰川和永久性积雪消融量较大，形成河流径流量平水或偏丰，但次年河水流量偏枯，造成平原地区干旱缺水。

【大风】

兵团北疆各师垦区大多地处山口、隘道，常受冷空气影响，南疆各师垦区因天山阻挡，冷空气一般只能绕流，不易翻越天山。所以大风日数的分布是北疆多于南疆。由于山区地形起伏，风力受阻，因此，平原地区大风日数多于中、低山区。而高山和高原地区，由于地形开阔，又接近自由大气，所以大风日数也很多。

【冰雹】

是兵团垦区春、夏季主要灾害性天气之一。出现时常伴有大风，剧烈降温和强雷电现象，具有明显的季节性和局部性特征。冰雹的产生与当地的地形有一定关系。山区、地形繁杂、植被覆盖率低的地区，在强烈的太阳照射下，地面迅速增温，气流容易产生对流，形成午后多雹天气。冰雹地理分布：北疆多于南疆，西部多于东部，山脉的背风面多于迎风坡，山区的盆谷地带多于开阔地区。冰雹的时间分布3~12月都可出现，但较集中在5~8月，占全年总降雹日数的80.5%，更集中于5~6月，占全年的47.6%；6月份则为全年之冠，占全年的25.0%。

冰雹分区：特多冰雹区包括农四师垦区的昭苏盆地和农二师垦区焉耆地区；多冰雹区主要位于兵团垦区西部、西北部和北部中低山区；次多冰雹区包括准噶尔盆地西北部和北部的山地边缘地区；北疆沿天山一带包括农五、六、七、八、十二师的平原地区；塔里木盆地北部的农一、二师垦区。为防御冰雹灾害，兵团2001年在十个农业师66个农牧团场，常年开展人工影响天气作业。投入作业高炮303门，火箭架88个，711数字化天气雷达8个，无线电台466部、卫星气象单收站43部。

【干热风】

兵团垦区干热风发生的地区特点是：南疆各师垦区多于北疆各师垦区；东部多于西部各师垦区；盆地腹部多于边缘。时间大致发生在4~9月，其中6~8月出现机会较多。干热风危害时期，北疆多集中在6月中旬至7月中旬，南疆多集中在5月中旬至7月中旬。干热风一般为冷空气入侵变形而形成，也有在冷空气入侵之前，热低压发展的形势下形成的。重干热风区包括吐鲁番盆地、塔里木盆地东部铁干里克、若羌一带。次重干热风区包括哈密盆地、塔里木盆地北部以及准噶尔盆地腹部地区。

【洪水】

兵团垦区产生洪水主要受积雪、气温、降水三个因素影响，不同的气象条件产生不同类型的洪水。

1. 春季升温型洪水由于河水补给主要是融雪型，降水的84%落于山区，大气降水在雪线以上部分转化为冰川和永久积雪，当气温上升到7℃以上时，山区积雪大量融化，形成了春季升温洪水，持续时间长、范围广、洪量大，对水库安全及农田、公路、铁路危害很大。

2. 夏季暴雨型洪水常发生在天山及阿尔金山和昆仑山北麓浅山区的山间盆地、谷地、喇叭口地形深入地带，出现频数少、强度大、时间短。

3. 冰川阻塞型洪水由于冰川阻塞，形成冰川阻塞湖，突然溃决暴发洪水。

4. 水库垮坝型洪水由于防洪标准偏低，多数拦河水库没有泄洪出路，有的在建设时没有溢洪道或溢洪道偏小，有的引水或水库引水口不牢固或沿河堤防单薄，一旦被洪水冲毁，造成垮坝。

三、土地资源

【土地资源特点】

兵团开发的土地土壤种类多，主要有灰漠土、棕漠土、草甸土和盐土，栗钙土及灰钙土也占一定比例，垦区耕地在全国耕地土壤养分六级标准中，一般列为四、五级。兵团垦区未利用土地296.54万公顷，占垦区总面积的39.89%，是八个一级地类中面积最大的一个，未利用土地是兵团进一步发展的物质基础，是垦区农、林、牧业最主要的后备土地资源。

【耕地后备地资源评价】

垦区宜用土地总面积64.15万公顷，占未利用土地面积的21.56%，其中可开垦土地为64.12万公顷，可复垦土地为0.03万公顷，分别占耕地后备资源总面积的99.95%和0.05%，其数量和分布状况详见“兵团耕地后备资源分类面积统计表”。

【土地类型及特征】

兵团垦区土地类型较齐全，分布有8个一级类，43个二级类，23个三级类。各类土地面积和结构，详见“兵团各类土地面积和结构表”。

兵团一级土地主要分布在平原地区，占总面积的68.61%，山区面积占31.3%，而且基本为牧草地、冰川及永久积雪等。森林除农四、十师有2.34万公顷分布在山区外，其他均分布在平原地区，而且一般为农田防护林地，仅农一、二、三、五师有部分胡杨林，农三、四、六、七、八师有较大面积的灌木林地分布在农区外围。

兵团土地在各师分布比重见“兵团各类土地面积和结构表”。

【土壤类型及特征】

兵团土壤类型较多，南北疆垦区差异较大，共有7个土纲，22个土类，72个亚类，88个土属，详见“兵团土壤分类系统及面积统计表”。部分土壤经人为耕作已演变为农业土壤。

平原区土壤　北疆地区属温带半荒漠、荒漠生物气候带。在额尔齐斯河流域、塔城盆地及伊犁谷地的农十、九、四师垦区，分布着典型的棕钙土；在库尔班通古特沙漠以南的农五、七、八、六师垦区，分布着灰漠土、风沙土，在东西两边分布有棕漠土；伊犁河谷属山前草原化荒漠气候，分布有灰钙土。南疆和东疆的农一、二、三、十三、十四师，气候极端干旱，属暖温带荒漠生物气候带，地带性土壤为棕漠土。

山地土壤　土壤的垂直分布，因其地理位置和气候带的不同而有所差异。位于阿尔泰山南坡的农十师垦

兵团耕地后备资源分类面积统计表

单位：公顷

单位	合计	可开垦土地														可复垦土地							
		小计	（%）	荒草地	（%）	盐碱地	（%）	沼泽地	（%）	苇地	（%）	滩涂	（%）	其他	（%）	小计	（%）	废弃地占地	（%）	塌陷地	（%）	自然灾害损毁地	（%）
兵团	641554.25	611210.23	99.95	401841.62	62.67	121152.15	18.89	2671.96	0.42	2043.79	0.32	1027.51	0.16	112473.20	17.54	344.01	0.05	239.75	69.69	7.87	2.29	96.39	28.02
农一师	151087.97	151087.97	100.00	41244.93	27.30	51088.87	33.81	2178.00	1.44	546.53	0.36	866.27	0.57	55163.37	36.51								
农二师	39230.71	39214.83	99.96	15119.21	38.56	12674.17	32.32			300.00	0.76			11121.45	28.36	15.87	0.04	8.00	50.40	7.87	49.60		
农三师	88468.30	88468.30	100.00	73160.60	82.70	15030.98	16.99							276.72	0.31								
农四师	20620.64	20607.17	99.93	16161.71	78.43	1442.68	7.00	461.03	2.24	88.45	0.43	38.67	0.19	2414.65	11.72	13.47	0.07	13.47	100.00				
农五师	10852.73	10852.73	100.00	5215.03	48.05	4871.19	44.88	20.22	0.19	746.29	6.88												
农六师	74232.17	73934.01	99.60	56600.84	76.56	15246.45	20.62					122.57	0.16	1964.15	2.66	298.15	0.40	201.76	67.67			96.39	32.33
农七师	96040.64	96024.12	99.98	86427.32	90.01	4643.99	4.84	12.71	0.01	287.26	0.30			4652.83	4.85	16.52	0.02	16.52	100.00				
农八师	11878.49	11878.49	100.00	5913.78	49.79	5963.41	50.20							1.30	0.01								
农九师																							
农十师	61562.24	61562.24	100.00	55239.88	89.73	6247.09	10.15			75.27	0.12												
农十二师	4171.83	4171.83	100.00	4171.83	100.00																		
农十三师	52105.83	52105.83	100.00	28372.30	54.45	1000.00	1.92							22733.53	43.63								
农十四师	21022.16	21022.16	100.00	7745.43	36.84	160.00	0.76							13116.73	62.40								
建工师	4933.00	4933.00	100.00	4933.00	100.00																		
兵直	5347.55	5347.55	100.00	1535.75	28.72	2783.32	52.05							1028.47	19.23								

兵团土壤分类系统及面积统计表　单位:公顷

土纲	土类	面积	%
半水成土和水成土	潮土	205 045.79	3.28
	林灌草甸土	269 973.19	4.32
	草甸土	432 635.78	6.93
	沼泽土	54 839.60	0.88
盐碱土	盐土	893 429.60	14.31
	漠境盐土	49 344.47	0.29
	碱土	25.80	0.002
钙成土和干旱钙成土	黑钙土	253 436.66	4.06
	栗钙土	561 897.40	9.00
	棕钙土	258 502.87	12.15
	灰钙土	98 035.40	1.57
漠土	灰漠土	584 111.02	9.36
	灰棕漠土	866 880.73	1.39
	棕漠土	411 203.93	6.59
初育土	风沙土	520 839.85	8.34
	新积土	1 128.40	0.02
淋溶半淋溶土	灰色森林土	13 656.20	0.22
	灰褐土	58 465.60	0.94
高山土	亚高山草甸土	275 054.20	4.41
	亚高山草原土	194 743.33	3.12
	高山草甸土	280 672.53	4.50
	高山寒漠土	239 292.13	3.83
合计		6 243 014.53	100.00

区，属温带半荒漠干旱气候带，垂直带谱完整。从山地淡栗钙土（或灰棕钙土）依次向上为山地黑钙土、灰色森林土、亚高山草甸土、高山草甸土和山地冰沼土。位于准噶尔盆地西部山地的农九师牧区，土壤类型从下到上，依次分布有棕钙土、栗钙土、黑钙土和亚高山草甸土。中天山北坡的农四、五、七、八、六师垦区的草场地带，从棕钙土依次向上，为棕钙土、栗钙土、黑钙土、灰褐土、亚高山草甸土和高山草甸土；天山南坡的农二、十三师草场地带，从下向上依次分布有山地棕漠土、山地棕钙土、山地栗钙土、灰褐土、亚高山草原土和草甸土、高山草甸土。

【土壤盐分与养分状况】

土壤盐分状况　兵团土地多数处于河流中、下游及扇缘潜水溢出带，开垦前盐渍化分布普遍，盐分组成类型复杂。北疆垦区盐渍化程度较轻，以硫酸盐型和氯化物硫酸盐型为主。南疆垦区盐渍化程度较高，以氯化物型和硫酸盐氯化物型为主。兵团各垦区都有苏打盐渍化分布，其中以农八、五、二、三师分布面积较大，详见“兵团荒地土壤（0～100厘米）盐渍化状况统计表”。

土壤养分状况　兵团耕地土壤有机质平均含量13.9克/千克，全氮平均含量0.7克/千克，属中下等肥力水平。各地之间养分含量也不同，北疆各师垦区高于南疆各师垦区。碱解氮平均含量为54毫克/千克，属中下等水平，含量在4级以下的耕地面积占全兵团耕地面积89%以上。北疆各师垦区普遍高于南疆各师垦区。

全磷含量属中上水平，平均为0.73克/千克，北疆各师垦区略高于南疆各师垦区。速效磷含量普遍低，平均为8毫克/千克。速效钾含量普遍丰富，属于富钾地区，详见“兵团各师土壤养分含量统计表”。

【半水成土和水成土纲】

是指季节性或长期受水分过多浸润或饱和的土壤，汇总兵团垦区土壤分类系统时，将草甸土、林灌土、沼泽土以及垦殖后的自然土类在人为因素作用影响下发育的潮土，共同归入水成和半水成土纲。

兵团各类土地面积和结构表

单位:公顷

单位	耕地	园地	林地	牧草地	居民点及工矿用地	交通用地	水域	未利用土地	合计
兵团	1 051 794.06	47 462.79	392 283.81	2 426 769.32	107 291.22	40 827.20	401 388.27	2 965 472.44	7 433 289.11
农一师	140 571.93	5 421.07	32 725.67	27 691.27	10 118.60	5 010.93	86 517.33	147 750.07	455 806.87
农二师	66 560.91	10 357.60	87 037.54	206 832.36	6 783.23	3 459.71	44 551.39	507 325.65	932 908.40
农三师	73 133.21	5 012.51	96 654.83	97 838.55	6 570.45	2 850.89	39 045.32	483 162.84	804 268.60
农四师	104 548.93	6 006.95	51 601.30	245 446.40	11 832.03	4 003.95	57 598.38	183 068.99	664 106.93
农五师	52 916.20	888.19	19 961.70	216 252.00	4 763.24	1 861.87	16 832.51	84 858.20	398 333.91
农六师	171 791.66	1 327.15	20 451.66	365 777.11	19 109.45	4 961.11	27 249.00	220 355.18	831 022.31
农七师	89 274.35	2 589.60	20 598.11	159 190.54	11 202.16	3 933.03	24 543.66	279 358.96	590 690.41
农八师	183 090.35	2 286.36	22 083.26	67 626.54	14 160.18	6 361.57	48 484.40	398 704.51	742 797.17
农九师	75 457.50	599.69	12 245.42	253 279.73	4 153.57	1 716.95	4 251.85	72 599.43	424 304.14
农十师	39 057.27	666.65	15 426.05	93 365.51	9 614.40	2 392.85	30 612.18	222 598.81	413 733.71
农十二师	19 264.63	1 536.66	3 490.19	205 531.45	2 875.63	1 207.93	9 657.51	17 996.75	261 560.76
农十三师	24 102.51	6 629.29	4 807.57	403 146.37	3 804.71	1 680.01	7 602.89	302 370.40	754 143.75
农十四师	4 032.79	1 412.31	3 135.30	84 161.35	583.75	807.75	1 824.65	32 757.75	128 715.64
兵直	3 355.27	2 330.27	1 703.87	49.87	1 338.79	434.20	1 840.93	7 677.88	18 731.07

兵团荒地土壤(0~100厘米)盐渍化状况统计表

单位:公顷

师局	面积合计	非盐化		轻盐化		中盐化		重盐化		盐土		苏打化		碱化土	
		面积	(%)	面积	(%)	面积	(%)	面积	(%)	面积	(%)	面积	(%)	面积	(%)
合计	4803290.07	3340435.67	69.6	116454.33	2.4	146118.07	3.0	322311.47	6.7	850907.93	17.7	22514.80	0.5	4548.80	0.1
农一师	171041.34	46797.27	27.4	7808.60	4.5	17313.97	10.1	9682.63	5.7	89439.13	52.3				
农二师	470697.20	389958.20	82.8	2302.80	0.5	5837.67	1.2	4764.13	1.0	67576.20	14.4	258.20	0.1		
农三师	376821.07	169292.73	44.9	35664.60	9.5	23149.93	6.1	54172.54	14.4	94541.27	25.1				
农四师	440288.40	415230.87	94.3	11534.80	2.6	1050.20	0.2	323.93	0.1	12148.60	2.8				
农五师	264951.13	130562.53	49.3	1881.20	0.7	15043.80	5.7	24732.40	9.3	92732.20	35.0				
农六师	751381.60	439165.67	58.5	11137.53	1.5	35214.07	4.6	82102.80	10.9	183761.53	24.5				
农七师	291467.40	492034.07	31.6	19670.33	6.8	21606.60	7.4	42718.33	14.6	115438.07	89.6				
农八师	204227.87	9055.73	4.4					86372.74	42.3	100364.07	49.2	3886.53	1.9	4548.80	2.2
农九师	286150.80	241227.47	84.3	5411.87	1.9	5948.80	2.1	7009.40	2.4	8183.19	2.9	18370.07	6.4		
农十师	288768.20	244242.53	84.6	16339.60	5.6	12859.47	4.4	147.60	0.1	1579.00	5.3				
农十二师	183673.93	470169.27	98.8			527.86	0.3	66.60		1678.40	0.9				
农十三师	597267.47	534748.80	89.5	1148.67	0.2	7247.87	1.2			54122.13	9.1				
农十四师	446120.33	440325.50	98.7	3554.33	0.8	318.13	0.1	105.00		1817.47	0.4				
221 团	19933.33	6393.33	32.1					5500.00	27.6	8040.00	40.3				
222 团	10500.00							4613.33	43.9	6886.67	56.1				

兵团各师土壤养分含量统计表

地类 单位	有机质（克/千克）	全氮（克/千克）	碱解氮（毫克/千克）	全磷（克/千克）	速效磷（毫克/千克）	全钾（克/千克）	速效钾（毫克/千克）
农一师	9.6	0.54	38	0.62	7.8	18.7	337
农二师	16.6	0.79	44	0.69	11.7	19.1	279
农三师	10.5	0.70	27	0.59	4.8	23.5	262
农四师	26.5	1.39	84	0.74	5.4	20.4	218
农五师	21.9	1.17	78	0.71	7.2	21.8	301
农六师	15.2	0.97	63	0.74	11.0	21.0	335
农七师	12.1	0.73	59	0.74	7.1	21.7	415
农八师	11.4	0.62	48	0.74	7.2	25.5	349
农九师	31.1	1.55	71	0.73	9.6	27.0	279
农十师	9.8	0.52	37	0.60	7.8	19.7	220
农十二师	14.1	0.75	58	0.62	4.8	22.1	247
农十三师	17.9	0.82	40	0.74	10.3	34.0	293
农十四师	6.9	0.34	35				
平　均	13.9	0.70	54	0.73	8.0	21.0	319

半水成土和水成土纲所属土壤类型各师均有分布，前者南疆各师垦区较为集中连片，后者以北疆各师垦区面积较大。半水成土纲总面积 90.77 万公顷，占兵团土壤总面积 14.54%，其中耕地 56.71 万公顷，占兵团耕地 46.86%；水成土纲共 5.48 万公顷，占兵团土壤总面积的 0.88%，其中耕地 1.99 万公顷，占兵团耕地 1.64%。两土纲耕地约占兵团总耕地面积的一半，其中有大面积高产稳产田，是发展兵团农业生产的基本良田。尚未开垦的连片草甸土、沼泽土等，在具有排水出水的区域，可以划为待开发区，供近期垦殖，是兵团耕地的后备资源。

【盐碱土纲】

兵团垦区范围内的盐碱土，只有盐土和漠境盐土两个土类，还有零星小面积的碱土土类。面积共 94.28 万公顷，占兵团土壤总面积 15.10%。地处温带半荒漠地带的农四、九、十师以草甸盐土为主；地处温带荒漠带的农五、六、七、八、十二师，则以盐土和草甸盐土为主；地处暖温带荒漠带的农一、二、三、十三、十四师，则以典型盐土为主，其区域性分布：山前倾斜平原；大河冲积平原；湖滨三角州和湖滨平原。

【钙层土和干旱钙层土纲】

钙层土和干旱钙层土纲实际包含了黑钙土、栗钙土、棕钙土和灰钙土四个土类。兵团垦区钙层土和干旱钙层土纲面积 167.19 万公顷，占土壤总面积 26.78%。

黑钙土主要分布于北疆垦区农十师的阿尔泰山南坡，农九师的准噶尔西部山地，农六、七、八师的天山北坡及农四师伊犁垦区。

栗钙土主要分布于农四师的尼勒克、特克斯谷地，农八、九、十师的准噶尔西部山地，农十师的阿尔泰山南坡低山带，天山南北坡农一、三、五、六、七、八师的山区也有分布。栗钙土持水能力较强，土壤有机质含量较高，质地轻、耕性好，是垦区中最重要的春秋草场和良好的旱作和半旱作农业区。

棕钙土分布面积较大的有农六、八、九、十、十二、十三师垦区。棕钙土有机质和其他养分含量大多较低。

灰钙土广泛分布于伊犁河、巩乃斯河和喀什河两侧前山丘陵、山前倾斜平原及各河二级阶地上。是伊犁河谷的地带性土壤和主要的耕作土壤。其特征是土层深厚，质地适中；一般无砾石；土壤肥力和生产性能较好。

钙层土是垦区重要的草场资源，由于钙层土纲分布界于湿润草原与干旱荒漠之间，除黑钙土分布区水分较多以外，栗钙土、棕钙土和灰钙土分布区一般都比较干燥。蒸发量大于降水量 5~10 倍以至更高，干燥度 1~4，因此出现不同程度的干旱，成为农牧业生产的限制因素；少数垦区还有风沙、盐碱、土壤侵蚀等不利因素，影响农牧业生产的发展。但上述各类土壤以生产旱生植被为主，含水量较低，粗蛋白比例较高，草群质量高，是优良的天然草场，宜于饲养各类牲畜。

【漠土纲】

漠土是在半干旱至极端干旱气候下形成的分布广泛的地带性土壤，包括灰漠土、灰棕漠土和棕漠土三个土类。兵团垦区漠土纲总面积为 108.2 万公顷，占土壤面积的 17.34%。

漠土分布区冬季寒冷，夏季炎热，干旱少雨，蒸发量一般大于降水量 10~20 倍，这种水热状况决定了漠土的风化与成土作用微弱。日照长、热量足、土壤中无机养分含量也较丰富，尤其是灰漠土及南疆垦区的部分土质棕漠土，地势开阔平坦，有利于机械化作业，土层深厚，质地适中，发展农业十分有利。兵团垦区在漠土上累计开荒造田 31.3 万公顷，约占总耕地 1/4，已发展成为兵团垦区主要的粮、棉、油、糖生产基地。

【初育土纲】

初育土纲是兵团垦区有新沉积物或人工堆垫物形成的新积土和风沙堆积形成的风沙土两个土类。兵团垦区初育土纲面积 52.20 万公顷，占土壤总面积的 8.36%。

风沙土是在风成沙性母质上发育的隐域性土壤，分为流动、半固定、固定风沙土及盐化风沙土四个亚类。

流动风沙土养分贫乏，利用价值很小，也难以利用。相反，由于风沙流动，对附近农田带来风沙危害，应积极采取防风固沙措施。

半固定风沙土利用价值较小，应采取封沙育草、封沙育林等措施加以保护，部分地区也可轮牧。

【淋溶—半淋溶土纲】

兵团垦区范围内主要为半淋溶土纲，它包括灰色森林土、灰褐色森林土二个土类。面积 7.21 万公顷，占兵团土壤 1.16%。主要分布于天山、阿尔泰山及巴尔鲁克山的低山——中山带的阴坡、半阴坡。其上为亚高山草甸土或亚高山草原土带，其下为山地黑钙土，是重要的水源涵养林与用材林基地，对生态平衡起着重要作用。

【高山土纲】

是分布在海拔 1 800 米以上寒冷（特别是具有季节性冻层）又较湿润，或较温和干旱的山地气候条件下形成的亚高山草甸土、亚高山草原土、高山草甸土和高山寒漠土四个土类。兵团垦区高山土纲总面积 9.90 万公顷，占土壤总面积 15.85%。除高山寒漠土外，均是优良的夏季牧场，在兵团牧业生产中占有相当重要的地位。高山土壤形成于海拔高，常年气温低，土壤冻结时间长，气候比较湿润的高山、亚高山带，因此，在形成过程中具有冻融交替，有机质积累比较明显等特点。

四、土地利用

【土地利用概况】

土地利用结构包括农业用地（农业、林业、牧业、副业和渔业用地）和非农业用地（主要为建设用地，即交通用地、居民点及工矿用地、水利工程用地等）。兵团农业用地和非农业用地面积分别为 391.83 万公顷和 54.95 万公顷，共计为 446.78 万公顷。分别为已利用土地的 87.70% 和 12.29%。详见“兵团各类土地面积和结构表”。

农业用地结构与土地经济　2000 年农业用地总面积为 367.0468 万公顷，总产值为 761 350 万元，所包括行业用地面积和产值详见“农业各行用地面积及产值统计表”(1990 年不变价计算)。

农业各行用地面积及产值统计表

项目	单位	合计	种植业	林业	牧业	渔业
用地面积	万公顷	367.05	90.98	39.56	233.67	2.84
总产值	万元	761350	750459	8050	86533	5353
单产值	元/公顷	2074	8248	203	370	1851

种植业用地结构见“种植业作物结构表”。

种植业作物结构表

年份	总播面积(万公顷)	粮食作物		经济作物		其他农作物	
		面积	%	面积	%	面积	%
1992 年	81.02	33.89	41.8	36.04	44.5	11.09	13.6
2000 年	90.98	21.91	24.1	54.52	59.9	14.55	16.0

从上表可看出，由于市场经济的调节，棉花和油料作物种植面积的比重有较大幅度的增长。

非农业用地结构　2001 年兵团非农业用地面积为 54.95 万公顷，其内部结构由居民点及工矿用地、交通用地、水利工程用地（包括水库、沟渠和水工建筑物）等组成，面积和比重详见“非农业用地组成统计表”。

非农业用地组成统计表　单位:万公顷

项目	合计	居民点及工矿用地	交通用地	水利工程用地
占地面积	54.95	10.72	4.08	40.13
占总面积(%)	100.00	19.50	7.42	73.03

由“非农业用地组成统计表”非农业用地中水利工程用地占的比重最大，体现了兵团水利工程建设较好，

灌溉水平高的集约化经营特色。由于农牧团场土地规模大，居民点稀少，工业和乡镇企业不发达，交通网络稀疏，所以居民点和工矿用地、道路用地占的比重较小，这体现了新疆荒漠边远的地域特点。

【土地利用布局与土地经济】

兵团各师的土地分布于全疆各地，点面多，面积大，地形地貌、气候、水文地质和土壤等自然地理条件具有明显的地域性，从而形成了农业生产的多样性，在土地利用布局和耕作制度上，也形成了明显的土地利用区域性特征。

根据兵团土地利用区域性特征，大致可分为准噶尔盆地北部、伊犁谷地、准噶尔盆地南部、吐哈盆地和塔里木盆地5个区域。各区域的土地利用结构和土地经济效益见“各区域土地利用结构及效益表”。

各区域土地利用结构及效益表

项目 / 区域	农用地		非农用地		农用地产值
	面积(万公顷)	占已用地%	面积(万公顷)	占已用地%	(元/公顷)
准噶尔盆地北部	59.32	91.28	5.67	8.72	430.18
伊犁谷地	40.32	85.12	7.05	14.88	1 007.34
准噶尔盆地南部	142.98	83.11	29.05	16.89	1 307.09
吐哈盆地	43.38	97.51	1.11	2.49	284.28
塔里木盆地	80.97	84.68	14.65	15.32	1 977.32

兵团土地利用各区域的自然特点是：准噶尔盆地北部区气候寒冷，气温低，积温很低，土壤盐碱轻，但肥力低，水资源丰富；伊犁谷地区气候温凉，积温低，降雨量多，土地肥沃，盐碱轻，水资源丰富；准噶尔盆地南部区地域宽广，气候温和、积温较高，土地较肥沃，盐碱较轻，水资源较丰富；吐哈盆地区气候温暖，积温高，光照充足，但土地盐碱较重，水资源紧缺；塔里木盆地区气候温暖，积温高，光照充足，无霜期长，土地肥力低，盐碱重，水资源较丰富。

由于各区域光热资源和水土资源条件不同，土地利用程度和效益也有较大的差异。土地利用程度大小的顺序是：准噶尔盆地北部区73.79%，伊犁谷地区64.69%，吐哈盆地区59.57%，准噶尔盆地南部区55.23%，塔里木盆地区45.19%。土地利用程度大小与牧草地面积的大小起很大决定作用。但农用地产值大小，很大程度上取决于气候资源，其次是水土资源。准噶尔盆地区农用地产值低，主要是气候资源限制，而吐哈盆地区农用地产值低，主要是水土条件差。各区域农用地产值大小顺序为：塔里木盆地、准噶尔盆地南部区、伊犁谷地区、准噶尔盆地北部区、吐哈盆地区。从总体看，兵团南疆地区农用地产值比北疆地区高。

兵团有已利用土地446.78万公顷，土地利用率为60.10%，其中农用地利用率为 87.70%，非农用地利用率为 12.29%。土地集约经营水平较高，土地开发潜力较大。兵团有未利用土地 296.54 万公顷，中低产田比例大，占耕地面积的 76.32%，另根据各师气候特点和市场经济需求，种植业结构仍有较大调整余地，农业内部用地结构转换潜力较大。

【耕地】

兵团耕地总面积 105.18 万公顷，其中灌溉水田 0.65 万公顷，占耕地总面积的 0.61%；水浇地 96.52 万公顷，占耕地总面积的 91.77%；旱地面积 7.1 万公顷，占耕地总面积的 6.74%；菜地 0.9 万公顷，占耕地总面积的 0.85%。详见“兵团耕地利用情况表”。

兵团耕地利用情况表

单位:公顷

单位	耕地	灌溉水田	望天田	水浇地	旱地	菜地
兵团	1 051 794	6 487	131 612	965 236	70 972	8 949
农一师	140 572	49	131 462	7 562	1 500	
农二师	66 561	5 880		59 453		1 228
农三师	73 133	299		72 013		822
农四师	104 549			78 955	25 206	388
农五师	52 916	1		51 935	839	142
农六师	171 792	205		168 643	2 499	445
农七师	89 274			88 343		931
农八师	183 090			181 379	3	1 709
农九师	75 458			40 525	34 786	147
农十师	39 057			38 588		469
农十二师	19 265	54	150	18 036	68	957
农十三师	24 103			23 943	10	149
农十四师	4 033			4 028		5
兵直	3 355			3 317		39

土地资源与水资源时空分布不平衡；绿洲灌溉种植业要求高度集约经营；人均占有耕地高于全国；后备耕地资源面积为 64.15 万公顷，开发利用前景广阔。分布详见“兵团耕地后备资源地块分布面积表”。

兵团耕地后备资源地块分布面积表 单位:公顷、%、个

单位	耕地后备资源		>6667			3333~6667			667~3333			200~667		
	面积	个数	面积	比例	个数	面积	比例	个数	面积	比例	个数	面积	比例	个数
兵团	641554	110	477100	74	34	72282	11	17	88276	14	50	3896	1	9
农一师	151088	18	134668	89	11	7823	5	2	7521	5	3	1076	1	2
农二师	39231	12	22811	58	1	6955	18	2	8005	20	6	1461	4	3
农三师	88468	11	78984	89	4	0	0	0	8855	10	6	630	1	1
农四师	20621	7	13423	65	1	0	0	0	6975	34	4	222	1	2
农五师	10853	6	0	0	0	0	0	0	10853	100	6	0	0	0
农六师	74232	10	54174	73	3	13244	18	3	6307	9	3	508	1	1
农七师	96041	11	84384	88	7	7497	8	2	4160	4	2	0	0	0
农八师	11878	6	0	0	0	0	0	0	11878	100	6	0	0	0
农九师	0	0	0	0	0	0	0	0	0	0	0	0	0	0
农十师	61562	9	40650	66	3	14192	23	3	6720	11	3	0	0	0
农十二师	4172	2	0	0	0	0	0	0	4172	100	2	0	0	0
农十三师	52106	11	34674	67	3	8503	16	2	8927	17	6	0	0	0
农十四师	21022	4	13333	63	1	5333	25	1	2355	11	2	0	0	0
建工师	4933	2	0	0	0	3385	69	1	1548	32	1	0	0	0
兵直	5348	1	0	0	0	5348	100	1	0	0	0	0	0	0

【林地】

是兵团土地资源中极其重要的组成部分，按其利用类型、林地结构，由有林地、灌木林地、疏林地、未成林造林地、迹地、苗圃6个二级类构成。全兵团林地总面积39.22万公顷，占土地总面积的5.27%，居已利用土地面积的第四位。在林地中，有林地面积为18.55万公顷，占林地面积47.29%；灌木林地面积为10.29万公顷，占林地面积26.23%；疏林地面积8.91万公顷，占林地面积22.71%；未成林造林地面积1.16万公顷，占林地面积2.95%；迹地面积为0.15万公顷，占林地面积0.38%；苗圃面积0.14万公顷，占林地面积0.35%；林地分布由于所处区位条件的不同，有林地的天然林，主要分布在农四、三、一、二师。农四师主要是针叶林，农一、二、三师主要是胡杨林；有林地的人工林面积174 613公顷。兵团各师、团场均有大面积的分布，主要是农田防护林、护路林、护渠林和部分片林（用材及薪炭林），还有三北防护林，即边境林、防沙林、场界林；灌木林主要分布在各垦区团场的部分山地、沟谷、低平地带；疏林地由于干旱的影响，主要分布在农一、二、三、五师，少量分布于农四、九、八、六师；未成林造林地由宜林地面积和水源所决定，高度集中在农区条田边缘，在一、二、三、四、六、七、八、十、十二师面积最大；迹地和苗圃各师均有。林地面积、结构和分布比例状况，详见“兵团各师森林面积和分布表”。

兵团各师森林面积和分布表　　单位:公顷

单位	林地	有林地	灌木林	疏木林	未成林造林地	迹地	苗圃
兵团	392 283.81	185 546.16	102 917.7	89 157.23	11 657.56	1 589.57	1 415.57
农一师	32 725.667	19 912.733	855.27	8 193.93	2 691.8	687.13	384.8
农二师	87 037.54	8 002.97	13 790.75	62 087.55	3 117.48	2.78	36.01
农三师	96 654.833	59 928.25	29 739.73	6 433.4	503.35	33.83	16.27
农四师	51 601.3	40 436.57	9 975.05	883.27	36.71	153,93	115.77
农五师	19 961.7	5 806.85	4 273.39	9 461.3	377.94	22.6	19.63
农六师	20 451.66	5 819.93	13 353.63	56.37	1 079.65	12.88	129.2
农七师	20 598.11	6 581.73	12 234.37		1 716.08	17.89	48.03
农八师	22 083.26	13 007.68	7 401.65	100.13	912.3	210.88	450.62
农九师	12 245.42	9 612.69	340.44	1 925.04	275.53	49.61	42.12
农十师	15 426.05	9 670.14	5 293.43		394.17	7.61	60.69
农十二师	3 490.19	1 021.87	2 211.91	15.64	162.66	78.11	
农十三师	4 807.57	4 607.55			180.68	5.5	13.84
农十四师	3 135.3	554.62	2 065.66		133.54	380.79	0.69
兵直	1 703.87	290.47	1 349.47	0.6	46	0.8	16.53

【草地】

是兵团土地利用中面积最大的地类，面积为242.68万公顷，占兵团总面积的32.64%，占兵团土地利用面积的54.31%。草地中含天然草地、改良草地、人工草地三类。天然草地是以天然草本植物为主，未经改良用于放牧或割草的草地，包括以牧为主的树木郁闭度小于10%的疏林地、覆盖度小于40%的灌木林地和天然草地；改良草地是采用灌溉、排水、施肥、松耙、补植、围栏等措施进行改良的草地；人工草场是指通过人工种植的草地、包括人工培植的用于牧业的灌木。牧草地利用构成详见“可利用牧草地二级类面积汇总表”。

可利用牧草地二级类面积汇总表　单位:公顷

单位	牧草地	天然草地	改良草地	人工草地
兵团	2 426 769	2 393 787	5 222	27 759
农一师	27 691	27 545		146
农二师	206 832	206 239		593
农三师	97 839	97 554	141	144
农四师	245 446	236 725	2 166	6 555
农五师	216 252	214 612		1 640
农六师	365 777	365 777		
农七师	159 191	159 140	50	
农八师	67 627	67 217	120	290
农九师	253 280	241 021	55	12 203
农十师	93 366	88 996	1 339	3 030
农十二师	205 531	205 265	68	199
农十三师	403 146	399 060	1 234	2 853
农十四师	84 161	84 055		106
兵直	50		50	

【园地】

全兵团共有园地面积4.75万公顷，占全兵团土地总面积的0.59%，是八大土地类型中面积最小的一类，详见“兵团各师园地面积统计表”。

兵团各师园地面积统计表 单位:公顷

单位	园地	果园	桑园	其他园地
兵团	47 463	38 969	13	8 482
农一师	5 421	4 825		596
农二师	10 358	9 374	1	982
农三师	5 013	4 953		60
农四师	6 007	4 301	10	1 696
农五师	888	515		373
农六师	1 327	636		691
农七师	2 590	2 453		137
农八师	2 286	1 982		304
农九师	600	492		107
农十师	667	664	3	
农十二师	1 537	1 082		454
农十三师	6 629	5 997		632
农十四师	1 412	1 412		
兵直	2 330	11		2 319

【居民点及工矿用地面积结构及分布】

居民点及工矿用地系指城乡居民点、独立居民点以及居民点以外的工矿、国防、名胜古迹等企事业单位用地。兵团有居民点及工矿用地10.73万公顷，占总面积的1.44%。其面积分布及结构详见“居民点及工矿用地汇总表”。

【交通用地面积构成及分布】

兵团交通用地面积4.08万公顷，占兵团总面积的0.54%，在八大土地中排第七位。兵团的交通用地包括铁

居民点及工矿用地汇总表 单位:公顷

单位	居民点及工矿用地	城市	建制镇	农村居民点	独立工矿用地	盐地	特殊用地
兵团	107 291	1 147	10 841	71 222	14 734	1 054	9 092
农一师	10 119		1 304	5 498	1 859	49	1 409
农二师	6 783		1 220	3 902	418		1 242
农三师	6 570			5 921	67		582
农四师	11 832		2 038	7 734	1 446		613
农五师	4 763	377	731	2 702	454	134	366
农六师	19 109		663	16 375	458		1 614
农七师	11 202	145	1 461	6 716	2 071	49	760
农八师	14 160	81	292	11 798	1 094	15	879
农九师	4 154	249	1 067	2 002	488	348	
农十师	9 614		1 986	2 955	4 223	451	
农十二师	2 876	219	5	1 800	670	8	174
农十三师	3 805	78		2 649	516		563
农十四师	584			524			60
兵直	1 339			390	930		20

路、公路、农村道路，民用机场四个二级类型，详见“兵团交通用地二级分类面积表”。

【未利用土地面积构成及分布】

兵团交通用地二级分类面积表 单位:公顷

单位	交通用地	铁路	公路	农村道路	民用机场
兵团	40 827.2	728.97	6 192.91	33 767.07	138.26
农一师	5 010.93	59	507.27	4 387.13	57.53
农二师	3 459.71	160.45	678.95	2 620.31	
农三师	2 850.89		91.8	2 759.09	
农四师	4 003.95		192.01	3 811.95	
农五师	1 861.87	88.47	290.48	1 472.15	10.76
农六师	4 961.11	8.85	1 120.92	3 831.74	
农七师	3 933.03	154.68	950.91	2 827.43	
农八师	6 361.57		1 115.63	5 220.87	25.07
农九师	1 716.95		222.45	1 494.5	
农十师	2 392.85		268.4	2 124.45	
农十二师	1 207.93	79.63	381.7	701.71	44.9
农十三师	1 680.01	176.95	259.3	1 243.76	
农十四师	807.75		97.22	710.53	
兵直	434.2		2.73	431.47	

兵团未利用土地面积 296.55 万公顷，占总面积的 39.90%，在兵团八个一级土地类型中居第一位。全国未利用土地的 8 个类型，在兵团都有分布，荒草地面积最大，裸岩石砾地、盐碱地、沙地略小于荒草地，其余各类面积所占比例较小。未利用土地面积构成及分布详见“兵团未利用土地面积构成及分布表”。

【水域特点及评价】

兵团水域总面积 40.13 万公顷，在各类用地中排列第四位。水域用地面积占兵团总面积的 5.39%。兵团各师水资源利用情况见“各师水资源利用情况表”。各师水域面积及分布状况详见“各师水域面积及分布状况表”。

兵团未利用土地面积构成及分布表 单位:公顷

单位	未利用土地	荒草地	盐碱地	沼泽地	沙地	裸土地	裸岩石砾地	田坎	其他
兵团	2 965 472	1 491 855	372 082	6 618	611 837	1 911	472 237	628	8 305
农一师	147 750	33 183	55 644	1 855	27 003	1 003	28 989	72	
农二师	507 326	174 067	54 379	656	259 176	326	18 648	68	7
农三师	483 163	365 302	81 626	130	14 957	232	20 743	167	5
农四师	183 069	36 274	4 620	2534	25 971	25	113 399		247
农五师	84 858	26 904	35 404	863	11 844	142	9 382	122	198

续表

单位	未利用土地	荒草地	盐碱地	沼泽地	沙地	裸土地	裸岩石砾地	田坎	其他
农六师	220 355	134 131	55 471	83	24 702	75	5 166	35	693
农七师	279 359	221 112	11 037	13	42 723		490		3 984
农八师	398 705	151 643	50 045	316	118 436	40	76 908	32	1 285
农九师	72 599	20 808	156		18 978	3	31 401	65	1 188
农十师	222 599	160 492	17 208	46	37 317		6 965	0	572
农十二师	17 997	10 579	387	20	54	20	6 802	10	125
农十三师	302 370	144 842	3 195		2 497	46	151 746	46	
农十四师	32 758	2 987	8	38	28 130		1 595		
兵直	7 678	4 714	2 879	34	50				1

各师水资源利用情况表

单位	年引用水总量(万立方米)							灌溉面积(万公顷)	平均毛灌溉额(米^3/公顷)	渠系水有效利用系数
	合计	河水	水库水	井水	泉水	扬水	坎儿井			
农一师	180 200	180 200						8.49	21 210	0.83
农二师	85 600	59 100	22 800	1 500		2 200		6.49	13 185	0.85
农三师	75 960	20 350	55 200	400		10		5.23	14 535	0.71
农四师	88 009	82 152	4 380	363		141		7.38	11 925	0.69
农五师	33 066	26 130	486	3 332	973			3.66	9 030	0.78
农六师	103 026	15 478	63 972	23 576	3 118			10.33	9 975	0.62
农七师	53 990	12 310	40 750	880		50		7.54	7 155	0.82
农八师	101 243	36 153	56 840	7 925				16.61	6 090	0.64
农九师	24 488	19 003	3 573	1 692	324	20		5.18	4 725	0.68
农十师	69 536	60 860	7 502	1 174	200			3.11	22 395	0.53
农十二师	15 987	11 716	3 591	30				1.54	10 350	0.77
农十三师	25 890	11 300	4 990	8 300	650		1 100	1.62	15 900	0.70
农十四师	5 352	4 402			200			0.49	10 920	0.55
兵直	9 080	4 710	2 810	1 060	950	500		0.95	10 207.5	0.76
合计	871 426	543 860	266 894	50 232	6 415	2 921	1 100	78.97	11 025	

各师水域面积及分布状况表

单位:公顷

单位	水域	河流水面	湖泊水面	水库水面	坑塘水面	苇地	滩涂	沟渠	水工建筑物	冰川及永久积雪
兵团	401 388	22 851	9 718	91 913	16 739	11 223	22 550	157 563	5 348	66 825
农一师	86 517	12 515	5 042	27 553	3 068		9 675	28 243	421	
农二师	44 551	131	4 297	13 287	847	2	817	24 943	228	
农三师	39 045	1 577	19	23 925	1 107	58	577	10 643	198	940
农四师	57 598	4 405	78	1 930	747	1 536	2 177	8 731	147	37 848
农五师	16 833	758		325	905	3 726	1 531	6 606	66	2 916
农六师	27 249	98		5 484	1 056	209	3 136	16 632	325	309
农七师	24 544	181		4 921	844	1 823	1 104	15 564	107	
农八师	48 484	384	51	6 057	1 553	1 740	630	23 949	193	13 927
农九师	4 252	325		459	86	10	1 439	1 925	8	
农十师	30 612	1 094	202	7 125	5 762	2 107	215	1 3861	246	
农十二师	9 658	544	4	146	194	11	425	801	29	7 504
农十三师	7 603		25	103	123	387	3 582	3	3 380	
农十四师	1 825	835		179	382			428		
兵直	1 841	3		418	48	415	922	34		

五、水资源

【总体特征及评价概况】

兵团地处新疆维吾尔自治区境内，具有与新疆维吾尔自治区相同的自然环境，共同享用境内的水资源。

降水　新疆由于远离海洋，降水稀少，蒸发量大，相对湿度低，属于国内最干旱的地区。

相对湿度与蒸发量　新疆年平均相对湿度为40%~72%，其分布趋势与年平均降水量相似：西高东低，山区高于盆地，盆地周围高于盆地中央。由于气候干燥，蒸发量大，北疆各师垦区平均年蒸发量为1 500~2 300毫米，西部的伊犁河谷农四师最少，约1 200~1 600毫米，准噶尔的阿拉山口农五师团场和克拉玛依可达3 400毫米以上。南疆各师垦区平均蒸发量1 500~4 000毫米或更多，吐鲁番盆地和哈密盆地为3 300毫米左右。

干旱指数　干旱指数即年蒸发量与年降水量的比值，比值小于1，表示气候偏湿润，大于1则偏于干旱。新疆的干旱指数，山区一般为1~15；平原区：北疆3~6，最大达20以上；南疆为7~20，最高达100以上。新疆是世界上著名的干旱区之一。

冰川资源　新疆是我国冰川资源较多的省（区）之一，北起阿尔泰山，南至昆仑山都分布着大量的冰川。据估计，全疆冰川总面积为23 020平方千米，占全国冰川面积的40.7%，冰川储量21 347亿立方米，占全国冰川总储量的42.7%。冰川是“固体水库”，夏日消融，补给河流水量。在干旱年份，虽降水量减少，但气温增高，冰川消融量增大，弥补了降水不足，这是新疆河流径流量年际变化小的主要原因。

水资源评价与利用　新疆大小河流、泉水年径流量共计793亿立方米，利用已达60%，平原区地下水资源可开采资源量201亿立方米，利用率约为27%；其中兵团年引水量占自治区的1/5，开采地下水量占自治区的1/4。

新疆人均拥有水资源量较高，但耕地平均水资源量较低。再加上时空分布不均，水资源紧缺的矛盾非常突出。今后新疆在地表水、地下水资源的利用上，必须大力发展节水农业，大幅度提高水的利用率。

【地表水资源】

新疆的地表水来源主要为河流，发源于天山、阿尔泰山、喀喇昆仑山、昆仑山、阿尔金山和帕米尔诸山脉，各河流在山区形成后（有若干小河汇集成大河）流向平原，有些小河流出山口以后水流渗入河床，地面径流便逐渐消失。全疆流出山口的河流总数为570条（包括间歇性河流），山泉272条。其中兵团参与利用、开发、保护和管理的有113条，其中兵团在河道上修建水利工程，进行开发利用的有51条，兵团与自治区同在一条河流上各自建有水利工程的河流有37条；自治区在河道上建有水利工程，给兵团供水的河流有25条。

新疆河流的特点是：①新疆的河流均由四周山地向盆地中心汇流，径流形成于山区，以出山口为分界线，山口以上为径流形成区，出山口处流量最大。山口以下为径流散失区，虽有流域面积但不产流，径流通过戈壁河床渗漏或人工引用后，流量逐渐减少。②河流径流量由于受冰雪溶化的调节，年季节变化较小，所以新疆的河水年径流变化幅度较小。③中小河流多。因此，新疆的水利建设，除重视开发治理大的河流外，大量地开发治理中、小河流占有重要的位置。④除伊犁河、额尔齐斯河系因山区植被较好，河水含沙量较少外，其他河流含沙量比较大。

全疆有大小河流、泉水年径流量793亿立方米，加上一部分河流上游支流由国外流入的91亿立方米，则新疆河流年径流量为884亿立方米。

新疆的地表水总量已开发利用近60%，开发潜力已经不大。兵团今后除积极争取参与自治区大型河流流域性开发外，要突出抓好大规模节水灌溉工程。

【地下水资源】

主要是评价与大气降水和地表水体有直接联系的浅层地下水，重点是矿化度小于2克/升的淡水资源。

新疆地下水资源主要来自地表水的转化。新疆的大气降水主要在山区。山区产生的地下水资源，又往往以泉流或渗流形式补给到河道内成为地表径流，所以山区地下水资源，已包含在河流出口的地表径流量之内。因此新疆地下水资源量主要指平原地区地下水。

从分布看，凡是地面水丰富的区域，地下水富水性好，尤其是大型河流的冲积平原都有较强的富水性。

新疆地下水的来源为：降雨降雪入渗、山区基岩裂隙水向平原的深层侧向渗漏、河流渗漏、渠道渗漏和田间灌溉入渗等五个方面。

新疆平原区地下水资源量352亿立方米，可开采资源量201亿立方米。2000年底统计，全区年开采地下水54亿立方米，加上引平原泉水36亿立方米和坎儿井4亿立方米，全疆利用地下水总量94亿立方米。

兵团平原区土地面积49 364平方千米内，水质矿化度小于2克/升的地下水资源量为75.74亿立方米，大于2克/升的微碱水及碱水量为7.35亿立方米。可开采资源量为52.08亿立方米，占全自治区的32.7%，可开采系数为0.69。

兵团地下水的主要补给来源是河道入渗、渠系入渗、水库入渗及灌溉入渗，占总补给量的64%；其他降水入渗及侧向补给量只占36%。

兵团开发利用地下水与垦区建设相伴而生、同步发展。1955 年开始凿井并用于灌溉，1960 年以水源地为标志的集中开发相继发展，20 世纪 70 年代以来进入了快速发展阶段。2001 年兵团开采地下水总量（不含泉水）12.44 亿立方米，占可开采量的 23.9%。其中用于农业灌溉 11.8 亿立方米，占总开采量的 94.91%；工业用水 2 848 万立方米，占 2.29%；城市生活用水 3 471 万立方米，占 2.8%。垦区多数地区地下水含沙量少，水质矿化度均小于 2 克/升。矿化度类型以 HCO_3—Ca、Mg 及 SO_4—Na、Ca 为主，很少有氯化物水，经多年开采至今，尚未发现水质严重恶化的现象。由于水质良好，近年开采的地下水广泛用于发展滴灌、涌泉灌、喷灌等高新技术节水灌溉工程。兵团开采利用地下水还有较大的潜力。

六、能源资源

【概况】

新疆能源资源丰富，品种多，质量好。煤炭远景储量2.2万亿吨，占全国预测储量的40.6%，居全国第一位。兵团煤炭储量多，分布广、质量好、品种全、煤层厚、埋藏深。全疆一半以上的县市、农牧团场都有煤炭，主要分布天山南北麓地区。乌鲁木齐、哈密、伊犁是三大产煤区。兵团的农四师、农十二师、农十三师的各农牧团场分布在以上三大产煤区。除煤炭以外新疆的能源还有电能、水能、光能、风能、地能等，及大量的石油天然气。兵团电力工业现有装机容量51.34万千瓦，其中火电35.65万千瓦，水电15.69万千瓦。单机最大容量2.5万千瓦。2000年全兵团发电量17.79亿千瓦时，有石河子热电厂、奎屯热电厂、西大桥电厂、农一师热电厂四家行业重点监控企业，完成工业增加值34 514万元，同比增加6.21%；完成现价工业总产值48 840万元，实现利润3 606万元。兵团已经开发利用的情况和在兵团辖区内的能源资源分布见相应词条。

【煤炭资源】

兵团各师辖区内分布着相当丰富的煤炭资源，已经地质部门详查的煤矿矿井86个，详查储量57 371万吨。年生产能力420万吨。其中9万吨及9万吨以上的煤炭矿井18个，详查储量31 482.2万吨，年生产能力近200万吨。

【电力资源】

热电、火电　兵团热电、火电装机容量约占自治区总装机量的10%，较大的电源有阿克苏农一师的塔里木热电厂、农七师奎屯热电厂、农八师石河子西热电厂、东热电厂、农五师艾比湖热电厂、农九师热电厂。“九五”期间农一师塔里木热电厂2×1.2万千瓦机组，农七师奎屯电厂2×1.2万千瓦机组，农八师石河子东热电厂1×2.5万千瓦机组，农十师煤矿1×0.6万千瓦机组等一批适合当地规模的火电机组相继投入运行。

水电　2001年底，兵团已建成水电站132座，年发电量8亿千瓦时。规模较大的水电站有：农一师塔里木河上游西大桥水电站2.7万千瓦(4×6 500千瓦)；农二师36团米兰河水电站0.16万千瓦(2×800千瓦)；农四师霍尔果斯河红卡子三级水电站0.35万千瓦(一级2×500千瓦、二级2×630千瓦、三级2×630千瓦)；农五师阿卡尔水电站1.57万千瓦(一级2×1 000千瓦、二级2×800千瓦、三级2×800千瓦、四级2×2 000千瓦、五级 2×2 000 千瓦、六级 2×1 250 千瓦)，红星水电站 0.39 万千瓦(一级 3×630 千瓦、二级 2×800 千瓦、三级 6×75 千瓦)，88 团水电站 0.35 万千瓦(一级 2×630 千瓦、二级 2×630 千瓦、四级 2×500 千瓦)，87 团水电站 0.28 万千瓦(一级 2×400 千瓦、二级 3×320 千瓦、三级 2×500 千瓦)，84 团保尔德水电站 0.23 万千瓦(3×250 千瓦×3)；农八师玛纳斯河红山嘴水电站 0.6 万千瓦(四级 2×3 000 千瓦)。

【光能资源】

新疆全年日照时间较长，日照百分比为 60%~80%，日照 6 小时以上的天数在 250~325 天，年总日照时数达 2 550~3 500 小时，日平均气温大于等于 10℃的年积温一般在 3 000℃~4 000℃，南疆在 4 000℃以上，吐鲁番高达 5 500℃，太阳年总辐射为 5 000~6 600 兆焦/米²，具有很大的开发潜力。目前新疆的光能资源开发利用率只有 1%左右，大多是太阳能热水器、太阳灶等。计划按环保的要求或部分电网难以覆盖的偏远团场，做一些小型太阳能发电试点工作。在很多偏远边境和山区农牧团场，发展小型太阳能发电是很必要的。

【风能资源】

新疆的风能资源十分丰富，仅次于东南沿海和内蒙古。具有开发价值的有九大风区。风区总面积达 15~45 万平方千米，全疆平均有效风能密度在 260 千瓦时/米² 以上，有效风速时间为 3 000 小时，发电装机容量可达 182 000 兆瓦，占全国的 41.46%，位居全国第二位，年发电量 9 100 亿千瓦时。阿拉山口、达坂城、老风口等地是风能密度高位区。8 级以上大风日数每年均在 100 天以上。

【油气资源】

准噶尔盆地、塔里木盆地、吐鲁番盆地有丰富的油气资源，新疆石油已探明储量 25 亿吨，预测远景储量 229 亿吨，天然气探明储量 3 000 亿立方米，预测远景储量 22.39 万亿立方米。占全国陆地油气储量的 1/3，克拉玛依是新中国最早开发的大油田，随着准噶尔、塔里木、吐鲁番—哈密 3 大盆地石油和天然气深入开发，新疆必将成为全国重要的石油、天然气和石油化工基地，将为地处三大盆地的兵团农牧团场带来经济发展机遇，对垦区农牧业发展、第三产业发展都将起到积极推动作用。

七、矿产资源

【概况】

新疆丰富的矿产资源为经济发展提供了可靠的资源保障。目前已发现矿种有138种（全国有168个矿种），兵团有80多个矿种。全国探明储量的有155种，新疆已探明储量的有77种，有矿区637个（不含石油、天然气和铀矿），已探明的储量中能源矿4种，黑色金属矿5种，有色金属矿9种，贵重金属矿4种，稀有放射性元素矿11种，冶金辅助原料非金属矿6种，化工原料非金属矿12种，建材原料非金属矿26种。

新疆矿产储量占全国首位的有5种，即铍、钠销石、白云母、蛭石、陶瓷土；居全国第二位的有7种，即镍、铬铁矿，冶金用脉英石、自然硫、长石、蛇纹石、水泥用大理岩；居全国第三位的有铸石辉绿岩1种；居全国第四位的有7种，气、煤、石棉、镁盐、菱镁矿、毒重石、水泥配料用泥岩；居全国第五位的有铯一种；居全国第六位的有4种，即铋、铂族、锂、玻璃用脉石英；居全国第七位的有4种，即油页岩、钴、泥灰岩、水泥用黄土；居全国第八位的有5种，即铜、碲、硼、芒硝、水泥配料用页岩；居全国第九位的有锰、钽2种；居全国第十位的有铌、砖瓦用黄土2种。

目前，兵团开发的矿产地有160余处，从业人员2万余人，年产值约8亿元，占兵团工业产值的7%~8%，开发的矿产不到30种，兵团矿产资源开发潜力是很大的。

（一）金属类矿产资源

【铜镍矿】

镜儿泉铜镍矿：该矿隶属农十三师管辖，位于哈密市210千米处，距312国道骆驼圈子140千米。有简易公路联通。目前已探明地质总储量为1 169.43万吨（均为D级），其中铜2.78万吨，镍5.58万吨，富矿品位达1.4%的占总储量的20%。设计年开采25万吨，可开采45年。该矿区属大陆性气候，干燥少雨，年降水量33.9毫米，最低气温为-31.9℃，最高气温30℃~40℃，矿区平均海拔1 370米，距矿区10千米处，有镜口泉水，可供饮用。

黄山东铜镍矿：该矿隶属农十三师管辖，位于哈密市黄山东147千米处，距312国道40千米，有简易公路相通，矿山地质总储量16.8万金属吨。矿石平均品位铜0.14%~8.36%，镍0.8%~1.5%，最高可达3%~5%之间，按年开采3万吨矿石计，可开采45年。矿区海拔1 000~1 030米，最高为1 058米，大陆性气候，平均降水为33.9毫米，平均气温-25℃~30℃，每年4~6月多风，风力5~6级。有可供生产和生活用泉水。

【辉钼矿】

镜儿泉辉钼矿：该矿隶属农十三师管辖,位于哈密275千米的白山处，距离312国道200千米，有简易公路相通。该矿钼储量6 000吨金属矿，钼平均含量为0.5%，矿区平均海拔1 370米，距矿区10千米处有饮用水。大陆型气候，干燥少雨，年降水量33.9毫米，气温最低-31.9℃，最高30℃~40℃。有泉水可供饮用和生产用。

黄田八大石北部辉钼矿：该矿隶属农十三师管辖,位于黄田农场八大石北部雪山峰下，距312国道线80千米，海拔较高，地质工作尚在进行，初步确定为中小型钼矿取样品位在2%~11%不等，具有开发前景。

【硅灰石矿】

该矿隶属农十三师管辖,矿点位于哈密市178千米的独峰山，距312国道6千米，南距兰新铁路尾亚火车站44千米，有专线相通。该矿地质总储量为200万吨（仅地表以上），矿石有品位高、含铁低、杂质少等优点。矿石硅灰石含量在96%~99%之间，原矿体430厘米厚度内SiO_2>45%，CaO>42%，Fe_2O_3<0.2%。硅灰石粉规格：磨至300~1 250目时SiO_2>48%，CaO>44%，Fe_2O_3<0.2%，白度>90°，按年产5万吨，矿山可开采40年。矿区海拔1570米，属高寒气候，全年少雨雪。年平均气温23℃，春冬季多风，风力5~7级。附近有供饮用泉水。

【铁锌矿】

该矿隶属农十三师管辖,位于哈密市东北280千米的双井子乡境内，距国道312线马莲井60千米。铁锌矿石C级储量156 674吨，其中铁金属量为81 249吨，矿石品位Fe35%，现已形成年产5 000吨矿石的生产能力。该矿附近有饮用水源。

【铁矿】

该矿隶属农十三师管辖,位于哈密市北280千米处的双井子乡境内，距该乡3千米。距兰新国道312线马莲井60千米。该矿是目前该区域内矿体最集中，开发前景最好的铁矿。C级地质储量为165万吨，富矿品位Fe53%，占总矿石量的70%，属高炉富铁矿。该矿区属高寒气候，干燥少雨，风力5~7级，附近有饮用水源。

【金矿】

双井子金矿：该矿隶属农十三师管辖,位于哈密市东北280千米的双井子乡境内，距该乡3千米，距兰新公路马莲井60千米，属小型石英脉金矿，保有储量D级35.8万吨。矿产品位平均为4.5%，现已在开采中，年金矿石生产能力5 000吨。

八大石金矿：该矿隶属农十三师

管辖，位于哈密市黄田八大石克尔里克山脉，距哈密市90千米处，经地质部门取样分析，属大型金矿山，储量大，脉线长，矿体厚，但矿区表面样品品位低，有待进一步做地质详查工作。

（二）非金属矿资源

【花岗石矿】

天山兰花岗岩矿：该矿隶属农十三师管辖，位于哈密市东北白石头泉，距哈密180千米，距312国道沙泉子40千米，交通十分方便。C级地质储量660万立方米。现已形成1 500立方米的年生产能力。通过国家石材检测中心鉴定被评为国家级名优特石材产品，产品已远销国内外。

天山莲花花岗岩：该矿隶属农十三师管辖，位于哈密市黄田八大石山口内，距黄田30千米，有公路相通。C级储量1 200万立方米。现已形成1 500m³/年生产能力。

双井花花岗岩：该矿隶属农十三师管辖，该花岗岩矿由两个相互独立的矿山组成。两矿都分布在哈密市双井子乡境内，地质普查分别获得312万立方米和218万立方米的C级地质储量。现已形成双井花石料2 000立方米的生产能力。产品销售全国，被石材业公认为最畅销的石材。

双井红花岗岩矿：该矿隶属农十三师管辖，位于双井子乡境内，获准C级地质储量2 150万立方米。该矿为哈密地区储量最大，石料成形最好的矿山。目前处于待开采阶段。

幻影麻花岗岩矿：该矿隶属农十三师管辖，位于白关泉以北30千米处，距哈密210千米，交通便利。C级储量120万立方米。正在试采中。

【大理岩石矿】

白色大理石矿：该矿隶属农十三师管辖，位于兰新铁路线哈密天湖东站以北11千米处，距哈密市180千米。经地质部门普查，现保有B级储量342.5万吨，白色大理岩，色泽纯洁，质地细腻，被誉为天山白玉；同时，它还是优质的建筑、化工、冶金及玻璃行业原料，已形成一定的石粉及石英加工能力。

黄色大理石矿：该矿隶属农十三师管辖，位于兰新铁路哈密石燕东站以北5千米，距哈密170千米，保有C级储量28.65万吨，所产的黄色大理岩被国家玉石协会命名为密腊黄玉，是上乘的玉雕原料，现已形成年产1500吨优质密腊玉石生产能力。

【膨润土】

产于农十师184团，位于塔城地区和丰县境内夏子街。储量大、质量好、易于开采。堪称中国最大，世界第一。新疆地质部门已进行了三次勘探，近期已探明C+D级储量10亿吨，远景储量50亿吨。世界探明储量为110亿吨，其中美国40亿吨，中国34.4亿吨，184团膨润土矿探明储量已占全国探明储量的1/3，世界储量的1/10，主要为纳基土，资源优势十分明显。

【石灰石矿】

该矿隶属农十三师管辖，位于哈密

市黄田八大石境内，交通便利，距黄田农场60千米，开采条件较好，经地质大队普查，获C级储量4 120万吨，矿石含钙高，无杂质。CaO≥60%，是水泥制碱行业优质工业原料。另外，位于阿克苏市的农一师建化厂，有石灰石储量（A+B+C）1 599万吨，D级2 823万吨，适宜生产水泥。

【石墨矿】

该矿隶属农十三师管辖，距农十三师黄田农场约45千米，交通便利，经多次普查取样，矿石含石墨纯度高，质地较好，正在做地质工作。矿山有待开发。

【红土矿】

该矿隶属农十三师管辖，距黄田农场25千米，是距哈密市最近的红土矿，所产红土经多家水泥厂试验，评为优质红土，该红土矿占地约0.8平方千米，易于开采。

【石棉矿】

兵团石棉矿主要分布在农二师36团。位于巴音郭楞蒙古自治州若羌县境内的阿尔金山山区，与青海省交界，该矿1966年6月建矿，现为国家三大石棉矿之一，属国家大型二档企业，该矿地质储量为48 408万吨，保有储量320万吨。现年产4万吨，有17座选厂，精选石棉4万吨。

【蛭石矿】

蛭石是保温材料，该矿位于塔里木盆地以东，距兵团农二师32团团部120千米处，已开采了20多年。该矿为露天开采，采矿方法为台阶式，年产1.2～1.5万吨。现保有储量44万吨，其中优级品位资源5万吨。该矿隶属农二师32团管辖。

【云母矿】

系白云母，分布在阿尔泰山区，共有大中小矿床121处，其中大中型矿床31处。已累计探明储量C+D级52 258吨；累计开采工业原料云母25 949吨。云母12 154吨。

【蛋白土】

分布在准噶尔盆地北缘布伦托海凹内的第三系乌伦古河组地层中。详查探明储量C+D级450万吨。其中C级265万吨。矿石品位$SiO_2$90%以上。蛋白土除做磨料、填料和保温材料外，且系生产偏酸纳和精细化工产品——白炭黑的新型优质原料，兵团农十师188团已作建矿建厂前期工作。

【天然沥青】

兵团农七师137团，有一处天然沥青矿，全国乃至亚洲只此一处，储量15万吨以上。该矿产品曾用于轿车、自行车的喷涂材料，天然沥青的深加工有待进一步开发。

八、生物资源

【概况】

兵团生物资源非常丰富。可分为：种植植物（包括农作物、瓜、果、蔬菜、花卉、人工林、牧草、绿肥等）；野生植物（包括天然乔木林、灌木林、河谷林、荒漠植被、草原等）；养殖动物（包括饲养畜禽、水产养殖等）和野生动物四大类。

兵团的自然条件多种多样，适宜温带各种动、植物的生长和繁育。加之新疆自古以来就是中西经济、文化交流的枢纽，引进了欧亚各地作物、园林、蔬菜和畜、禽品种，因此，新疆和兵团的动、植物品种繁多。

（一）森林资源

【森林分布】

兵团森林按其利用类型由有林地、灌木林地、疏林地、未成林造林地、迹地、苗圃6个二级类构成。兵团共有森林面积43.96万公顷（包括林地39.22万公顷，园地4.74万公顷）。兵团自成立起就将植树种草，开展生态防护林体系建设放在首位。团场以农田防护林为中心，同时开展防沙治沙，边境林等重要工程建设、恢复和保护荒漠植被，积极开展经济林，建立起综合性防护林体系。兵团161个平原团场，已有131个团场基本实现了农田林网化，绿洲内区域性气候条件得到了明显改善，生态环境得到有效保护。

【林种划分】

国防林　分布范围为农四、五、九、十师所属部分团场与哈萨克斯坦共和国接壤区域的边境线上。

防风固沙林　分布于塔克拉玛干沙漠、古尔班通古特沙漠周围的“干旱荒漠化严重地区”，包括农一、二、三师等区域。

农田牧场防护林　分布范围比较广泛，分散在各师、团内部的农区、条田周围。

水土保持林　分布在伊犁河、塔里木河流域及赛里木湖、艾比湖等区域。

水源涵养林　在伊犁河、塔里木河源头山区地带分布着针叶林和针阔混交林。

护岸林　沿伊犁河、塔里木河沿岸的森林和灌木林。

护路林　沿217、314国道及国铁

两侧的植被。

经济林　主要分布在农耕区立地条件好，土层深厚、肥力等级高、交通较便利的耕地内。

用材林　主要分布在坡度较平坦，立地条件较好的区域。

薪炭林　南北疆各师垦区团场内均有零星分布。

【树种资源】

兵团垦区普遍种植的树种有柳科54种，榆科8种，木犀科5种，胡颓科4种，紫葳科2种，壳斗科1种，苦木科1种，芸香科1种，蝶形科5种，杜仲科1种，蔷薇科2种，桦木科1种，松科6种，柏科4种，柽柳科2种，茄科3种，含羞草科1种，蓼科1种，另有桑科、胡桃科、槭科等。

广泛栽植于农田防护林区的主要乔木树种有：银白杨、新疆杨、胡杨、箭杆杨、白柳、刺槐、沙枣、大叶榆、大小叶白腊、夏橡、核桃、白桑、杏树、海棠果、紫穗槐、梭梭、红柳、沙拐枣、枸杞、加拿大杨、北京杨、小黑杨、群众杨、小叶杨、垂柳、山楂、臭椿、文冠果、夏叶槭、油松、樟子松、落叶松、侧柏、圆柏等38种。

【果树品种】

先后从国内外引进29种836个品种（系）。分属17个科，31个属。其中：苹果223个，梨70个，葡萄178个，桃106个，杏69个，李35个，山楂25个，红枣29个，核桃15个，草莓32个，石榴2个，无花果3个，巴旦杏6个，醋栗2个，温桲9个，阿曰浑子1个，樱桃9个，野生果树22个。

（二）草地资源

【概述】

兵团的草地资源中天然草场面积最大，占牧草地面积的98.64%，集中分布在农十三、六、九、四师；人工草场面积最小，只占牧草地的1.14%；改良草场集中在农四、六、七、十三师，其面积占牧草地面积的0.21%。温性草甸草原类、温性草原类、温性荒漠草原类、高寒草甸草原类、高寒草原类、高山荒漠草原类、温性草原化荒漠类、温性荒漠类、高寒荒漠类、低地草甸类、山地草甸类、高寒草甸类、沼泽类等草地类型在兵团各师团场均有不同程度的分布。

兵团垦区草地资源：二、三等草地占草地总面积的60%，一等和五等草地比例均不大，不到总面积的10%。草地草群生产草量等级，以8级草地面积比例最大，6~8级草地比例超过70%。

（三）植物资源

【概述】

兵团垦区播种的农作物（包括粮食作物、油料作物、经济作物、药材、薯类、蔬菜、瓜类、牧草、绿肥）的种类、面积、分布详见“兵团各师农作物总播种面积统计表”。新疆和兵团的植物品种资源非常丰富。

【牧草品种】

先后从加拿大引进无芒雀麦、坦波雀麦、中间冰草、沙生冰草、扁穗冰草、张普猫尾草、巴林猫尾草、紫羊茅、红三叶等17个品种。从新西兰引进丹兰、紫花苜蓿、三叶草、猫尾草、冰草、草芦等35个品种。垦区广泛种植的牧草是紫花苜蓿、鸡脚草、木地肤、博尔蒿、沙打旺、碱茅草。

【主要农作分布及品种】

粮食作物：

冬麦28个品种，主要有新冬22号、17号、新冬18号、伊农16号、18号、奎冬4号。

春麦31个品种，主要有新春2、6、7、8、9号，宁春17号，巴春6号。

玉米35个品种，主要有SC704、澄海1号、阿单1号、新石4号、农大108。

水稻31个品种，主要有辽开79—3、7303、A稻7号、巴粳3号。

大麦11个品种，主要有甘啤1号、中品6号、新啤1号、法尔维特。

高粱主要是辽杂115。

大豆11个品种，主要有新大1号、887704、石大1号、柯索。

豌豆主要是天山小白豌豆。

经济作物：

陆地棉47个品种，主要有新陆旱7、8、6号，中35、中棉所24、27号、辽棉12、抗虫9。

长绒棉5个品种，主要有新海14、15号，96—107、84—206，新海15号。

油料：

油葵11个品种，主要有G101、新葵杂4、6、5号、花葵。

油菜13个品种，主要有青油14号，007、伊犁黄、青油331。

甜瓜11个品种，主要有早金、新密杂7号、7801、新86。

打瓜6个品种，主要有新籽瓜1号、2号、兰州大片。

啤酒花7个品种，主要有青岛大花、马可波罗、扎一、北京大花。

瓜菜有17科58种，番茄品种14个，辣椒品种10个，茄子品种10个，黄瓜品种10个，葫芦菜用瓜品种14个，豆类品种6个。酱用番茄7个品种，主要有里格尔87—5，黑格尔、21世纪、石红3号、518。

【野生植物】

野生植物丰富，有近4 000种，其中列为国家保护的有20多种，药用植物有100多种。兵团垦区的野生植物，主要有胡杨、梭梭、红柳、毛柳、榆树、白杨、冷杉、落叶松、野苹果、野核桃、野杏、野山楂、文冠果、野玫瑰、骆驼刺、白刺、芦苇、芨芨草、苦豆子、扫帚草、针茅、冷蒿、燕麦、罗布麻、橡胶草等。新疆的胡杨林面积占全国胡杨林面积的95%。兵团有胡杨林4万公顷，中亚沙棘3300多公顷。药用植物主要有甘草、枸杞、贝母、雪莲、麻黄、麦冬、党参、黄芪、当归、阿魏、大力子、车前子、蒲公英、肉苁蓉、秦艽、大云、锁阳、虫草、五灵脂、苍耳等。兵团垦区有甘草2.67万公顷。

兵团各师农作物总播种面积统计表

计量单位:千公顷

单位名称	合计	农一师	农二师	农三师	农四师	农五师	农六师	农七师	农八师	农九师	农十师	十二师	十三师	十四师	建工师	外经贸局	兵直
农作物总播种面积	909.80	124.82	63.87	64.68	105.92	49.32	112.36	83.39	156.50	57.76	42.06	13.49	20.59	4.86	5.38	3.26	1.54
粮食作物总计	219.07	29.35	15.99	14.59	47.07	9.72	30.64	8.73	25.49	13.45	10.27	3.09	6.55	2.22	1.23	0.56	0.12
谷物	207.38	29.29	15.99	14.59	39.59	9.66	30.11	8.71	22.68	13.44	9.74	3.04	6.49	2.16	1.22	0.56	0.11
水稻	26.33	15.24	5.6	0.65	3.05		0.48	0.30	0.22		0.76			0.01			0.02
杂交水稻	4.47		0.49		3.05		0.17				0.76						
小麦	142.67	12.89	9.68	8.85	30.38	8.36	23.46	5.36	15.27	10.49	8.13	2.46	4.62	1.02	1.11	0.50	0.09
冬小麦	63.68	8.30	0.07	6.81	11.36	1.10	15.21	5.02	8.2	3.61		2.35		0.60	0.56	0.40	0.09
春小麦	78.99	4.59	9.61	2.04	19.02	7.26	8.25	0.34	7.07	6.88	8.13	0.11	4.62	0.42	0.55	0.10	
玉米	28.82	1.12	0.19	5.08	5.57	1.30	2.49	3.05	6.94	0.17	0.85	0.50	0.26	1.13	0.11	0.06	
杂交玉米	14.29		0.09	0.97	2.75	0.58	2.28	0.75	4.88		0.58	0.09	0.19	1.13			
谷子																	
高粱	0.16	0.04			0.09								0.03				
大麦	9.18		0.52	0.01	0.50		3.66		0.05	2.78		0.08	1.58				
其他谷物	0.22						0.02		0.20								
豆类	11.69	0.06			7.48	0.06	0.53	0.02	2.81	0.01	0.53	0.05	0.06	0.06	0.01		0.01
大豆	10.67	0.05			7.42	0.06	0.06		2.58	0.01	0.40	0.01	0.02	0.04	0.01		0.01
绿豆	0.30	0.01			0.02		0.25						0.01	0.02			
红小豆	0.15						0.02				0.13						
油料作物	83.81	0.29	0.93	1.82	27.90	2.76	8.31	0.40	3.06	18.45	14.26	2.38	1.50	0.04	0.48	0.77	0.10
花生	0.05	0.01	0.02		0.01				0.01								
油菜籽	32.05				17.75		0.19		0.44	12.85		0.52	0.30				
芝麻	0.01												0.01				
胡麻	0.17	0.02			0.13				0.02								
向日葵籽	47.92	0.05	0.91	1.54	9.86	2.74	6.25	0.40	2.59	4.82	14.62	1.79	1.19	0.04	0.48	0.54	0.10
红花	2.67						1.87			0.78		0.02					
其他油料	0.94	0.21		0.28	0.15	0.02						0.05				0.23	
棉花	410.72	87.62	25.59	37.18	2.81	27.84	51.02	57.41	106.42		0.67	0.05	7.78	1.48	2.51	1.06	1.28
长绒棉	31.08	22.30	0.70	1.88				6.00				0.03					

续表

单位名称	合计	农一师	农二师	农三师	农四师	农五师	农六师	农七师	农八师	农九师	农十师	十二师	十三师	十四师	建工师	外经贸局	兵直
麻类	0.24				0.23							0.01					
亚麻	0.23				0.23												
甜菜	18.55		5.78		4.79	1.66	0.71	0.37	0.19	4.88		0.06			0.11		
烟叶	0.03				0.01		0.02										
烤烟	0.02						0.02										
药材	6.258		0.26	0.95	4.32	0.32	0.04	0.07	0.02	0.25		0.02					
枸杞	0.68		0.08		0.12	0.32	0.04	0.07	0.02	0.01		0.02					
薄荷	0.68				0.68												
薰衣草	0.98				0.98												
蓖麻	1.38			0.20	1.18												
甘草	2.34	0.75	1.36	0.23													
白芍	0.01									0.01							
茴香	0.188		0.188														
薯类	1.96			0.03	0.15	0.15	0.05		0.32	0.06	0.13	1.03	0.03	0.01			
蔬菜、瓜类	46.20	1.79	6.18	3.44	1.54	2.10	11.65	4.00	5.50	0.80	2.33	4.69	1.50	0.28		0.19	0.03
蔬菜(含菜用瓜)	32.81	1.32	5.39	1.94	1.42	1.94	6.59	2.77	4.36	0.17	1.50	4.36	0.59	0.22	0.17	0.04	0.03
蕃茄	12.99					1.15	5.80	1.21			1.50			3.33			
瓜类	13.39	0.47	0.79	1.50	0.12	0.16	5.06	1.23	1.14	0.63	0.83	0.33	0.91	0.66	0.01	0.15	
甜瓜	8.10	0.04	0.53	0.64		0.02	4.57	0.21	0.27	0.47	0.57		0.68	0.03		0.07	
其他作物	127.49	5.77	9.31	7.32	21.14	4.67	9.70	12.41	15.43	20.11	13.90	2.15	3.23	0.83	0.87	0.64	0.01
打瓜籽	25.79	0.44	3.99		8.03	0.23	4.20	0.01	1.00	5.64	1.60	0.39			0.14	0.11	0.01
啤酒花	2.40	0.10	0.80		0.13		0.46		0.03	0.16		0.33			0.11	0.28	
苜蓿(包括当年播)	28.39	0.03	0.71	2.26	1.50	1.15	0.63	2.10	3.94	8.96	5.54	0.12	0.14	0.24	0.07		
其他饲料	8.52	0.07	0.66		0.30	0.28	1.45	0.28	1.62	0.30	2.03	0.67	0.70	0.02	0.14		
绿肥	45.55	5.04	2.71	3.83	1.49	2.24	2.81	9.63	6.33	4.91	4.73	0.19	0.86	0.43	0.35		
其他作物	11.29	0.09	0.25	0.28	5.49	0.77	0.15	0.39	2.51	0.13		0.41	0.53	0.14	0.06	0.25	
混播绿肥	0.42								0.14				0.07		0.14	0.07	

(四) 动物资源

【饲养动物】

2000 年，兵团饲养的畜总数达 477 万头。其中：牛 20.4 万头，马 3.21 万头，驴 4.1 万头，猪 60.4 万头，羊 388 万头，家禽 427 万只。石河子的军垦细毛羊、阿尔泰大尾羊、伊犁和伊吾的马、伊犁的新疆褐牛，驰名全国。

【野生动物】

新疆的野生动物有 699 种，其中鸟类 425 种，哺乳动物 137 种，爬行类 45 种，两栖类 7 种，鱼类 85 种。列入国家保护的珍贵稀有动物 87 种，其中国家一类保护动物 20 种，具体是野马、野牦牛、野骆驼、藏野驴、蒙古野驴、新疆虎、雪豹、藏羚羊、赛加铃、河狸、貂熊、白鹳、黑鹳、白鹤、黑颈鹤、白肩雕、斑嘴鹈鹕、藏雪鸡、游隼、角鹛鹛。国家二类保护动物有 67 种，主要有棕熊、紫貂、猞狸、马鹿、北山羊、天鹅、玉带海雕等。其中马鹿、麝鼠、雪鸡、水貂等动物，已在兵团垦区成功驯养和繁殖，成为出口创汇的主要商品。

【水产资源】

兵团管理的河、湖和水库中生长的鱼类，主要有鲟鳇鱼、大红鱼、大头鱼、大白鱼、五道黑、鲤鱼、鲫鱼、高体雅罗鱼、尖嘴鱼、鲈鱼等。布伦托海的五道黑、丁鱥鱼、额尔齐斯河的大红鱼和鲟鱼，伊犁河的鲟鳇鱼，博斯腾湖的大头鱼和尖嘴鱼，都是新疆特有的名贵品种。各垦区还从内地引进团头鱼、龟、河虾等许多新品种。

九、旅游资源

【新疆及兵团旅游资源概况】

新疆地处欧亚大陆腹心，地域辽阔，山川秀丽，景观奇异。反差强烈的干旱地区自然风光，富有神奇的古丝绸之路，多姿多彩的民族风情，对世人充满神秘的旅游吸引力。

新疆从北到南阿尔泰山、天山、昆仑山三大山系，将新疆划为南北疆塔里木与准噶尔两个广阔盆地。三大山脉耸峙蓝天，白雪皑皑，冰河横溢，其中有世界第二高峰——乔戈里峰（海拔 8 611 米）。两大盆地开阔平坦，瀚海无垠。众多的山间盆地地理环境更是千差万别：伊犁河谷降水充沛，山清水秀，似江南水乡，尤鲁都斯盆地湖泊连片，水草丰美，吐鲁番盆地低于海平面，酷热奇旱，堪称火洲，境内的艾丁湖（海拔 -154 米）为世界第二洼地。戈壁沙漠是新疆自然旅游的一大特色，新疆有被称为“死亡之海”的世界第二大沙漠——塔克拉玛干沙漠。千里大漠中的海市蜃楼，广阔无垠的瀚海奇观，幻如魔镜的戈壁日出，神秘莫测的鸣沙风暴，千姿百态的风蚀石林，以及慑人心魄的魔鬼城堡，无不引人入胜。

新疆人文旅游资源丰富，举世闻名的古代丝绸之路进入新疆境内分南、中、北三路，全长 5 000 多千米。南路沿昆仑山北麓西行，沿途有楼兰故址、米兰故城、且末故城、尼雅遗址、东汉墓葬和精绝国故址等古迹。中路从玉门关沿天山南麓，经哈密、吐鲁番、焉耆、库车、阿克苏、喀什西行，沿途重要古迹有东汉到元代的交河故城和高昌故城，伯孜里克千佛洞，阿斯塔那古墓群，库车龟兹国故城，库木吐拉石窟佛寺，克孜尔千佛洞等。丝绸北路从伊吾越天山西去伊犁达撒玛尔汗，著名的古迹有巴里坤破城子唐城遗址，吉木萨尔的北庭古城，乌拉泊古城，昌吉古城，伊宁市唐代的吐鲁番圩子古城，霍城县西辽阿玛力废城等。文化遗址和古代建筑也遍布全疆，如喀什艾提尕尔大清真寺、阿帕霍加墓（香妃墓），吐鲁番额敏塔，库车汉唐克孜尔尕哈烽火台，伊犁将军府，惠远古城，昭苏格登山纪功碑，特克斯草原八卦城，哈密回王坟等，著名的古文化遗址有哈密新石器时代古人类遗址、伊吾县新石器时代卡尔桑遗址、木垒四道沟氏族公社晚期村落遗址、库车艾山汉唐炼铁遗址、尼勒克战国时期古铜矿遗址。新疆古代岩画闻名世界，在南北疆多处地方发现大量古代岩画。

新疆域内有13个世居民族：维吾尔族、汉族、哈萨克族、回族、柯尔克孜族、蒙古族、锡伯族、塔吉克族、满族、乌孜别克族、俄罗斯族、达斡尔族、塔塔尔族，其他还有25个少数民族。民族风情浓郁，地域特色鲜明，它是举世闻名的歌舞之乡、瓜果之乡、宝玉石之乡。新疆旅游景区大多与兵团单位毗邻，有的则在兵团规划区内。首府乌鲁木齐有红山公园、水磨沟温泉公园、红雁池水上公园、三屯碑水上乐园、柴窝堡湖游览区、南山白杨沟旅游区等。吐鲁番有火焰山、葡萄沟、坎儿井、伯孜里克千佛洞、吐峪沟千佛洞、高昌故城、交河古城、阿斯塔那古墓等。哈密有白石头、回王坟、松树塘、黄田农场的八大石、庙尔沟、巴里坤的天山庙、巴里坤湖、黑沟等。昌吉回族自治州有奇台县的将军庙、硅化木、恐龙化石谷、魔鬼城、卡拉麦里山保护区、北塔山牧场及岩画、吉木萨尔的北庭古城、西大寺、五彩湾、火烧山，阜康的天池，土墩子农场清真寺，五家渠的青格达湖旅游区。石河子有周恩来总理纪念馆、纪念碑、王震雕像、军垦第一犁雕像、艾青诗馆、农垦纪念馆、人民公园、北湖旅游区、石河子总场、紫泥泉种羊场、148团沙漠旅游参观点、150团沙漠公园、宁家河子瀑布、落脚湾温泉、达子庙古柏等。农七师有137团场所在地乌尔禾魔鬼城，农五师有84团场境内的怪石沟，农四师垦区伊犁河谷草原山景，阿勒泰地区有成吉思汗山、喀纳斯湖、布伦托海游乐园、阿拉善温泉疗养区等。巴音郭楞蒙古自治州有博斯腾湖、铁门关、大西海子水库、罗布泊、楼兰古城、米兰古城、巴音布鲁克天鹅湖等。阿克苏有老龙泉、燕泉公园、温宿天山神木园、克孜尔千佛洞等。喀什有艾提尕尔清真寺、阿帕霍加墓（香妃墓）、玉素甫·哈斯·哈吉甫墓、马赫穆德·喀什噶尔墓、汉诺依古城、帕米尔高原等。和田有尼雅遗址、葡萄长廊、无花果树王、和田地毯厂等，都是中外游客寻幽探胜的好去处。

【阿克苏市及农一师旅游资源】

阿克苏市及农一师位于天山南麓中部塔里木盆地北缘，总面积4600平方千米，中国最长的内陆河——塔里木河穿境而过。这里自然风光秀美奇特，有天山南坡的赤沙山、大小龙池、雪山草原，奇峰胜景塔克拉玛干沙漠，原始胡杨林等旖旎风光以及民间音乐、歌舞、民间工艺、庭院园艺等独特旅游资源。境内的库车，古称龟兹，是古丝绸之路上中西文化荟萃之地，龟兹国是古代西域大国之一，是龟兹乐舞的故乡。阿克苏和农一师的著名旅游景点有：赤沙山、大小龙池、燕泉公园、克孜尔千佛洞、库木吐拉千佛洞、昭怙厘佛寺遗址、森木赛姆千佛洞、玛扎巴哈千佛洞、克孜尔尕哈千佛洞、烽火台、龟兹古城、库车大寺、默拉纳额什丁麻扎、阿拉尔新城等。

【巴音郭楞蒙古自治州及农二师旅游资源】

巴音郭楞蒙古自治州，位于新疆东南部，境内自然旅游资源丰富多彩，自然保护区面积广阔，主要有阿尔金山自然保护区、巴音布鲁克天鹅保护区、野骆驼保护区、塔里木盆地胡杨保护区等，塔里木河、孔雀河、开都河、博斯腾河、罗布泊、台特马湖等河湖都极具探险揽胜价值。巴音郭楞蒙古自治州地处古丝路的中道和南道的接合部，历史悠久，名胜古迹众多，这里有汉代西域36国的若羌、楼兰、鄯善、且末、小宛、山国、乌垒、仑头、渠犁、尉犁、焉耆、危须等12国所在地。

【喀什地区及农三师旅游资源】

喀什，当地人称喀什噶尔，是我国西陲重镇，古丝绸之路的西出口，也是佛教和伊斯兰教传入我国的门户。现存于喀什郊外的有唐代胜迹莫尔佛塔和公元2~3世纪的三仙洞。有闻名于世界的伊斯兰建筑艾提尕尔大清真寺，阿帕霍加墓（又称香妃墓）。

喀什风光秀美，气候宜人，自然景观和人文景观互相衬托。著名的帕米尔风景区以高原湖泊卡拉库里湖为中心，四周是草原牧场，冰山倒影映入湖中，柯尔克孜族牧民的毡房点缀其中，绿草羊群，炊烟缭绕，自然景观十分壮丽。著名的公格尔九别峰和号称“冰山之父”的慕士塔格冰山，屹立在卡拉库里湖两侧，是登山探险的好去处。

喀什还具有鲜明的地方特色和浓郁的民族风情。喀什是中国伊斯兰教文化的中心，维吾尔族人口占喀什总人口的75%以上，无论是城市建筑、文化艺术，还是市民服饰，风味小吃等，都具有浓郁的维吾尔族特色和伊斯兰教文化的风格。自古以来，喀什商业发达，一直是葱岭以东的一大商业都市，是我国西部最早的国际市场。现位于喀什城东土曼河边的“东门综合贸易市场”，当地人称“大巴扎”（维吾尔语，大集市的意思），占地8.67公顷，以其规模宏大，地方特色浓郁，吸引着越来越多的中外游客，被誉为“中亚第一大巴扎”。

西海湾风景旅游区，位于喀什地区巴楚县境内，地处塔克拉玛干沙漠西南缘，东靠麻扎塔格山。该旅游区湖水清澈、湖面开阔、烟波浩淼、沙滩绵延、海韵无限。旅游区内乔、灌木丛生，胡杨、柳树、榆树、沙枣、红柳、铃铛刺等参差有致，芦苇、麻黄草、骆驼刺点缀其间，大雁、天鹅、黄鸭、鹰、鸥、燕等数十种鸟类栖息于此，野兔、水獭、蜥蜴等野生动物时常出没。夏季时分，绿意无限，生机盎然；秋天到来，柳粉湖青胡杨黄，极富诗情画意，为一观赏游览、娱乐休闲的天然风景旅游地。

【伊犁地区及农四师旅游资源】

伊犁地区位于新疆西部天山北麓，群山环绕，降水充沛，气候湿润，草原广阔，森林茂密，山清水秀，物产富饶，素有“塞外江南”之称。伊犁河谷是新疆粮食、油料、畜牧业生产的重要基地，是著名的“新疆羊”、“伊犁马”的故乡。伊犁自古以来就是我国多民族栖息之地，并为“丝绸之路”北道的必经之路，遗留下富有新疆特色的文物古迹，主要有：伊犁河上游的昭苏、特克斯、新源等地的乌孙古墓，昭苏、新源一带的草原石人，阿力麻里古城遗址，惠远古城与钟鼓楼，金顶寺遗址，圣佑庙，秃黑鲁帖木尔汗麻扎，格登山纪功碑，夏台古隘道，果子沟，唐布拉草原，古铜矿遗址，伊宁市人民公园等。

农四师71团所处的那拉提草原风景区，地处伊犁河谷东端，是新疆和全国著名的草原之一，这里天山巍峨，雪峰高耸，森林葱郁，草原辽阔，风光秀丽，环境幽雅，被誉为“塞外江南”和“草原明珠”。附近还有著名的巩乃斯河景点，卡普河草原景点，都以其秀美的景色吸引着众多的国内外游客。

【博尔塔拉蒙古自治州及农五师旅游资源】

博尔塔拉蒙古自治州位于准噶尔盆地西南部，北有阿拉套山，南为科古琴山和婆罗科努山，博尔塔拉河自西向东穿行博尔塔拉谷地底部，注入艾比湖。这里拥有辽阔的草原、美丽的湖泊和众多的温泉以及草原上的大量石人、石墓等旅游资源。著名的风景名胜有：赛里木湖风景名胜区，布拉格尔温泉，博乐古城，怪石沟等。

【昌吉回族自治州及农六师旅游资源】

该旅游区为东准噶尔史前奇观探险旅游区，位于昌吉回族自治州东部的吉木萨尔、奇台、木垒三县境内，由于准噶尔盆地亿万年的沧桑巨变，遗留下极珍贵的硅化木森林、恐龙化石、古海洋生物化石、古火山口、奇台魔鬼城和木垒鸣沙山等自然景观。卡拉麦里山有蹄类自然保护区分布在东区，区内有野马、野驴、盘羊、鹅喉羚等荒漠珍奇动物。这里历史古迹丰富，有唐朝的北庭都护府、北庭古城、西大寺，奇台千佛洞、东师古道以及众多古峰燧、古墓葬和原始村落遗址，均有很高的历史研究和观赏价值。

神奇的五彩湾，位于准噶尔盆地东南部广大的沙漠地带，地质史上是古湖盆区，沉积了多彩鲜艳的湖相岩层，故通称为五彩湾，硅化木、恐龙化石、魔鬼城等许多地质奇观都集中在这一带，故五彩湾充满了神秘色彩。

新疆野马养殖中心，是由世界野生动物保护基本会资助的项目，饲养水平较高。世界濒危动物普氏野马的返乡工作已取得成效。

北庭古城，位于吉木萨尔县城北10千米处，汉代称金满城，突厥时称可汗浮图城，唐为庭州，后置北庭都护府，历史上一直为天山北路政治、军事、交通和文化中心，以及西域三大“丝都”之一。明代中期毁于战乱。古城规模宏大，略呈长方形，分内外两城，内外城均有护城河，城池坚固险要，城内昔日的衙署、塔庙、街市依稀可辨，残存碎瓦陶片遍地。

西大寺全名高昌回鹘西大寺，位于古城西1千米处，建于唐贞观十四年（公元640年）。已发现的珍贵文物有《王子出行图》等壁画和保存极其完好的彩色泥塑武士像以及长达11米的巨型卧佛等，近年，北庭古城和西大寺已被国务院定为全国重点文物保护单位。

五家渠青格达湖——沙漠生态旅游项目，位于农六师五家渠市境内，距乌鲁木齐40千米。青格达湖面积广大，水面约17平方千米，是天山北麓城市带中人工开发、面积最大的湖泊型的游憩地。湖岸有约20平方千米的林带与湿地，现已形成可观的湿地候鸟栖息地约7.2平方千米。湖周可供旅游开发用地约15平方千米，生态环境良好。与其毗邻的古尔班通古特沙漠旅游地带，有绵延不断的沙丘和沙漠植被，还有黄羊、狐狸等野生动物，是距乌鲁木齐最近的沙漠景观。

【石河子市及农八师旅游资源】

石河子市，地处天山北麓、准噶尔盆地南部的玛纳斯河流域，东距乌鲁木齐150千米，是兵团军垦战士开发建设起来的一座军垦新城，被誉为“准噶尔的鲜花”和“戈壁明珠”。过去，这里到处是戈壁、沼泽和芦苇，经过数十年的不懈开拓，如今已建成一个美丽的花园城市，楼舍房屋、厂房、学校、医院等都散布在葱茏苍翠的林网之中，绿化率达40%以上，被国务院命名为“全国绿化先进城市”，近年又荣获联合国“人类居住环境改善最佳范例奖——迪拜奖”，“全国园林绿化先进城市”，“全国城市环境综合整治优秀城市”。在这座花园城市里，满城绿树满城花，人在街上走，如同林中游，环境典雅幽静。“军垦第一犁”、“王震将军”铜像耸立在市中心广场上。石河子市是新疆重要的轻工业城市，是新疆轻纺、制糖和食品工业的重要基地，八一毛纺厂、八一棉纺厂、八一制糖厂、新疆天业等大型企业和石河子经济技术开发区（国家级）等，都集中反映了兵团现代化建设的新风貌，是内外宾重要的旅游参观点。

【塔城地区及农七、九师旅游资源】

本旅游区位于北疆西部的准噶尔界山与盆地西部，与哈萨克斯坦边界线长486千米，克拉玛依和独山子的石油开发、托里县哈图金矿的黄金生产、乌尔禾风城、天山和准噶尔界山中的温泉、岩画是主要的自然和人文景观。

【阿勒泰及农十师旅游资源】

阿勒泰位于新疆西北部，是亚洲腹心极端干旱区中的一个巨大“荒漠湿岛”，因为我国境内的阿尔泰山，正好处于西来寒湿气流的迎风坡上，因而雨雪充盈，森林密布，草原无垠。境内的阿尔泰山和额尔齐斯河，号称“金山”、“银水”。这里有迷人的喀纳斯湖，有绵延千里的阿尔泰古代岩画，原始古朴的自然生态环境和粗犷壮丽的草原风情，还有独具边境农垦特色的边境农场旅游点。

【乌鲁木齐市及农十二师旅游资源】

乌鲁木齐地处天山北麓，是准噶尔盆地南缘的绿洲。自古以来就是非常富饶的天然牧场。这里气候温和，春秋两季较短，冬夏两季较长。夏季的乌鲁木齐市，城郊山区山花烂漫，市区林带郁郁葱葱。

乌鲁木齐被誉为“天山脚下的明珠”。市区海拔900米，东南两侧为连绵千里的天山林带拥抱，西北两侧是辽阔的平原地带。南山草场既是丰盛的畜牧业基地，又是游览避暑的胜地，有名的甘沟菊花台、白杨沟冰川瀑布、庙儿沟松林涌泉，是人们向往的自然名胜。岿立在乌鲁木齐东部的博格达峰，雄伟挺拔，终年白雪皑皑，峰下松柏参天，风光秀丽，在海拔1 850米的高山深处，有一周围长8千米的天池，传说为西王母举办“蟠桃仙会”的瑶池，今已为新疆的重要旅游风景区。

巴布盖民俗自然村：该旅游区坐落在农十二师104团的夏草场，属二级生物景观类旅游资源。极目眺望，青山松柏葱郁，峡谷碧水潺潺，与天山白雪皑皑遥相呼应。雄鹰在蓝天中翱翔，鸟儿在森林中鸣唱，缤纷的花朵在绿草丛中起舞，蒙古包似朵朵白云散落于无际的绿茵之中。叼羊、姑娘追、赛马、阿肯弹唱会等极具哈萨克族民俗风情活动使景区洋溢着热情、奔放的气氛。在这里不但可以骑马、射箭，还可品尝到具有民族特色的酸奶疙瘩、酥油、油馕、野蘑菇汤等美味佳肴。朴实好客的哈萨克族牧民将使您充分感受民族风情的独特魅力。

红岩水库旅游区：距乌鲁木齐市15千米，交通方便。景区内奇峰插云、危崖耸立、峡谷深邃、林木葱郁、花草满坡、泉流淙淙、空气清新，南部及西南部的红色岩石由于千年风蚀的作用，形状奇特，有的形似大佛安坐、有的如鲸鱼横卧，有的像蜂窝百孔，千姿百态，变幻无穷。红色的沙滩环绕着碧绿的水面，在阳光的照耀下熠熠生辉，好似落霞入水般美丽。

【吐鲁番地区及221团场旅游资源】

吐鲁番，古称高昌、西州、火洲，位于东天山的断陷盆地中，西距乌鲁木齐182千米，素以环境特异、古迹遍地、物产富饶著称于世。吐鲁番盆地是中国最低的地方，盆地最低处艾丁湖，湖面低于海平面154米，是世界上仅次于约旦死海（-392米）的世界第二低地。它又是中国最热的地方，极端最高温度高达49.60℃，有“火洲”之称。盆地中常刮大风，最大风力可达12级以上，故又有“风库”之称。吐鲁番虽酷热少雨，但地下水储量丰富，坎儿井把地下水引向地面，灌溉着数十万亩良田，使沙漠变成绿洲。1 200多条坎儿井总长度超过5 000千米，人们誉称这是我国古代与长城、运河并列的三大工程之一。吐鲁番盛产葡萄、瓜果、长绒棉，经测定，吐鲁番葡萄的含糖量高达22%~26%，是世界上最甜的葡萄。因此，吐鲁番是中国“最旱、最热、最低、最甜”的地方。吐鲁番是新疆重要旅游区之一，主要的景点有：火焰山，葡萄沟，交河古城，高昌古城，柏孜克里千佛洞，阿斯塔那——哈拉和卓古墓群，苏公塔（又名额敏塔）等。

【哈密地区及农十三师旅游资源】

哈密地区是新疆东部门户，东临甘肃，北接蒙古国，东天山横贯全区。哈密是古丝绸之路的重镇，汉唐以来都曾在此设置行政管辖机构。这里物产丰饶，尤以哈密瓜著称于世，哈密红枣为枣中上品，巴里坤马是新疆三大名马之一，巴里坤又是新疆的“驼乡”。哈密的矿藏极为丰富，吐哈油田、哈密矿务局都在新疆的工业生产中占有重要地位。这里著名的旅游名胜有：松树塘，黄田庙儿沟，黑沟“巴里坤八景”，八大石，白石头，天山庙，巴里坤湖，五堡古墓群，盖斯墓，回王坟，哈密烈士陵园，硅化木景观，大马圈沟旅游景点等。

【和田地区及农十四师旅游资源】

和田位于新疆南部，古称于阗，藏语意为产玉石的地方。古代是西域36国中的皮山、于阗、扜弥、渠勒、精绝、戎卢诸国地。和田自古以来就以“稼穑殷盛、花果繁茂”著称，并以盛产玉、丝和地毯而闻名中外。这里有众多的古城和佛教遗址，可供探险揽胜，有沙漠、绿洲、水库等奇异景色可供观赏；还有古树名木、果园、丝绸加工等可供游览。主要景点有：尼雅遗址，英尔力克沙漠，拉斯奎乡果园与葡萄长廊，核桃王与无花果王等。

和田可供游览的还有地毯厂和丝绸厂等。

十、科技及人力资源

【劳动力资源】

2000年末，兵团有总人口242.79万人，其中农业人口137.99万人，非农业人口104.8万人。兵团全部从业人员92.58万人，同比减少3.82万人，下降4%。从就业结构和分布比例看：第一产业43.82万人，减少2.9万人，下降5.9%，占47.3%；第二产业21.4万人，减少2万人，下降8.5%，占23.1%；第三产业27.36万人，增加1.08万人，增长4.1%，占29.6%。年末在岗职工人数70.23万人，比上年减少5.21万人，下降6.9%。其中国有单位在岗职工68.49万人，下降7.6%。年末离开本单位仍保留劳动关系的职工有9.83万人。城镇登记失业率为1.9%。

（一）高等院校

兵团原有普通高等院校5所，成人高等院校7所，“八五”和“九五”期间，兵团对高等教育的布局、结构、功能实施了重大调整，将北疆四所普通高校合并成一所综合性的石河子大学。到2000年末，兵团实际拥有普通高等院校2所，成人高等院校3所。

【石河子大学】

现有教职工2 312人，专任教师920人，其中中国工程院院士1人，教授99人，副教授301人，讲师358人，获得国家级或部级有突出贡献的中青年专家称号的25人，享受政府特殊津贴的专家55人。

石大下设农学院、动物科技学院、医学院、药学院、经济贸易学院、师范学院、政法学院、机械电气工程学院、水利建筑工程学院、信息工程学院、食品工程学院、生物工程学院、商学院、体育学院、经济技术管理学院、成人教育学院等16个学院。拥有37个本科专业、16个大专专业、20个硕士学位点。现有在校普高生11 225人，成人本专科生3 531人。

2001年，教育部指定北京大学对口支援石河子大学。

校址：石河子市北四路221号
邮编：832003
电话：0993-2058030

【塔里木农垦大学】

下设植物科技学院、动物科技学院、农业工程学院、文理学院、高等职业技术学院和成人教育学院。以上6院辖本科专业18个、大专专业25个、兵团重点学科2个、实验室40个、教学基地4个。全校占地面积353.34公顷，校园面积125.34公顷，校舍建筑面积9.74万平方米（2001~2002年将完成新增校舍面积为5.06万平方米）。科研教学仪器设备总值达2 300万元，图书馆藏书32万册，各类期刊1 200余种，校园信息网与中国教育科研网相联，编辑出版的《塔里木农垦大学学报》国内外发行。

现有教职工826人，专任教师278人，其中教授27人，副教授85人，讲师110人。教师中具有博士、硕士学位的43人。在校学生近6 000人（含成人本专科生2 820人）。累计培养本、专科毕业生1.2万多名，普遍得到社会和用人单位的欢迎，并给予塔大毕业生“下得去、留得住、用得上”的好评。为新疆、兵团，尤其是南疆区域经济的发展和社会的稳定起到了重要作用。

校址：阿拉尔市
邮编：843300
电话：0997-4611609
传真：0997-4611634

【新疆生产建设兵团电视大学】

已建成了13个师的电大分校，覆盖了全兵团的农牧团场和工矿企业。截止到2001年电大各类在校生1.4万人，其中本科学历生有0.44万人。全校有教职工585人，专兼职教师503人，其中副高以上职称111人，讲师134人，助教158人，形成了一支结构基本合理的教师队伍。学校开设的专业：财务会计、会计与统计、电算化、计算机网络工程管理、计算机应用、企业管理、通信工程、农学、财政与金融、金融与保险、工商行政管理、经济信息管理、工业与民用建筑、新闻传播、节目主持、律师与公证、法律、政史、英语、学前教育、教育管理、汉语言文学等84个。其中本科专业有：法学、会计学、计算机科学与技术、英语、金融、汉语言文学。

电大校部占地1.22万平方米，校舍建筑面积1.19万平方米。固定资产总值1 538万元，其中教学仪器设备总值432万元。拥有计算机254台，图书3万余册，可上网浏览、看光盘和录像带。校园主干网经过近几年的建设，教学楼、综合楼及学生宿舍楼等主要建筑物之间以千兆光缆实现互联通，校园主干网向外联通国际互联网，开通了与中央电大及兄弟省市电大的电子邮政服务。

校址：乌市二道湾一巷22号
邮编：830001
电话：0991-8826543
传真：0991-8827684
网址：http://www.bttvu.cxbc.com

【石河子职工大学】

开设专业大专班有热能动力、发电及电力系统管理、工业与民用建筑、工程概预算与招投标、计算机应用与维护、计算机信息管理、环境监测与污水处理、棉花检验加工与管理、粮油加工与检验、热工仪表检修、模具设计与工艺、机电工程与管理、水利工程与管理、制浆工程与管理、会计电算化、法学、英语等23个专业。中专班有幼儿师范、音乐美术、现代文秘与办公自动化、电子技术与电器维修、计算机应用与维修、信息管理、英语等10个专业。

现有教职工125人，其中专职教师62人，兼职教师63人。教师中有高级职称的18人，中级职称的58人。

校址：新疆石河子市北四路六小区
邮编：832003

【兵团教育学院】

建校以来以培养中、小学师资为宗旨，累计培养本、专科毕业生5 260人，为兵团各农牧团场输送合格师资和提高教师学历达标率做出了贡献。

专业设置：大专有汉语言文学、小学师资教育、学前教育、英语教育、美术教育、音乐教育、体育教育、数学教育、物理教育、化学教育、地理教育、历史教育、生物教育、计算机应用与维护等15个专业。本科有汉语言文学和数学教育2个专业。近几年又增设了少数民族大专班的（民考民）师资培训，开设的专业是汉语、数学、实验基础、美术、少数民族语言文学。

学院校舍建筑面积29 750平方米，教职工269人，其中专任教师197人（具有高级职称的95人）。

校址：石河子市北四路
邮编：832003

（二）科研院所

【概况】

全兵团国有科研机构和单位共计170个，职工总人数为8 600人，拥有各类专业技术人员2 300人，（高级职称285人，中级职称441人）。其中，独立科研机构16个，职工总数1 236人（科研人员761人），中级以上技术职称347人，研究生学历3人。年技术性收入457万元，生产性收入1 116万元。

重点研究机构有：新疆农垦科学院（下设八个研究所）、石河子农业技术开发研究中心、石河子蔬菜研究所、石河子交通科研所、农一师农业科研所、农七师农业科研所等。

2000年全兵团重点推广（含丰收）计划项目共36项。其中种植业6项，蔬菜、瓜果、园林类8项，畜牧养殖类6项，农业机械化类2项，土肥、种子处理项目4项，环保类项目2项，节水项目2项，其他6项。除个别面向贫困师团的照顾项目外，均按期完成了计划任务指标。据不全统计，当年实施农作物推广面积71.71万顷，新增产值5.7亿元，畜牧业产品新增产值9056万元，水果新增产值700万元，工业项目新增产值208万元。

2000年，实施全国农牧渔业丰收计划项目7项，其中农业部渔业局下达渔业项目2项。投入项目资金3 602万元（国投110万元、自筹配套3492万元），实际推广农作物26.39万公顷，新增粮食8 233.4万千克，棉花

3 259.18 万千克，油料 3 875.79 万千克；推广优质细毛羊 114.1 万只，新增羊毛 38.35 万千克，肉 127.5 万千克。5 项共计新增总产值 3.77 亿元。其余 2 项渔业项目已有新的进展，效益尚未计入。

实施星火项目 19 项（国家级 8 项），总投资 18 979 万元，项目完成后将在良种基地建设，精准农业技术，测土施肥，番茄、芦笋、奶业深加工等方面形成新的增长点，为兵团“白、绿、红”工程的实施和“两高一优”农业的发展产生深远影响。

为参与市场竞争，从 20 世纪 90 年代起各师、团和厂矿企业逐步建立了一大批具有鲜明行业和专业特点的工业研究机构，例如农二师的新疆农垦马鹿产品综合开发研究所、农六师的兵团第一皮革研究所、农四师的兵团第二皮革研究所和兵团第一白酒研究所、农六师的新疆水泵研究所、农七师的奎屯市针织服装研究所、农八师的石河子八一棉纺织厂科研所及石河子八一毛纺织厂科研所、石河子大学的兵团食品研究所、建工师的兵团建筑工程研究所、农十二师的兵团乳制品研究所等，为产品的更新换代、提高品质和开拓市场起到了积极的推动作用。

【新疆农垦科学院】

为拥有农学、农机、畜牧、兽医、园艺、林业、水利、土壤、肥料、特产加工、情报信息、化验分析等 30 多个学科的研究机构。全院下设作物所、棉花所、畜牧兽医所、林园所、水土所、农机所、特产所、科技信息所等 8 个专业研究所，还有农业部认证的食品质量监督检测中心。附属单位有农业实验场、中试厂、新技术服务中心。

全院现有科技人员 367 人，其中有中国工程院院士 1 人，研究员 11 人，副研究员 52 人，中级职称 89 人。有 28 位专家获得政府特殊津贴，13 人获自治区、农业部、人事部的优秀专家称号。

“九五”期间共取得科研成果 69 项，获各级科技进步奖 40 项次，其中国家科技进步三等奖 1 项，国家丰收一等奖 1 项，自治区一等奖 1 项，兵团科技进步一等奖 5 项。育成农牧新品种、新品系 6 个，研制成新型农机具 5 种，在粮油、细毛羊等农牧产品增产中，贡献率达 15% 以上。棉花双百万亩双百斤两高一优综合技术、棉花机械化收获工程等项目的实施，有力地推动了兵团棉花产业的发展。组织科技扶贫、科技服务和科技推广项目 42 项，先后在农一、二、四、五、六、七、八、九、十师实施，共创经济效益 14.9 亿元。科技实力同步增强，著名绵羊育种专家刘守仁被选为新疆首批中国工程院院士，创建了胚胎工程生物技术实验室，克隆技术、转基因育种、胚胎移植等高新技术项目开始在农业科研中应用，并获得初步成效。科技体制改革取得了可喜进展，成果转化和产业化作业开始起步，创办院、所经济实体 11 个，2000 年实现年产值 8 000 万元，赢利 1 000 万元，超过“九五”目标 200 万元。科技人员的生活、工作环境有较大的改善。

2000年，完成项目报告178项，向国家和兵团有关部局委申报科研项目126项次。现获准正式立项的有57项，科研总经费达3 389.2万元，为建院以来争取科研经费最多的一年。在获准项目中，有国家计委产业化项目2个，国家财政部农业结构调整项目5个，农业部标准项目4个，国家经委项目2个，兵团代赈办项目6个，兵团计委产业化项目2个，兵团科委项目36个。全院完成科研成果鉴定19项，其中国内领先的10项，国内先进9项；院组织申报兵团科技进步奖5项，其中“中国美利奴U品系细毛羊推广”获一等奖，“恢复胡杨次生林、营造胡杨人工林技术的推广”、“高效多元磷酸二氢钾的开发与应用推广”和“羊高发高寒寄生虫病综合防治配套技术的推广”获二等奖，“利用外源DNA导入技术改良稻米品质的研究”获三等奖。

该院拥有的一批具有全国领先水平的科研成果在兵团的经济发展与延伸中发挥着越来越大的辐射效益。主要有：中国美利奴U品系细毛羊品种，羊毛细度达到19~14微米；单产全国第一的大豆新品种，亩单产397.08千克，折算成公顷单产为5 956.2千克；可与国际优良品种媲美的油葵新品种4、6、8号，公顷单产4 350千克；具有自主知识产权的新疆第一个棉花专家系统“棉花高产生长模拟模型及栽培管理计算机辅助决策系统”，已推广1 600公顷；在新疆首家研制成功“棉花高产优质高效平衡施肥体系及施肥推荐咨询服务系统”软件；北疆产棉区大红枣草甸式种植栽培技术的成功，结束了北疆高寒地区不能种植红枣的历史；配合喷、滴灌节水农业的需要，研制成功具有国际先进水平的高效固态喷、滴灌专用肥；种子人为定期控制发芽技术，为北疆耕作制度的改革提供了技术支撑；研制成功国内首创的与大马力拖拉机配套的ⅡLZ—7.2型联合整地机和5膜20行精量、半精量播种机，为棉花的全程机械化提供了先进的农机具。

院址：新疆石河子市西区乌伊公路北侧

邮编：832000

电话：0993-2553699

传真：0993-2553754

（三）企业技术中心

【概况】

根据国家经贸委、税务总局、海关总署《鼓励和支持大型企业集团建立技术中心暂行办法》和兵团经贸委关于《推进大中型企业（集团）建立技术中心的若干意见》精神，由企业申请，师经贸委推荐，经自治区经贸委、兵团经贸委、自治区财政厅、国税局、乌鲁木齐海关共同审查，截止到2001年，确认了自治区级企业技术中心40家，国家级企业技术中心3家，其中兵团企业技术中心13家、国家级企业技术中心1家。自治区企业技术中心的认定工作始于1996年，兵团企业技术中心的认定工作始于1998年。

1998年认定2家企业技术中心：新疆天业（集团）公司技术中心、新疆八一毛纺织股份有限公司技术中心。

1999年认定3家企业技术中心：新疆伊犁特实业股份有限公司技术中心、新疆石河子八一棉纺织集团公司技术中心、乌鲁木齐农垦乳业集团公司技术中心。

2000年认定5家企业技术中心：新疆华世丹药业有限公司技术中心、新疆芳婷集团有限责任公司技术中心、新疆天宏纸业股份有限公司技术中心、新疆天富热电股份有限公司技术中心、新疆石河子白杨酒厂技术中心。

2001年认定3家企业技术中心：新疆青松建材化工股份有限责任公司技术中心、农十师184团膨润土厂技术中心、新疆阿克苏新农通用机械厂技术中心。

【新疆天业（集团）股份公司技术中心】

（以下简称新疆天业技术中心）1998年被认定为自治区级企业技术中心和国家级企业技术中心，下设塑料、化工、农业、节水工程、机械自动控制、食品等6个研究所，项目研发部、新产品营销推广部、技术协作部和一个技术中心办公室、一个检测中心。为了促进中心科研成果的转化和高科技产品的推广应用，公司在1998年5月成立了工程中心，2000年3月被兵团科委批准为“兵团节水农业工程技术研究中心”，近期已向国家科技部申报“国家节水农业工程技术研究中心”。

新疆天业技术中心与浙江大学、四川大学、日本千叶大学、早稻田大学、中国农科院农田灌溉研究所、中国机械学院、中国食品发酵工业研究所、上海有机化学研究所等国内外研究院所建立了稳固而又广泛的合作关系，及时地进行技术与人才的交流，使新疆天业集团发展成为中国最大节水器具生产企业，在向世界规模最大、实力最强滴灌节水器具生产企业迈进的过程中，越来越显示出技术中心对企业发展的支撑力量。

新疆天业技术中心现有各类专业技术人员150余人，聘请国内外知名专家50余人，其中本科以上学历人员达80%以上，中级职称以上人员占70%。

2001年从德国引进了新疆第一条也是惟一一条燃气管生产线。2002年天业技术中心成立了“企业博士后科研工作站”，这是兵团惟一一家被国家人事部批准的博士后科研工作站。

地址：新疆石河子市北一路西
邮编：832000
电话：0993-2861543、2863878

【新疆八一毛纺织股份有限公司技术中心】

该中心下设产品研发部、生产技术部、信息中心、试化验室。现有技术人员35人、试化验员12人，其中高级工程师2人，工程师14人，助理工程师12人。

自1999年至2001年，新疆八一毛纺织股份有限公司技术中心共完成新产品开发320个，完成赛络纺纱、赛络菲尔纺纱、氨纶包缠纱、弹性整理、防缩整理、防水防油整理、留香整理等7个研究课题，均形成批量生产，进入市场，并受到一定好评。据厂财务成本计算，目前新产品的毛利率均在15%左右。

近三年荣获“九五”优秀新产品奖1个，中国流行面料奖1个，全国毛纺唯尔佳杯一等奖1个、二等奖2个，三等奖2个。

地址：新疆石河子市八一毛纺厂
邮编：832006
电话：0993-2821008

【新疆伊犁特实业股份有限公司技术中心】

现有工程技术人员46人，其中高级工程师2人，工程师15人，助理工程师及技术人员23人，化验员6人。3名专家型人员中，2名高级工程师享受政府特殊津贴，1人为国家级评酒师，2人为自治区级评酒师。

新疆伊犁特实业股份有限公司技术中心成立以来，取得了可喜的科研成果，提高了“伊力”牌系列酒的科技含量，改进了酿酒工艺，降低了成本，提高了优级品率，增强了市场竞争力，为公司带来了好的经济效益。例如，“五粮型酒工艺的研究”，在中试车间顺利完成预定目标，并通过了公司鉴定，证明该课题单位成本每年度均低于全公司单位成本，三年来共实现产值594万元（以内部基酒调拨价计）。该中心与中科院新疆化学所联合开发的“白酒毛细管色谱分析技术”，为公司的酿酒工艺、微机勾兑、新产品开发、科研试验等提供了更全面、更可靠的分析数据。采用此种分析技术，可定性测定白酒微量成分61种，定量分析59种，达到了国家轻工部对同类型曲酒的分析检测水平。

地址：新疆新源县肖尔布拉克
邮编：835811
电话：0999-5266724、5266547

【新疆石河子市八一棉纺织集团公司技术中心】

1999年11月被自治区、兵团认定为自治区级技术中心。该中心有专业技术人员45人，其中高中级技术人员33人。

该中心的产品研发方向：一是环保面料的开发研究。应用天然彩色棉的生态环保性，开发技术含量高、附加值高的棉纱、棉布产品，并与有关单位联合开发彩棉衬衣、彩棉内衣、彩棉弹力T恤等。二是在棉纱、棉布、印染布、工农业用布和床上用品方面，瞄准国内外先进水平，研发具有市场前景的新产品，创企业品牌形象，形成拥有知识产权的主要产品和专有技术，并能达到国内一流水平。三是在原有产品开发的基础上，充分利用当地的原料优势和国内外新型纤维（大豆蛋白纤维、纳米纺织材料），研发出技术含量高、附加值高的新产品。该中心成立以来取得的主要成果有100多个，其中“彩棉仿羽绒布”被列为2001年国家级新产品。《J40/Z股线高密纱卡的织建与酶洗整理技术》被列为2001年国家重点技术创新项目；《天然彩棉纺织产品》被列为2001年国家火炬项目。

地址：新疆石河子市

邮编：832004

电话：0993-2518745

【乌鲁木齐农垦乳业集团公司技术中心】

1999年11月被自治区、兵团认定为自治区级的企业技术中心。该中心有专业技术人员14人，其中高级工程师2人，中级职称4人，初级职称8人。

研究的重点是乳制品的开发利用和牛初乳保健品的研制。近几年来技术中心研制并陆续上市的新产品有：营养强化奶系列：碘奶、VAD奶、复合营养奶等；花色调味奶系列：威士奶、花生奶等；保久奶系列：黑加仑奶、草莓奶、无花果奶、纯牛奶、荷斯坦奶；酸奶系列：芦荟酸奶、草莓酸奶、中脂酸奶、全脂酸奶；初乳素奶系列：初乳素胶囊、初乳奶片、初乳钙、初乳酸奶、初乳奶粉、头啖奶。

地址：乌鲁木齐市百园路付七号

邮编：830011

电话：0991-3715795、3741468

【新疆华世丹药业有限公司技术中心】

现有专业技术人员24人，其中高级职称5人，中级职称8人，硕士研究生2人，初级职称9人。另有由66位药学、医学教授组成的专家顾问委员会。该中心的研究方向是常见病和多发病新药；利用新疆丰富的药用植物和动物资源，研发名、特、优民族新药品种；利用先进的生物工程技术，开发转基因药物和预防性疾病疫苗。

该中心成立以来，研制的“阿胶强骨口服液”获国家三类新药证书，也是国内惟一治疗骨质疏松症的纯中药制剂，被自治区人民政府授予“新疆名牌产品”的称号。该产品2001年上市以来，销售量已突破亿元大关，利税350万元，实现净利润165万元。研制成功的另外两个新药，正在进行临床试验，尚未投入批量生产。

地址：乌鲁木齐市河南东路45号

邮编：830011

电话：0991-6642103

【新疆芳婷集团有限责任公司技术中心】

2000年12月被自治区和兵团确认为自治区级的企业技术中心。现有专业技术人员42人，其中高级职称5人，中级职称20人，初级职称17人。该中心由针织研究所、纺织信息技术中心、产品质量检测试验部、市场信息咨询部、技术培训服务部等五部门组成。其中针织研究所为主要的新产品研究机构，下设棉纺研究小组、织造研究小组、染整研究小组、制衣研究小组和印花研究小组。同时外设科研开发成果评审部即针织品研究开发委员会。

针织柔暖被产品填补了国内空白，其外观设计获国家专利证书。

该技术中心今后的研发方向和目标是“弹力提花面料系列产品的开发”、“抗寒棉内衣开发”、“运动面料系列产品的开发”、“绿色环保内衣系列产品开发”、“针织柔暖被产品的开发”、“彩棉系列产品的开发”、“抗菌保健类系列产品的开发”等。

地址：乌鲁木齐市头屯街1号

邮编：830074

电话：0991－3967138

【新疆天宏纸业股份有限公司技术中心】

2000年经自治区、兵团联合确认为自治区级技术中心。现有专业技术人员28人，其中高级职称4人，中级职称9人，初级职称15人。该中心下设制浆技术小组、造纸技术小组、设备技术小组、原料技术小组、质检试验小组。

该中心主要以制浆造纸为目标，进行新工艺、新原料、新技术、新产品的开发和研制，以适应日趋激烈的市场竞争。利用新疆丰富的棉短绒资源开发特种纸及生活用纸已获得成功，批量投放市场后，得到用户的好评。今后的研发方向将着力于对新疆棉秆资源的开发利用；废纸资源的开发利用；为解决造纸原料紧缺和建立芨芨草原料基地等。这些已立项的研究开发项目，正在正常运作和实施之中，芨芨草原料的种植技术已经通过鉴定，并已建成1334公顷基地，在此基础上将扩建百万亩芨芨草工业园区。

该中心还同西北轻工学院、南京林业大学等重点高校结成合作伙伴关系，共同研制特种浆及特种纸，为企业的发展提供有力的支撑。

地址：新疆石河子市西三路

邮编：832009

电话：0993-2515661、2512355

【新疆天富热电股份有限公司技术中心】

2000年11月被确认为自治区级企业技术中心。现有专兼职人员48人，其中高级工程师10人，工程师28人。近几年的科研成果，为企业带来了较好的经济效益。其中“全沙式漏斗排沙技术”获自治区科技进步一等奖。其应用成果获得兵团科技进步三等奖，2001年获国家科技进步二等奖。今后的研究方向，针对水轮机抗磨蚀这一世界性难题进行试验与研究，同时开发石河子电力信息网项目。

地址：新疆石河子市红星路

邮编：832000

电话：0993－2901150

【新疆石河子白杨酒厂技术中心】

2000年11月通过自治区及兵团认定为自治区级企业技术中心。现有科技人员54人，其中国家级评酒委员1人，自治区评酒员3人，高级职称5人，中级职称6人，初级职称43人。

该中心成立以来，研制开发了38°白杨御液、45°白杨王、“38°、39°、43°白杨老窖”系列及52°白杨特曲、精品小白杨、老白杨等几十个新产品，这些产品先后被评为消费者信得过产品。2001年白杨系列酒被中国管理科学研究院“名牌与市场战略专家委员会”认定为“中国优质白酒”，被中国国际农业博览会评为“名牌产品”。2002年3月白杨老窖系列、小白杨系列产品荣获“保护消费者权益优质信誉品牌”。该中心研制的新产品每年为企业新增效益约100多万元。

地址：新疆石河子市西三路北端

邮编：832000

电话：0993-2550118

【新疆青松建材化工股份有限责任公司技术中心】

技术中心现有专业技术人员62人，其中外聘专家3人，高级职称7人，中级职称19人。

根据南疆地区的地理、气候、交通、资源和农业生产特点，该中心将研发重点定位于为塔里木油田、道路桥涵、水利基础设施建设和大农业服务方面。研发市场急需和适销对路的产品有：G级油井水泥、H级油井水泥、道路硅酸盐水泥、抗硫酸硅酸盐水泥、砌筑水泥、低碱水泥、中热硅酸盐水泥，极大地支持了南疆地区的建设与发展。

地址：新疆阿克苏市林园（乌喀公路1 014千米）

邮编：843005

电话：0997-2811669、2811282

【农十师夏子街膨润土有限责任公司技术中心】

2001年3月经兵团和自治区认定为区级企业技术中心。现有科技人员18人，其中高级职称2人，中级职称3人，初级职称13人。该中心下设矿物分析室、质量检测室、技术开发室、情报信息室。聘用的两位学术带头人，均是享受国家特殊津贴的专家。在企业技术中心的支撑下，农十师夏子街膨润土有限责任公司现在已是中国非金属矿工业协会常务理事单位、中国非金属矿工业协会膨润土专家委员会理事长单位。

该中心研究完成的课题项目及为企业带来的效益是：“汽相法制活性白土项目”，被列入国家技术创新项目，与传统活性白土制备技术相比，可降低用酸量及用水量近一半，每吨产品成本可降低100多元，并大大减少了对环境的影响。该项目2000年被评为国家技术创新项目；“年产15 000吨优质钻井泥浆膨润土项目”于2000年被列为国家火炬项目，该项目的研制成功，使企业钻井泥浆膨润土产品质量达到美国API标准。2001年该项产品已有4 000多吨销往国外，为企业开创了外汇收入。上述两项产品，即活性土和钻井泥浆土仅2000年实现产值1998.6万元，利税397.3万元。

该技术中心在确保已经上市的大宗产品的质量外，今后的研究方向将着眼于膨润土的防渗材料、构件的研制、环保与污水处理的研究、化妆与医药添加料的研究等。

地址：新疆和丰县184团夏子街

邮编：834409

电话：0990-6730098

网址：www. China-bentonite. com

E-mail：Xjrjm@ sina. com

Xjhujian@ sina. com

【新疆阿克苏新农通用机械厂技术中心】

2001年10月经兵团和自治区共同认定为区级企业技术中心。现有工程技术人员34人，其中高中级工程技术人员12人，初级工程技术人员17人，外聘专家教授5人。

该中心每年以企业产值的3%作为新技术、新材料、新产品的研究开发经费，针对棉花生产全程机械化的要求，对实用新型农机具装备大马力拖拉机配套农机具及畜牧机械进行开发研究。近几年通过技术引进、合作开发，成功地生产了十几个类别、几十种规格的农牧机械新产品投入市场，有多项成果获国家实用新型专利证书。这些农机具新产品的研制开发不仅促进了本地经济的发展，同时也使企业技术经济得到了快速提升。每年为企业创产值2000万元，创利润500万元。该中心已成为企业经济发展不可或缺的支撑力量。

地址：新疆阿克苏市艺圆路10号
邮编：843000
电话：0997-2614647
传真：0997-2611543

【科研成果】

1999年全兵团发表科技论文7 221篇，按部门分别来自科研与技术开发机构的有1 528篇，来自科研情报与文献机构的有63篇，来自全日制普通高校的有5630篇；按学科门类划分，来自自然科学1 064篇，农业科学1 107篇，医药学科1 201篇，工程与技术学科577篇，人文与社会科学3 272篇。以上论文获奖数504项，其中国家级奖19项、省部级奖184项、地市级奖301项。出版科技著作191种，申请专利数77件，获准专利权数60件。

2000年全兵团科技论文合计536篇，其中科研和技术开发机构完成159篇，科技情报与文献机构完成377篇，全部在国内刊物发表，其中获省部级奖的有11篇。各师（局）院校通过鉴定的科研成果累计166项，其中国内先进24项，兵团级先进15项，师级先进的108项。全年科技活动课题（项目）有381个，参与科研活动的技术人员有912人，课题（项目）投入总经费4 384.3万元。其中农业科学方面的课题（项目）有302个，参加的科技人员732人，投入经费3 881.3万元，分别占到课题（项目）、人员和经费投入的79.27%、80.26%、88.53%。

【技术人员】

根据兵团人事局在制定兵团人才资源开发第十个五年计划中表述“人才”界定为依照或参照执行国家公务员制度的人员、企事业单位的管理人员和专业技术人员。2000年末，兵团人才总数为16万人，其中具有中专以上学历或技术员以上职称的有14.3万人。人才总数占兵团总人口的6.6%，占在岗从业人员总数的17.2%。

详见“兵团国有单位专业技术人员构成表”。

兵团国有单位专业技术人员构成表

专业技术人员分类	2000年年底人数	构成（%）	每万名职工拥有科技人员	专业技术人员分类	2000年年底人数	构成（%）	每万名职工拥有科技人员
工程技术人员	11 751	13.3	77	图书档案人员	484	0.4	2
农业技术人员	11 482	8.8	51	新闻出版人员	313	0.2	1
科研试验人员	627	0.5	3	师公证人员	67	0.1	
卫生技术人员	22 211	17.0	99	播音人员	65		
教学人员	30 583	23.4	137	工艺美术人员	30		
经济人员	12 222	9.4	55	体育人员	14		
会计人员	16 351	12.5	73	艺术人员	565	0.4	3
统计人员	3 083	2.4	14	政工人员	14 916	11.4	67
翻译人员	87	0.1		专业技术人员总计	130 451	100	582

(四) 中国工程院院士

【刘守仁】

是我国著名的遗传育种与羊毛品质应用研究专家。在新疆47年的科研工作期间，创立了绵羊血亲级进育种法，培育出了适应性强、体大、毛产量高的军垦细毛羊，于1978年荣获全国科学技术大会重要贡献奖；提出了建系新理论，采用血清转蛋白、基因定位和2月龄羔羊特殊培育、当年配种缩短世代间隔等方法，先后育成5个各具特点的新品系，并荣获7项部级奖；独创了品种品系齐育共进的育种配套技术，育成了具国际先进水平的中国美利奴羊(军垦型)新品种，该技术荣获1987年国家科技进步一等奖。

两次主持国家重点工业性试验项目——中国美利奴细毛羊(新疆军垦型)和U品系羊繁育与基地建设，创建了独具我国特色的科、教、牧结合，育种繁育、商品生产一体化的繁育工程体系，经济效益达2亿多元，荣获1991年国家科技进步一等奖。

主持了国家“北羊南移”工程，该工程在浙、滇、川、鄂、赣五省山区建立了国家细毛羊生产模式示范区，攻克了国毛净毛率低和纤维匀度差等北方无法解决的难题，促进了区域生态、资源的利用和农民致富。

曾荣获国家科技进步一等奖2项，省部级一等奖4项，省部级二等奖3项。发表论文40多篇，先后有《军星细毛羊》、《羊毛与羊毛品质》、《绵羊学》、《中国美利奴的品系繁育》等6部著作出版。鉴于刘守仁的杰出贡献，1983年5月3日《人民日报》社论报道了他的突出贡献，中央电视台也多次报道了他的突出事迹。他作为全国优秀知识分子的杰出代表出席了党的十二、十三届全国代表大会，并被选为第九届全国人大代表，1989年荣获全国劳动模范称号。

Ⅲ　产业产品发展信息

一、第一产业

【概况】

第一产业是兵团经济支柱产业，在国内生产总值中占有较大比重，其显著特点是规模化种植、机械化生产和集约化经营，具体表现在50万吨优质商品棉基地、200万吨高产高糖甜菜基地、10万吨优质商品肉基地、25万吨优质水果基地建设，现代化节水灌溉技术、良种化和良种良法配套模式化栽培技术、高密度高产栽培技术、精量-半精量点播技术、测土平衡施肥技术、宽膜和超宽膜栽培技术等的推广和成功应用等方面，使兵团农业生产在全国居于先进水平。2000年完成第一产业增加值71.63亿元，比上年增长12.8%，占国内生产总值的39.7%。实现农业总产值143.74亿元，比上年增长11.0%。

(一) 种植业

【概况】

2000年底拥有耕地106.46万公顷，当年总播种面积90.98万公顷，比上年减少0.49万公顷，下降0.5%。其中粮食21.91万公顷，减少2.47万公顷，总产117.57万吨，下降11.9%；棉花41.07万公顷，增加2.93万公顷，总产69.39万吨，增加8.16万吨，增长13.3%，创历史最高记录；油料8.38万公顷，减少1.78万公顷，总产14.97万吨，下降16%；甜菜1.86万公顷，减少1.93万公顷，总产106.07万吨，下降33.9%。当年完成种植业总产值123.58亿元，较上年增长19.4%。

【结构调整】

根据农产品市场情况，加大主要农作物种植结构调整力度，实施“两高一优”农业，提高了农产品品质和效益。2000年粮、棉、油、糖的种植比例由1995年的42.5∶37.9∶15.4∶4.6调整到2000年的29.9∶56.1∶11.5∶2.5。调减粮食、油料、糖料种植面积，扩大棉花和其他特色经济作物种植面积。重点发展了优质专用小麦，推广了2万公顷的新春8号、新春9号、新冬18号等优质专用面包小麦和0.67公顷的巴粳3号、秋田小町等优质水稻品种；发展了“双低”油料，占油菜总面积60%以上；发展棉花优良品种，提高单产与质量，适度种植长绒棉、彩色绵、有机棉，推广了新陆早6、7、8号、中棉35号、新陆中7、8号等优良品种，扩大了长绒棉种植面积，2000年种植长绒棉3.11万公顷，较上年增加2.29万公顷。种植结构和农产品结构的调整与优化，促进了农业效益的提高。

【农业科技】

推进农业现代化建设，示范推广了农业精准技术，用精准施肥、精准种子、精准播种、精准灌溉、精准收获和精准田间生态监控六大技术装备提升农业，同时推广应用水稻工厂化育秧、机械化摆栽、机械化残膜回收、良种良法等技术，有效地促进了农业增产、农场增效、职工增收。2000年精量-半精量点播面积27.1万公顷，测土平衡施肥23.3万公顷，其中计算机决策测土平衡施肥技术推广11万公顷，新增节水灌溉面积3.65万公顷，机械化采棉试验成功，机采棉面积0.45万公顷。

【生产条件】

农业生产条件明显改善，社会化服务体系进一步完善。2000年末，农业机械总动力180.2万千瓦，比上年增长6.22%，其中柴油机动力138万千瓦，占总动力的76.66%。拥有大中型拖拉机1.71万台，小型拖拉机2.23万台，联合收割机0.15万台，农用运输车0.52万辆，分别为上年的104.27%、107.9%、99.32%、102.54%；大中型拖拉机与配套农具比为1:3.16。每万公顷耕地配备大中型拖拉机161台，每台大中型拖拉机负担耕地面积62.11公顷。2000年，农机投入资金26 833万元，为上年投入量的106.48%。其中机具购置费23 852万元，科研推广培训费1152万元，分别为上年的106.6%、135.19%。新建机务区79个，竣工“三库两间”面积8.22万平方米。农业机械原值170 891.67万元，其中国有企业机械原值54 979.48万元，个体所有农业机械原值81 926.41万元。农业机械新度系数达68.89%，比上年提高两个百分点。农业机械化水平：机耕面积90.10万公顷，耕作机械程度99.03%。其中，机播面积85.37万公顷，播种机械化程度93.83%；机械化收获面积36.2万公顷，收获机械化程度39.79%；机械覆膜面积44.98万公顷，覆膜机械化程度为100%；机械化除面积50.48万公顷，化除机械化程度94.56%；机械中耕面积52.85万公顷，中耕机械化程度100%。拥有农用飞机32架，全年作业飞行5 180小时，增长1.4%，为兵团和地方农业发展提供了播种、除草、灭虫、施肥和紧急营救等优质服务。几年来加大了中低产田改造和农田基础设施建设力度，耕地质量不断提高，2000年完成中低产田改造7.32万公顷，开挖疏灌渠系614.8千米，衬砌渠系534.7千米，新建机电井129眼，修建水工建筑物1 570座，修建排灌站4座，有效灌溉面积、旱涝保收面积、机电排灌面积较上年均有增加。

【农业综合开发】

2000年，农业综合开发总投资为3.59亿元。其中中央财政资金1.21亿元，农行专项贷款0.1亿元，兵、师、团三级配套资金2.28亿元。农业综合开发项目101个，其中土地治理项目65个，多种经营项目21个，科技示范项目15个，涉及75个项目团场。在石河子建设国家级农业现代化示范区，将对兵团发展绿色农业、节水农业起示范作用。完成中低产田改造3.33万公顷，中低产田改造预期可新增主要农产品生产能力：粮食1.43万吨，棉花0.99万吨，油料0.33万吨，糖料1.57万吨。新增农业总产值1.04亿元，职工纯收入总额增加0.23亿元，职工人均纯收入增加30元。科技示范项目共投资2 064万元。主要项目包括：节水灌溉、棉花高产配套技术、棉花平衡施肥、良种良法高产配套技术、棉花丰产攻关、精准施肥配套技术、精准灌溉配套技术、机械化采摘棉花技术、水稻工厂化育秧机械化摆栽技术、机械化残膜回收技术、良种良法技术等推广应用，有效地促进了农业增产、农场增效、农工增收。

【人工影响天气】

有10个师、66个团场开展了人工影响天气工作，拥有303门作业高炮、62具增雨防雹火箭发射架、8部"711"型数字化天气雷达、460部无线电台。有81个垦区气象台站，新建了6部气象卫星单收站，人影技术队伍达1650人。全年人工防雹保护农田面积41.53万公顷，减少农田雹灾面积22.54万公顷次，人工增雨受益面积12万公顷，减灾增效2.1亿元人民币。

【农牧团场改革】

强化农业、农牧团场工作，不断深化改革，认真贯彻落实兵团党委《关于深化农牧团场改革的意见》的"1+3"文件，把"农业增产、农场增效、农工增收"放在工作首位，强农固本，兴农安邦，进一步完善农牧团场统分结合的双层经营体制，承包职工"两费自理"的比重达到60%，生产费自理金额达20亿元。3.92万人实行租赁经营，租赁耕地7.33万公顷，5 328个家庭农场实现规模经营，承包经营耕地6.13万公顷，农业股份合作制实体111个，股本总额1.69亿元。改革的深化，调动了广大职工积极性，扩大了自主权，强化了自主营销意识和服务体系的建设。

（二）林业

【概况】

2000年底，拥有森林面积38.8万公顷，林木蓄积量1 502万立方米；林地面积39.15万公顷，宜林地10.97万公顷。果园3.69万公顷，其中，结果面积2.07万公顷，水果总产28.46万吨。主要水果面积及产量：苹果1.02万公顷，产量11.97万吨；梨1.26万公顷，产量7.92万吨；葡萄0.94万公顷，产量6.86万吨；桃0.09万公顷，产量0.69万吨；杏0.14万公顷，产量0.59万吨；红枣0.17万公顷，产量0.26万吨。2000年林业总产值为1.30亿元，较上年增长15.2%。

【生态环境保护与建设】

兵团紧紧抓住西部大开发的历史机遇，积极实施国家"西部大开发，生态要先行"的战略思想，加强植树造林，加快生态环境保护和建设步伐。2000年完成人工造林面积1.34万公顷。全民义务植树尽责率达95%，超过国家要求当年达到90%的指标。参加义务植树达110.5万人，义务植树2 808万株，人均植树26株。年末实有育苗面积0.09万公顷，其中新增育苗面积0.06万公顷，当年苗木产量6 314万株。建设林业生态体系，注重改善生态环境。按照“两线、一边、一道、一田”，实施重点生态林建设工程，推进了准葛尔盆地古尔班通古特沙漠南缘和塔里木盆地塔克拉玛干西北缘防沙治沙工程（两线）、边境林工程（一边）、塔里木河下游绿色通道工程（一道）、农田林网化建设工程（一田）。2000年完成重点生态工程造林0.95万公顷，其中农三师0.29万公顷，位居各师之首。

退耕还林（草）工程进展顺利。2000~2001年，15个试点团场完成退耕还林（草）面积1.25万公顷，其中退耕地还林(草)0.78万公顷，宜林荒山荒地植树造林(种草)0.47万公顷。2000年6个试点示范团场完成退耕还林（草）0.45万公顷，其中退耕地还林(草)0.31万公顷，宜林荒地造林(种草)0.14万公顷。2001年9个试点示范团场完成退耕还林（草）0.8万公顷，其中退耕地还林(草)0.47万公顷，宜林荒地造林(种草)0.33万公顷，还林还草成活保存率达90%。

【经济林建设】

发展特色经济，建设名优特果品基地。“九五”期间实施建设6.67万公顷名优特果品基地（3.33万公顷香梨、2万公顷葡萄、1.34万公顷干果），取得显著成绩。2000年新建果园面积0.87万公顷，创建园历史新记录。其中新植名优特果园面积0.6万公顷，占新植果园面积的69%。果树生产中加强果树标准园建设和开展果树标准化达标竞赛，基本实现了果林生产由数量型向质量型的转变，提高了市场竞争力和整体效益。

【瓜果花卉】

瓜菜生产稳中有升，2000年播种总面积4.62万公顷，其中蔬菜3.28万公顷，西、甜瓜1.34万公顷。全年各类蔬菜总产140万吨，西、甜瓜总产36万吨。花卉生产迅速发展，已建成乌鲁木齐市近郊的三坪农场花卉中心和石河子总场花卉苗木基地，年产草花50万盆，盆花4万盆，绿化草坪5 600平方米。采用新技术和高科技支撑的花卉苗木生产必将成为经济增长的新亮点。

（三）畜牧业

【概况】

2000年有牧草地面积242.37万公顷，其中已利用198.66万公顷；有牧场11个，畜牧业职工2.8万人。由于畜牧行业继续深化改革、调整结构、强化基础设施建设，抓好生产基地的规模化、商品化、专业化生产，使畜牧业稳步发展，牲畜年末存栏和主要产品产量创历史新高。牲畜年末存栏477.01万头（只），较上年增加18.83万头（只），增长4.1%。较1995年增长45.5%。其中羊存栏388.32万只，增长5%；牛存栏20.39万头，增长4.4%；猪存栏60.38万头，略有减少。全年繁殖成活各类牲畜284.43万头（只），增长3.6%。畜种繁殖成活率：绵羊102%，牛75.2%，猪1 400%。出栏各类牲畜322.5万头（只），增长25%，其中猪78.7万头，牛9.1万头，羊235.8万只。畜种出栏率：羊64%，牛47%，猪130%。肉类总产量12.5万吨，增长13.2%；牛奶总产8.99万吨，增长7.1%；羊毛总产0.96万吨，增长4.4%；禽蛋总产2.75万吨，增长2.1%。根据市场需求和人们膳食结构变化，调整肉类产品产量结构，牛肉、羊肉、猪肉、禽杂肉在肉类总产中的比重由1995年8.81:28.36:48.66:14.17调整到2000年的10.1:31.92:44.52:11.88，提高了畜牧业整体经济效益。2000年牧业总产值16.41亿元，较上年增长7.8%。

【101031工程】

该工程为兵团“九五”时期实施的畜牧业重要工程，即“10万吨优质商品肉基地建设项目”，建设期限为1994~2000年，目标年肉类总产达10万吨（其中，猪肉4万吨、羊肉3万吨、牛肉1万吨、禽肉2万吨），牛奶总产10万吨，禽蛋总产3万吨，羊毛总产1万吨，各类牲畜年末存栏447.89万头(只)。

通过七年的努力，到2000年末，累计完成投资4.05亿元。该项目本着高起点、高标准的建设要求，重点进行商品基地建设和良种繁育体系、饲草料加工体系、畜牧兽医服务体系三大服务体系建设。新建和改建各类牲畜圈舍以及配套建设牧工住房和饲料房等62.18万平方米，修建晒场等9.57万平方米，购买种畜和母畜4.65万头(只)，新建和改建饲料加工厂15座，购买各种型号粉碎机、捆草机等饲料加工机械和其他牧业机械707台（套），修建青黄贮窖7.2万立方米，开垦饲草料地0.4万公顷。“101031工程”的建设，使畜牧业发展进入到一个新阶段，2000年底，牲畜存栏、肉类、羊毛、牛奶和禽蛋总产量等主要指标均创历史最高记录。牲畜存栏477万头(只)，年均递增7.2%。肉类总产达12.5万吨，年均递增13%；牛奶8.99万吨，年均递增7%；禽蛋2.75万吨，年均递增5.5%；羊毛0.96万吨，年均递增4.3%。

【特种养殖】

兵团已成规模的特种经济动物养殖主要品种有马鹿和北极狐。2001年，马鹿存栏2.46万头，占全国的45%，年产鹿茸19.98吨，是兵团的优势资源，已建成全国最大的马鹿基地。北极狐存栏0.33万只，种狐0.2万余只，并向社会提供种狐0.1万余只，年产狐皮1万余张，母狐年内产仔率85.8%，胎均成活率7.3只。预计2002年生产商品狐1万只。目前在农十师建成了北极狐养殖基地，并成为国家级的“全国特种皮毛养殖基地”。马鹿产品作为珍贵保健药材、北极狐皮毛作为优质裘皮，受到了不同性别、年龄、人群的青睐，吸引了众多的国内外客商。

(四) 渔业

【概况】

2000 年渔业养殖水面 2.84 万公顷，水产品产量 1.29 万吨，比上年增长 7.2%，“九五”期间年均增长 5.2%。其中淡水养殖产量 1.13 万吨，占总产量的 87.4%，增长 8.21%。养殖产量：池塘养殖 0.79 万吨，湖泊养殖 0.04 万吨，水库养殖 0.28 万吨，分别较上年增长 10.94%、72.94%、-2.82%。人均占有水产品 5.31 千克，高于全疆人均占有量 56%。全年培育各类鱼苗 22 816 万尾，其中温室培育 5591 万尾，培育鱼种 2137 吨，向大水面投放鱼种 565 吨。2000 年渔业总产值 0.70 亿元，较上年增长 5.3%。渔业职工年平均收入 5 757 元，较上年增长 8.97%。

【生产条件】

渔业生产条件不断改善，促进了渔业发展。“九五”期间投资 3 500 万元，建成总面积为 1.17 万平方米的渔业生产温室和 667 公顷的池塘。完善配套了输变电线路、供水机井、进排水渠系、渔业机械等，加强完善了基础设施，优化了渔业生产环境。拥有水产冷库 8 座，颗粒饲料机 106 台，增氧机 1 004 台，各类网具 2 170 千米，机动船 57 只，非机动船 330 只，总载重量 441.6 吨。同时成立了渔政监督管理机构，使渔业行业管理步入规范化轨道；完善了水产技术推广站，提高了渔业生产的科技含量，为渔业生产跨上新平台奠定了基础。

【保护与开发】

注重发展名、优、特、稀水产业，拓宽水产新市场。农十师 188 团南湖移殖了北冰洋水系的狗鱼、五道黑和濒临灭绝的黑鱼（丁鱼岁鱼），进行保护性繁殖，获得成功，已进行商品化生产，产品供不应求；农三师小海子水库和农二师 24 团在博斯腾湖放养大闸蟹获得成功，尤其是农三师小海子水库的“昆仑雪蟹”，以优质取胜，受到 2001 年上海举办的 APEC 会议国内外人士的好评。

(五) 乡镇企业

【概况】

兵团乡镇企业指的是：团场职工兴办的非国有企业以及非国有企业同其他企业、事业单位、社会团体、个人、港澳台投资者、境外投资者联合兴办的企业。

2000 年末，有乡镇企业 5.14 万个，较上年增长 32.77%；从业人数

10.34 万人，增长 37.56%；完成总产值 38.08 亿元，增长 14.41%；营业收入 33.17 亿元，增长 12.59%；增加值 9.62 亿元，增长 19.38%；利税 4.81 亿元，增长 18.18%。乡镇企业增加值率 30%，提高 1.25 个百分点；全员劳动生产率 9312 元/人。

【运行基本特点】

一是集体企业效益明显提高，全年实现增加值 4.04 亿元，较上年增长 15.24%，占乡镇企业增加值的 41.93%，增加值率 27.61%，提高2.95 个百分点；全员劳动生产率23 200 元/人，增长 27.63%；营业收入1 000 万元以上的集体企业有 29 个，与上年基本持平，实现营业收入7.85 亿元，占集体企业营业收入的 56.65%。二是集体工业继续保持稳步发展，实现增加值 3.56 亿元，增长 12.82%，占集体企业增加值的 88.24%；产销率 96.1%，提高 0.66 个百分点；增加值率 26.19%，提高 2.16 个百分点；全员劳动生产率 22 860 元/人，增长 28.41%。三是出口产品交货值有所回升。出口加工企业 5 家，出口产品交货值 0.43 亿元，增长 114.26%，占出口产品生产总值的 48.07%。

【东西部合作】

通过东西合作，区内企业合作，引进资金 2 000 多万元，开发生产了双色地膜、棉仁蛋白、铝塑复合管、滴灌设施等 50 多个新产品。农三师 45 团引进北京清华紫光生物技术开发分公司技术，投资 800 万元，新建了年生产 5 000 吨的棉仁蛋白项目。

【先进单位与个人】

2000 年，国家农业部授予博斯腾番茄制品有限公司、阿拉尔新星棉纺厂为“全国乡镇企业质量管理先进单位”，授予兵团乡企局、农八师乡企局“全国乡镇企业东西合作工作先进个人”各 1 名；授予农二师乡镇企业局殷文基、石河子市水泥制品厂洪新泉、农一师 9 团孙明辉、农十师北屯油脂有限责任公司周定山“全国质量管理先进个人”称号。农业部乡镇企业局公布全国乡镇企业系统 2000 年优秀 QC 小组评选结果：农七师 130 团棉纺厂“质检科 QC 小组”、农十师 184 团膨润土厂“活性土车间 QC 小组”、北屯油脂化工有限责任公司“仓储中心 QC 小组”榜上有名，均荣获二等奖。

【农业部乡镇企业管理干部学院兵团分院】

1997 年 7 月 30 日经农业部乡镇企业管理干部学院同意，兵团教委、编委批准成立了兵团分院。1998 年 6 月农业部乡企局批准为“农业部乡镇企业领导干部岗位培训基地”。学院依托兵团乡镇企业培训中心办学，对乡镇企业、团场工业系统的管理干部和职工进行大专学历的继续教育，同时担负厂长(经理)任职资格培训、职工岗位技能培训任务。现有管理人员 11 人，兼职及聘任教师 42 人，下设办公室、教务科、学生科及农一、二、五、八师 4 个教育点，分设经营管理、财务电算化、工商管理、工业与民用建筑、机电一体化等 10 多个专业，到2000年底已有大专学历毕业人员301人，培训取得领导干部任职资格证书的厂长(经理)60人，现有在职大专学历学员460人。“九五”期间，对年创产值1000万元以上、利润100万元以上的47位乡镇企业优秀领导干部，直接授予高级经济师资格。

二、第二产业

【概况】

第二产业是兵团经济的主导产业。多年来，兵团把国有企业改革和发展作为经济工作的重点，抓紧实施深化国有企业改革的一系列政策措施，尤其是兵团党委《关于加快国有工交建商企业改革和发展的意见》的“1+8”文件的贯彻落实，促进了企业管理体制和经营机制的转变，增强了企业活力，产业结构调整进一步加快，改造传统产业、培育优势企业取得新进展。工业生产持续增长，产品结构有所改善；建筑业保持快速增长，运行态势良好。2000年第二产业增加值51.34亿元，较上年增长13.9%，其中工业33.29亿元，增长17.34%，建筑业18.05亿元，增长7.95%。

（一）工业

【概况】

2000年底，拥有各类工业企业和生产单位4 053个，全年实现工业增加值32.23亿元，按可比价计算，比上年增长13.53%。完成工业总产值97.69亿元，比上年增长5.3%。独立核算工业企业资产总额171.31亿元；实现利税总额6.73亿元。工业经济运行质量明显提高，实现扭亏增盈。独立核算工业企业实现利润3.56亿元，结束了连续五年亏损局面，2000年亏损面由1999年40.5%降到3.67%，多数大中型企业开始摆脱困境。列入国家脱困名单中的28个国有大（中）型企业有21个实现脱贫。2000年工业综合效益指数由1999年的15.4%提高到81.23%，提高了65.83个百分点。其中总资产贡献率达5.62%，提高5.07个百分点；资本保值增值率123.76%，提高31.89个百分点；资产负债率75.22%，降低8.06个百分点；流动资金周转次数由上年的0.83次/年上升到0.91次/年；全员劳动生产率18 432元/人，增加8 594元/人；工业成本利润率由-8.23%上升到3.64%；产品销售率降低1.57个百分点；工业增加值率由33.87%上升到36.54%，资金运作效率有所提高，管理费用及财务费用全面下降。工业生产力布局得到了改善，轻工业仍居主体地位。工业生产涉及的35个行业中，总产值前7名依次为：纺织业、食品加工业、饮料制造业、塑料制品业、非金属矿物制品业、电力工业、煤炭采掘业。7个行业占全部工业总产值的86.02%，工业布局渐趋合理。

【主要产品产量】

皮棉69.74万吨，比上年增长13.8%；棉纱12.14万吨，增长9.7%；布1.27亿米,增长11.8%；罐头11.81万吨（含番茄酱），增长84.2%；食用植物油18.83万吨，增长7.5%；乳制品0.18万吨，增长1%；饮料酒5.6万吨，增长10.9%；小麦粉20.26万吨，增长14.0%；配合饲料23.07万吨，增长12.5%；发电量17.87亿千瓦时，增长5.2%；焦炭13.04万吨，增长30.1%；石棉4.83万吨，增长6.4%；水泥169万吨，增长6.6%；砖18.85亿块，增长5.3%；机制纸3.77万吨，增长4.7%；塑料制品6.77万吨，增长42.2%。煤炭压产取得成效，煤炭产量335.9万吨，下降6.1%，效益好转；食糖产量受市场价格和部分制糖企业破产影响，产量有所下降，全年产量10.64万吨，下降44.7%；服装337.01万件，下降1.5%；毛线243吨，下降43.8%。全年工业销售产值88.82亿元，比上年增长5.85%，产销率94.93%。2000年由企业自愿申报，经兵团及自治区行业归口管理部门审核推荐，消费者和用户评价，法定质检部门检测，自治区质量奖审定委员会办公会议初审，兵团企业的5个企业产品被认定新疆名牌产品。具体是农十三师班超酒厂的班超老窖、班超特曲系列白酒；农六师青湖纺织有限责任公司的西峰牌棉纱；农八师八一棉纺织厂的白雪莲牌棉本色布；农七师棉麻公司的锦牌棉花；农八师棉麻公司银力牌棉花；农六师潜水泵厂的五家渠牌潜水泵；农六师梧桐化工厂的阿凡提牌洗衣粉；农十三师红山化工厂的蒲类牌工业硫化钠。截止到2000年底，23个产品被认定为新疆名牌产品。

【国有企业改革】

2000年底有国有工业企业952个，集体工业企业113个。国有工业企业实现增加值23.25亿元，比上年增长12.2%；完成工业总产值70.73亿元，比上年下降3.5%。集体工业企业实现增加值1.45亿元，比上年增长16.3%；完成工业产值4.87亿元，下降9.7%。

实施“五个一批”，稳定推进工业结构调整。一是以优势企业为突破口，组建集团做大一批。二是通过技术改造提高一批。三是通过企业改制，搞活一批。四是利用债转股政策搞活一批。五是通过破产淘汰一批。

非公有制工业增长较快，个体工业长足发展。2000年末，实现工业增加值6.5亿元，比上年增长19.2%，高于全民工业5.67个百分点；完成工业总产值17.96亿元，增长57.9%。个体工业2 940个，比上年增加681个，实现工业增加值1.03亿元，比上年增长25.3%，完成工业总产值4.13亿元，比上年增长49%。

【工业技术改造】

技术改造以结构调整为重点，突

出“质量、品种、效益”，以企业三年改革脱困为目标，加大重点行业企业的技术改造力度，促进了企业技术进步，增强了工业发展的后劲。2000年完成技改投资创历史最高水平，当年投资项目92个，完成投资8.31亿元，比上年增长38.53%。其中银行贷款3.95亿元，兵团资本金0.28亿元，师资本金0.28亿元，企业自筹资金3.80亿元。在92个项目中，按性质分：工业项目82个，非工业项目10个；按建设期分：续建项目8个，新开项目84个；按行业分：轻工项目31个，纺织行业20个，建材行业7个，化工行业4个，机械行业2个，电力行业10个，煤炭行业8个，非工业项目10个。重点技改项目资金落实较好，全兵团有3个项目列入国家经贸委第四批国债项目计划，总投资8.35亿元；4个项目列入国家经贸委第一批“双高一优”项目计划，总投资4.35亿元；5个项目列入国家经贸委技改贴息计划，落实技改贴息483万元；1个项目列入环保拨款计划，落实资金130万元。重点企业的技改力度加大，按兵团提出的“精食品、强纺织、拓建材、大力发展节水器材”的工业结构调整思路，坚持“择优扶强，突出重点，注重实效”的工作方针，对龙头企业加大了技术改造力度。当年安排重点企业和行业的技改项目30多个。完成投资6.85亿元，占年度投资的82.5%。技术改造项目设备免税政策得到落实。全年共出具进口设备免税确认书17份，项目总投资4.25亿元，其中进口设备3 863万美元，可免税1 160万美元。出具国产设备投资抵免企业所得税确认书11份，项目总投资2.31亿元。抵免税政策的落实，降低了企业技术改造成本，调动了企业技术改造积极性。

【技术创新】

2000年有5个项目经国家经贸委审查，列入国家技术创新项目计划。即：石河子中发化工有限责任公司的聚氯乙烯生产技术开发与应用项目，天业（集团）有限公司的大流量补偿滴灌管开发项目，石河子八一棉纺厂的绿色生态环保服装面料开发项目，农十师夏子街膨润土开发有限责任公司的API钻井泥浆用膨润土开发项目，华世丹有限公司的去氢骆驼蓬碱胶囊项目研制及开发应用项目。项目总投资15 020万元，其中银行贷款8 960万元，自筹6 060万元。预计年新增销售收入43 571万元，新增税收2 546万元，利润8 650万元，出口创汇405万美元。

经国家经贸委批准，3个项目列入国家级重点新产品试产计划，并将由国家经贸委统一颁布2000年度“国家级新产品证书”。即：兵团农机推广中心的32F系列中耕施肥机、4JQAS-180茎秆切碎返田机和乌鲁木齐永红针织厂的针织柔暖被。另有12个项目通过自治区新产品、新技术鉴定验收，其中：华世丹药业有限公司生产的阿胶强骨口服液获国家三类新药证书；兵团农机推广中心生产的ILCH-54b(64b)型垂直换向犁属全国首创，达到国内领先水平；天业集团有限公司生产的纳米材料改性PE输水软管，填补了国内空白，达到国内领先水平；石河子天科食品有限公司生产的糯玉米方便粥填补了国内相关产品的一项空白，技术达到国内先进水平；石河子白杨酒厂生产的保健（功能）阳花酒填补了国内空白，达到自治区领先水平；石河子八一棉纺织厂仿羽绒布项目填补国内空白，达到国内先进水平；石河子八一织染厂的1511M-44型普通织机改造成刚性剑杆织机的技术已达国内领先水平；西域酒业有限公司生产的干红、干白葡萄酒在巴黎“名酒名茶”展览会上获金奖，在上海、北京、香港“国际葡萄酒”评比会上分别获银奖、铜奖和优胜奖；白杨酒厂的“白杨”牌系列酒及新安酒厂的“新安”牌系列酒在石河子市“第二届国际酒文化节”评比会上都获得了特别金奖；石河子八一毛纺织厂的呢绒系列产品，在1997~2001年度，由全国毛纺产品调研中心、全国毛纺科技信息中心在北京联合举办的全国毛纺年会上，分别获“唯尔佳”杯优秀新产品一、二、三等奖；在成都举行的全国棉纺织印染产品会上，石河子八一棉纺织厂生产的酶洗纱卡府绸系列和彩棉纺羽布分别获“优秀创新”产品奖。

通过国家验收的技术创新项目有3个：石河子造纸厂野生芨芨草人工培育造纸原料应用项目，夏子街膨润土开发有限责任公司半干法生产活性白土项目，湖光糖厂热电站锅炉节能技术应用项目。

此外，6项技术创新项目获得自治区人民政府颁发的1999年度自治区技术创新优秀成果奖。其中一等奖1项，二等奖2项，三等奖3项。

【企业技术中心建设】

兵团共有13家企业被批准成立技术中心。已被自治区和兵团共同认定的技术中心有：天业（集团）股份公司技术中心、石河子八一毛纺织股份有限公司技术中心、伊犁伊力特实业股份公司技术中心、石河子八一棉纺织集团公司技术中心、乌市农垦乳业集团公司技术中心、阿克苏青松建材化工股份有限责任公司技术中心、夏子街膨润土有限责任公司技术中心、阿克苏新农通用机械厂技术中心。其中天业（集团）公司确认为国家级企业技术中心。2000年兵团又有5个企业技术中心被自治区和兵团共同认定为企业技术中心，即：华世丹药业有限公司技术中心、乌鲁木齐永红针织总厂技术中心、天宏纸业股份有限公司技术中心、天富热电股份有限公司技术中心、石河子白杨酒厂技术中心。

【工业企业标准化】

2000年兵团企业采用国际标准和国外先进标准工作取得较好的成绩，有11个企业24个产品获得采标标志证书。获标志证书的企业和产品是：博乐农五师塔斯尔海高强超薄膜厂的聚乙烯吹塑农用地面覆盖膜；乌鲁木齐兵团钢铁厂化工分厂的溶解乙炔；阿克苏农一师青松建化总厂水泥厂的425号R、525号R普通硅酸盐水泥、G级和H级高抗油井水泥和磷肥厂的工业硫酸；奎屯农七师圣业化工有限公司的工业硫酸；库尔勒农二师湖光纺织针织厂的 18.2tex×18.2tex 纯棉细布、27.8tex×27.8tex 纯棉纱卡、18.2tex 纯棉普梳纱、29.5tex×2 纯棉普梳股线；库尔勒农二师神鹿纺织有限责任公司和孔雀棉纺织厂的 27.8tex 和 18.2tex 纯棉普梳纱；石河子八一棉纺织厂的 18.2tex 纯棉普梳纱和精梳纱 14.5tex 纯棉普梳纱和棉布色布；奎屯棉纺织厂的 18tex 纯棉普梳纱和精梳纱、14.6tex 纯棉精梳纱；五家渠农六师青湖纺织有限责任公司的 18.2tex 和 27.8tex 纯棉精梳纱。

有 2 个企业的 3 个产品获“采用国际标准产品认定合格证书”，即：农九师 169 团编织厂的塑料编织袋（B 型），阿克苏农一师青松建化总厂碱厂的工业氢氯化钠、工业合成用盐酸。

【质量管理工作】

制定《新疆生产建设兵团（质量振兴大纲）实施意见》，质量管理工作进一步加强。在企业中深入开展质量认证咨询工作，出台了《兵团质量认证咨询收费管理办法》，使质量认证咨询工作逐步规范。初步建立了质量咨询人才库，经认定纳入人才库的各类专业认证咨询人员达到 30 余人。2000 年根据质量认证合同，对农九师西塔通心面厂和西裕糖厂、农十师油脂化工厂、农六师梧桐化工厂、乌鲁木齐天纶化纤厂开展了质量认证咨询服务。并于 2001 年经中国产品认证委员会西北认证中心和中国进出口商品质量认证中心通过正式认证。到 2001 年底，全兵团通过 ISO9000 认证的工交建企业累计 40 余个。

（二）重点行业

【概况】

兵团工业是由开发初期为满足自身生产、生活需要发展起来的。经过几十年的建设发展，已形成食品、纺织、建材、农用节水器材等几个重点行业，这些行业也是今后第二产业重点发展的产业。

【食品工业】

2000 年底，共有食品生产企业 145 个，总产值 26.33 亿元，占兵团工业总产值的 28.14%。其中独立核算食品企业 59 家，总产值 19.79 亿元，总资产 55.05 亿元，实现利润 0.23 亿元，资产负债率 83.56%。食品行业大中型企业有：湖光糖厂、阿克苏塔里木艾森油脂有限公司、农二师 21 团天河食品总厂、新疆博斯腾番茄制品有限公司、农四师楼兰酒厂、农四师霍尔果斯糖厂、农四师西迪粮油总厂、农四师伊犁酿酒总厂、农六师五家渠味精食品厂、石河子食品厂、石河子新安酒业有限责任公司、新疆西域通心面有限责任公司、农九师西裕糖厂、农十师北屯油脂化工有限责任公司、乌鲁木齐农垦乳业集团公司、新疆味缔食品有限公司等。主要产品生产能力：大米 37.75 万吨，小麦粉 99 万吨，杂粮粉 6 万吨，挂面 2.28 万吨，食用植物油 54.55 万吨，其中精炼食用植物油 8.51 万吨，畜禽肉制品

0.42万吨，机制糖17.46万吨，罐头23.26万吨，白酒7.17万吨，葡萄酒3.28万吨。

今后食品工业重点发展果蔬食品、酿酒、制糖、乳制品、油脂等，使食品工业产品向绿色、精制、方便、营养、保健方向发展。积极开发粮食和肉类产品的深加工，使资源优势转化成产品优势。

【纺织行业】

兵团纺织业已有40多年的发展历史，目前已基本形成以棉纺为主，集毛纺织、针织、印染、服装、化纤等门类齐全的纺织工业体系。2000年独立核算纺织企业33个，拥有棉纺锭64.5万锭，其中10万锭规模的2家，3~5万锭规模的5家。独立核算纺织企业完成增加值4.86亿元，完成总产值16亿元，较上年增长3.7%；销售产值15.71亿元，与上年持平。大中型纺织企业有：农一师恒达棉纺公司、湖光纺织针织厂、农六师五家渠联营棉纺织厂、奎屯棉纺织厂、石河子八一毛纺织股份有限公司、石河子八一棉纺织厂、乌鲁木齐市永红针织总厂等。2001年，主要产品生产能力：纱12.14万吨，布3 634万米，印染布3 634万米，毛毯16万条，服装712万件。

近年来，棉纺重点发展无疵无结纱、新型纺纱及天然彩色棉环保产品；毛纺重点发展高支精纺120支以上毛纱和超薄型多种纤维、多种功能的新型高档面料，发展服装加工；针织发展保健针织品、针织外穿服装、高档针织内衣和高档轻纺面料。

【建材工业】

拥有独立核算建材企业193家，其中大中型企业7家，水泥企业17家。2000年完成增加值5.45亿元，利润总额3 057万元。建材行业大中型企业有：农十师夏子街膨润土有限责任公司、农一师青松建材化工总厂、农二师36团石棉矿、农四师伊犁南岗水泥厂、石河子南山水泥厂、新疆卡子湾水泥厂。主要产品生产能力：水泥222万吨；加气混凝土制品10万立方米；塑料门、窗20万平方米；油毡100万卷，膨润土系列产品5万吨。

几年来，根据市场需要，注重产品结构调整，开发生产了高标号水泥、特种水泥，为石油开发、水利工程、道路建设提供适销对路产品。加强资源综合利用，发展蒸压粉煤灰砖、混凝土空心砌块、陶粒砌块、PP-R塑料管件、膨润土、蛋白土系列产品等新型建材和特色建材。

【节水器材工业】

农用节水灌溉技术主要包括滴灌和喷灌技术。“九五”期间，兵团加大了农用高效节水灌溉技术的试验推广，滴灌材料的开发研制取得了重大突破，特别是大田滴灌技术成果显著。兵团农八师石河子已有“天业股份”上市公司，该公司是国内滴灌生产规模最大、推广面积最多、设备最先进的企业。生产的一次性可回收滴灌带在国内价格低、性能可靠，是农民用得起的产品。兵团农用高效节水器材行业建立了国家级节水灌溉研究开发中心，创办了干旱农业研究所和节水生态农业工程中心，成立了国家级企业技术中心。

【煤炭采选业】

2001年底有煤矿企业42家，在册矿井92对，主要分布在9个农业师，设计生产能力总计375万吨/年，实际生产能力400万吨/年。2001年实际生产原煤336.96万吨，实现销售产值2.77亿元。其中独立核算的4家企业完成销售产值7 167万元，实现增加值3 926万元，实现产品利润2 282万元，利润总额436万元。其中在建矿井2对，一对是农二师哈满沟煤矿的新建井，设计能力21万吨/年，2002年初投产。另一对为农八师南山煤矿的红沟分矿，设计能力25万吨/年，2002年底竣工投产。近年来兵团认真实施了关闭非法和布局不合理矿井，组织煤矿专项治理整顿，1999年关闭取缔小矿井44个，2002年关闭非法及四证不全矿井26个。煤矿技术改造，淘汰落后生产能力取得成效，煤矿安全状况向好的方向发展。

兵团煤矿资源丰富，现探明储量13.3亿吨，保有储量3.2亿吨。煤种有长焰煤、贫煤、不粘煤及气煤。所有煤种中多为低灰、低硫、高发热量煤。如农六师大黄山煤矿的优质气煤，原煤灰分4%～10%，单一煤种所炼焦炭在中国多数省区及独联体享有盛誉，深受客户的青睐，市场供不应求。《新疆生产建设兵团2002～2010年煤炭生产开发规划》中，2002～2005年期间开工的矿井14对，投产规模331万吨；2006～2010年期间开工建设的矿井16对，投产规模502万吨/年。

【电力工业】

兵团现有装机总容量51.34万千瓦，其中火电35.65万千瓦，水电15.69万千瓦，较大的电源有农一师塔里木热电厂、西大桥水电厂，农五师艾比湖热电厂，农七师奎屯电厂、奎屯热电厂，农八师石河子热电厂、东热电厂、红山嘴水电站。

“九五”期间，兵团主要新建了农一师塔里木热电厂2×1.2万千瓦机组、农五师艾比湖热电厂1×1.2万千瓦机组、农七师奎屯电厂2×1.2万千瓦机组、农七师奎屯热电厂1×2.5万千瓦机组、农八师石河子东热电厂1×2.5万千瓦机组、农十师煤矿1×0.6万千瓦机组，并相继投入运行。农八师石河子热电厂2×5万千瓦机组正在加紧建设。农五师电力公司2×650千瓦风力发电机已投产运行，计划再建8台机组。

第一批兵团农电网建设与改造工程成效显著，新建成110千伏线路222千米，变压站10座，总容量185 100千伏安；35千伏线路5 945.23千米；更换高耗能变压器4 706台，总容量210 051千伏安；低压线路4 934.91千米。

2001年，兵团完成发电量17.94亿千瓦，其中水电6.2亿千瓦时，实现国内生产总值5 384万元，增盈799万元。其中农八师石河子电力集团公司赢利5 365万元，农一师电力公司赢利838万元，新疆赛里木电业有限公司赢利508万元。

（三）团场工业

【概况】

2000年底，团场工业企业803个，从业人员6.99万人。全年实现增加值13.52亿元，比上年增长6.8%；产品销售收入49.52亿元，增长13.95%；总产值40.47亿元，增长9.43%；实现净利润2.23亿元，增长17.4%；上缴税金1.65亿元，增长0.88%；产销率93.01%，上升2.42个百分点；全员劳动生产率19 330元/人，增长3 090元/人。团场工业主要行业中，除煤炭开采、食品加工制造业亏损外，饮料、制造、纺织、塑料制品、非金属矿制造业、机械设备制造及电力生产供应等实现全行业赢利。“九五”期间团场工业和乡镇集体工业完成投资15亿元。其中：贷款4.5亿元，协作引进资金0.52亿元。

【主要产品生产能力】

棉纺锭13.5万锭，精炼食品油加工能力4万吨，水泥30万吨，番茄酱4万吨，棉花加工25万吨，饲料6万吨，白酒及酒精制品3万吨，油井用膨润土1.5万吨，棉花打包铅丝1.5万吨，塑料制品7万吨。

【非公有经济】

非公有制经济有长足发展。2000年全兵团个体私营企业已发展到5.11万个，从业人员9万人，完成社会总产值17.46亿元，营业收入19.22亿元。

【企业改革】

“九五”期间，结合兵团特点，各师、团场相继出台了加快企业改革措施，以建立现代企业制度为核心，加快推进企业改制、改造、改组工作，到2000年底，团场工业、乡镇企业共改制316个，其中组建企业集团4个，股份制企业7个，股份合作制企业62个，租赁企业170个，出售23个，兼并25个，拍卖20个，破产8个，退二进一52个。企业改制面达33%。企业的财务组织形式、经营方式、经营机制等方面有了新的创新。改造传统产业，引进新技术、新设备、新工艺的力度逐年增加，企业素质及运行质量有了明显提高。

（四）建筑业

【概况】

2000年底，建筑施工企业253个，其中，国有独立核算企业38个，国有附营企业208个，集体企业5个；从业人员10.53万人，其中，国有独立核算企业从业人员5.42万人，国有附营企业从业人员4.99万人，集体企业0.11万人；全员劳动生产率54 314元/人，其中，国有独立核算企业60 594元/人，国有附营企业47 873元/人，集体企业

41 099 元/人。2000 年建筑业生产平稳增长，全年完成总产值 58.28 亿元，比上年增长 10.6%；增加值 18.05 亿元，增长 6.8%。其中，国有独立核算建筑企业完成总产值 32.8 亿元，增长 14.6%。完成房屋建筑施工面积 703.5 万平方米，增加 5 万平方米，增长 0.72%；当年新开工面积 546.1 万平方米，增加 23.3 万平方米，增长 4.5%。竣工面积 501 万平方米，竣工产值 49 亿元，增长 14.8%。除少数单位建筑业总产值下降外，其余师均有不同程度的增长，增长最高的达 121.3%，最低达 22%。建筑业整体生产形势好于 1999 年。

【行业装备】

建筑行业的动力及技术装备水平不断提高。2000 年末，全行业自有机械设备 2.05 万台，总功率 41.21 万千瓦，同比增长 0.2%，自有机械设备原值达 5.61 亿元。动力装备率 3.91 千瓦/人，同比增长 7.1%，其中国有独立核算企业动力装备率为 5 千瓦/人；技术装备率 4432 元/人，同比增长 11.4%，其中国有独立核算企业为 6201 万/人。

【经济效益】

2000 年，大力推行施工企业项目管理，严格控制项目成本，建立了企业内部人才、资金、材料、设备、生活服务等市场，实行生产要素优化组合，预算内企业全面赢利，一举扭转了连续六年亏损的局面。全年全行业实现利润 13 237 万元。独立核算建筑企业经济效益大幅提高。当年独立核算建筑企业工程结算收入 35 1905 万元，同比增加 73 045 万元，工程结算利润 32 350 万元，同比增加 1 663 万元，实现利润总额 7 875 万元，同比增加 8 255 万元，亏损企业由 1999 年的 22 个减少到 13 个，亏损额由 1999 年的 6 527 万元减少到 2 274 万元。

【工程质量】

加大工程监管力度，实施名牌战略，工程质量不断提高。当年工程质量合格率达到 100%，一次验收合格率达到 98%。工程质量优良品率上升，效率提高，优良工程面积达 150.1 万平方米，同比增长 16.8%；优良品率按面积计算达 30%。承包单位施工工程数比上年增加 131 个，增长 8.5%。竣工产值 48.95 亿元，增长 14.8%。当年创“昆仑杯”工程 19 项，有 24 家施工、设计单位通过 ISO9002 质量体系认证，管理水平明显提高。继续开展了以确保工程质量、文明施工、安全生产为主要内容，以加强施工现场管理、提高管理水平为目的的创建“样板工地”活动，“样板工地”合格率 93.88%，优秀率 28.57%，投标承包率 34.2%，比上年提高 8.8 个百分点。

【四级资质以上建筑业】

2000 年末，有四级资质以上建筑企业 135 家，自有机械设备总功率 38.2 万千瓦。全年完成建筑业总产值 51.36 亿元，同比增长 17.6%；完成建筑业增加值 15.39 亿元，增长 19.3%；房屋建筑施工面积 629 万平方米，增长 16.5%；优良品率（按面积计算）达 39.2%，提高 5.2 个百分点；施工单位工程个数 3 689 个，增长

8.7%；劳动生产率5.9万元/人，增长7.9%；实现利润总额1.3亿元，同比翻一番。

通过对企业组织结构及经营结构的优化组合、建立现代企业制度的探索，重点进行国有企业体制改革。2000年，等级施工企业由169家调整到135家，施工类别由单一的工民建、水利、水电，扩展到防腐、网架、输变电、装饰、装潢等20余个专业。建筑工程师改制组建了建筑工程集团，已正式挂牌运作，中小企业建立现代企业制度初见成效，已改制施工企业22家，改制面达到16.3%。

建筑企业先后参与建设兰新铁路新疆段、"北水南调"工程、塔河治理工程、吐—乌—大高等级公路、乌—奎高速公路、西安绕城高速公路、河南安阳—汝阳高速公路等一系列重大工程。

【工程建设监管】

拥有监理单位19个，其中甲级资质1个、乙级资质6个、丙级资质12个。从业人员771人，具有中高级技术职称的555人，占总从业人员的72%。全年监管工程790个，建筑面积349.86万平方米，比上年增加34.7%；投资额58.03亿元，比上年增加76.7%；监理覆盖面占在建工程的82%，监理工程的优良品率达到71%。监理人员素质不断提高，全年有45人经考试合格，取得了全国监理工程师执业资格证书。

【工程质量监督】

加大了工程质量监督执法力度，健全了工程质量监督程序，制定了《工程质量监督管理办法》与《兵团建筑工程和市政基础设施工程竣工验收及备案管理办法》等，确立了工程质量监督竣工验收备案制度，全年监督覆盖率达100%。

三、第三产业

【概况】

第三产业在兵团经济发展中的地位与作用日益提高，保持快速增长势头，已经成为经济发展中的一个亮点。2000 年第三产业增加值 57.71 亿元，“九五”期间年均增长 11.3%。

（一）公路运输业

【运输概况】

2000 年底，有运输企业 90 个，其中，独立核算企业 25 个，国有附营企业 65 个。拥有民用汽车 3.19 万辆，增长 5.2%；其中载客汽车 1.33 万辆，增长 12.0%；货运汽车 1.55 万辆，增长 2.1%。

2000 年客运周转量 5 205.5 万人，比上年增长 23.6%；客运周转量 23.71 亿人·千米，增长 16.1%；货运量 4 637 万吨，增长 3.6%；货运周转量 31.28 亿吨·千米，增长 2.5%。

【运输特点】

个体运输发展迅速，所占市场份额逐步增大。客运周转量占全社会 59.1%；货运周转量占全社会的 73.2%。分别比上年增加 1.3 和 11.3 个百分点。全年完成客运量 3 822 万人，增长 30.5%；客运周转量 13.99 亿人·千米，增长 18.6%；货运量 3 545 万吨，增长 27.2%；货运周转量 22.95 亿吨·千米，增长 19.7%；营运收入 10.7 亿元，增长 17.1%；个体运输纯收入 3.9 亿元，增长 14.2%。

【仓储业】

以兵团乌鲁木齐物资储运工贸总公司为主，分布在新疆各地州市、兵团各师。兵团物资储运总公司地处乌鲁木齐火车北站，东临乌鲁木齐经济技术开发区，北临乌鲁木齐国际机场，西接由阿拉木图开往乌市的国际列车终点站，是乌鲁木齐乃至新疆维吾尔自治区的物资集散中心。该公司从事物流工作已有 30 余年历史，同全国各省市储运企业建立了联网体系。经过 30 年的建设和发展，形成了一套严密、科学的管理制度，培养了一支素质强、职业道德优良的职工队伍。公司设备齐全、生产条件优越，实力雄厚，重信誉、守合同，在区内外享有盛誉。

公司占地 30 万平方米，拥有固定资产 1 亿元，有铁路专用线两条，总长 1 400 米，各类标准库房、货棚 55栋，共计3.5万平方米。地下保温库600平方米，货场17万平方米。有各类装卸机械十余台，单车最大起重吨位40吨。各类运输车辆30辆。单车最大载重量30吨。拥有30吨电子磅一台，5～15吨电子吊秤三台，具有年物资吞吐量120万吨、平均库存10万吨的生产能力。

总公司在全疆下设七个分储仓库：哈密分库、石河子分库、奎屯分库、伊犁分库、库尔勒分库、阿克苏分库、喀什分库。已形成初具规模经营网络，业务分布全疆。现公司已成为四川长虹电器股份有限公司新疆独家物资代理，山东澳柯玛新疆独家物流代理。

公司主要经营项目有：各类物资的仓储、保管、装卸、运输中转配送，铁路整车货运到站、发运业务、零担、集装箱货运代理，生产资料、农副产品、干鲜果品的经销，装卸机械、运输机械、各类工程机械的维修。同时还有标准写字间、营业厅、客房租赁。

公司在霍尔果斯口岸设有综合服务公司，与海关相邻，建有库房、货物、办公楼，能为区内外客户承揽中转货物，提供办公居住，为客户进行边贸、民贸、外贸商业活动提供多方面的服务。

2001年12月，公司进行改制，正式划归新天国际经济技术合作(集团)有限公司。储运总公司加盟集团公司，将为公司的储运发展，开展多种储运业务，奠定良好基础。

到2000年底，兵团物资、商业经营设施面积为169万平方米，其中营业设施55万平方米，仓储设施99万平方米。兵团粮食仓储设施38万平方，仓库容量67万吨。

（二）贸易市场

【农二师孔雀农贸市场】

是农二师在巴音郭楞蒙古自治州、库尔勒地区的一个以销售蔬菜、禽蛋、水产、鲜肉为主的大型综合市场，位于库尔勒市中心。占地面积0.5万平方米，营业面积0.7万平方米，主体建筑三层，市场摊位出租率为100%。日客流量约5万人次左右，日销售蔬菜100吨、牛羊肉400只（头）、猪肉200头、水产与活鸡等10多吨。被地区列为重点“菜篮子”工程，2001年荣获库尔勒地区惟一“放心购物市场”。

【石河子市蔬菜瓜果批发市场】

位于312国道与石（河子）莫（索湾）公路交汇处，是以蔬菜、瓜果批发为主，集土产、农资、粮油、种子等销售为一体的综合性农副产品批发市场，是北疆地区具有一定影响的蔬菜瓜果集散地。市场规划面积6.6万平方米，建筑面积5.2万平方米。拥有房屋220间，面积1.56万平方米；三个交易大棚，面积0.3万平方米。市场设施完善，功能齐全。2001年，该市场蔬菜、瓜果上市量达15万吨，旺季日交易量达500吨，日交易人数约 0.6 万人次，主要供给石河子市、沙湾、玛纳斯等地生活需求。

【石河子种子交易市场】

位于 312 国道石河子段北侧，距离乌（鲁木齐）—奎（屯）高速公路 2 千米，距离亚欧大陆桥—乌鲁木齐至阿拉山口铁路 1.5 千米，交通极为便利。市场占地面积 1.64 公顷，建设面积 1.68 万平方米，2001 年 7 月动工，将于 2002 年 9 月底竣工交付使用。市场建成后，年种子交易量约为 4 万吨，交易额约 2 亿元，为西部最大的专业种子交易市场。除种子交易外，同时将进行农膜、农药、化肥等农资产品交易，年交易额约为 3500 万元以上。

种子交易市场内设种子质量检测中心、种子交易大厅（因特网接入、电子显示屏幕、电子结算等）、种子行业培训中心、商务中心、写字楼等。

【石河子机动车交易市场】

位于 312 国道南端，毗邻沙湾、玛纳斯两县，具有较强的地缘优势，交通便利。占地面积 1.86 万平方米，年销售车辆为 450 辆左右，销售额为 4 000 多万元；旧车交易 1 500 多辆，交易额近 4 000 万元，是新疆北疆地区一个初具规模、运行良好的新车销售、旧车交易市场。目前已与中国一汽、中国二汽、上海大众、庆铃、江铃、奇瑞、五菱、长安等生产厂家建立了代理关系。同时开办了汽车消费贷款、业务咨询、汽车维修、汽车美容、委托拍卖等业务。

【奎屯正通机动车交易市场】

位于奎屯市开发区内，紧靠奎屯市火车站与市中心。市场面积 1 万平方米，交易大厅建筑面积 1 140 平方米，市场内水、暖、电、消防设施完备，功能齐全。2002 年 1～3 月，交易车辆 150 余辆，交易总额 401.73 万元，交易净收入 7.92 万元，利润 3.86 万元。目前该市场扩建工程正在进行之中。

【农七师 123 团城镇摩托车市场】

位于奎屯市农七师 123 团，是新疆境内北疆地区最大的、以摩托车零售为主的交易市场。市场临街，建筑面积约 600 平方米。全国 12 个摩托车生产厂家在此设有经销点，年交易量在 2 800～3 500 辆，交易额约 1 400～1 750 万元。

【北屯军垦市场】

位于北屯东部开发区内，是一个以经营肉、鱼、蛋、禽、蔬菜、瓜果、副食、调味、干货、小百货、饮食服务等综合性批发零售市场。建筑面积 4 026 平方米，其中 50 余间门面房 1 651 平方米，大棚 2 303 平方米。该市场已于 2002 年 7 月竣工，8 月正式开业，市场设备完善，服务功能齐全。预测年货物交易量可达 1 000 吨，交易额约 2 000 万元。

【新疆国际物流中心】

（以下简称“物流中心”）位于乌鲁木齐市火车北站，原兵团物资储运工贸公司所在地，东临乌鲁木齐市经济技术开发区，北靠乌鲁木齐国际机场，西接国际列车终点站，是乌鲁木齐市乃至全疆重点物资的集散地。

"物流中心"投资 1.98 亿元，于 2002 年动工，2004 年完成建设。占地面积 30 万平方米，有两条铁路专线，总长 1 400 米。"物流中心"建成后将成为集原材料采购、运输、仓储和产成品加工、整理、配送等物流服务为一体的大型企业。物流中心将建设：①单层分离式高架仓库 2.44 万平方米，用于国内贸易物资；②单层分离高架仓库 2.36 万平方米，用于国外贸易物资；③棚库 3.1 万平方米，用于站台物资周转和存储一般性物资；④露天货场 5.7 万平方米，用于储存建材、型材和集装箱周转；⑤综合服务中心 1 万平方米，用于海关、国检、税务、银行、保险等部门联合办公，以提高办公及货物周转效率。

（三）人才交流市场

【人才服务中心】

（以下简称中心）是兵团专门从事人力资源开发与人才流动服务的综合性人才社会化服务机构，下设市场部、信息部、人事代理部。中心前身是 1995 年 8 月成立的"兵团人才流动中心"。为了进一步拓展社会服务功能，健全和完善组织机构，为发展人才市场提供全方位服务，2001 年 7 月更名为"兵团人才服务中心"。中心的主要服务业务：开办人才市场，建立人才信息系统，收集、发布人才供求信息，为用人单位提供良好的招聘、洽谈场地；为各类人才提供就业指导、职业介绍服务；为各类大中专毕业生提供就业指导；受理各类企、事业单位和个人委托，代理人事管理事务；受理国家机关和事业单位辞职、辞退人员的管理；受理流动人才的行政关系挂靠、档案委托管理、档案工资调整、党团关系托管、专业技术职称评审、出国政审、社会养老、失业和医疗保险等手续；开展人才素质和心理测评工作；组织各类人才培训工作，受理人才政策咨询；开发老年人才资源，为社会服务；协调、指导各师人才服务中心工作等。

地址：新疆乌鲁木齐市光明路 15 号
邮编：830002
电话：0991-2890467
传真：0991-2890476

【人才市场】

是兵团党委组织部、兵团人事局在乌鲁木齐市举办的兵团级区域性人才市场，成立于 1995 年 8 月，位于乌鲁木齐市建设路 12 号，现有从业人员 8 名，面向全国，服务兵团。

人才市场主要开办为毕业生就业指导、人才招聘、求职登记、人事代理、人才信息库、人才测评、政策咨询等业务，服务功能齐全、服务手段先进，为各用人单位和各类管理人才、专业技术人才及离退休人才提供全方位服务。单位服务项目：进场设摊招聘、委托招聘、查询人才信息、办理人才引进、单位委托人事代理、人才评价、人事规划等。个人服务项目：人才求职登记、人才推荐、入场应聘、个人委托人事代理、落户手续等。

人才市场以公开、平等、竞争、择优为原则，以实现人才资源的优化配置为目的，与各师人才服务机构共同组成兵团人才市场体系，每月15日举办人才集市。

地址：新疆乌鲁木齐市建设路12号
邮编：830002
电话：0991-2817701
传真：0991-2890476

（四）宾馆设施及接待能力

【概况】

兵团的宾馆（含大厦、饭店、酒店。下同）总数由“九五”前的19家增加到2000年的29家，其中，星级饭店20家（三星级8家、二星级11家、一星级1家）；房间总数3 151间、床位总数7 181张、从业人数4 090人，固定资产104 340万元，客房平均利用率48.7%。

2001年末，三星级饭店共10家（其中列入旅游涉外定点8家），房间总数1 801间、床位总数3 658张，其中：特别间170间、双人标准间1 377间，可容纳百人以上的大会议室11间，中、小会议室48间，从业人数2 327人，固定资产63 271万元，客房平均利用率59.32%。

【徕远宾馆】

是一家融客房、餐饮、健身、娱乐、购物、商务、会议、写字间为一体的涉外三星级多功能、智能化宾馆，并列入旅游涉外接待单位。该宾馆位于乌鲁木齐市天山区，距乌鲁木齐国际机场20千米、火车站6千米、汽车站5千米，交通十分方便。宾馆内共有111间房间、210张床位，其中特别间12间、双人标准间99间，可容纳100～400人的大会议室1间、150人的中会议室1间、40～50人小会议室6间，具有接纳召开各种大、小会议的服务功能。2000年末，宾馆从业人员200人，固定资产达2 360万元，完成营业总额1 380万元，客房年平均床位率64%。宾馆内设有商务、购物、健身、桑拿、棋牌、美容美发等各项服务，并代办机票、车票业务等。购物中心备有品种繁多的旅游纪念品、土特产、会议用品等各种商品，为宾客提供周到细致的服务。

地址：新疆乌鲁木齐市建设路3号
邮编：830002
电话：0991-2828368（总机）
传真：0991-2825109
网址：xjlybg@163.com

【五星大厦】

为三星级饭店，被列为旅游涉外定点接待单位。大厦位于乌鲁木齐市五星路，距乌市国际机场28千米、火车站8千米、汽车站5千米，交通便利。大厦内共有198间房间、396张床位，其中特别间41间、双人标准间157间，可容纳500人的大会议室1间、50人的中、小会议室8间，具有接纳召开各种大、小会议的服务功能。2000年末，大厦从业人员300人，固定资产16 356万元，完成营业总额 1 533 万元，客房年平均床位率 45.5%。大厦内设有商务、印刷（复印）、通讯、歌舞厅、理发等服务设施，并代办机票、车票业务等。

地址：乌鲁木齐市五星路 17 号

邮编：830002

电话：0991-2635555

传真：0991-2618390

【华都大饭店】

为三星级饭店，位于乌鲁木齐市沙依巴克区，距乌市国际机场 12 千米、火车站 2 千米、汽车站 1 千米，交通便利。饭店内共有 234 间房间、458 张床位，其中特别间 39 间、双人标准间 195 间，可容纳 200 人的大会议室 1 间、50 人的中、小会议室 6 间，具有接纳召开各种大、小会议的服务功能。2000 年末，从业人员 350 人，固定资产 15 000 万元，完成营业总额 5 000 万元，客房年平均床位率 68%，利润率 15%。饭店内设有商务、印刷（复印）、通信、歌舞厅、理发等服务设施，并代办机票、车票业务等。

地址：乌鲁木齐市友好南路 23 号

邮编：830000

电话：0991-4516353

传真：0991-4522574

【利华大酒店】

为三星级酒店，并列入旅游涉外接待单位。该酒店位于乌鲁木齐市西北路，距乌鲁木齐国际机场 13 千米、火车站 6.2 千米、汽车站 3 千米，交通十分方便。酒店内共有 120 间客房、226 张床位，其中特别间 22 间、双人标准间 98 间，可容纳 400 人的大会议室 1 间、40 ~ 100 人的中、小会议室 7 间，具有接纳召开各种大、小会议的功能。2000 年末，从业人员 260 人，固定资产达 1 亿元，完成营业总额 1 200 万元，客房年平均床位率 70%，利润率 25%。酒店内设有商务、印刷（复印）、通讯、歌舞厅、理发等服务设施，并代办机票、车票业务等。

地址：新疆乌鲁木齐市西北路 65 号

邮编：830091

电话：0991-4539999（总机）

传真：0991-4536222

网址：lihuahotel. com

【石河子大厦】

为三星级饭店，被列入旅游涉外定点单位，位于乌鲁木齐市繁华的商业区，地处红山脚下，距乌鲁木齐国际机场 15 千米、火车站 5 千米、汽车站 3 千米，交通十分方便。大厦内共有 143 间客房，其中标准间 119 间，套间 11 间。有可容纳 160 人的大会议室 1 间、容纳 45 人的小会议室 3 间，具有接纳召开各种大、小会议的服务功能。大厦从业人员 217 人，固定资产达 5 700 万元；2001 年末，完成营业总额 1 015 万元，客房年平均床位率 45%。大厦内设有商务中心、美容美发厅、歌舞厅、康乐中心等服务设施，另有民航售票处。

地址：乌鲁木齐市西北路 10 号

邮编：830000

电话：0991-4524123（总机）

传真：0991-4520742

【伊犁大酒店】

为三星级酒店，位于乌鲁木齐市

沙依巴克区，距乌市国际机场 10 千米、火车站 1 千米、汽车站 1 千米，交通十分方便。共有 235 间房间、493 张床位，其中特别间 4 间、双人标准间 210 间，可容纳 100 人的大会议室 2 间，40 人的中、小会议室 2 间，具有接纳召开各种大、小会议的功能。酒店从业人员 170 人，固定资产达 2 400 万元。2000 年末，完成营业总额 1 346 万元，客房年平均床位率 80%，利润率 14%。店内设有商务、印刷（复印）、通讯、歌舞厅、理发等服务设施，并代办机票、车票业务等。

地址：乌鲁木齐市长江路 80 号
邮编：830000
电话：0991-5856888
传真：0991-5852668

【石河子宾馆】

为三星级饭店，并列入涉外接待单位，位于石河子市中心地段，距乌市国际机场 150 千米、石河子火车站 1 千米、汽车站 1 千米，交通十分方便。宾馆内共有 286 间房间、604 张床位，其中特别间 3 间、双人标准间 191 间，可容纳 600 人的大会议室 1 间、120～200 人的中、小会议室 3 间，具有接纳召开各种大、小会议的服务功能。2000 年末，石河子宾馆从业人员 380 人，固定资产达 1 亿元。客房年平均床位率 60%，利润率 60%。宾馆内设有商务、印刷（复印）、通讯、舞厅、美容美发等服务设施，并代办机票、车票等业务。

地址：新疆石河子市东环路 4 号
邮编：832000
电话：0993-2017177
传真：0993-2017177

【花城宾馆】

为三星级宾馆，并列入旅游涉外接待单位，位于新疆伊犁哈萨克自治州伊宁市阿合买提江街，距伊宁市机场 5 千米、汽车站 0.5 千米，交通十分方便。宾馆内共有 228 间房间、488 张床位，其中特别间 10 间、双人标准间 144 间，可容纳 300 人的大会议室 1 间、40～60 人的中、小会议室 3 间，具有接纳召开各种大、小会议的服务功能。2000 年末，花城宾馆从业人员 172 人，固定资产达 3 600 万元，完成营业总额 796 万元，客房年平均床位率 60%，利润率 7.5%。宾馆内设有商务中心、通信、歌舞厅、美容美发、桑拿、健身房、茶楼、棋牌室、台球室、乒乓球室等设施，并代办机票等业务。

地址：新疆伊犁伊宁市军垦路 7 号
邮编：835000
电话：0999-8215050
传真：0999-8121640

【伊犁特大酒店】

为三星级酒店，并列入旅游涉外接待单位，位于新疆伊宁市黄金地段，距伊宁机场 1 千米、汽车站 0.5 千米，交通十分方便。酒店内共有 160 间房间、350 张床位，其中豪华套间 20 间、双人标准间 140 间，可容纳 200 人的大会议室 1 间、100 人的中、小会议室 6 间，具有接纳召开各种大、小会议的服务功能。2000 年末，酒店从业人员 160 人，固定资产达 4935 万元，完成营业总额 620 万元，客房年平均床位率 46%。酒店内设有商务、印刷（复印）、通讯、医疗、餐饮、歌舞厅、美容美发、桑拿浴、健身中心等服务设施，并代办机票、车票业务等。

地址：新疆伊宁市胜利路98号

邮编：835000

电话：0999-8035600

传真：0999-8021819

【奎屯军垦宾馆】

由明珠楼、南楼、华侨宾馆三幢主体服务楼组成。明珠楼为三星级宾馆，并列入涉外接待单位，位于奎屯市团结东路12号，地处市中心，距离火车站2千米、汽车站100米，交通十分方便。共有86间客房、184张床位，其中，套房8间，双人标准间24间，可容纳200人的大会议室1间，30~50人的中小会议室3间，具有接纳召开各种大、小会议的服务功能。2000年末，从业人员118人，固定资产达2500万元，完成营业总额1120万元，客房年平均床位率68%，利润率50%。宾馆设有汉餐、清真餐两个餐厅，装饰豪华，环境优雅舒适，可同时容纳600人就餐，为客人提供川、粤、淮等不同菜系的菜肴和富有地方风味的新疆名菜。宾馆同时设有歌舞厅、酒吧、咖啡厅、音乐茶座、健身房、乒乓球室、美容美发厅、商务中心等服务设施，并代办机票、车票业务等。设有旅行社，推出了“阳光海岸游”、“西域风情游”、“快乐之旅”等精品旅游线路。

地址：新疆奎屯市团结东路12号

邮编：833200

电话：0992-3212233

传真：0992-3237212

网址：http://www.jkhotel.com.net

（五）金融业

【中国农业银行新疆兵团分行】

以新疆生产建设兵团为主要服务对象。1992年7月，经国务院确定，中国人民银行总行批准正式成立。1997年2月，实行计划单列，成为中国农业银行总行直属分行。1998年8月，经中国人民银行总行批准成为一级分行。截止到2001年末，兵团分行共有机构332个，其中一级分行1个，二级分行2个，县级支行23个，营业所分理处262个，储蓄所23个，各级营业部19个，党校1个，在兵团各师形成了一个完整的服务网络。分行全辖人员3 737人，其中长期合同工2 742人，储蓄合同工875人，短期合同工120人。年末各项存款余额193.3亿元，比年初增长19.4亿元；各项贷款余额132.41亿元，比年初增加14.24亿元，其中常规本币贷款余额113.87亿元，专项贷款余额17.89亿元，外币贷款余额776万美元。存贷款余额比例68.5%，比年初增加0.54个百分点，增量比例77.25%，备付金比例5.94%，比上年减少0.49个百分点；常规表内利息回收率100.81%，比上年增加8.6个百分点；综合利息回收率81.96%，比上年增加3.31个百分点；专项表内利息回收率

96.60%，比上年增加3.2个百分点。实现账面利润11 048万元，同比增盈13 790万元，其中常规业务账面赢利14 545万元，同比增赢13 809万元，专项业务账面亏损3 497万元，同比增亏112万元。各项费用支出26 914万元，同比增支4 927万元。中间业务收入1 543万元，同比增加793万元。信用卡发卡量27.20万张，卡存款余额23 651万元，同比增加14 758万元；累计消费额8 990万元；非正常透支41万元。国际结算量6 483万美元，比上年增加2 866万美元。全年现金投放26.49亿元。

【中国农业银行新疆兵团分行营业部】

2001年末，兵团分行营业部下辖10个支行，1个营业室，30个分理处，职工822人。各项存款余额51.94亿元，较上年增加12.2亿元，其中，对公存款40.29亿元，增加10.36亿元，储蓄存款11.65亿元，增加1.85亿元。各项贷款余额37.38亿元，较年初增加9.48亿元，不良贷款比较年初下降了4.32个百分点，本外币常规业务表内收息率100.85%，综合收息率75.64%。信用卡发卡量10.8万张，卡存款额1.07亿元，卡消费额0.3亿元。国际业务结算量达0.77亿美元。办理银行承兑汇票贴现业务余额14.24亿元。开发中间业务16项，其中代收联通话费、代收财政款、代收固定电话费、代收国税税金、代收地税税金等5种为本年新增业务，实现中间业务收入526万元，实现利润4 135万元，较上年增盈3 426万元。

地址：新疆乌鲁木齐市解放南路259号金穗大厦
邮编：830002
电话：0991-2834173
传真：0991-2834173

（六）保险业

【中华联合财产保险公司】

原名新疆兵团财产保险公司，成立于1986年7月15日，于2002年9月由中国保险监督管理委员会批准更名为中华联合财产保险公司。公司成立之初主要经营兵团范围内的“种、养”两业保险业务。2000年7月，经国务院和中国保监会批准，允许在新疆境内开办各种财产保险、机动车保险、货运险、责任险、农业保险、健康险、医疗险及短期人寿保险业务。2001年11月，经中国保监会批准，在上海、北京、广州、南京、杭州、西安、成都、重庆、大连9个城市设立分公司，业务经营区域扩大至全国。该公司经历了16年的努力奋斗，已从区域性保险公司跨进了全国性保险公司行列，为公司进一步发展提供了新的机遇。目前，公司是国内5家国有独资保险公司之一，是新疆保险市场上7家商业性保险公司中惟一一家具有独立法人资格的商业性保险公司。该公司在自治区地、州、市设有14个分公司，县（团场）设有

158个支公司（营业部），其中在市、县设有81个支公司（营业部）；兼业代理机构185家；拥有正式职工640余人，个人代理人600余人。公司实行“一级法人，两级核算，三级管理”。目前，北京、上海、广州、大连、南京、杭州、重庆、成都、西安9个省市分公司正在积极筹组中。

公司经营险种有农业保险、财产保险、信用保证保险、人身保险等100多个，涉及社会生产、生活等领域。2001年年承保总金额达到704亿元，实现保险业务收入4.96亿元，增长23.2%，职均保险业务收入达74.8万元，职均创利6.62万元。

地址：新疆乌鲁木齐市民主路67号
邮编：830002
电话：0991-2830507、2302840
传真：0991-2830639

（七）其他

【广播电视服务业】

兵团已建成兵、师、团三级广播、电视网络。至2000年末，有县级广播电视站188座，开路电视转播台96座，调频广播转播台108座；地、师电视台4座、广播电台2座、有线电视台10座，兵团有线台1座；广播人口覆盖率为87.1%，电视人口覆盖率为90.9%；从业人员共计1400人，其中，有高、中级职称人员186人。

【邮政服务业】

兵、师、团各级均无邮政机构。邮政业务主要通过地方邮政系统机构完成。兵、师、团三级均由地方邮政系统设有邮政局等业务机构和相应设施，形成了较为完备的邮政网络，点多面广、覆盖面大、业务信息传播（递）快。

【驻外办事机构】

兵团目前在北京、上海、天津、广州、深圳、珠海、西安、海口等城市均设有办事机构，电讯通达、信息灵通，是了解和传播国际国内市场经济及重大活动、动态的信息窗口。

四、名优特产品

【“锦”牌棉花】

产于农七师，为全国棉花评审委员会通过认定的全国十大知名品牌第一名，也是由新疆维吾尔自治区经贸委评定的新疆知名产品之一，在国际、国内市场上享有盛誉。“锦”牌棉花品种具有色泽洁白、等级高，纤维长度、强力、细度及马克隆值等品质指标协调性好，且加工规范、含杂量低、产品包装统一。产品主要销往山东、浙江、江苏、上海、广东、广西、香港、台湾等省、市、地区及日本、韩国、印尼等国家，用户对产品质量满意，信誉良好。2000年，农七师种植棉花面积57.3千公顷，总产量10.13万吨，加工总量10.32万吨，产品销售9万吨。

【“银力”牌棉花】

产于农八师，是以新陆早7号和新陆早8号两大优质棉品种为主，经过精心栽培、先进机械设备加工而成的。由于农八师所处的地理位置和气候条件，生产的“银力”牌棉花纤维品质优良、色泽洁白、丝光好、可纺性强。该品牌出口香港地区、欧洲、东南亚的一些国家和日本、韩国等，内销全国各地。2000年末，种植棉花面积10.64万公顷，总产量17.94万吨。“十五”期间将充分发挥资源优势，规划建设6.6万公顷、每公顷单产皮棉2250千克的高产优质棉基地。

【长绒棉】

主要用于纺织高支纱产品及军事上的特殊用途。农一师阿克苏垦区是我国长绒棉定点生产基地，有40多年的栽培历史，并建成了全国最大的长绒棉育种中心，繁育的主要品种有：新海14号、新海15号、新海17号、新海18号以及96~107等五个品种。2000年农一师长绒棉播种面积22.3千公顷，总产量3.46万吨，分别占全兵团的71.5%、93.02%，均居全国首位。产品主要销往江苏、上海、广东、福建、陕西、北京、天津、湖北、河南、四川、香港、台湾等省、市和地区，并出口意大利、韩国等国家，经济效益较好。

【彩色棉花】

属晚熟品种，有生长期长（同白色棉相比，绿色棉长25天，棕色棉长15天）、衣分率低（绿色棉为23%、棕色棉为33%）、纤维品质差等特点，但纺织时无须印染，解决了纺织企业因印染造成的环境污染问题，具有推广种植意义和价值。

兵团彩色棉花种植主要集中在农

八师 148 团。2000 年 148 团被国家特产委员会命名为“中国彩色棉之乡。”该团当年种植彩色棉花 2.52 千公顷，其中，绿色棉 0.37 千公顷，棕色棉 2.15 千公顷；总产量 5 184 吨，其中，绿色棉 587 吨、棕色棉 4 597 吨。主要品种为“新彩棉 1 号”、“新彩棉 2 号”。该团生产的彩色棉全部由新疆天彩科技股份有限公司包销，绿色棉价格为每千克 20 元、棕色棉每千克 17 元，经济效益较好。

【库尔勒香梨】

简称香梨，是兵团名优特产品之一，主要产地集中在南疆农一师、农二师、农三师。香梨以皮薄、肉细、汁多、含糖量高闻名国内外。香梨果实含糖量 10.04%、总酸量 0.33%、维生素 C 4.35 毫克/100 克、折光糖 13.4%。多年来，被国家农业部评为优质产品，运销北京、上海、广州、香港、深圳、东北等地，并出口英国、日本、美国及东南亚等国和地区。

香梨自古以来受人赞美，清光绪三年（1877 年），西征阿古柏的将领张曜的幕宾萧雄在《西征杂述诗》中叙及库尔勒香梨：“果树成林万颗垂，瑶池分种最相宜。焉耆城外梨千树，不让哀家独擅奇”。作者在这首诗的自注中，对香梨推崇备至，“惟一种略小而长，皮薄肉细，心细，甜而多液，入口消融……以余生平所食者，当品为第一”（《历代西域诗抄》）。原英国首相撒切尔夫人和英国女王伊丽莎白在中国访问期间，品尝过农二师送去的香梨后，亦对香梨赞不绝口。

2000 年末，香梨种植面积达 6.7 千公顷，总产优质香梨 5 万吨。

【贡梨】

“祖籍”安徽砀山，它是由砀山梨变异而来的。1967 年，从安徽引进砀山梨，在农一师、农二师、农三师试种，由于新疆雨水少、光照时间长、白天气温高、昼夜温差大的特殊条件，经过 20 余年的人工培育、自然驯化和人为选择，形成了新的品种——贡梨。该品种单果平均重 250 克左右，可储藏至第二年 4 月；单株产量达 120 千克左右，亩产约 4 吨。贡梨皮呈黄白色、个大、皮薄、肉细、水分多、石细胞少、甜度适宜、口感极好，远胜其“祖籍”的砀山梨，成为国内外竞相品尝的特优水果之一。

2000 年末，农一师、农二师、农三师合计种植贡梨面积 4.86 千公顷，总产量 3.53 万吨。

【无核白葡萄】

是新疆果品中的老牌名特优产品。它形美、味甜、皮薄、无核、爽口、肉质紧密，且营养丰富，维生素 C 含量每百克含 11.4 克，含糖量达 20% 以上，最高可达 29%，是鲜食、制干的好品种，深受国内外食品加工行业和消费者的好评。

2000 年兵团无核白葡萄种植面积 4.47 千公顷，总产达 4.78 万吨。其中，农十三师 3.96 千公顷，挂果面积有 2.85 千公顷，总产量 4.42 万吨，分别占兵团总面积、总产量的 88.6%、92.5%。

处于哈密地区的农十三师由于特

殊的气候条件，极适宜无核白葡萄的生长，生产的葡萄品质更为优良，是兵团重要的无核白葡萄生产基地，80%的鲜果，销往广州、香港、上海、北京等全国各地，获得了较好的信誉和经济效益。

【甜瓜】

新疆的甜瓜被称之为“哈密瓜”始于清代，据史实《回疆志》中记载，康熙年间，哈密王归顺清朝后，把盛产于鄯善的甜瓜作为贡品，进贡给清朝皇帝，被视为珍品，称之为“哈密瓜”。甜瓜含有葡萄糖、蔗糖、果糖、维生素A、B、C、蛋白质、尼克酸和可吸收灰分元素等，是人体正常生理所必须的营养物质，且含铁量较高，比鸡、鱼肉高2~3倍，比牛奶高17倍，对人体造血机能和生长发育有显著的促进作用；甜瓜种子含脂肪35%，可榨油，还可用来排除结石、治疗便秘、浓疮、咳嗽等；甜瓜可加工成瓜干、瓜脯、瓜汁和稀糖。由于在我国出口的瓜果中甜瓜属高档商品，出口换汇率较高，经济效益好。

2000年，全兵团甜瓜种植面积8.1千公顷，总产达11.69万吨。其中兵团甜瓜生产基地之一的农六师种植面积为4.57千公顷，总产6.02万吨，分别为兵团的56.4%、51.5%，出疆外销甜瓜3万余吨，占新疆维吾尔自治区出疆外销瓜的34%。1995年,农六师被国家技术监督局、中国绿色食品开发中心确定为哈密瓜标准化示范区和绿色食品生产基地，产品内销广州、深圳、上海、北京等20多个省、市、自治区，转销香港、澳门、台湾地区；外销日本、马来西亚、新加坡等国。

【哈密大枣】

个大、核小、皮薄、肉厚、外观艳丽、营养丰富、食用可口、香甜，已成为农十三师“名优特”干果的拳头产品。“哈密大枣”鲜枣单果重25克，最大可达35克，可食率达到85%，干枣可食率达90%以上。大枣一般含糖量可达36%，最高可达40%。100克鲜枣中含维生素C 12.4克、碳水化合物50.3~86.9克、蛋白质3.3克、脂肪0.4克、钙0.61克、磷0.55克、铁1.6克，同时鲜枣中含有丰富的黄酮类及环磷酸腺苷（CAMP），是鲜食、加工、药材、滋补的好原料、好食品。

农十三师红枣生产始于20世纪90年代，目前已成为兵团红枣生产基地。由于“哈密大枣”枣树的根系发达，具有叶片肥、发芽晚、落叶早、耐瘠薄、抗旱、抗寒、抗病虫害能力强等生物学特性，适应性强，推广较快。2000年末，农十三师红枣种植面积达0.69千公顷，年产优质大枣373吨，产品销往上海及东南沿海等地区，备受客商青睐。

【蟠桃】

被誉为“仙果”、“寿桃”。农八师143团于20世纪70年代引种蟠桃，经30年余年的精心选育，已培育出早、中、晚三熟的优良品系。该团所产蟠桃果实鲜艳，肉质细腻，甘甜可口，营养丰富，食用可以补心活血，清热生津，润肠通便，帮助消化，对人体健康极有好处。根据测定，每百克鲜桃的可食部分含可溶性固形物 15 克，蛋白质 0.8 克，脂肪 0.5 克，碳水化合物 19.7 克，粗纤维 0.4 克，另外还含有钙、硫胺素、核黄素、维生素 C 等多种营养成分。目前该团定植面积超过 0.67 千公顷，每公顷产蟠桃 18～22.5 吨，总产量 1.2～1.5 万吨。部分产品用于鲜食，大部分用于深加工，即制汁、制酱、制粉剂、制酒等系列高营养食品。产品不仅畅销新疆，还远销北京、上海、广州等地。国内外人士在品尝该团的蟠桃后，深有感慨地说："这种蟠桃的形状、味道、色泽才真正是《西游记》中西王母的那种蟠桃，真是回味悠长，应该多发展些。"2000 年 10 月，农八师 143 团被中国农学会特产经济专业安全委员会正式命名为"中国蟠桃之乡"。

【巴旦杏】

学名又叫"扁桃"，属于核果类，多年生树种，主要食其核仁，是新疆名特优干果树种之一。"巴旦杏"核仁营养丰富，含有多种维生素和无机盐，脂肪含量达到 50% 以上，蛋白质含量为 20% 左右，糖含量为 2%～10%。"巴旦杏"核仁既可生食，也可炒食、烹调，其口味优美。同时，因核仁含有 2%～8% 的扁桃精（苦杏仁素），具有润肺、散寒、驱风、止泻、止咳、祛痰、治疗支气管炎、哮喘以及胃肠不适、酸碱中毒等的作用。兵团巴旦杏生产集中在农三师。2000 年末，该师巴旦杏种植面积 0.54 千公顷，目前为初果期。

【啤酒花】

简称酒花，是一种宿根多年生植物，分苦味型、甜味型两种。新疆有得天独厚的气候条件，所生产的酒花产量高、品质好，甲酸平均含量达 6.5% 以上，其中高架栽培的马克波罗品种甲酸含量高达 13.5% 以上。农二师、农六师、农十二师、外经贸局都是兵团啤酒花种植的主要基地。啤酒花经济价值较高，正常年份每公顷纯收入 7 500～15 000 元。2001 年，兵团啤酒花种植面积为 2.49 千公顷，产量 6 550 吨，每公顷产量 2 631 千克。其中农二师为：面积 0.76 千公顷，产量 2 356 吨，每公顷产量 3 100 千克；农六师面积 0.52 千公顷，产量 1 273 吨，每公顷产量 2 448 千克；农十二师面积 0.35 公顷，产量 828 吨，每公顷产量 2 366 千克；外经贸局面积 0.4 千公顷，产量 962 吨，每公顷产量 2 405 千克。

【蓖麻】

农三师是兵团种植蓖麻的集中地之一，主栽品种是蓖杂 L－21－1。该品种是在研究雌株蓖麻遗传规律的基础上，培育而成的新品种，育成雌株率达 100%，生育期为 110 天左右，属中早熟品种，植株生长势强、耐盐碱、抗旱性强、易结果，果穗脱落率低、丰产性突出、穗多（5～10 个/株）、果多（100 个左右/穗）、千粒重、出油率高。该品种千粒重 38.5 克、种子出油率 52%、子仁出油率 70%、蛋白质含量 20%、可溶性糖含量 3%、纤维素为 25%、蓖麻酸含量高达 90%。产出的蓖麻油特点：粘度大、密度大、燃烧点高（500℃以上）、凝固点低（-18℃以下），既能耐高温、高压，又能耐低温、冷冻。2000年农三师播种面积0.33千公顷，总产量2000吨，年制种约200吨，产品销往国内其他省、市、区。

【红花】

是一年生或隔年生草本植物，是我国传统的中药材，是新疆四大名贵药材之一。兵团红花生产主要集中在农六师红旗农场，该场位于准噶尔盆地南缘绿洲农业带，距吉木萨尔县城30千米，距乌鲁木齐市198千米，吐乌大高速公路贯通于途。该场生产的红花系列产品有：红花绒、红花粉、红花籽油、红花黄色素、红色素等，产品色红油润，花绒秀长，深受国内外医药界和使用色素厂家的青睐。花绒是传统的妇科良药，具有活血、通经、润燥、散肿止痛等功能，对心血管疾病有较好的治疗作用，能降低血压、血脂、胆固醇、软化血管、兴奋平滑肌器官。黄色素和红色素被广泛应用于食品、饮料、化妆、制药、印染行业。花粉占花绒总数的5%~7%，具有易被人体吸收的蛋白质、氨基酸（8种氨基酸的含量高达20%）和30多种微量元素，如钼（10×10^{-6}）、镁（5.5×10^{-6}）、锌（$3\ 000\times10^{-6}$）、钙（$70\ 000\times10^{-6}$）等。红花籽白亮饱满，无冠毛，含油率达30%~84%，油色橙黄明亮，味清香，食用可口，油中亚油酸含量为75%~84%，是高级营养保健油品，食后可以降低血压、防止动脉粥样硬化和降低血液胆固醇，其价值高于豆油、玉米油、亚麻油和花生油等。

该场生产的黄色素、红色素，理化指标、质量超过国外同类产品，是理想的食用天然色素和制药的上等原料，产品远销日本、法国和港澳地区。2000年种植面积达1.48千公顷，年产红花绒350吨、红花籽2 000吨、加工红花籽油200吨。

【枸杞】

果实红色、味甜，含有蛋白质、粗脂肪、胡萝卜素、硫胺素、核黄素、抗坏血酸、烟酸、钙、铁、磷、锗、18种氨基酸等多种维生素及微量元素。枸杞在医药上用途很大，具有润肺、清肝、滋肾、益气、生精、安神、补虚、明目、抗癌、延年益寿等功效。枸杞生长年限长达50年之久，是盐碱、沙荒地带绿化的最佳树种，经济效益可观。

2001年兵团枸杞种植面积0.83千公顷，产量1 115吨。其中农五师为枸杞集中种植区，种植面积0.32千公顷，产量507吨，分别占兵团的38.6%、45.5%。

【甘草】

别名甜草、甜根子等，是我国传统的野生中药材，用途十分广泛。它既能调和诸药，又能补气、泻火解毒、强筋健骨，主治脾胃虚弱、咳嗽痰多、咽痛、小儿胎毒等多种病症，是我国2000多种草药中用量最大的一味草药，又称“百草之王”。农一师有甘草种植的特定优势，主要品种为乌拉尔甘草、帐果甘草、光果甘草和黄甘草等，主要分布在塔里木河上游两岸各团场。该区气候环境极宜甘草生长，其根和根状茎含有甘草酸、甘草次酸、甘草内酯及黄酮类和香豆类化合物。

为开发甘草经济价值，扩大种植面积，对境内被列为自然保护区的野生甘草资源实施保护并加以研究，解决了甘草的人工栽培技术，种植二年生甘草公顷产量可达 6 550 余千克，三年生甘草公顷产量达 11.3 吨，效果较好。2000 年农一师甘草播种面积达 400 公顷，取得了良好的经济效益。农一、二、三师共有人工播种甘草面积 2.67 千公顷，野生甘草面积 2 千公顷；生产甘草 1 028 吨、甘草膏 420 吨。

【薰衣草油】

薰衣草系名贵香料植物，香味纯正，由薰衣草提炼而成的油广泛应用于日用化妆品、香水、洗涤品及医药方面。兵团农四师是全国最大天然香料薰衣草油生产基地，该师 65 团、70 团、71 团均有种植，其精油总产量占全国的 95% 以上，以质量优良久负盛名。1990 年，农四师 65 团、70 团生产的薰衣草油获全国同行业薰衣草油质量评比“轻工部优质产品”奖。2001 年，该师薰衣草种植面积达 0.66 千公顷，每公顷产油 58 千克，总产 38 吨。产品主要销往上海、北京、广州、深圳等大中城市，部分转销港澳地区和法国、美国等国家。远期开发目标：种植面积 4.6 千公顷。

【“远馨”牌椒样薄荷油】

椒样薄荷油是通过水蒸气蒸馏法从紫茎椒样薄荷茎叶中提取精油，精制而成。新疆椒样薄荷油盛产于农四师 65 团、69 团、70 团、71 团，产品定名为“远馨”牌。该产品质量稳定、香气纯正，具有特别的薄荷香气和凉味，主要被广泛应用于医药卫生的驱风药物、牙膏、糖果（口香糖）、酒类的加香，深受用户的好评，在市场上有较好的信誉。农四师 65 团、69 团种植椒样薄荷已有 15 年历史，2001 年，种植面积 0.45 千公顷，椒样薄荷油产量 44 吨，每公顷产油 98 千克。产品主要销往上海、北京、深圳、福建、厦门等大中城市、港澳地区及法国、美国等国家。远期开发目标：种植面积 2 千公顷。

【中国美利奴细毛羊（新疆军垦型）】

为兵团培育而成的新品种，该品种是在兵团重要育种基地农八师紫泥泉种羊场培育而成。培育中国美利奴羊是“六五”期间国家科技攻关项目。1972 年，从澳大利亚引进美利奴种公羊，对军垦细毛羊进行了改良和提高；1982 年 12 月，由国家经委主持鉴定验收，各项品质指标与进口 56 型澳大利亚毛不相上下，正式定名为“中国美利奴羊（新疆军垦型）”。“六五”期间该品种在兵团及八个省、市、区推广种羊 1.1 万余只。1987 年，获国家科技进步一等奖。

“U”品系羊是新疆农垦科学院畜牧兽医研究所应用现代生物技术培育的目前中国综合品质最好的中国美利奴羊新品系。各项生产指标都高于中国美利奴羊，具有个体大、产毛量高、毛品质好（“U”品系羊外貌特征趋于一致，被毛毛从结构良好，具有紧密的闭合性，各部位毛着生密度好，全身毛长均匀度好，净毛率高。羊毛色泽均为白色和乳白色，弯曲整齐。羊毛密度为 4 036 ~ 8 537 根/平方厘米）等特点。四月龄公羔体重 39.42 ± 4.79 千克，母羔 34.69 ± 4.44 千克；周岁公羊 80.84 ± 5.39 千克，周岁母羊 68.78 ± 5.55 千克，皆显著高于中国各种细毛羊品种。羊毛纤维的细度是决定羊毛品质和纺织价值的重要因素，“U”品系羊羊毛细度平均纤维直径 19.35 ± 1.41 微米，毛长 12.7 ± 1.14 厘米。剪毛量：育成公羊 11.86 ± 1.31 千克，育成母羊 10.13 ± 1.21 千克；成年公羊 13.85 ± 1.64 千克，成年母羊 9.06 ± 3.13 千克。

2001 年末，农八师羊存栏 33.21 万只，其中优质细毛羊 25.89 万只，生产细羊毛 1 581 吨，其中达到“萨帕尔”标准产量 710 吨，现已成为我国优质细毛羊的重要生产基地。

【多浪羊】

是 20 世纪初从阿富汗引进的种羊，经过农牧民长期半舍饲、半放牧选育而成的。1985 年，农三师引进多浪羊优良品种，繁育、生产至今，已成为新疆南疆片区畜牧业的主体。

多浪羊具有个体大、生长快、成熟早、四季发情、繁育率高、双羔率高（118% ~ 130%）、遗传性稳定、抗寒、抗病、耐粗饲、生产成本低、育肥速度快、肉质鲜美、无膻味、产量高等特点。该品种成年公羊的平均体重为 82 千克，最高体重达 140.5 千克，产毛量 2.5 千克；成年母羊平均体重为 65 千克，最高体重 120 千克，产毛量 2.0 千克；屠宰率平均为 52% 以上，母羊一年可产两胎，繁殖成活率一般在 200% ~ 250%，出栏率高达 100% 以上。当年羔羊 8 ~ 9 月龄产肉 20 千克以上。目前，多浪羊已成为兵团农牧场饲养的主要肉用羊之一。经济效益较好，市场上品质优良的成年多浪羊，每只种羊价格最高可卖 7 ~ 8 万元，2 ~ 3 个月龄的优良羔羊最高价 5 000 ~ 6 000 元，每只母羊年纯收入 500 元左右，每只成年杂交多浪羊价格 800 ~ 900 元左右，比土种羊高出 200 ~ 300 元。

2000 年末，多浪羊饲养量达 23.63 万只，其中，农一师 2.6 万只，农二师 2.1 万只，农三师 18.93 万只，分别占兵团的 11%、8.9%、和 80.1%。多浪羊是国家农业部重点推广的地方优良小畜品种，深受饲养单位、个人和消费者的欢迎。

【西门塔尔牛】

外貌特征：体格粗壮、结实，身躯长、肌肉丰富、四肢粗壮、乳房发育中等、泌乳能力强、被毛浓厚、毛色多为黄白色或红白色。成年公牛体重 1 000 ~ 1 300 千克，母牛为 650 ~ 800 千克。

西门塔尔牛产奶和产肉性能好，年平均产奶量为 4 000 ~ 5 000 升，乳脂率为 3.9%；屠宰瘦肉多，脂肪少，肉质好，屠宰率为 55% ~ 60%。

西门塔尔牛经农一师引进，通过多年繁育、生产、推广至今，目前已成为农牧场饲养的主要肉、奶用牛之一。并以其屠宰瘦肉多、脂肪少、肉质好，深受消费者的欢迎。2000 年末，农一师西门塔尔牛的饲养量达 3 000 多余头，占兵团总量的 52.9%。主要以活售为主，每年销售 1 000 头左右，断奶犊牛市场价 1 500 元左右/头，周岁牛销价 3 000 元左右/头。获得较好的经济效益。

【夏洛来牛】

原产法国耐罗尔，该牛体形大、早熟、生长快、耐粗饲、适应性强。引进后，经过 30 多年的纯繁和杂交改良，效果甚佳，已在新疆安家，成为兵团的主要肉用牛。夏洛来牛的杂交后代生长发育快、产肉性能好、遗传性强，杂交三代夏洛来牛的体型、外貌已基本上与纯种牛相似。杂交牛适于农区或山区放牧，能耐寒、采食强、增膘快，全年放牧，冬前仅补少量精料和饲草，其产肉性能不变。1.5 岁的复杂一代牛，肉用性能比哈萨克牛高 46.5%。兵团夏洛来牛饲养地基本集中在农四师、农九师，两个师养殖的母牛和种公牛总数分别占兵团的 34.3%、33.4%。2000 年末，夏洛来牛总数达 1.88 万头，年产牛肉 1.52 万吨，平均每头产肉量 141 千克。

【北极狐】

兵团北极狐养殖主要集中在农十师 190 团。该团属大陆性气候，夏季炎热，冬季严寒，是北极狐理想天然生殖地。另外，该团地处乌伦古湖畔，鱼类饲料资源丰富；所在地福海肉联厂可提供大量畜禽脏器等动物性饲料，农区种植有玉米、胡萝卜等辅助饲料，饲养资源丰富。该团饲养的各种狐，生长发育良好，适应性强。生产狐皮上等，具有皮张大，色泽好，毛绒密，韧性强，耐用保暖等特点。狐肉细嫩、柔滑，味似兔肉。狐肉性热，可用于治疗风湿性关节炎、胃肠疾病等，其脂肪可做成高级化妆品。该团现已成为兵团重要的种狐基地，其养殖技术得到中国科学院特产研究所佟煜人、孙福林等专家的亲临指导和面授，建立了完善的饲养管理、良种繁育和疾病防治等体系。目前养殖品种主要为银黑狐、北极蓝狐、美国狐、改良狐、当地狐、雪狐等。有种狐 0.5 万只，貂 0.3 万只，年销售狐皮 2 万余张、貂皮近万张。1999 年获“星火计划北极狐综合饲养科技进步二等奖”；2000 年获中国畜产品流通协会皮张专业委员会、皮毛信息中心“全国特种毛皮动物养殖业皮张示范场”称号。

【膨润土】

膨润土（Bentonite）按音译、成因及用途又称斑脱岩、膨土岩等。它分为钠基、钙基和天然漂白土三种膨润土。由于膨润土具有良好的吸附性、催化性、分散性、悬浮性、粘结性、触变性、洗涤性、填充性和增塑性等独特的性能，被广泛用于铸造、冶金、钻井泥浆、石化、建筑、机械、食品、陶瓷、纺织、印染、涂料、洗涤、医药、农业、造纸、化妆品、饲养、环保、国防和纳米塑料等方面。兵团膨润土产于农十师 184 团，该团的天然钠基膨润土储量为目前全国最大。主要产品: 活性白土、钻井泥浆土、铸造土、降阻剂、饲料添加剂等。

【"五家渠"牌潜水电泵】

曾荣获"新疆名牌产品"、国家"优质产品"等称号，其注册商标被评定为"新疆著名商标"。该品牌潜水泵由农六师"新疆潜水泵厂"生产，主要产品有：200QJ、250QJ、300QJ、350QJ、400QJ型井用潜水电泵及深井手动泵、石油化工泵、排污潜水泵、螺杆泵、渔塘增氧泵等。产品驰名中外，从1992年开始出口中亚各国，出口量占全国同行业第一名，其品牌、质量、信誉已深受国内外用户的好评，被新疆各族人民深情誉为"新疆第一泵"。

【"芳婷"牌针织内衣】

"芳婷"牌纯棉针织内衣，选用高品质精梳棉纱为原料加工而成，不含甲醛、重金属离子及其他对人体有害的物质。该产品曾获"新疆名牌产品"、"全国消费者协会推荐产品"称号，并先后获得西北针织协作区优秀产品奖、自治区优质产品奖。"芳婷"商标被评定为"新疆著名商标"。该品牌产品由农十二师永红针织总厂生产。主要产品：南极棉内衣，柔绒莱卡、莱卡弹力纯棉内衣，防寒棉内衣，天然彩色棉针织T恤，男、女式纯棉浴衣、内衣系列产品，高档绒拉毛面巾等。

【"白雪莲"牌和"雪"牌纱线】

共有8大类系列产品，为石河子八一棉纺织有限公司生产，该产品纱身光洁、条干均匀、力度强、纱疵少，质量达到国际乌斯特97公报25%的水平，1997年10月通过了ISO9002质量体系双认证。目前年生产20～80支纯棉普、精梳及涤棉混纺环锭纱线2万多吨；生产6～40支纱气流纺纯棉纱0.7万吨。两种品牌的产品自1971年出口以来，已有10多个品种的纯棉纱远销香港、日本、西欧、北美、独联体等10多个国家和地区，深受用户的欢迎和爱戴。

【石棉】

兵团2001年年产石棉3.94万吨，主要产于农二师36团石棉矿。该矿是国家大型二档工业企业，现有4条年产1～1.2万吨生产线，其主要产品为国家现行部颁标准3～5级石棉，产品列入国家统一分配计划。该矿探明石棉C、D级矿藏储量为500万吨以上，是超基型蛇纹石温石棉、品质优良、物化性能稳定、耐酸耐碱、抗拉强度大、阻燃耐高温，是石棉水泥制品、石棉橡胶制品、石棉制动制品和石棉保温制品最理想的原材料。该矿从1993～1996年先后被若羌、巴音郭楞蒙古自治州人民政府授予"重合同、守信用"企业称号，1995年8月获"中国明星企业杯"奖。从1996年起到2000年，石棉产量突破4万吨，成为目前同行业第一家年产量突破4万吨的大型矿山企业，产品远销全国20多个省、市、自治区，产值达6 000万元。

【焦炭】

2001年全兵团生产焦炭15.05万吨，其中农六师大黄山煤矿10.68万吨，农四师煤矿4.37万吨。农六师大黄山煤矿生产的焦炭，是采用低灰、低磷、低硫、发热值高、粘结性好的优质煤炼制而成，是冶炼厂炼铬、硅、铁合金最好的还原剂。其主要理化指标：灰分6.81%～10.83%、挥发率 0.97%～1.74% 、硫 0.4%～0.5%、磷0.002%～0.006%，固定碳含量达85%以上。产品除满足疆内用户外，还远销甘肃、青海、四川、贵州等省，并打入哈萨克斯坦市场。

【"新工"牌水泥】

是卡子湾水泥厂生产的名牌产品。1991年，该厂研制生产的道路硅酸盐425R、525R水泥，填补了自治区道路水泥的空白；1998年，525R硅酸盐水泥、"新工"牌系列水泥被自治区人民政府评为"新疆名牌"；1999年，通过中国建材质量体系认证中心的ISO9002认证，并获"质量体系认证证书"；所生产的普通32.5R、42.5R硅酸盐水泥，获国家及自治区技术监督部门颁发的"采用国际标准标志证书"。2000年生产"新工"牌各品种水泥50万吨。由于水泥产品质量优良，被用于自治区、国家很多重点工程建设项目。2000年、2001年卡子湾水泥厂均被自治区技术监督部门评为"优秀企业"。

【"天业"牌塑料薄膜】

是农八师"天业股份有限责任公司"生产的主导产品之一，被评为国家及省部级优质产品。主要用于种菜、养花的塑料大棚建设和农业大田棉花播种铺膜保苗。该产品透光透气、保温防寒。产品主要在新疆境内销售，部分转销中亚、乌兹别克等国家和地区，为用户提供了良好的服务。2001年可产塑料薄膜3万吨。

【"天业"牌塑料农用节水器材】

是农八师天业股份有限责任公司生产的主导产品之一。主要用于水资源短缺地区的农用灌溉，通过降压灌溉等技术，达到控制浇水量、节约水资源和避免土地盐碱化的目的。产品质量好、价格低，深受缺水、少水、干旱地区用户的欢迎。目前，"天业股份有限责任公司"已开发系列节水器材，年产量达到2.5万吨，主要在新疆境内销售，部分产品销往西北地区及出口以色列、独联体等国。

【"CHALKIS"牌番茄酱】

为中基番茄制品有限责任公司生产。该公司生产的番茄酱，以1987年石河子蔬菜研究所从意大利引进的"里格尔87－5"和当地自育品种"石红3号"为原料，通过精制加工而成。"里格尔87－5"、"石红3号"两个品种抗病性强、红色素含量均超过50%，固形物含量超过5%，生产出的产品质量优良。2001年3月，中基番茄制品有限责任公司生产的产品，获得了国家食品检验所非转基因番茄品种的认证，7月，"CHALKIS"牌番茄酱通过了欧共体有机食品BCS认证，8月通过了世界食品组织HACCP认证。2001年年产番茄酱4.6万吨，产品主要出口欧洲、美洲、东南亚、中东等地，深受消费者的喜爱。

【初乳素】

初乳素系列产品是以奶牛产犊后72小时内的初乳为原料，经过高科技生物技术加工而成、富含免疫球蛋白的营养产品。该产品为农十二师农垦乳业集团公司所属奶研究所研制成功，现已开发研制出初乳素胶囊、初乳奶片、初乳核酸、初乳王浆、初乳钙片及高免疫球蛋白含量的初乳素胶囊等6种系列产品。该系列产品均富含免疫球蛋白、多种氨基酸、维生素及多种生物活性物质，部分产品根据不同消费群体需求，相应增加钙元素及核酸、王浆等营养成分，具有补充机体营养、增强机体免疫力、调节机体机能平衡、抗疲劳、增强体质、加速病体康复等作用。

农十二师农垦乳业集团公司的初乳素系列产品，2001年销售量达3.45万盒，冻干粉系列达4吨，产品销往广州、上海、北京等地。

【“佳丽”牌系列乳制品】

为农十二师农垦乳业集团公司生产。该系列产品主要有：维生素AD钙奶、荷斯坦牛奶、100%纯牛奶、活力奶、铁+锌牛奶等，生产巴氏消毒奶、灭菌奶（UHT）、酸奶、乳酸饮料，学生饮用奶、牛初乳、奶粉等6大系列40多个品种。产品具有营养丰富、香味浓郁、风味纯正、口感滑润等特点。“佳丽”牌乳制品在生产过程中有效地保留牛奶的色、香、味，同时还保留了维生素A、维生素D、维生素C、维生素B_1、维生素B_2等各种营养成分和对人体有益的锌、铁、镁等多种微量元素，以其安全、营养、方便、价廉而受到广大消费者的喜欢。2000年，农垦乳业集团公司向乌鲁木齐市场提供了1万余吨的各类乳制品，占乌鲁木齐市场的35%。

【“神内”牌胡萝卜汁】

是由石河子经济技术开发区神内食品有限公司研制开发的系列果蔬饮品之一。该产品以绿色生态区种植的优质“新黑田五寸参”胡萝卜为原料，经新技术加工而成，属果肉型、绿色、天然、营养、健康饮品。其营养丰富、脆嫩可口、富含β—胡萝卜素等成分，具有维生素A营养功效。“神内”牌胡萝卜汁通过超微粉碎、细胞破壁技术和超高温瞬时灭菌先进工艺，使常态下不易被吸收的脂溶性β—胡萝卜素利于人体吸收，且保存原有营养成分，口味更加纯正，是老幼皆宜的四季饮品。β—胡萝卜素具有保肝、明目、抗衰老的作用，新疆众多维吾尔族百岁长寿老人，皆因常食胡萝卜的缘故。

“神内”牌胡萝卜汁在果肉型胡萝卜汁的基础上，研制开发了低聚糖胡萝卜汁，以异麦芽低聚糖替代了果肉型胡萝卜汁的白砂糖。异麦芽聚糖是一种功能性糖体，可以调节肠道内有益菌群的生长，但不为人体肠道所吸收，不产生热量，老年人食用后可预防骨质疏松症，小孩食用可预防龋齿，促进骨骼发育，是老人、孩子及减肥者首选的饮料。

“神内”牌系列果蔬饮品被誉为“消费者信得过产品”，并通过了国家A级绿色食品认证和ISO9002质量体系认证，现已成为新疆知名品牌，在新疆市场上占有相当份额，并拓展了西安、南京、北京等市场。

【伊力特系列白酒】

为农四师新疆伊力特实业股份有限公司生产。该系列产品以大麦、豌豆制曲，以优质高粱、玉米多种粮食为原料，采用传统老五甑工艺，加之现代科学技术酿制而成，现有伊力特曲系列、伊力老窖系列、伊力大曲系列等多个白酒系列品牌。伊力特浓香型系列白酒，酒质清澈透明、晶莹爽口，香味浓郁、风味幽雅，入口绵甜、回味悠长。该产品多次获国际、国内大奖和国家、自治区级荣誉称号，伊力特曲、伊力老窖被认定为“中国名牌产品”。1988年荣获“中国首届食品博览会”金奖，1991年获“首届中外名特优新食品深圳展销会”鹏程杯奖，1992年获“第一届美国国际甜酒、白酒品酒博览会”银奖，同年5月获“日本东京第四届国际酒类博览会”金奖，被评为新疆地方名酒，至今伊力特曲系列白酒仍然保持了“英雄本色”，被广大客户誉为“新疆茅台”。

2000年生产伊力特曲系列白酒1.46万吨，销售1.24万吨，在占领新疆市场的同时，主要销往国内许多省、市、区，并远销澳大利亚、韩国、俄罗斯等国家。

【新天葡萄酒】

新天干红、干白系列葡萄酒为新天国际葡萄酒业有限公司生产，该公司依托新疆独特的光热、水土资源，分别在玛纳斯、伊犁、呼图壁、昌吉、兵团222团、农四师62团和63团建成了亚洲最大的8万公顷葡萄生产基地。新天系列葡萄酒是以赤霞珠、蛇龙珠、梅鹿辄、佳美、霞多丽、雷司令、贵人香、白彼诺等10多个世界酿酒葡萄品种为原料，利用先进设备，采用国际酿造工艺和生产方式，对葡萄酒从压榨到最后成品进行全过程控制，生产出新天优质干红、干白系列葡萄酒。

1999年新天国际葡萄酒业有限公司通过ISO9002国际质量体系认证，产品获得国家绿色食品中心颁发的绿色食品证书，为新疆葡萄酒行业首家获得两证的企业；2000年，被中国调查队评为“中国城市消费十大品牌”产品，并获乌恰会“最优品牌奖”、“新产品开发奖”等；2001年，产品获中国国际农业博览会名牌产品奖；2002年，获国家质量监督检验检疫总局颁发的“产品质量免检证书”；2001~2002年度，为自治区消协推荐商品和消费者信得过产品，被中国食品工业协会评为“国家质量达标食品”。目前新天国际葡萄酒业有限公司已形成年产4.5万吨优质葡萄酒的生产能力，产品销往全国各地和东南亚部分国家，产销率达95%以上。

【西域牌葡萄酒】

为新疆西域酒业有限公司生产。该公司处于天山北麓、玛纳斯河流域上游极宜种植酿酒葡萄的纬度地带，利用土地肥沃、气候干燥、光热资源丰富、降水量少、无病虫害、无污染的地域优势，建设了6.67千公顷绿色酿酒葡萄种植园区，引种、培植了赤霞珠、美乐、品丽珠、雷司令、白羽等世界名优酿酒葡萄，采用先进的发酵、陈酿、过滤、稳定装置、灌装流水线等生产工艺、技术、设备，选用了法国、意大利酵母菌、果胶酶等辅料，以现代高科技与西域传统的酿造工艺方法相结合，培育出西域牌系列葡萄酒。

1999年，中国食品工业协会授予西域牌系列葡萄酒为“国家质量达标食品”；同年在香港及上海国际葡萄酒评比会上，“赤霞珠”干红葡萄酒和“雷司令”、“白羽”干白葡萄酒，双双获奖；2000年，“赤霞珠”干红、“雷司令”干白葡萄酒，经国家葡萄酒果酒专家检评，荣获产品质量优秀证书；同时“西域”牌葡萄酒并被中国食品工业协会列入“中国优质葡萄酒著名品牌”；在法国巴黎“2000年中国名酒、名茶展览会”上，“西域”牌干红葡萄酒荣获金奖。“西域”牌葡萄酒以其优良的品质享誉中外，产品销往北京、上海、江苏、浙江、广东、四川、河南等省、市、区，并出口独联体、东南亚各国。

【“新安”牌系列白酒】

为农八师新安酒厂生产，多年来一直受消费市场的青睐。“新安”牌系列白酒产品精酿、口感醇绵，从1979～2001年，连续14年荣获国家、部级、省级的名优产品称号，其产品在新疆市场供不应求，同时，远销甘肃、宁夏、河南等省、市、区。目前年产量在1.5万吨左右。

【“白杨”牌系列白酒】

为农八师白杨酒厂生产，现已形成老窖、特曲、大曲、白酒、营养保健和饮品6大系列、60余个品种的系列产品，年产白酒1.2万吨。该产品先后获得国际、国内30余项大奖，并被中国绿色食品中心认定为“使用绿色食品标志产品”。多年来，“白杨”牌系列白酒远销全国20多个省、市。

【华世丹阿胶钙口服液】

是新疆华世丹药业公司生产。该产品主要成分：阿胶、黄芪、熟地、牡蛎等6味中药，是一种复合补钙剂，富含胶原蛋白，具有多种氨基酸、维生素、微量元素及矿物质等。其特点：钙血同补，防治缺钙与贫血；促进钙质吸收和利用；不含激素，不含有害防腐剂，不含无机钙，安全可靠；口感好，含糖低，疗效好，钙含量高，钙质离子化，利于钙质吸收和利用。该产品适用于婴幼儿、老年人、孕育妇女等，能有效防治小儿营养不良性佝偻病及老年性骨质疏松症等疾病，具有提高孕妇免疫力，利于产妇产后身体恢复等功效。

阿胶钙口服液是新疆华世丹药业公司自行研发的独家优质产品，在新疆市场上占据了一席之地，成为新疆名牌产品，为新疆关心下一代委员会推荐产品，第四届世界妇女大会推荐产品，中国老年学学会老年医学委员会推荐产品，并获2001年度国家重点新产品证书。

【鹿茸系列产品】

鹿茸是名贵的中医滋补保健药品，具有很高的药用价值和保健功能。鹿茸系列产品为新疆塔里木鹿业有限责任公司生产，该公司利用全国最大的马鹿驯养基地—塔里木农二师马鹿基地的丰富资源，研制开发了茸血大补酒、茸血精口服液、冻干鹿茸粉胶囊、鹿茸切片等产品。茸血大补酒、茸血精口服液均以鹿茸血为原料精制而成，内含多种氨基酸、微量元素及维生素等，具有温肾壮阳、扶阳暖宫、益气养血、温经散寒、祛瘀活血、通络蠲痹、提高机体免疫力等功效，无毒副作用，长期服用可增强体质，提高防病能力。冻干鹿茸粉胶囊、鹿茸切片是以鹿茸为原料加工而成，具有壮元阳、补气血、益精髓、固腰益肾、强筋壮骨等功效，可防治虚劳羸瘦、精神倦乏、眩晕、耳聋、目暗、腰膝酸痛、阳痿、滑精、子宫虚冷、崩漏、带下等症状。茸血大补酒 1994 年通过新疆维吾尔自治区新药评审，1997 年荣获“中国鹿产品博览会金奖”、“全国第十一届发明展览会优秀新产品金杯奖”。

Ⅳ　地区发展信息

一、发展概述

【新疆生产建设兵团发展概况】

2000年，兵团国内生产总值180.68亿元，比1980年翻2.38番。其中第一产业增加值71.63亿元，比上年增长12.8%；第二产业增加值51.34亿元，增长15%；第三产业增加值57.71亿元，增长6.8%。第一、二、三产业增加值占国内生产总值比重分别为39.7%、28.4%和31.9%。经济效益大幅度提高，预算内独立核算企业全年实现综合利润7.78亿元，比上年减亏增盈18.99亿元。其中农业实现利润5.62亿元，比上年减亏增盈11.02亿元。市场物价水平止跌回稳。全年居民消费价格总水平比上年下降0.6%，多数商品价格低于上年水平。

农业生产连年丰收，主要农产品产量大幅增加。棉花生产发展迅速，成为兵团的经济支柱。2000年，棉花总产量达69.39万吨，比上年增长13.2%，棉花产量占全国总产量的16.5%，出口占全国棉花出口总量的46%，棉花单产稳居全国前列。粮食总产117.57万吨，比上年下降11.9%。甜菜106.07万吨。油料总产14.97万吨。水果28.46万吨。2000年末牲畜存栏477.01万头(只)，比上年增长4.1%。肉类总产量12.52万吨，比上年增长13.2%；羊毛产量0.96万吨，增长4.4%；牛奶产量8.99万吨，增长7.1%；禽蛋产量2.75万吨，增长2.1%；水产品1.29万吨，增长7.2%；乡镇企业总产值32.08亿元，比上年增长14.4%，实现利润4.81亿元，增长18.2%。农业生产条件进一步改善，拥有大中型农业拖拉机1.71万台，小型拖拉机2.23万台，农用载重汽车1843辆，有效灌溉面积99.95万公顷，拥有农用飞机32架。

工业主要产品产量逐年增加。2000年，生产棉布1.27亿米，比上年增长11.8%；纱12.14万吨，增长9.7%；糖10.64万吨，水泥168.84万吨，小麦粉20.26万吨，比上年增长14%；食用植物油18.83万吨，增长7.5%；配混合饲料23.07万吨，增长12.5%；发电量17.87亿千瓦时，增长5.2%。工业经营扭亏为盈，经济效益回升，净赢利2.56亿元，扭亏增盈6.84亿元。建筑业平稳增长，2000年，完成建筑业增加值18.05亿元，比上年增长6.8%，施工产值57.02亿元，增长11.02%。

交通运输发展迅速。2000年公路

运输完成货物周转量 31.28 亿吨·千米，比上年增长 0.9%，完成旅客周转量 23.71 亿人·千米，增长 16.1%。

固定资产投资规模继续加大。2000 年，完成固定资产投资 73.6 亿元，比上年增长 23.7%。投资结构得到改善，第一产业投资 16.3 亿元，增长 0.2%；第二产业投资 19.9 亿元，增长 84.7%；第三产业投资 37.4 亿元，增长 15.2%。一、二、三产业投入比例由上年的 27.3∶18.1∶54.6 调整为 22.1∶27.1∶50.8。

商贸流通业发展较快。2000 年，兵团全社会消费品零售总额 54 亿元，比上年增长 8.2%，扣除物价下降因素，实际增长 10.1%。对外贸易大幅度增加，全年进出口总额 75 280.22 万美元，比上年增长 84%。其中出口 44 990.54 万美元，增长 85.5%；进口 30 289.68 万美元，增长 81.8%。

金融和保险业成效明显。2000 年，各项存款余额 173.54 亿元，比上年增长 13.2%。其中企业存款 34.05 亿元，增长 23%；居民储蓄存款 90.76 亿元，增长 7.6%。各项贷款余额 117.69 亿元，增长 6.3%。保险业全年承保金额 533.15 亿元，增长 90.4%。

社会事业不断发展，人民生活得到改善。2000 年，兵团拥有科研机构 160 个，各类专业技术人员 13.6 万人，其中从事科技活动人员 4 500 人，科学家和工程师 2 250 人。拥有普通高等学校 2 所，成人高等学校 3 所，普通中等专业学校 8 所，成人中等专业学校 23 所，中小学 756 所，在校学生 43.1 万人。

文化事业方面，有艺术表演团体 9 个，有线电视台 11 座，开设电视录转台 99 座，广播电台 2 座，广播站 188 座，调频广播转播台 99 座，广播、电视人口覆盖率分别达 87.1% 和 90.9%，全年出版各类报纸 2 940 万份，各类杂志 102 万份。卫生事业方面，2000 年末，拥有各类卫生机构 665 个，其中医院 221 座，卫生防疫妇幼保健站 77 个，床位总数 17 253 张，卫生技术人员 22 664 人，平均每千人拥有病床 7 张、卫生技术人员 9 人、医生 4 人。2000 年末，兵团总人口 242.79 万人，其中在岗职工 70.23 万人，比上年减少 5.21 万人，下降 6.9%。工资总额大幅度增加，生活水平不断改善。在岗职工工资总额 51.69 亿元，增长 19.2%。养老金社会化发放人数 40.36 万人，社会化发放率达 100%，失业保险改革步伐加快，征缴力度加大，全年参加失业保险人数 64.5 万人，参保率 87.6%。

【农一师发展概况】

2000 年末，全师总人口 26.76 万人，其中在业劳动力 11.68 万人，非农业在业劳动力 5.13 万人，占在业劳动力总数的 43.91%。实现国内生产总值 22.36 亿元，比上年增长 10.5%，其中第一产业增加值 12.09 亿元，增长 24.5%；第二产业增加值 4.84 亿元，与上年持平；第三产业增加值 5.43 亿元，下降 9.2%。人均国内生产总值 8 476 元，增长 11.7%。经济效益比上年有大幅度提高，全师预算内国有企业实现利润总额 1.24 亿元，比上年减亏增盈1.29亿元。农业总产值25.24亿元，比上年增长22.9%。全年农业播种面积12.49万公顷，增长2.7%，其中粮食播种面积2.94万公顷，粮食总产量16.5万吨，每公顷单产5 621千克；棉花播种面积8.76万公顷，增长4.7%，棉花总产16.4万吨，增长18.3%，每公顷单产1 872千克，增长13%。全年牲畜出栏头数26.21万头，肉类总产量1.12万吨，羊毛712吨，牛奶1 871吨、禽蛋1 636吨，水产品652吨。

工业企业完成工业总产值10.03亿元，比上年增长13.9%，主要工业品产量与上年相比，皮棉加工量18.08万吨，增长22%，大米加工5.1万吨，增长15.9%，棉纱1.89万吨，增长12%，饲料3万吨，增长35.5%，原煤9.5万吨，下降26.9%，水泥57.3万吨，下降1%，运输业增加值5 054万元，比上年下降35%，完成货运量276.1万吨，同比下降24.6%。建筑业增加值1.29亿元，下降24.6%，独立核算建安企业全年赢利583万元，增长35.1%。批发零售贸易、餐饮业实现增加值14 416万元，增长30.5%，全社会消费品零售额4.69亿元，下降2.5%，外贸企业完成进出口贸易总额90.5万美元，增长152.1%。

固定资产投资继续扩大融资渠道，加大投资力度，保证重点项目建设，全年完成固定资产投资80 551万元，增长1.6%，全年新增耕地860公顷，造林1 169公顷，排渠450千米，新增固定资产75 280万元，银行年末存款余额30.1亿元，增长19.9%，其中居民储蓄存款16.4亿元，增长5.8%，贷款余额13.4亿元，增长13.6%。

社会事业实现较快发展。全年科技课题立项40项，获兵团科技进步二等奖1项，三等奖2项。教育事业取得新成绩，全师有各类学校80所，在校学生59 262人。职工精神文化生活进一步提高，1团、12团儿童文化园获国家级“优秀儿童文化园”称号。电视广播事业继续发展，现有电视发射台1座，电视差转台9座，电视覆盖率100%；广播电台1座、调频广播站14座，有线广播站17座，办有《塔里木报》和《塔里木主人报》。卫生事业稳步发展，现有各类卫生机构40家，其中医院21家，病床2 254张，卫生技术人员2 602名。

职工收入逐年增加，2000年劳均收入9 937元，人均收入5 478元，职工年工资性货币收入8 575元，增长28%，加上职工庭院经济收入，职工年均收入9 928元，增长16.9%。

【农二师发展概况】

2000年末全师总人口19.56万人，其中从业人员76 366人，非农业人员37 591人，占从业人员总数的49.22%。2000年完成国内生产总值14.66亿元，比上年增长7.7%，其中第一产业增加值5.43亿元，增长3%，第二产业增加值4.19亿元，增长11.6%，第三产业增加值5.04亿元，增长10.1%，第一、二、三产业增加值分别占国内生产总值的39.8%、31.4%、28.8%。2000年，农业总产值10.93亿元，比上年增长4.1%，播种面积6.39万公顷，其中粮食面积1.6万公顷，总产9.14万吨，棉花面积2.56万公顷，总产3.6万吨，甜菜面积5 780公顷，总产34.56万吨，番茄面积4 130公顷，总产21.58万吨。林业生产快速发展，全师果园面积7 855公顷，水果总产4.68万吨，已建成新疆和兵团的香梨生产基地。畜牧业年末牲畜存栏28.29万头（只），增长1.9%，肉类总产7678吨，增长1.9%，牛奶2 629吨，增长6%，禽蛋1 092吨，水产品1 431吨，增长4.3%。畜牧业总产值1.18亿元，增长11.69%。

工业经济效益有所改善，完成工业增加值2.89亿元，增长16.6%，工业总产值7.16亿元，下降6.7%。独立核算工业企业比上年减亏7 322万元。生产原煤31.81万吨，下降16.6%，石棉4.83万吨，增长6.4%，水泥9.61万吨，下降2.6%，棉纱1.44万吨，增长4%，棉布1 647.19万米，增长16.7%，机制纸0.4万吨，下降71%，番茄酱2.31万吨，下降4.1%，食用油7 374吨，增长21%，机制糖3.99万吨，下降13.3%。建筑业完成施工产值3.06亿元，增长12.5%，全员劳动生产率4.88万元/(年·人)。运输业完成货运量500.9万吨，增长57.1%；客运量379.9万人，增长39.9%。商贸完成社会消费品零售总额4.89亿元，增长7.8%，进出口贸易总额631万美元，增长71%。

固定资产投资6.16亿元，增长25.8%，其中第一产业投资（含水利）2.09亿元，第二产业投资0.31亿元，第三产业投资3.76亿元，分别占固定资产投资总额的33.9%、5%和61.1%。年末各项存款余额15.02亿元，增长12.5%，其中城乡居民储蓄存款9.64亿元，增长3.3%，年末各项贷款余额11.01亿元，增长0.8%，保险金额22.98亿元，增长61.3%。

社会事业蓬勃发展，人民生活水平进一步提高。拥有各类科研机构36个，各类专业技术人员1.11万人，每万名职工拥有科技人员1 453人。全师广泛开展了农作物高产先导示范达标活动，投入科技经费1 600.41万元，增长25.4%。拥有各类学校70所，在校学生39 415人，教职员工2 867人，小学和初中入学率100%，普通高校录取率82.48%。职工文化生活日益丰富，有12个单位获自治区和兵团“文明单位”称号，31团职工伍元秀荣获“全国劳动模范”称号。该师被国家林业局授予“全国生态环境建设地区级先进单位”称号，全国经济林协会授予农二师“库尔勒香梨之乡”称号。师办有《绿原报》，拥有电视差转台11座，有线电视台9座，录转台20座，有线广播站23座，调频广播电台26座，全师电视人口覆盖率98.3%。拥有各类卫生机构43个，其中医院25所，病床1 713张。在岗职工年均工资6 076元，增长10.4%，实现了全师养老保险社会统筹。

【农三师发展概况】

2000年末，全师总人口179 311人，其中维吾尔族86 718人，占总人口的 48.36%。从业人员 70 248 人，其中非农从业人员 25 036 人，占从业人员总数的 35.64%。2000 年全师国内生产总值 8.51 亿元，比上年增长 9.8%。其中第一产业增加值 4.34 亿元，增长 10.24%，第二产业增加值 1.89 亿元，增长 14.21%，第三产业增加值 2.28 亿元，增长 5.7%。人均国民生产总值 4 780 元，财务赢利 4 514 万元，与上年比较减亏增盈13 752 万元。农业总产值 101 807 万元，比上年增长 10.24%。其中种植业产值 85 403 万元，增长 11.07%；林业产值 965 万元，增长 17.37%；畜牧业产值 14 310 万元，增长 2.74%，渔业产值 405 万元，增长 18.18‰，年末耕地面积 6.85 万公顷，农作物播种面积 6.47 万公顷，其中粮食作物播种面积 1.46 万公顷，总产 70 895 吨，平均公顷单产 4 859 千克；棉花面积 3.72 万公顷，总产 58 889 吨，平均公顷单产1 854 千克；油料面积 1 820 公顷，总产 3 497 吨，平均公顷单产 1 921 千克。年末实有果园面积 5 595 公顷，水果总产 42 414 吨，增长 8.88%。当年造林面积 1 410 公顷。畜牧业生产稳步发展，全师年末牲畜存栏 56.54 万头（只），增长 8.5%，肉总产量 11 420 吨，增长 11.01%，牛奶 4 227 吨，禽蛋 1 625 吨，渔业养殖面积 6 763 公顷，总捕鱼量 598 吨，增长 13.9%。

工业生产增势强劲。全年完成工业总产值 22 395 万元，增长 13.2%，主要工业产品与上年相比，原煤13 670 吨，增长 28.96%，发电 165.6 万度，下降 31.09%，面粉 2 900 吨，下降 79.14%，食用植物油 8 767 吨，增长 13.73%，皮棉加工 55 963 吨，增长 14.95%。建筑业完成施工产值 26 800 万元，增长 21.97%。公路运输企业完成客运量 81.6 万人，增长 38.31%；货运量 50.3 万吨，货物周转量 15 952 万吨·千米，减少 1.57% 和 2.24%。全师商品销售总额 7.57 亿元，增长 15%，社会消费品零售总额 2.5 亿元，减少 1.3%。外贸进出口总额 1 015 万美元，增长 19.91%，其中进口 511.95 万美元，减少 21.2%，出口 503.04 万美元，增长 155%。

全年固定资产投资 47 182 万元，增长 35.8%，当年新增固定资产43 451 万元。全年保险金额 25.83 亿元，增加 119.3%。

社会事业不断发展，教育结构和布局更趋合理，全师有中小学 104 座，在校学生 40 957 人，增长 6.5%，教职工 2 751 人。科技事业下达科研课题 78 项，其中国家课题 2 项，兵团课题 9 项，举办各类技术培训班 358 期，培训 45 320 人次，新技术推广和科技示范园建设均取得一定成绩。文化事业方面，师办有《叶尔羌报》，全师有图书馆（室）52 个，文化活动室 110 个，职工文化活动中心 14 个，有电视卫星地面转播台 10 座。有医疗机构 24 个，其中医院、卫生所 23 个，卫生技术人员 1 071 名，病床 976 张。

职工工资稳步增长，人民生活水平不断提高。全年职工工资总额 19 727.7 万元，职工年均平均工资 5 562 元，比上年增长 15.9%。全师职工年均收入 6 158 元，比上年增加 881 元，劳均收入 4 952 元，人均收入 2 364 元，增加 242 元。

【农四师发展概况】

2000 年末，总人口 214 233 人，在岗职工 95 826 人，其中非农在岗职工 40 793 人，占在岗职工 42.56%。1978～2000 年，国内生产总值由 7 515 万元增长至 14.95 亿元，按可比价计算，增长了三倍多，平均每年递增 7.9%，人均国内生产总值由 315 元提高到 6 970 元，剔除价格因素，平均每年增长 9%。

工农业生产保持稳步增长。2000 年，粮、棉、油、甜菜的总产分别达到 25.52 万吨、0.32 万吨、4.88 万吨、28.72 万吨，分别比 1978 年增长 1.1 倍、22.8 倍、7.5 倍、330 倍。粮食公顷单产由 2 025 千克提高到 5 244 千克，棉花公顷单产由 315 千克提高到 1 153 千克，油菜公顷单产由 450 千克提高到 1 750 千克，甜菜公顷单产由 4 493 千克提高到 59 976 千克。四师生产的薰衣草占全国总量的 90%，啤酒花也以优质高产著称。累计造林 5 万公顷，基本实现了农业水利化、林网化。2000 年，水果总产量 56 837 吨，比上年增长 184.8%，水产品产量 1 971 吨，增长 11.6%，年末牲畜存栏 68.23 万头(只)，增长 1.7%，生产肉类 13 969 吨，增长 20.4%，牛奶 15 720 吨，增长 9.7%，羊毛 1 815 吨，增长 5.6%，禽蛋 4 555 吨，增长 25.7%。

经济结构日趋合理。改革开放以来，农四师在原有伊犁酿酒总厂等工业企业的基础上，新建了霍尔果斯糖厂、南岗水泥厂、伊犁酿酒二、三、四分厂、天山胶合板厂、68 团啤酒厂、71 团双新机械厂、72 团链条厂等骨干企业，并组建了一批商贸流通服务企业，一、二、三产业结构由 1978 年的 57:24:19 调整为 43:27:29。同时创造了一批优秀工业产品品牌，伊犁酿酒总厂生产的“伊力特曲”、“伊力老窖”被誉为“新疆茅台”，列入国家优质酒精品行列，“伊珠”牌红白葡萄酒被农业部评为优质产品，南岗水泥厂生产的“黄鸭”牌水泥是伊犁建材市场的抢手货。2000 年，全师工业总产值完成 77 711 万元，增长 7.3%，固定资产投资完成 43 614 万元，下降 6.8%，建筑企业完成建筑施工产值 28 117 万元，增长 40.1%，运输业增加值 7 497 万元，增长 7.7%，完成货运量 417 万吨，货物周转量 30 865 万吨·千米，分别增长 31.1% 和 7.4%。完成社会消费品零售总额 49 021 万元，扣除物价因素，增长 12.8%。外贸进出口总额 1 270 万美元，增长 53.9%，其中进口 1 119 万美元，出口 151 万美元，分别增长 96% 和下降 40.6%。

社会事业蓬勃发展。全师参加科技服务的技术人员 1 713 人，有科技示范连 84 个，科技示范班级 257 个，科技示范户 5 100 户，举办科普学习班 660 期，72 966 人参加学习。拥有各类学校 78 所，教职员工 2 966 人，在校学生 37 959 人，教学条件明显改善，已建教学楼、试验楼 65 幢。文化事业进一步繁荣，通讯事业迅速发展，建成文化中心10个，广播电视台（站）33个，广播电视人口覆盖率90%，所有团场都已纳入程控电话网络。拥有卫生机构91个，其中医院23个，病床1 407张，卫生技术人员1 883人。

职工收入增加，人民生活水平提高。全师职工平均年收入由1978年的587元上升到2000年的6 185元。

【农五师发展概况】

2000年末，全师总人口10.38万人，较上年增长1.8%，在岗职工41152人，其中非农职工17 912人，占在岗职工总数的43.52%。2000年，国内生产总值7.19亿元，较上年递增16.4%。其中第一产业增加值3.77亿元，增长9%，第二产业增加值1.42亿元，增长14%，第三产业增加值2亿元，增长4%，三个产业所占比重为52.4∶19.8∶27.8，职均实现国内生产总值18 270元，比上年增长13.4%。全师实现综合利润2 468万元，减亏增盈10 934万元。农业增加值3.77亿元，比上年增长9%，粮食总产量达到58 795吨，棉花总产量46 297吨，油料总产量7 036吨，甜菜总产量91 413吨，水果总产量1 728吨。年末实有造林面积7 439公顷，年末牲畜存栏28万头（只），增长2.9%，肉类总产量5 621吨，羊毛722吨，鱼382吨，分别增长12.2%、0.1%、1.1%。

工交建商业日趋繁荣。2000年，工业总产值29 354万元，比上年增长4.2%，赢利312万元，减亏增盈2 440万元，工业增加值9 820万元，增长12.2%。主要工业产品产量：水泥50 200吨、发电15 733万千瓦时，轧花48 349吨，棉纱3 270吨、食用油12 958吨、小麦粉12 938吨、农用薄膜2 116吨，分别增长－30.7%、2.6%、15%、－27%、4.3%、0.3%和28.9%。交通运输业完成增加值2 060万元，增长14.6%，完成货运量45万吨，增长7.1%，客运量131万人，增长4.7%。建筑业完成增加值4 395万元，增长16.3%，社会消费品零售总额20 574万元，增长17.4%。对外贸易完成进出口总值2 005.6万美元，比上年增长199.8%。固定资产投资3.1亿元，增长63%。

社会事业不断发展。科技事业有新的进步，全年研究课题167项，其中研究培育的棉花新品种被自治区品种委员会审定，命名为“新陆早1号”，有两个玉米品种命名为“博单4号”和“博单5号”。全面推进素质教育，拥有各类学校28所，在校学生23 261人，普通大中专录取率为80.1%。现有卫生机构196个，其中医院13所，卫生诊所171个，卫生技术人员930人，病床726张，全师等级医院达标率100%，获得兵团“初级卫生保健先进师”称号。有广播电视台（站）12个，卫生地面接收设施47套，电视录转台2座，有线电视覆盖率90%。办有垦区报纸《博乐农垦报》。89团幼儿园被国家文化部评为“全国蒲公英计划先进单位”。社会养老保险参保率达100%，在岗职工工资全年总额2.24亿元，增长28%，职工年均年收入5895元，居民储蓄存款36 987万元，增长12%。

【农六师发展概况】

2000年末，全师总人口27.63万人，从业人数9.99万人，其中非农职工4.33万人，占在岗总人数的43.34%。2000年，实现国内生产总值17.23亿元，比上年增长10.1%，第一、二、三产业增加值分别为9.03亿元、3.2亿元、5亿元，分别占52.41%、18.57%和29.02%，实现综合利润6 514万元，扭亏增盈20 995万元。

优化农业结构，发展特色经济。2000年，实现农业总产值17.41亿元，比上年增长7.2%。粮食播种面积3.06万公顷，总产16 531吨，下降18.74%；棉花面积5.1万公顷，总产84 013吨，增长10.58%；油料面积0.83万公顷，总产14 815吨，下降22.65%；甜菜面积0.07万公顷，总产30 471吨，下降71.77%；啤酒花总产1 330吨，增长19.82%；打瓜籽总产5 444吨，增长52.11%，西甜瓜总产73 951吨，下降22.66%，番茄和蔬菜总产265 150吨，增长99.92%；水果总产2 168吨，增长75.12%。完成造林面积1 560公顷，增长16.1%。年末牲畜存栏头数50.1万头(只)，肉类总产16 765吨，增长15.6%，牛奶总产4 437吨，羊毛总产847吨，增长0.46%，禽蛋总产1 719吨，下降4.26%，水产品总产1 010吨，下降6.83%。

工业生产运行质量不断提高。2000年，完成工业增加值2.1亿元，增长12.1%，完成工业总产值7.23亿元，下降9%。全年完成主要工业产品产量：原煤89.87万吨，增长4.7%，焦炭8.74万吨，增长44.7%，小麦粉3.11万吨，下降5.8%，食用植物油2.85万吨，增长32.4%，西红柿酱1.15万吨，增长85.5%，皮棉加工8.17万吨，增长13.16%，棉纱1.21万吨，增长1.7%，塑料薄膜7 533吨，增长26.2%，水泥1102万吨，下降68.2%，饲料3 288吨，增长15%。全年工业产品销售率98.17%，比上年提高1.58个百分点。建筑业完成增加值1.1亿元，与上年持平。交通运输增加值0.62亿元，比上年增长16.12%，完成客运量517.2万人次，旅客周转量37 665万人·千米，分别增长6.3%和5.3%，完成货运量427万吨，货物周转量26 626万吨·千米，分别增长7%和9.5%。社会消费品零售总额4.8亿元，增长9.77%。固定资产投资完成6.33亿元，增长3.4%，新增喷滴灌面积2 600公顷，累计达到1.11万公顷。

社会事业与经济建设同步发展。科研和技术创新取得新进展，每年承担科技项目约75项，取得一批科研成果。现有各类学校109所，在校学生51 464人，教职员工3 747人。文化事业，全师有22个有线电视台（站），15个调频广播电台，12个光缆有线电视台。师办有《五家渠报》。卫生事业，现有医疗卫生机构47个，其中医院22个，病床1 602张，卫生技术人员2 215人，平均每万人有医生42人。

全师在岗职工工资总额52 868万元，比上年增长18.73%，平均工资6 341元，增长26.62%。

【农七师发展概况】

2000年末，人口209 012人，其中在岗职工71 822人，非农职工38 129人，占在岗职工的53%。2000年，实现国内生产总值178 812万元，比上年增长13.5%，其中第一产业增加值86 891万元，增长12.1%；第二产业增加值48 991万元，增长15.2%；第三产业增加值42 930万元，增长15%。一、二、三产业的产业结构比为48.6∶27.4∶24；人均国内生产总值8 556元，比上年增长17.9%。

农七师的农业为大规模机械化灌溉农业。2000年，在遭受严重自然灾害的情况下，经过全师上下的共同努力，获得棉花总产10万吨，创历史最高水平，全师完成农林牧副总产值158 968万元，比上年增长10.1%。农林牧渔业结构比为88.1∶10.6∶10.9∶0.4。农作物播种面积8.34万公顷，增长1.5%。主要农产品产量：粮食49 622吨，减少8%；棉花101 339吨，增长11.1%；甜菜12 384吨，减少89.8%；番茄47 950吨，增长64%；水果17 465吨，减少0.5%。牲畜年末存栏35.92万头(只)，肉类总产量11 774吨，羊毛总产量1 114吨，牛奶总产量20 692吨，禽蛋总产量3 602吨。乡镇企业社会总产值58 123万元，增长52%。

工交建商企业继续深化改革，强化企业内部管理，不断适应市场变化。工业扭转连续8年亏损的局面，2000年赢利132万元，较上年减亏增盈3 227万元，完成工业总产值85 302万元，增长2.3%，实现工业增加值30 868万元，增长13%。主要产品产量：棉纱23 039吨，增长14.8%；棉布2 444万米，增长16.2%；番茄酱17 779吨，增长3.7%；混合饲料10 939吨，增长5%；乳制品197吨，增长47%；食用植物油13 294吨，增长17.1%；原煤153 346吨，下降14.8%；硫酸12 365吨，增长13.6%；发电量2.48亿千瓦时，增长6%。拥有各种汽车2 217辆，其中货运汽车729辆，运输业实现增加值5 814万元，增长12.2%。建筑业增加值18 123万元，增长18.8%，全员劳动生产率60 423万元，增长40%。社会消费品零售总额32 207万元，增长16.6%。进出口贸易额365万美元，增长24.1%。完成固定资产投资53 680万元，增长14.8%。

社会事业不断进步，科技兴师结出硕果。全师拥有科学研究单位10个，科技人员1 456人。近20年来，培育出棉花、小麦和抗寒水果新品种14个，以棉花新陆早3、4、6号、小麦奎冬3、4、5号等为代表的一批新品种，在全师和兵团推广后，累计种植面积近60万公顷，新增经济效益9.33亿元。文化事业又上新台阶，有4个单位获自治区级文明单位称号。人民生活不断改善，在岗职工平均工资7 064元，比上年增加2 167元，增长44.2%，全师职工年均收入（含庭院经济）8 159元。

【农八师发展概况】

2000年末，师市总人口59.4万人，其中在岗职工人数18.4万人，非农职工人数 12.3 万人，占职工总数的 66.61%。

2000 年，实现国内生产总值 43.01 亿元，其中第一产业增加值 15.26 亿元，比上年增长 13.4%；第二产业增加值 14.28 亿元，增长 15.8%；第三产业增加值 13.47 亿元，增长 9%。三产结构比为 37.9:43:19.1。全社会劳动生产率 2.3 万元/(年·人)。增长 19.7%。

农业是经济的基础。2000 年，耕地面积 18.4 万公顷，农作物播种面积 15.65 万公顷，粮食总产 14.36 万吨，棉花总产 17.94 万吨，甜菜总产 25.64 万吨。完成造林面积 1 926 公顷，水果 8 292 吨。年末牲畜存栏 50.5 万头（只），肉类总产量 22 507 吨，牛奶 20 065 吨，羊毛 1 058 吨，禽蛋 6 108 吨，水产品 3 207 吨。乡镇企业总产值 6.25 亿元，实现利税 1.21 亿元，比上年分别增长 10.2% 和 78%。

2000 年，师市工业增加值 11.4 亿元，比上年增长 11.4%，完成主要工业产品产量；原煤 54.6 万吨，下降 7.3%，发电量 9 亿千瓦时，增长 7.1%，纱 3.9 万吨，增长 14.7%，布 7 562 万米，增长 6.6%，味精 3 901 吨，下降 22.9%，番茄酱 22 644 吨，增长 55.4%，饮料酒 25 190 吨，增长 10.1%，食用植物油 59 809 吨，增长 10.8%，小麦粉 4.1 万吨，下降 26.8%，机制纸及纸板 3.9 万吨，增长 25.8%，塑料制品 3.6 万吨，增长 71.4%，水泥 23 万吨，下降 1.7%。建筑业实现增加值 2.88 亿元，比上年增长 3.8%，房屋竣工面积 99.3 万平方米，竣工率 68.3%，优良率 41.6%。运输业实现增加值 1.57 亿元，增长 5.4%，公路货物周转量 5.62 亿吨·千米，公路旅客周转量 5.8 亿人·千米，分别比上年增长 2.6% 和 23.9%。社会消费品零售总额 14.16 亿元，增长 2.8%。外贸进出口总额 5 497 万美元，增长 43.6%，其中出口总额 1 950 万美元，下降 10.8%，进口 3 547 万美元，增长 115.9%。完成固定资产投资 19.5 亿元，增长 28.20%，新增固定资产 17.65 亿元，固定资产交付使用率 90.5%。

科技文卫事业发展迅速，师市现有科研机构 13 个，拥有各类专业技术人员 3.53 万人，平均每百人有专业技术人员 6 人。近 20 年来，获奖科技成果 450 多项，其中获国家级奖励 5 项，获省部级奖励 200 多项。科技进步对农业经济增长的贡献份额达 45% 以上。军垦细毛羊的成功繁育、农业大面积的地膜运用等项技术在国内具有开创意义，取得显著经济效益和社会效益。有各类院校 175 所，在校学生 8.7 万余人，首批通过自治区“基本普及九年义务教育和基本扫除青壮年文盲合格县市”验收，“两基”人口覆盖率达 87.5%。公共图书馆藏书 12.7 万册，办有《石河子报》、《石河子广播电视报》和《石河子人口与家庭报》，建有周总理纪念馆、军垦博物馆和艾青诗歌馆。卫生医疗条件不断改善，拥有卫生机构 51 个，其中医院 33 所，有病床 4177 张，专业卫生技术人员 5800 人，每千人拥有床位和医生分别为9张和10人，初级卫生保健达标率100%，石河子荣获“全国卫生城市”称号，获“自治区卫生城市”五连冠，并荣获“全国绿化先进城市”，首届中国“人居环境奖”和联合国颁发的“人类居住环境改善最佳范例奖”。

人民生活不断改善，2000年，在岗职工年平均工资7 703元，比上年增加1 792元，农牧团场人均纯收入3 745元，增加704元，全年城乡住宅竣工面积61.68万平方米，在建经济适用房58.22万平方米。

【农九师发展概况】

2000年末，全师总人口67 628人，在岗职工总数26 384人，其中非农职工14 542人，占职工总数的55.11%。2000年，完成国内生产总值49 905万元，比上年增加18.5%，其中第一产业增加值16 043万元，增长1.2%，第二产业增加值9 311万元，增长117.7%，第三产业增加值18 551万元，增长3%。全年亏损82万元，比上年减亏11 073万元。人均国内生产总值6 492元，比上年增长20.3%。

2000年，农业遭受了严重的自然灾害，总产值33 926万元，比上年下降6%，主要农产品产量：粮食55 127吨，下降11.4%；油料18 017吨，下降52.1%，甜菜278 474吨，增长9.1%。完成造林面积830公顷，增长110.7%。年末牲畜存栏33.35万头（只），增长0.4%；畜产品产量：肉类6 449吨，羊毛854吨，牛奶2 641吨，禽蛋948吨，分别增长29.9%、1.2%、19.1%、14.1%。乡镇企业完成总产值10 112万元，增长69%，完成增加值5 694万元，增长78.8%，实现利润833万元，增长40.5%。

工业生产持续发展，2000年，工业总产值21 810万元，比上年增长5.6%，实现工业增加值5 890万元，增加4倍，产销率92.2%。主要产品产量：糖36 433吨，发电量5 314万千瓦·时，小麦粉16 888吨、食用植物油3 927吨，分别增长16.5%、8.2%、-13.6%和-5.1%。建筑业增加值421万元，增长10.9%，完成固定资产投资32 682万元，比上年增长25.1%。交通运输全年完成货运量112万吨，增长6.6%。社会消费品零售总额22 086万元，增长10.4%。外贸进出口总额205万美元，下降29.1%。

社会事业得到长足发展，人民生活不断改善。科技兴师逐步落实，现有科技单位55个，科技人员398人，2000年，有14项科研成果获奖。有各类学校42所，在校学生15 428人。办有《西陲时报》，拥有广播电视台1座，有线电视台11座，电视入户率94%。拥有卫生机构32个，病床632张，专业卫生技术人员810人。全师在岗职工工资总额9674万元，比上年增长9.1%，其中农牧团场6 314万元，增长5.2%。在岗职工平均工资5 083元，比上年增长4.8%，其中农牧团场在岗职工平均工资4 224元，增长3.2%。实现了养老金社会足额发放。

【农十师发展概况】

2000年末，总人口72 010人，其

中在岗职工 27 767 人，其中非农职工 15 532 人，占职工总数 55.93%。2000 年，实现国内生产总值 34 998 万元，比上年增长 16.7%。其中第一产业增加值 11 739 万元，增长 10.9%，第二产业增加值 10 896 万元，增长 21.9%，第三产业增加值 12 363 万元，增长 17.2%，一、二、三产业结构为 33.5∶31.2∶35.3。农业总产值 36 490 万元，比上年增长 10.9%。农作物播种面积 42 060 公顷，增长 2.1%。主要农作物总产量：小麦 45 797 吨，增长 20.8%，玉米 6 626 吨，增长 8%，水稻 2 982 吨，增长 20.3%，油料 39 832 吨，减少 11%，棉花 1 100 吨，增长 27.9%。当年造林 1 622 公顷，增长 44.6%，水果总产 3 476 吨，增长 4%。畜牧业经过 40 多年的努力，培育出我国第一个肉用细毛羊新品种"阿勒泰肉用细毛羊"。依托资源优势建成养狐厂，所产的蓝狐皮、银狐皮远销海内外。2000 年末牲畜存栏 27.4 万头（只），其中大畜、猪、羊分别增长 5.4%、11.7% 和 7.6%。主要畜产品产量：内类 5 917 吨，羊毛 518 吨，牛奶 1 581 吨，禽蛋 1 951 吨，分别增长 12.2%、4%、8.7% 和 4%。水产品产量 1 930 吨，增长 2.7%。

2000 年，完成工业增加值 6 812 万元，增长 14.4%，完成工业总产值 22 232 万元，增长 5.2%。主要工业产品产量：原煤 33.8 万吨，增长 3.7%；发电量 5 647 万度，减少 7.2%，水泥 5.82 万吨，增长 2.1%；机制纸及纸板 460 吨，增长 87.8%；云母 70 吨，减少 10.3%，红砖 6 420 万块，增长 30.3%，活性白土 1.14 万吨，减少 24%；小麦粉 2 万吨，减少 4.8%；食用油 1.22 万吨，增长 5%。全社会固定资产投资 44 522 万元，比上年增长 19.9%。建筑业施工产值21 361 万元，增长 17%。交通运输完成货运量 57.6 万吨，增长 22.8%，货物周转量 14 263 万吨·千米，增长 16.6%，完成客运量 96 万人，增长 19.4%，旅客周转量 6 152 万人·千米，增长 9.9%。社会消费品零售总额 19 391 万元，增长 11.4%。外贸进出口总额 1 362.4 万美元，增长 38.4%，其中进口 1 349 万美元，增长 38.8%。

社会事业不断发展，人民生活得到改善。全师拥有科研机构 4 个，自然科学专业技术人员 3 689 人。现有中小学 44 所，在校学生 15 592 人。医疗卫生机构 38 个，卫生专业技术人员 923 人，病床 682 张。师办有《新疆北屯报》，有电视台 9 座，卫生地面接收站 23 座，电视人口覆盖率 85.67%。全年在岗职工工资总额 13 493.5 万元，比上年增长 14.4%，在岗职工年平均工资 5 559 元，增长 11.9%。

【建工师发展概况】

2000 年末总人口 57 857 人。其中在岗职工 24 612 人，非农业人口 53 065 人，占总人口 91.7%。2000 年，完成国内生产总值 6 亿元，比上年增长 9.2%，其中建筑业完成 4.96 亿元，增长 14.3%。社会总产值完成 18.36 亿元，增长 14.6%，创历史最高记录。全员劳动生产率 1.9 万元/(年·人)，全师综合利润 3 942 万元，比上年净增 2 636 万元。

建工师是新疆铁路建设的主力军。曾先后承担了兰新铁路“百里风区”段，南疆铁路吐鲁番至库尔勒段以及北疆铁路乌鲁木齐至阿拉山口段的建设。该师曾为新疆的公路建设做出巨大贡献。修建过的公路主要有：由乌鲁木齐横穿天山翻越胜利冰大坂至库尔勒公路；天山腹地的伊宁至焉耆公路；沿塔克拉玛干大沙漠边缘的民丰至且末公路和库尔勒至若羌公路；中国至巴基斯坦公路；呼图壁至克拉玛依输油管线伴行公路；博乐至阿拉山口公路；精河至阿拉山口公路等，共完成主要公路干线 10 余条，长达 2000 余千米。这些公路大多都在戈壁沙漠、深山峡谷、雪山峻岭、高原冰川中穿越，施工和生活条件极为艰苦，都是建工师职工依靠无私奉献和大无畏的气概修建完成。

建工师在新疆 10 余座城市修建市政工程 200 多项，主要有乌鲁木齐西虹路立交桥、克拉玛依东路立交桥、苏州路互通式立交桥、西北路和北门等地下通道等。该师承建的工业与民用建筑，遍及南北疆，主要有石河子八一棉纺厂、八一毛纺厂和昆仑棉纺厂、伊犁西部毛纺厂、新疆绿洲长绒棉厂、新疆卡子湾水泥厂、新疆化肥厂、乌石化工厂、八一糖厂、伊犁大曲酒厂扩建、乌鲁木齐宾馆、石河子金融大厦、自治区广播电视大楼、石河子大学、克拉玛依体育馆等。还承建了和田喀格尔电站、泽普石化热电站、阿克苏西大桥电站、和静大山口电站、农一师塔里木电厂、独山子电厂、乌石化电厂等近 30 项大中型电站、电厂。建工师又是新疆水利建设战线一支生力军，曾参加了玛纳斯河、奎屯河、伊犁河、塔里木河等各大流域的治理开发；大泉沟水库、黑孜水库、叶尔羌河东岸大渠等水利工程，共修建大中型水库 15 座，大型引水枢纽工程 19 座，开挖大型引水渠道 24 条，为新疆农田水利基本建设奠定了基础。我国第一座冰碛垄隧道——扎亥萨拉隧道，我国西部最大的曲线铁路桥——哈尔嘎哈特大桥，西部最大的糖厂——石河子八一糖厂，新疆第一座热电厂——石河子热电厂，新疆最大的水电站——和静大山口水电站，都是出自建工师建设者之手。

建筑业是建工师的主业，2000 年完成施工产值 16.22 亿元，增长 15.9%，全年房屋施工面积 1 693 万平方米，增长 33.71%，竣工面积 98.7 万平方米，增长 46.4%，工程一次交验合格率 99.9%，优良率达到 59%，分别提高 3.3% 和 6.7%。南疆铁路收尾工程完成施工产值 1.7 亿元，师施工队伍用了 3 年零 3 个月时间，在北起库尔勒、西到喀什共计 976 千米的施工线上，完成路基石方 3 692 万立方米，桥梁 46 座，涵洞 2 622 座，计 27 974 延米，站后房建工程 31.4 万平方米，工程优良率分别达 85%、75% 和 50%，赢得了荣誉。工业生产继续增长，全年完成工业总产值 1.41 亿元，增长 14.3%。主要产品产量：棉纱 3 484 吨，商品混凝土 15.95 万立方米，工业销售总值1.38亿元，增长17%，产销率97.9%。全年农业总产值7 568万元，增长20.8%，实现利税538.32万元，农场职均收入6 395元。

社会事业不断发展，人民生活明显改善。2000年，师科研所荣获“科普工作先进单位”，自治区建设系统“科技工作先进单位”称号。师拥有中小学校17座，在校学生10 101人。办有《天山建设报》，在国内公开发行。全师有医院9所，门诊部1个，防疫站8个，卫生技术人员418人。全师职均年收入6 819元，同比增长10.9%。

【农十二师发展概况】

2000年末，总人口5.86万人，在岗职工24 785人，其中非农职工15 120人，占在岗职工人数的61%。2000年，实现国内生产总值35 539万元，其中第一、二、三产业分别为11 874万元、10 263万元和13 402万元，分别比上年增长14.95%、4.3%、17.30%和25.6%。全师利润总额465万元，比上年增长123.85%。

农业总产值17 061万元，比上年增长18.5%，农业增加值11 874万元，增长4.3%。农作物播种面积13 490公顷，其中粮食作物3 090公顷，减少20.4%，总产量19 059吨，减少31.5%，油料作物播种面积2 380公顷，减少30.2%，总产量5 353吨，减少32.1%，啤酒花面积330公顷，总产量844吨，增长8.2%，蔬菜面积5 390公顷，增长54.9%，总产230 850吨，增长68.5%。全年植树造林68公顷，减少6.8%，年末实有造林面积2 320公顷，果园面积934公顷，产果4 561吨，增长228.6%。畜牧业继续保持较快的发展势头，年末各类牲畜存栏14.77万头（只），增长9.1%，畜产品产量：肉类总产5 383吨，增长11.2%，牛奶12 135吨，增长10.5%，禽蛋2 184吨，减少35.3%，鱼捕捞量152吨，减少18.7%。

2000年，完成工业总产值21 841万元，比上年增长6.2%。主要工业产品产量：原煤43.36万吨，面粉1 855吨配合饲料4 508吨、棉纱5 507吨、塑料制品1 429吨，分别增长9%、-20.5%、-45.2%、6.8%和67.3%。工业产品销售率97.1%，增长10.6%。建筑业完成施工产值8 676万元，完成增加值2 477万元，分别增长31.5%和46.9%。社会商品零售总额2.17亿元，增长38%，外贸进出口总额200万美元。供货运输周转量16 693万吨·千米，增长24.8%。固定资产投资方向和结构趋向合理，农业投资明显增加。全社会完成固定资产投资9 536万元，比上年增长18.3%。社会事业不断发展，人民生活得到进一步改善。全师共有医疗卫生机构107个，病床330张。拥有学校22所，在校学生10 255人，教职员工776人。有科研机构3个，科研人员51人，当年科研成果9项。全师工资总额7 579万元，职均收入6 659元，比上年增长15.29%。农场劳均收入8 608元，人均纯收入3 609元，增长16.5%。

【农十三师发展概况】

2000年末,总人口76 680人，从业人员28 816人，其中农业从业人员14 699人，非农从业人员12 686人，占从业总人数的44.64%。

2000年末，实现国内生产总值4.39亿元，比上年增长7.78%。其中第一产业增加值2.26亿元，增长11.8%；第二产业增加值1.16亿元，增长2%；第三产业增加值0.97亿元，增长6.4%。人均国内生产总值5 725元，赢利642万元，与上年相比，扭亏增盈4 326万元。农业总产值40 532万元，比上年增长14.6%，农作物总播面积25 340公顷，其中粮食播种面积6 550公顷，总产31 689吨，平均公顷单产4 845千克，棉花面积7 780公顷，总产11 336吨，平均公顷单产1 455千克。哈密垦区是兵团重要水果基地，年末实用果园面积6 530公顷，水果总产量51 486吨，增长24.8%。其中葡萄4 403公顷，总产48 713吨，甜瓜680公顷，总产5 186吨，西瓜230公顷，总产6 878吨。当年新增果园951公顷，植树造林216公顷。年末牲畜存栏33.31万头（只），主要畜产品产量：肉类4 681吨，羊毛474吨，牛奶2 415吨，禽蛋543吨，分别增长6.7%、35.4%、19.1%和8.2%。乡镇企业完成增加值4 104.6万元，增长10.8%。

2000年，完成工业总产值22 533万元，比上年增长2.8%，工业产品产销率96.5%。主要产品产量：原煤649.7吨，下降29%，发电量415万千瓦·小时，增长68%，面粉5 598吨，增长66.7%，红砖5 980吨，增长8.1%，塑料制品3 249吨，增长60%；脱水菜605吨，下降56%，铜镍矿石3万吨,增长13.7%。建筑业完成施工产值7 738万元，实现增加值3 800万元，较上年增长15.2%。运输业完成货物周转量7 723.7万吨·千米，完成旅客周转量5 185万人·千米，分别增长18.2%和7.4%。社会消费品零售总额15 123万元，增长48.8%，完成固定资产投资20 089万元，比上年增长28.1%。

社会事业和人民生活不断发展。全师拥有中小学校50所，在校学生总数15 211人，教职工385人。有电视卫星地面转播台13座，广播电视人口覆盖率分别为97%和95%。有医疗机构87个，医院13所，病床870张，医务人员803人。近几年，职工收入稳步增长，生活水平不断提高。2000年，全师职均年收入6 408元，农牧团场职均纯收入6 048元，人均收入2 600元。

【农十四师发展概况】

2000年末,总人口24 658人，其中维吾尔族21 082人，占总人口的85.5%。2000年末从业人员7 599人，其中非农从业人员1 735人，占从业总人数的24.06%。2000年，实现国内生产总值9 351万元，其中第一产业增加值3 790万元，第二产业增加值987万元，第三产业增加值4 574万元，全师实现利润642万元。农业增加值3 790万元，占国内生产总值40.52%。其中种植业2 670万元，林业57万元，牧业1 063万元。农作物总播种面积4 860公顷。其中粮食作物2 220公顷，粮食总产12 406吨，增长5.58%；棉花播种面积1 480公顷，每公顷单产945千克，增长3.28%；果园面积1 273公顷，水果总产7 281吨，减少15.22%，年末牲畜存栏10.61万头（只），增长5.99%，主要畜产品产量：肉类1 380吨，禽蛋268吨，羊毛172吨，分别增长13.5%、-25.3%和-22.17%。工业增加值212万元，增长9.6%。主要工业产品产量：轧花1 403吨，减少18.19%；小麦粉1 381吨，增长33.69%；植物油102吨，减少64.58%；发电量85万千瓦·小时，增长2.41%。建筑业完成增加值775万元，增长1.2%。交通运输完成货物周转量721.3万吨·千米，减少18.38%，旅客周转量481.9万人·千米。商贸完成增加值3 081元，增长59.2%。外贸进出口总额17 212万美元，增长59.2%，其中进口4 329万美元，出口12 883万美元，利润总额810万元，增长202.24%。固定资产投资总额1 845万元，减少11.72%。

社会事业和人民生活不断发展和提高。全师学校12所，在校学生4 636人，增长3.6%。有职工医院3所，防疫站3所，病床156张，卫生技术人员100人，基层连队卫生室22个。

二、兵团重要城市概述

【石河子市概况】

“戈壁明珠”军垦新城石河子市南倚天山，北临准噶尔盆地，东距乌鲁木齐市150千米，西距伊宁市549千米。境内无山，地形平坦。

石河子市地处亚欧大陆腹地，属典型大陆性气候，年平均气温6.6℃，无霜期171天。

石河子一带古为游牧地，清乾隆年间推行屯田，始有村落出现。1778年(清乾隆四十三年)设绥来县，石河子为绥来县西乡村庄之一。1944年有土街一条，汉、回族开设的店铺13家，周围有农户20余家。后因战乱而凋敝。1950年，解放军进驻，筹建石河子新城，揭开其发展史上新的一页。1951年4月，新城建设按规划放线施工，开始兴建一座具有田园风光的新型城市。1956年，修订规划，按现代工业城市进行建设，增加工业用地，规划东、西两个工业区。石河子遂以工农结合、城乡结合的风貌展现在世人面前。1976年1月，国务院批准成立石河子市。与农八师实行一个党委领导，合署办公。1978年，国务院批准石河子市为新疆第一批对外开放城市。1982年，制订《石河子市总体规划》，本着“城市布局合理，设施齐备，人民生活方便，舒适、清洁、优美、文明”的指导思想进行建设。1985年，市区已形成功能分明的行政区、商业区、文化区和东、西工业区；建成各类房屋面积277.76万平方米，街道20条总长57.54千米，供水管道63.8千米，排水管道34.5千米，以及一批文化、生活辅助设施。市内以办公楼、商贸大厦、宾馆大楼、影剧院、教学楼、住宅楼等为主体的建筑群鳞次栉比，以北子午路、幸福路、西一路、西环路、北一路为主的商业街道店铺林立、市面繁华。

城市绿化是石河子市的一个显著特点，市区拥有大面积绿化区，林宽树密，林荫夹道，主要街区都有花带、花坛，居民小区有风景林、花圃、草地。故有“城在绿云中，人住花丛里”的美誉，1982年、1983年，分别被评为自治区和全国绿化先进城市。1985年，市区绿化面积656.3公顷，有树255万株，绿化覆盖率33.8%。

石河子建市以来，经济建设和社会事业发展迅速，成绩显著，取得了经济建设、城市建设、环境建设的协调发展。改革开放以来，国民生产总值由1978年的1.32亿元增加到1998年的 20.52 亿元，年均增长 7.36%；20 年来，城市道路铺装面积由 53 万平方米增加到 198 万平方米；自来水供水量由 2 920 万吨增加到 4 180 万吨；液化气供气量由 1 066 吨增加到 3 966 吨；排水管道由 8 千米增加到 178 千米；公共汽车营运车辆由 10 辆增加到 239 辆，出租汽车由 10 辆增加到 1 380 辆；园林绿地面积由 322 公顷增加到 695 公顷，绿化率已达 40% 以上。2000 年末市区总人口 28.48 万人，人均货币工资 8 687 元，城镇居民人均可支配收入 5 904 元，人均居住面积 11.34 平方米。2000 年，石河子市国内生产总值达 25.12 亿元，“九五”年均增长 11%，财政收入 19 064 万元，财政支出 21472 万元，年均增长 8.4% 和 10.2%。对外贸易不断发展，实现外贸进出口总额 5 497 万美元，比上年增长 43.56%；新签协议、合同 36 个，引进资金 9.92 亿元，执行合同 47 个，投资总额 11.55 亿元；友好城市已达 20 个。1992 年，经自治区人民政府批准成立石河子经济技术开发区，2000 年 4 月，经国务院批准升格为国家级经济技术开发区。开发区的建设推动了石河子市的发展。

石河子市的经济发展为各项社会事业增添了新的活力。市区内的石河子大学，农垦科学院、勘测设计院、医学院附属医院的科研、教学、医疗都有较大发展。全国知名畜牧专家、中科院院士刘守仁多年研究培育的新疆美利奴细毛羊优良品种享誉全国。文化事业健康发展，已建立一支专业和业余创作队伍，创作了一批有较高艺术水准的作品，其中尤以诗歌创作突出，市内建有全国惟一的“艾青诗歌馆”、“军垦陈列馆”、市郊有周恩来总理纪念碑和纪念馆。广场以王震将军塑像和“军垦第一犁”塑像而闻名。卫生医疗条件比较完善，曾获“全国卫生城市”称号，获“自治区卫生城市”五连冠。人口出生率多年来一直保持在 10‰以下。体育事业发展较快，多次在全国和自治区比赛中取得优异成绩。近几年，广泛开展创建文明市民活动，努力营造文明城市的良好氛围。1986 年以来，先后荣获“三优一学”文明城市竞赛三连冠，自治区 17 城市“天山杯”竞赛三连冠、全国绿化先进城市、全国卫生城市、全国双拥模范城称号并获首届中国“人居环境奖”及联合国授予的“人类居住环境改善最佳范例奖”。

【阿拉尔市概况】

阿拉尔市位于新疆维吾尔自治区阿克苏市东南部，距阿克苏市 120 千米。地处天山南麓塔里木盆地北缘，总面积 4 000 余平方千米。辖“十场、二处、一乡、一校”，即兵团农一师 7 团、8 团、9 团、10 团、11 团、12 团、13 团、14 团、15 团、16 团、水利水电工程处、塔里木灌区水利灌溉管理处、托海乡和塔里木农垦大学。行政区划面积在 2001 年 1 月 4 日确定。

阿拉尔，维吾尔语意为“有鹿出没的地方”。原来是亘古荒漠，偶有点片红柳和胡杨林。20 世纪 50 年代，农一师进军开发塔里木的前线指挥部就设在这里，当年的老军垦是开发塔里木的奠基人。后来又有大批支边青年投身于阿拉尔的建设中。经过几十年的艰苦奋斗，阿拉尔已成为国家生产粮食、棉花、瓜果的重要基地。塔里木河大桥建成后，阿拉尔成为沟通塔里木河两岸的交通要道和塔里木垦区农副产品的集散中心。2002 年 9 月国务院批准成立阿拉尔市。

阿拉尔市行政区域内 2000 年底总人口 14.35 万人，国内生产总值 11.58 亿元，其中第一产业 8.08 亿元，第二产业 1.65 亿元，第三产业 1.85 亿元。阿拉尔科教文卫事业发展较快，现拥有各类学校 38 所，其中有农业部属高等院校 1 所，有重点高中和普通中小学 37 所，已普及九年义务教育，高中升学率 80%。科研机构有国家重点长绒棉育种中心——阿拉尔农业科学研究所的良种繁育场，加上引进美国设备的种子加工厂、种衣剂厂，形成了种子产业化体系。市域内有地区二级医院 1 所，团场医院 12 所，病床 1130 张。还有经广电部批准的阿拉尔电视台和阿拉尔人民广播电台，覆盖率达 100%，市域各团场都设有有线电视网和调频无线广播网。

目前，城市总体规划已经评审确定。规划期限为 2000～2020 年，远期规划城市总用地为 11.98 平方千米。人口规模 2005 年为 5 万人，至 2020 年发展为 10 万人。建成以纺织、科研、教育、交通、农副产品生产、加工、集散为主的新兴现代化城市。同时将注重绿化，建成园林生态城市。经济发展目标：2005 年国内生产总值 21.5 亿元，2010 年 37 亿元，2020 年 87.5 亿元。

【五家渠市情况】

五家渠市位于天山博格达峰北麓，准噶尔盆地南缘，城区南距乌鲁木齐市 33 千米，西距昌吉市 23 千米。市域面积 822 平方千米，人口 10 万人。五家渠市地势平坦，海拔高度 450～530 米，水资源丰富。交通十分便利，南有乌五、昌五公路与乌鲁木齐市、昌吉市及乌奎高速公路、吐乌大高等级公路、乌鲁木齐火车站、国际机场相连；北有省道甘莫公路横越市区。

五家渠一带，古为游牧地，清代先后属迪化县和昌吉县管辖。1953 年，农六师师部进驻五家渠，经过两代农垦职工的艰苦创业，已建设成为军垦新城和首府乌鲁木齐市的卫星城。

1997 年，五家渠市的筹建工作起步。先后组建了五家渠市筹备委员会、市政工程建设领导小组、市道路、水厂建设指挥部、城市“六化”建设指挥部等工作机构，与西安人文地理研究所共同编制“十五”及 2020 年长远规划，又请中国城市规划设计研究院编制五家渠总体规划，制定新建城市发展蓝图。同时，制定了招商引资和发展私营经济、引进人才、开发旅游资源、发展旅游产业等优惠政策。五家渠市将是一座具有良好生态环境和江南水乡特色、富有旅游休闲功能的乌鲁木齐市的后花园。2002 年 9 月国务院批准成立五家渠市。

在基础设施建设方面，坚持了“高起点规划、高标准建设、多元化投入，高效能管理”的城建原则，目前已投资1亿多元，修建了30千米的城区道路，做到每条道路的路灯、树木、花草各具特色，形成“一路一景”；投资3 000多万元建设日处理3万吨的自来水厂一座；投资800多万元，改造和新建总面积2.4万平方米的综合性文化广场；新建了北海公园，完善了青格达湖旅游区的休闲、旅游功能。目前，城市基础设施初步完备，“十横六纵”城市道路形成方格网络：长途、市话、无线寻呼、移动电话、互联网等通讯设施全部开通，市区给排水配套，电力供应充足，城区绿化面积达20%，市区有青格达湖旅游区、文化市场和休闲绿地，生活环境怡人。

五家渠市是农六师的政治、经济、文化和科技中心；是具有军垦特色的集轻工业、现代农业、商贸、科教、旅游、房地产为一体的乌鲁木齐综合性卫星城；是天山北坡经济带中生态环境良好的新兴城市。

【北屯市筹建概况】

正在筹建中的北疆农垦新城——北屯市，位于新疆阿尔泰山南麓、准噶尔盆地北缘。国道216、217线和省道318、319线在此交汇。市域规划面积1 362.66平方千米，城市规划用地面积131.81平方千米。

北屯，自古以来为放牧地。农十师进驻后，北屯的开发建设拉开序幕。近年来，通讯设施建设配套，文化水平和科技普及率较高，医疗卫生、文化教育、金融等在当地处于领先水平。2001年末，北屯市市域内常住人口73 794人，其中常住非农业人口51 346人，人口密度为69.58人/平方千米，约55%的人口分布在城镇及其周围。

近几年，农十师紧紧抓住国家西部大开发和建市的机遇，加快城市基础设施建设步伐，先后请自治区城乡规划设计院完成北屯市总体规划设计和部分小区的详规设计；投资4 399万元完成了城区电网改造和3个变电站的建设；完成了有线通讯和移动通讯的改造和建设；完成了闭路和开路电视扩容增频建设；新建、扩建城市主干道、次干道和支路18.2千米，已初步形成市区交通网络；投资2 955万元，扩建供水工程，使日供水能力由原来的4 000立方米增加到1.6万立方米；完成了部分小区集中供热一期工程；正在兴建总规模15万平方米的北屯文化广场和平顶山2 400公顷绿化工程；已完成4.2万平方米的居民小区公园；完成了18千米道路林带和8万平方米的草坪建设；吸引外部资金，开发建设了北屯商贸城，形成了集购物、休闲、办公、餐饮、金融为一体的现代化商贸城，已成为阿勒泰地区最大的商品集散地；新建一座4 000多平方米的农贸市场；建成经济适用住房30多万平方米；正在兴建日处理污水能力2.5万吨的排水工程，彻底改变北屯市无污水处理的历史。

北屯建市后将参照石河子市的管理方式，保持“师市合一”的管理体制，按照“精简、统一、效能”的原则，设置党政机构。

【图木舒克市概况】

图木舒克市位于塔里木盆地西北

部的塔克拉玛干大沙漠西缘，是兵团农三师小海子垦区所在地。314国道从市旁穿过。城区地势平坦，平均海拔1 096米，属温带极干旱荒漠气候，年均气温12.1℃，年均降水量仅42毫米，年均蒸发量则高达2 233毫米，无霜期211天，地下水深度2~3米。城市辖区面积约2 100平方千米，市区规划面积30平方千米。市辖范围主要包括6个农牧团场(44团、49团、50团、51团、52团、53团)、1个工程团、1个水库管理处，以及永达水泥厂、电力公司、塑料厂、垦区公、检、法、司等单位，辖区总人口11.44万人，有汉、维、回等8个民族，平均人口密度54人/平方千米。市区内有3座水库，即小海子水库、永安坝南库和北库，总库容量7亿立方米。

2002年9月国务院批准成立图木舒克市。图木舒克市不但是农三师小海子垦区的政治、经济、文化中心及农副产品加工、集散中心，而且还是一个具有旅游特色的园林城市。

城市总体规划，已通过兵团和自治区建设厅有关专家评审后上报自治区。城市控制性详细规划也由自治区城乡规划设计院编制完成。现正进行0.5平方千米的城市中心区、0.32平方千米的行政办公、商业金融区和0.42平方千米的住宅区详细规划。城市道路和排水工程正在施工。图木舒克市将参照石河子市的管理方式，保持师市合一的管理体制，按照“精简、统一、效能”的原则，设置党政机构。

三、重要口岸

【阿拉山口口岸】

为国家批准的对外开放的一类口岸，是我国对哈萨克斯坦的重要铁路口岸，也是东起连云港，西达荷兰鹿特丹港的亚欧大陆桥我国境内最西面的桥头堡。对邻口岸为哈萨克斯坦德鲁日巴口岸，两口岸相距 12 千米。兵团五师 90 团、86 团与口岸相连。

阿拉山口曾名“喀普他盖”，蒙语意为花色的山口，山口北面有阿拉湖，南面有艾比湖，俗称姐妹湖。这里在历史上就是一个通商要道，距博乐市和农五师师部 73 千米，距乌鲁木齐 460 千米，距莫斯科 4 200 千米，距鹿特丹 6 800 千米。阿拉山口气候属大陆性北温带干旱型，年降水量平均 126 毫米，年平均气温 8.1℃，最高气温 38.3℃，最低气温 -29.8℃，无霜期 158 天，是有名的风口。

1956 年 7 月，中苏(联)两国政府签订了《关于修建中国甘肃兰州至苏联中亚土西铁路阿克斗卡铁路和组织联运的协议》，在阿拉山口南北，由中苏(联)两国各自修筑铁路。1990 年 6 月 27 日，国务院批准阿拉山口口岸开放，为铁路、公路双重口岸。北疆铁路已于 1990 年 9 月 12 日与前苏联土西铁路在阿拉山口接轨，并于 1992 年 7 月开始办理临时过货营运，1992 年 12 月正式开通国际联运，1992 年 6 月 21 日开通阿拉木图—乌鲁木齐旅客列车（哈方担任）。1993 年 4 月 3 日开通乌鲁木齐—阿拉木图旅客列车（中方担任）。同时，乌鲁木齐—阿拉山口国内列车每日对开一列。

阿拉山口是规划中的铁路口岸城市，口岸辖区面积 155 平方千米，城市建设规划面积为 15 平方千米，现基础设施覆盖面积 7 平方千米。阿拉山口车站面积为 121.5 万平方米。由于中哈铁路宽窄不一，口岸设有列车换装线，并设有货场、仓库、货物换装库、客运楼以及货运、装卸、运材、客运等车间。为了适应对外开放的需要，口岸设立了一系列管理、监督和检查等机构，其中包括口岸管理委员会、边防检查站、海关和商检、卫生检疫、动植物检疫站等。中国对外贸易运输总公司在口岸设有分公司，负责进出口物资的交接工作。现口岸建筑总面积 30 万平方米，人口 8 000 人。

阿拉山口近年来建设发展很快，客货运输随之发展。客运方面，已先后开通乌鲁木齐—阿拉山口普通客车、阿拉山口—西安普通客车、乌鲁木齐—阿拉木图的普通客车。过货量也与日俱增，已占新疆口岸过货量的85%，仅次于满洲里口岸，居全国同类口岸第二位。

【霍尔果斯口岸】

为国家批准对外开放的一类口岸，是新疆沟通哈萨克斯坦并对第三国开放的公路运输口岸。口岸位于新疆霍城县西部中哈边境，地处312国道西部的终端，距伊宁市96千米，距乌鲁木齐市660千米，距哈萨克斯坦雅尔肯特市35千米，距阿拉木图390千米，是我国西部中哈之间的重要口岸。兵团农四师62团团部与口岸紧密相连。

该口岸以濒临界河霍尔果斯河而得名。早在盛唐时期，这里就是丝绸之路北道的一个驿站，旧称“尼堪卡”，清初是我国驻防之地。1851年中俄两国签订《伊犁塔尔巴哈通商章程》，正式开放伊犁、塔城两个口岸，霍尔果斯被定为中俄通商孔道之一。1881年清政府与沙俄签订《中俄伊犁条约》，规定：以“尼堪卡”为孔道两国边界百里内，准中俄两国人民任便贸易，均不纳税，当时俄商达200多户，伊犁经霍尔果斯与俄国之间架设电话线，开通了邮政业务，通商贸易扩展到新疆各城市。

俄国十月革命后，中苏(联)分别在伊宁和阿拉木图互设商务交涉机构，规定所有进出口货物走“尼堪卡”，成为当时新疆最为重要的对外贸易通道。20世纪30年代末，在霍城三道河子设立水运海关码头，形成水陆两个贸易通道。1949年，“尼堪卡”正式改称霍尔果斯口岸，时为中苏(联)贸易的西部最大口岸，1950~1962年，中苏(联)贸易进入兴盛时期，1956年进口商品达到7.8万吨，新疆通过该口岸进口的农业生产机具，约占当时进口总额的90%，这些进口物资对伊犁和新疆的农牧业起了极大的促进作用。1962年前，双方进出口物资主要经由伊犁转运，1962年后，霍尔果斯口岸除保持通邮外，停止了进口、出口贸易。经国务院批准，1983年11月16日，霍尔果斯口岸恢复开放，1986年开展了同哈萨克斯坦的地方贸易和边境贸易，1989~1991年，地、边贸金额3.09亿瑞士法郎。1992年5月，由国务院批准建立霍尔果斯边民互市贸易市场，投资3 000多万元，建立7个分市场、1 500个摊位，可容纳中外客商7 000~8 000人进行交易活动。1995年，完成进出口货物60万吨，交易额3亿美元，进出境客商40万人次，随着外贸事业的拓展，霍尔果斯已逐渐建设成为一个独具特色的边境城镇，设有口岸管理委员会“一关”、“四检”、工商、税务、银行、邮电、学校、电视台一应俱全，一片片办公楼房、货场、库房、商店、宾馆拔地而起，办理公务、出入境探亲或旅游观光的中外人士往来频繁。

【巴克图口岸】

是我国西北边疆的公路口岸，为国家批准对外开放的一类口岸，也是新疆重点建设口岸之一。1992年8月，中哈两国政府同意该口岸向第三国开放，具有国际联运地位。位于塔城地区兵团九师163团场境内，距塔城市17千米，距乌鲁木齐660千米，距哈萨克斯坦阿亚古斯车站283千米。这里地处平原，气候适宜，全年都可通行。巴克图口岸是新疆距城市最近的口岸之一，也是历史上北疆重要的边境贸易口岸。已有两百多年通商历史。俄国十月革命胜利后，先后三次与我国政府签订协议，发展该口岸进出口贸易。中华人民共和国成立后，于1950年成立了新疆贸易公司塔城分公司，1953年建立新疆进出口公司塔城办事处，1954年设立商品检验处，1959年成立塔城地区外贸局。从1950～1962年对原苏联出口总额12 531万卢布，主要商品有牛、羊、毛、皮和小麦等，进口商品有马拉农具、奶油分离器、扇镰、石油、新闻纸、食糖等。1962年停止过货，但仍通邮。

巴克图口岸设有边防检查站和海关。1984年，地区组建了边境建设领导小组，在规划的基础上，对塔城至口岸的公路进行了改造，架设了高压线路、修建了宾馆，随着中哈两国边贸的开通，自1990年10月起，塔城地区同哈萨克斯坦塞米巴拉金斯克州开办边贸临时业务，到1991年底，塔城地区经过该口岸的进出口商品额已近100万瑞士法郎，进口商品主要有呢大衣、铜盆、吸尘器、奶油桶、搪瓷锅等，出口商品主要有收录机、化妆品、服装、毛巾、饮料等。1991年下半年起，新疆地方贸易开始临时经过巴克图口岸向哈出口活畜、食糖和粮食。2001年,兵团经该口岸进出货物总量达1万吨,与此同时，经过该口岸出入境互访的人数也日益增多。

【吉木乃口岸】

1994年3月，国务院批准吉木乃口岸为国家一类口岸，并同意对外开放。2000年3月，正式向第三国开放。是我国西北边疆的公路口岸之一。地处阿尔泰山南麓，平均海拔770米，位于阿勒泰地区吉木乃县西北的兵团农十师186团团部，距吉木乃县城24千米，距乌鲁木齐883千米，距哈萨克斯坦斋桑68千米。这里地势平坦，气候适宜，可常年通行。对方口岸为迈哈布奇盖。

吉木乃是清末民初开通的口岸，已有上百年的历史，20世纪40年代就建立了阿山发展公司，出口畜产品、矿产品、进口面粉、糖、茶、布、日用品等。1949年以后，中苏(联)两国政府协定贸易货物，有一部分是从吉木乃口岸进出口的，国家“一五”计划初期，该口岸进出口总额达18 933万卢布，出口总额为新疆对原苏联出口4个口岸的第一位。为适应新疆对外开放的需要，1991年两国政府签订协议，批准吉木乃口岸开通临时过货，当年出口活畜4.6万余只。1992年7月，中哈两国政府签署协定，同意开放吉木乃口岸，1992年该口岸进出口货物达1.42万吨，进出口贸易额为5 729.21万瑞士法郎，出入境旅客3 048人次。1999年过货量12万吨，2000年过货量10万吨。从1950年开始，吉木乃口岸就继续开始建设适应进出口货物需要的设施和机构，并设有专门机构负责进出口货物的交接，近年来又维修和修建了一批口岸设施，186团在口岸建有海关监管货场1.2万平方米。口岸附近的186团有一定规模的种植业和畜禽养殖业，可供应口岸工作人员的生活用品。在乌勒昆乌拉斯河上游建有库容为450万立方米的水库，可保证口岸的建设和生活用水，水源充足。有进出境的交通主干道和口岸相连。

【吐尔尕特口岸】

我国对吉尔吉斯斯坦共和国惟一开放的口岸，是继红其拉甫、霍尔果斯对外开放以后，新疆第三个向邻国开放的公路口岸，也是通往中亚、南亚、西亚和欧洲各国的重要门户。地处兵团农三师托云牧场境内，口岸设在山谷的一片平地中，距喀什市165千米，距阿图什170千米，距乌鲁木齐市1 630千米，距吉尔吉斯斯坦共和国首都比什凯克540千米。海拔3 795米，四季严寒，气候多变，年平均气温-3.6℃，口岸全年都可通行。

早在汉代，吐尔尕特就是丝绸之路上的一个重要驿站。中俄口岸通商始于1881年，至今已有百余年历史。新中国成立后，根据中苏(联)两国政府签订的贸易协定和换货合同，于1950年初正式办理进出口过货。1952年2月，中苏（联）两国通邮换件也由伊尔克什坦山口改为吐尔尕特山口。1953年，喀什到吐尔尕特口岸的公路通车。1958年5月开展了中苏(联)两国的边境贸易，当时，曾由此口岸进口原苏联石油及罗马尼亚、意大利、比利时等国的化肥，出口中国的矿产品、纺织品、土产品、畜产品等。1960年进口商品曾达5万吨，出口商品额8110万卢布。1962年后，口岸对原苏联的货物交换工作中断，直到1983年恢复过货。1990年进出口货物总量突破10万吨，进口的物资主要有钢材、化肥、水泥和玻璃，出口的主要有服装、针织品、棉布和毛毯等。

口岸于1950年初期建起办事机构，1983年后陆续扩建，现已拥有1.8万平方米的货场、3 100平方米的货仓、6 000平方米的货台和相应的装卸机械设备，年进出口货物吞吐能力达15万吨。设有口岸管理委员会、边防检查站、海关、商检站、卫生检查站和公安派出所。口岸小镇也新建了商店、饭馆、邮电局、银行、旅店、电视台、卫星电视接收站、医疗站、对外俱乐部等配套设施。口岸城镇人口1 000人左右。

【红其拉甫口岸】

是国家批准的对外开放一类口岸，也是中国同巴基斯坦边境贸易的惟一口岸。位于塔什库尔干塔吉克自治县境内，口岸所在地皮拉力位于海拔4 200米的喀喇昆仑山上，距塔什库尔干县城92千米，距喀什294千米，距乌鲁木齐市1 800千米，同巴基斯坦北部地区相毗邻、距巴基斯坦北部地区重镇吉尔吉特市386千米。口岸所在地地形平坦、宽敞，联检及其他基础设施用房建在中巴公路旁，交通方便。这里高寒缺氧，气候恶劣，终年风雪不断。但其地理位置十分重要，早在2000多年前，就是古“丝绸之路”上的一个驿站。我国古代人民通过这里与西南亚及欧洲国家进行文化、经济交流，当年，马可·波罗就是从这里进入中国内地的。1978年，我国人民将帕米尔高原上这条崎岖小路开筑成宽阔平坦的中巴友谊公路。

随着对外开放形势的发展，经中巴两国政府正式签订议定书，从1983年5月1日起红其拉甫口岸对中巴两国公民开放，1986年5月1日，该口岸又正式对第三国开放。从而为发展中国与巴基斯坦、西亚、南亚各国的经济、文化交流创造了有利条件。新疆依托这一口岸的优势，初步形成了国有和民间两条贸易渠道。新疆外贸企业与巴基斯坦、沙特阿拉伯、阿拉伯联合酋长国等西亚国家建立了贸易关系，年贸易额已完成1 000万美元，出口商品有锅炉、彩电、水泥、煤、瓷器、灯泡、自行车和土豆、蜂蜜、甜瓜等168种；进口有干果、纺织品、工艺品等73种。贸易形式也由过去单一易货贸易发展到以信用证、外币现钞、出口贸易收汇等方式结算。贸易额历年均有明显增长。

红其拉甫口岸的开放，打开了国家西部的大门，促进了新疆经济的发展，特别是对第三国开放以来，每年有各国的数万名旅客通过口岸。为了保证中外旅客的顺利通过，口岸设置了管理机构和检查检疫机构，如口岸管委会、边防检查站、海关、卫生防疫站、动植物检疫站、边境会晤站、国际邮件交换站、客运站、货币兑换点等。同时，考虑气候影响，经中巴两国政府商定：红其拉甫口岸每年5月1日至10月30日对旅游团组开放，每年5月1日至11月30日对零散旅游者开放，其余时间除中巴双方邮政人员及特许人员通行外，口岸一律关闭。

【红山嘴口岸】

是我国新疆对蒙古国双边季节性开放的公路口岸，地处阿勒泰地区福海县最北端的红山嘴，西南距兵团十师云母二矿矿部80千米，距阿勒泰市143千米，距北屯203千米，与蒙古国巴颜乌列盖的萨格塞接壤，距萨格塞县城160千米，距乌列盖市180千米，口岸属大陆性北温带干旱气候，冬季漫长而寒冷，春秋短暂而凉爽，四季变化不明显，几乎没有夏季，平均气温为－2℃～－3℃，最低气温可达－40℃，年降雪厚度为1.5～2米。

红山嘴口岸历史上就是中蒙贸易通道，20世纪60年代中期后曾关闭多年。80年代恢复通关，允许中蒙双方人员、边贸物资和交通运输工具通过口岸出入国境。1991年6月24日，中蒙两国政府签订协议，正式开放红山嘴口岸，口岸开放时间为：每年7～9月的1～15日，11：00～18：00（北京—乌拉巴托时间）。1992年9月20日，红山嘴口岸开始过货过人。该口岸为双边季节性口岸，允许中蒙两国人员、货物和交通工具通行。居住在两国边境范围内的公民，可持边境通行证出入境。

红山嘴口岸有简易公路通往蒙古国。从红山嘴边防站至苛鲁木特河大桥约30千米，每年只有6～10月可通行；从苛鲁木特大桥至阿勒泰市一年四季均可通行。目前只能通行各种轻型车辆。与红山嘴口岸对应的是蒙古国大洋口岸，该口岸距红山嘴口岸40千米，口岸建有200平方米的联检设施。

【塔克什肯口岸】

是新疆对蒙古国开放的陆路口岸，位于阿勒泰地区青河县东陲的查干郭勒乡，距青河县城90千米，距阿勒泰市370千米，距乌鲁木齐市518千米，东与蒙古国科布多省布尔干县相连，距蒙古国布尔干口岸25千米，距布尔干县城65千米，距科布多省省会约265千米。塔克什肯口岸地处阿尔泰山东南麓，平均海拔1 180米，年平均气温为0℃，属大陆性北温带干旱气候。兵团农十师青河农场在口岸西北部。

塔克什肯口岸是中蒙贸易通道。新中国成立后，中蒙贸易有所发展，20世纪60年代初双方贸易中断。1989年7月20日，中蒙双方同时宣布开放塔克什肯与布尔干之间的边境贸易。

塔克什肯口岸为双边季节性开放口岸，允许中蒙两国人员、货物和交通运输工具通行。居住在两国边境地区以内的公民，可以凭边境通行证出入境。每年开关时间为4～12月的20～30日。口岸现设有管理委员会，边防检查站、海关及其他查验机构。建成联合办公、食宿、接待综合楼2 200平方米，联检厅260平方米，仓库350平方米，货场5 000多平方米以及地磅房、锅炉房、发电机房、车库等配套设施，添置了装卸设备，修筑了45千米口岸公路，口岸有生活服务设施，除满足自身需要外，每日尚可接待旅客百余人。货场仓储能力1 500吨，日过货能力200吨。

经国家批准，1989年起阿勒泰地区对外贸易公司、兵团农十师外贸公司等先后享有对蒙古边境贸易的经营权。兵团农十师外贸公司在口岸设塔克什肯分公司，建有4 000平方米仓储设施，农十师青河农场塔克什肯农垦边贸公司设有办事处。20多年来，中蒙双方积极扩展进出口贸易，互派贸易代表团洽谈业务，进出口贸易额和双方出入境人员逐年增加。近年来，我方出口商品主要有机械设备、吉普车、小型磨面机、服装、面粉、肥皂、蜡烛、计算器、保温瓶、钢卷尺、哈达等，进口商品主要有皮革、鹿角、地毯、化肥、废铁、山羊绒、羊毛等。

【乌拉斯台口岸】

为新疆东北部对蒙古国的陆路季节性口岸，位于昌吉回族自治州奇台县境内，口岸距奇台县城242千米，距昌吉市400千米，距相对的蒙古国北塔格口岸13千米，距布尔干县城113千米，距科布多省首府科布多市300千米。口岸所在地为温带大陆性气候，极端最高温度33℃，极端最低温度－38℃，年降水量165毫米，无霜期短，年平均120天。兵团农六师北塔山牧场与口岸毗邻。

乌拉斯台口岸是中蒙贸易通道。早年，奇台、木垒等县边民用烟、酒、茶、糖、小麦、皮革、绸缎、陶器等换取蒙古的马匹等活畜。据文献记载，每年运到科布多、乌里雅苏台等地的奇台白酒就达2万千克，麦面约24万千克，口岸有公路相通，地势平坦，一年四季均可通行。

乌拉斯台为双边季节性开放口岸，允许中蒙双方人员、货物和交通工具出入境，居住在两国边境地区范围以内的公民，可凭边境通行证出入境。每年开关时间为3、6、8、11月的1~15日。

口岸地势平坦，以公路汽车运输为主，一年四季都可通行。并设有管理委员会，边防检查站、海关、商检等机构。1994年，建成联检、办公、服务、接待、仓储和生活用房10万平方米。

昌吉回族自治州和兵团农六师的轻纺工业、食品工业和制糖工业均较发达，农牧副产品丰富，而毗邻的蒙古国戈壁阿尔泰省和科布多省畜牧业比较发达，轻纺等工业滞后，轻工业产品和农副产品缺乏，双方商品互补性较强。1991年6月24日，中蒙两国达成协议，开放乌拉斯台口岸。近年来，双方边贸逐年有所发展，我方从蒙古国进口的商品主要有化肥、地毯、呢大衣、皮革、羊毛、山羊绒、鹿角和废铁等，我方出口的商品主要有拖拉机、五金、水泥、缝纫机、保温瓶、台秤、皮尺、肥皂、日用百货、纺织品、茶、糖等19种商品。

1994年，通过乌拉斯台口岸出入境人员达2 582人次，车辆940车次，总吨位3 000吨，进出口贸易总额817.07万元。到2001年底，乌拉斯台口岸出入境人员达5万人次，车辆1万车次。

【老爷庙口岸】

是我国新疆东北部对蒙古国的公路口岸。位于哈密地区巴里坤哈萨克自治县境内，对面为蒙古国阿尔泰省阿尔泰县。口岸距巴里坤县城100千米，距哈密市220千米，距边境线1千米，距蒙古国阿尔泰县城100千米。兵团十三师淖毛湖农场和红星二牧场与口岸毗邻。口岸所在地南高北低，为丘陵地带，属极端大陆性气候，夏季炎热、冬季寒冷、降水量稀少，干燥多风。

老爷庙口岸历史上就是古代商人的驿站，是中蒙两国之间的通商要道。1991年6月24日，中蒙两国政府签订协议，开放老爷庙——布尔嘎斯台口岸。老爷庙口岸是双边季节性口岸，允许中蒙双方人员、货物和交通工具通行，居住在边境地区范围以内的两国公民，可凭边境通行证出入境。每年开关时间为3、6、8、11月的15~30日。

老爷庙口岸自1991年11月开通以来，中蒙双方边境贸易发展很快，哈密地区外贸公司、兵团农十三师边贸公司与蒙古国的戈壁阿尔泰省、扎布汉省、乌布苏省和科布多省都有边贸往来和经济技术合作。

1992年以后，农十三师边贸公司组团3次访问蒙古人民共和国，双方进出口总额逐年增加，1998年该师边贸公司与蒙古国的进出口总额已达2349.3万元（人民币）。

1992年以来，老爷庙口岸动工兴建了一些基础设施，已完成生活、办公、服务、联检等设施1 600多平方米，可基本满足当地边贸的需要。

【阿黑土别克口岸】

位于阿勒泰地区哈巴河县西部、兵团农十师185团规划区内，对面为哈萨克斯坦共和国东哈萨克斯坦州玛尔哈库里县，哈方的阿连谢夫卡口岸与阿黑土别克口岸隔河相望。

阿黑土别克地处阿拉克别克界河谷地带，属亚寒带气候，年平均气温4℃，1月平均气温为-17.4℃，7月平均气温为22.3℃，年平均降水量180.7毫米，全年无霜期110天左右，土地肥沃，水源充足，可种植小麦、玉米、葵花、油菜、蔬菜及果树等。

1992年8月，中哈两国政府签订协议，同意开放阿黑土别克口岸。该口岸距哈巴河县城117千米，距阿勒泰市284千米，距乌鲁木齐市829千米。距哈萨克斯坦共和国东哈萨克斯坦州首府季卡缅哥尔斯克市约360千米。设有边防站、人民银行、邮电营业所、车队等单位。

哈巴河县城至口岸有一条四级沙砾公路相通，全长117千米，除冬季有时因大雪封路外，全年可通行各种机动车辆。

口岸两侧的中哈双方，在产业、产品结构方面，具有多方面的互补性。哈方需要农牧副产品、羊皮、活畜、肉食、轻工业产品等，中方需要的钢材、木材、化肥、大型机械等均可通过换货取得。边境两侧的主体民族均为哈萨克族，在历史、文化、习俗方面均较相近，具有交流合作的有利条件，可组织旅游及旅游购物等活动。近几年，口岸年均过货量已达2万吨，出入境旅客1万人次。口岸基础设施建设本着统一规划、分步实施、急用先建、逐步完善的原则，已建成联检设施600平方米，办公及生活设施4500平方米，货场4360平方米，设有9个驻口岸机构。

【都拉塔口岸】

曾称头湖口岸。1992年3月，国务院批准该口岸为国家一类开放口岸，位于新疆伊犁地区察布查尔锡伯自治县境内、兵团农四师67团辖区，距察布查尔县城58千米，距伊宁市72千米。对面为哈萨克斯坦共和国阿拉木图州琼扎区，距离约250千米。

都拉塔口岸地处天山西端北麓，伊犁河南岸，海拔750米，地形平均坡度2‰，地势平坦。口岸属大陆性北温带干旱气候，光照充足，四季分明，年降水量200~350毫米，年平均气温7.9℃~9.2℃，无霜期158天。

都拉塔口岸，历史上是中苏(联)、中哈两国人民从事边贸和边民互市贸易的重要口岸，是伊宁市及伊犁地区货物进出、人员往来的重要通道之一。口岸将逐步建成以货物中转、边境贸易、地方贸易为主的综合发展的多功能外向型经济区。口岸近期人口为0.3万人，远期人口控制在0.7万人。规划用地规模1.5平方千米。1995年过货能力达30万吨，出入境旅客15万人次。预计2005年过货能力100万吨，出入境旅客50万人次。

【木扎尔特口岸】

曾称坡马口岸。1994年3月我国政府批准该口岸为国家一类开放口岸。位于伊犁地区昭苏县西南 109 千米处，距兵团四师 74 团团部 9 千米，对面为哈萨克斯坦共和国阿拉木图州纳林果勒区。对应口岸为纳林果勒口岸，两口岸间距约 4 千米，距阿拉木图 339 千米。有全天候硬路面车道，是通往中国新疆昭苏的主要公路。

口岸地处天山北麓，特克斯河上游，海拔 1 806 米，属大陆性气候，年平均气温 2.9℃，年降水量 512 毫米，地表水资源丰富。

木扎尔特口岸在 1953 年以前曾作为中苏(联)两国临时过货点，一度是边民易货贸易进出口货物的集散地。由于历史的原因，关闭了 30 年后，中哈两国政府于 1992 年 8 月签订协议，同意开放该口岸。

木扎尔特口岸距第三国吉尔吉斯斯坦共和国直线距离仅 90 千米，是中国向吉尔吉斯斯坦共和国开放的最近口岸之一。

根据木扎尔特的总体规划，口岸为货物进出境和人员出入境的重要通道之一。发展方向是建立以货物中转为主，以边境贸易、地方贸易为重点的综合发展的多功能外向型经济区。1995 年货物通过量 5 万吨，出入境人员 3 万人次，预计 2005 年货物通过量 10 万吨，出入境人员 5 万人次。

四、重要资源开发基地

【兵团肉用羊生产基地】

遍于南北疆各地的兵团垦区，拥有241万公顷天然草场和3.4万公顷人工草场，每年播种百万亩以上的玉米。这些都为发展畜牧业提供了良好条件。在发展社会主义市场经济中，兵团不断调整大农业内部产业结构，近年来畜牧业特别是养羊业得到长足发展。“七五”期末，已初步建成“兵团20万只商品肉羊基地”。到“九五”期末，兵团商品肉羊基地的总规模已突破30万只。2000年，兵团肉用羊存栏头数32.11万只，主要的有多浪羊23.63万只，阿勒泰大尾羊和肉毛兼用羊8.11万只。兵团肉用羊基地主要分布于南疆的农一、二、三师和北疆的农十师。

多浪羊是南疆优良的肉用羊品种。具有个体大、生长快、成熟早、繁育率高、双羔率高、抗寒、抗病、遗传性稳定、耐粗饲、生产成本低、育肥速度快、肉质鲜美等特点，已成为兵团南疆垦区发展肉用羊的主要品种。在北疆主要发展阿勒泰大尾羊和肉毛兼用羊，也有较好的经济效益。

【兵团番茄生产基地】

兵团番茄酱的生产和外销，兴起于20世纪80年代。随着改革开放的深化和农业产业结构的调整，兵团农业红色系列（酱用番茄、胡萝卜、红花、枸杞、线辣椒等）产品日益发展，“九五”期间，已初步建成番茄生产基地。

新疆气候条件属典型大陆性气候，光热资源充沛，昼夜温差大，全年太阳总辐射量520~660千焦/厘米^2，全年日照时数2 200~3 400小时，是我国日照最丰富的地区之一，年平均气温3.4℃~10℃，全年高于10℃的积温3 000℃~5 372℃，无霜期130~200天，这些条件非常适宜番茄生产。近年来，表现较好的番茄品种“里格尔87-5”和“石红3号”的红色素含量高达50%以上，可溶固形物含量达5%以上，抗病能力强，品质优良。

兵团番茄生产基地主要分布于焉耆、五家渠、奎屯、石河子、乌鲁木齐等垦区。2000年，番茄播种面积1.71万公顷，番茄总产量82.62万吨，公顷单产4910千克。栽培管理技术不断提高，农六师军户农场，2000年首次采用机械膜下条播，机械采收，运用早、中、晚分期栽培技术获得成功，2 859公顷番茄，公顷单产5 650千克，总产161 567吨。兵团拟在“十五”期间采取合资、合作、补偿贸易形式在农二、六、七、八师建成3.3万公顷年产番茄250万吨的番茄原料基地。

【兵团甘草生产基地】

甘草是我国传统的野生药材，用途广泛，既能调和诸药，又能补气、泻火、解毒，强筋健骨，主治脾胃虚弱、咳嗽痰多、咽痛、小儿胎毒等多种病症，是中草药中用途最大的一味草药。

新疆甘草资源丰富，是我国传统的甘草主产区。南北疆均分布有大量的天然甘草资源，尤以南疆塔里木盆地和焉耆盆地分布最广。20世纪60年代以来，野生甘草采集量逐年加大，尤其是70年代以来，甘草膏在国内外市场走俏，经济效益可观，甘草的采集量越来越大。但天然资源毕竟有限，为保护野生甘草资源，农一、二、三师先后开始人工栽培甘草。主要品种有帐果甘草、光果甘草和黄甘草等，主要分布在塔里木河两岸各团场、焉耆盆地各团场和巴楚垦区部分团场。这些地方由于气候环境和独特的资源优势，给甘草的生长带来天然的滋补养分，其根和根状所含甘草酸、甘草次酸、甘草内脂及黄酮类和化合物等有效成分含量高于其他地区。

在人工栽培甘草的同时，境内天然甘草产区被列为自然保护区，20世纪80年代后期，认真总结了几年栽培实践，解决了人工栽培甘草的技术和管理，经荚果脱壳、种子处理、洗净、晒干、分级精选、包装、储藏，于每年3~4月间播种，其结果一年生甘草亩产量70千克，二年生甘草亩产量可达370千克。

2000年末，农一、二、三师甘草人工栽培面积共2.67千公顷，年产甘草1 028吨，甘草膏420吨，此外三个师共有野生甘草面积约2万余公顷。

【兵团优质细毛羊生产基地】

兵团具有广阔的土地资源和草场资源，具备大力发展畜牧业的良好条件。优质细毛羊的养殖是兵团畜牧业发展的重点，兵团曾参加国家联合攻关课题，培育具有国际先进水平的细毛羊新品种的工作。通过30多年的艰辛努力，先后育成军垦细毛羊、中国美利奴（新疆军垦型）A品系、B品系、强毛品系、多胎品系、细毛品系和超细毛品系，有力地促进了兵团养羊业的发展。

兵团现有细毛羊种羊场11个，其中：石河子紫泥泉种羊场是国家级原种场、兵团细毛羊的中心育种场。兵团细毛羊养殖区主要分布在农二师、农四师、农五师、农七师、农八师、农九师、农十师、农十三师和农十二师。2000年年末，细毛羊存栏头数为175万只，羊毛细度以64支以上为主，平均净毛率为45%~50%，兵团各垦区育种推广、科技服务体系健全，有畜牧兽医技术人员0.3万人，职工养羊经验丰富，庭院养畜积极性高，发展优质细毛羊条件好。

目前，兵团正在创造条件，实施优质细毛羊良种发展项目，项目覆盖九个师，力争到2003年细毛羊达到200万只，细毛产量10 200吨，其中优质细毛5 100吨，占总产量的50%，羊毛单产由4.3千克/只，提高到5.1千克/只，平均净毛率由45%~50%提高到50%~55%。

【兵团北极狐养殖基地】

农十师190团水资源丰富，气候适宜，是发展特种养殖业的极佳地点，现已成为兵团养狐基地，北靠我国十大内陆淡水湖之一的布伦托海，湖水面积860平方千米，渔类资源丰富，为北极狐的饲养提供了良好条件。基地交通便利，四通八达，距北屯市22千米、阿勒泰市82千米、克拉玛依市386千米，距318省道仅100米，是通往闻名遐迩的喀纳斯湖和国家一级口岸吉木乃口岸的必经之路。

190团新疆北极种狐总场，为养狐、养貂、产、供、销一体化的国有企业。经过十多年的努力，现已形成总资产1 000多万元、占地面积120余亩，饲养种狐500余只、貂300余只、年产销狐皮20 000多张、貂皮9 000张的规模，下设5个分场，是西北五省区最大的种狐基地，在全国享有一定的声誉。基地在发展养狐业中，始终重视科技投入，取得可喜成果，1999年荣获“星火计划北极狐综合饲养科技进步二等奖”，2000年，荣获中国畜产品流通协会皮张专业委员会和皮毛信息中心授予的“全国特种毛皮动物养殖业皮张示范场”的资格并颁发了资格证书。

1995年，190团北极种狐总场被列入兵团“101031”工程和“科技项目扶贫星火计划”。几年来一直得到中国科学院特产研究所的支持，曾多次派出专家亲临指导和面授养殖技术。为改良品种，近年又引进纯芬兰种狐，经过几年探索，已制定了一套科学规范的人工授精程序和操作规程，建立了完备的饲养管理、良种繁育和防病治病体系。总场计划在“十五”期间，将种狐发展到7 000~10 000只，年产狐皮30 000~50 000张，种貂达到7 000只，年产貂皮30 000张。

【兵团马鹿生产基地】

农二师是全国最大的马鹿驯养基地。养鹿业主要分布在塔里木垦区，这里具有典型的荒漠大陆性气候特征，拥有天然胡杨林2 000公顷，草地资源中有山区草场17.13万公顷。

农二师的养鹿业已有40余年历史，现已建成规模不等的集约化养鹿场26个，2001年末马鹿存栏2.1万头，其中适龄繁育母鹿7 600头，多年来鹿平均繁育率70%以上。年产鹿茸18 495千克。近年来，农二师新鹿公司开发生产的产品主要有：鹿茸切片、宫廷鹿血酒、鹿血精口服液、鹿胎八珍晶冲剂等。“十五”期间，兵团马鹿产品深加工的开发已经步入健康发展的轨道，马鹿冻干系列高科技产品即将投入生产。马鹿养殖的产业化发展前景广阔。

马鹿养殖业已成为农二师重要经济支柱之一。拟用5~8年时间，把马鹿发展到5万头，年产鹿茸50吨，每年可增获利润2 370万元以上。

【兵团肉牛生产基地】

“九五”期间，兵团养牛业生产实现较快发展，基本形成以北疆农牧团场为主的肉牛生产基地。2000年末，兵团牛的存栏头数为19.53万头，其中天山北坡经济带的农六、七、八、十二师牛的存栏头数为5.41万头，北疆边境经济带的农四、九、十师牛的存栏头数6.53万头。

兵团肉牛生产基地发展较快的片区有：

农四师肉牛基地：农四师所在地昭苏草原、巩乃斯草原和尼勒克草原，都是新疆的优质草原，2000年末牛的存栏头数为3.52万头。

额敏肉牛基地：兵团农九师位于北疆塔额盆地，气候适宜、土地肥沃，水草丰富，现有天然草场24万公顷，是兵团“夏洛来”肉牛的主产区。2000年末牛的存栏头数1.99万头。

五家渠肉牛基地：垦区内的奇台农场现有播种面积11 333公顷，年产玉米1.5万吨，高蛋白鲁梅克斯草8 000公顷，作物秸秆6～7万吨，饲草料资源丰富，已引进西门塔尔牛、夏洛来等优良肉牛品种，2000年末牛的存栏头数1.26万头。

农一师肉牛基地：该师引进繁育的西门塔尔牛，以产肉、产奶性能好而闻名，每头适龄母牛年产奶量4 000～5 000升，乳脂率3.9%，屠宰率55%～60%，瘦肉多、脂肪少、肉质好，深得消费者欢迎。2000年末，农一师饲养西门塔尔牛3 000头。

兵团肉牛发展规划，到2005年，年末存栏22.9万头，能繁母畜10.9万头，出栏肉牛4.6万头。

【兵团油料生产基地】

根据我国食用植物油市场供求状况，兵团于“八五”和“九五”期间，选择北疆天山山前平原区、西北部平原区的农四、六、九、十师所属49个团场，开发建设成为兵团油料生产基地，“八五”、“九五”期间每年油料播种面积和总产量均占全兵团80%左右。

基地团场的气候自然条件都比较适宜油料的生长，年降水量127.6～512.1毫米，年均气温4.7℃～8.1℃，无霜期145～189天，年日照时数2 693.5～3 075.7小时。项目区总人口59.99万人，其中农业劳动力15.39万人，人口素质较高。有科研机构37个，农业专业技术人员2 287人。

多年来，基地团场主要油料作物是油葵和油菜，比例约为40:60。油菜主要品种为“新油2号”、“新油4号”、“伊犁黄”、“杂油791”、“斯客隆”；油葵主要品种为“新葵杂2号”、“新葵杂4号”、美国的“G101”。

基地油料播种面积，每年约为7～8万公顷，1999年播种面积高达10.16万公顷；油料总产每年约为10万吨，1999年油料总产高达17.82万吨；油料公顷单产约为1 500千克左右，2000年公顷单产高达1 787千克。

【兵团枸杞生产基地】

枸杞是一种名贵中药，含有丰富的维生素和多种氨基酸，除具有极高的医用价值外，还具有滋肝补肾、润肺明目、生津安神和抗癌等保健功能。枸杞为多年生灌木，生长年限可长达50年，在有条件灌溉的盐碱和沙荒地都可种植，不与粮棉争地，经济效益可观。

兵团枸杞生产基地主要分布在农五师、农四师、农二师、农七师、农六师、农八师、农九师、农十二师（按实有面积排序），其中尤以农五师83团的枸杞量多质优而闻名疆内外，是新疆和兵团枸杞的主产区。该团从1966年种植枸杞，迄今已30多年，积累了丰富的种植经验。2000年，全兵团种植面积680公顷，总产634吨，其中农五师83团种植面积达320公顷，总产431吨，种植面积和总产分别占兵团的47.1%和68%。

【兵团膨润土开发基地】

膨润土是一种被广泛应用在铸造、冶金、钻井、石化、建筑、机械、食品、陶瓷、纺织、印染、医药、农业、造纸、化妆品、饲料、环保和纳米塑料等方面的添加材料。

兵团184团拥有丰富的膨润土资源，已探明的C+D级膨润土储量达4亿吨，远景储量50亿吨，是目前世界上已知的最大膨润土储量矿。其中乌兰陵矿目前已探明C+D级膨润土储量为2.32亿吨，是目前全国最大的天然钠基膨润土矿，是膨润土矿中的上品。

184团于1986年始建膨润土厂，1988年建成投产，主要生产钻井泥浆和活性白土，1994年技改扩建，已形成年采矿能力10万吨，生产钻井泥浆土3万吨，活性白土2万吨，铸造土、添加剂、降阻剂2 000吨的生产能力，现已改制成“新疆膨润土有限责任公司”。公司依托资源优势进行膨润土系列产品的开发、加工、检测、销售。2000年实现产值1 998.6万元，利税397.3万元。该公司现被推选为中国膨润土行业协会理事长单位。

【兵团6.67万公顷水果生产基地】

新疆具有独特的气候条件和果品品种资源，多年来，兵团在全面实施“三北”防护林体系建设工程、植树造林、建立完善的农田防护林体系，在保护绿洲、改善生态环境的同时，为提高垦区的经济效益，因地制宜积极发展经济林，逐步建起大面积果品生产基地。6.67万公顷名优特色果品基地建设（3.33万公顷香梨、2万公顷葡萄、1.34万公顷干果）取得突破性进展。2000年完成建园8 867公顷，其中新植名优特果园面积6 000公顷，占当年新植果园总面积的67%。年末果园总面积36 948公顷，其中苹果10 241公顷、梨12 614公顷、葡萄9 434公顷、红枣1 745公顷、桃、杏2 229公顷；结果面积19 333公顷，果品总产28.45万吨，平均公顷单产14.72吨；果园总面积和果品总产再创兵团历史新水平。

科技兴农、科技兴林。兵团在建设6.67万公顷水果基地中，重视新技术的推广应用，重点推广了五大主体技术：标准化果园技术、生物防治技术、节水灌溉技术、脱毒快繁技术、新品种推广技术。

【兵团建成国家级优质棉基地】

新疆丰富的自然资源和灌溉农业，是发展棉花产业的独特优势。20世纪90年代初，兵团在对自然资源、农业生产、管理、技术水平和棉花市场进行充分分析、论证的基础上，提出建设《兵团40万吨优质商品棉基地建设项目》，把棉产业作为支柱产业进行培育。在国家开发银行的大力支持下，项目进展顺利，棉花生产管理水平有了很大提高，与之相配套的水利等基础设施得到较大改善，同时，兵团棉花的优良品质和信誉在全国棉纺业逐步得到认同。根据兵团棉花基地建设情况，国家对新疆发展棉花产业的优势进行了充分论证，批准建设《新疆棉花基地建设项目》，计划到2000年新疆棉花产量达到150万吨，兵团作为分项目在原有40万吨基础上提出建设《50万吨优质棉基地项目》。

“九五”期间，项目区累计改造中低产田13.6万公顷，收复弃耕地及开荒7.93万公顷，新、扩建水库8座，打机井2248眼，完成渠道防渗7 460千米，实现新增有效灌溉面积6.67万公顷，改善灌溉面积13.33万公顷；进行了以早熟、优质、高产、抗病（虫）为育种目标，引育结合，以自育为主的棉花良繁体系建设，建成棉花原（良）种繁育场5个，先后育成新陆早、新陆中、新海系列等多种适合新疆生态条件的品种，使兵团棉花原（良）种生产量由1995年的1 040万千克增加到8 025万千克，棉花良种统供率由85%提高到98%以上，为新疆棉改善品质，提高产量起到了积极的推动作用；加速了科技转化、推广和应用步伐，围绕改土培肥、精耕细作、模式栽培、节水农业、综合植保、耕作改制、科学施肥、持续农业、生物技术、地膜覆盖等十项主体技术，开发推广了一大批农业实用技术和高新技术，新建棉花病虫害测报站16个，土肥化验中心18个，使棉花生产科技含量大幅度提高，栽培技术更加完善，棉田病虫害防治水平居全国前列，有效地控制了棉铃虫、棉蚜虫、棉叶螨及棉花枯、黄萎病的蔓延危害，棉田病虫害有效防治面积达到33.33万公顷。

到2000年，棉花基地建设累计完成投资30.8亿元，建成了优质细绒棉生产基地及全国惟一优质长绒棉生产基地，棉花总产达到69.4万吨，占全疆的46.3%，占全国的16%，比1995年增加31.2万吨，增长81.7%；面积达到41.07万公顷，比1995年增加11.53万公顷，增长43.4%；平均亩产113千克，增加15千克，增长17.8%。

棉花产业已成为20世纪90年代兵团经济社会发展的主要推动力之一，成为兵团农场职工增收的主要来源，对稳定全国棉花市场和建设我国优质商品棉基地发挥了重要作用。

【农十三师园艺开发区】

位于新疆东部哈密地区境内，具有明显的果品生产和交通优势，兰新铁路、312国道和亚欧光缆横穿垦区，典型的温带大陆性气候使垦区日照时间长、昼夜温差大，光热资源十分丰富。农业灌溉以天山雪水为主、地下水为补充，空气清新，非常适宜水果生产，是开发纯天然绿色食品的理想场所。

2000年，园林面积9 674公顷，其中林业面积3 140公顷，园艺面积6 534顷，其中葡萄4 430公顷，年产各类水果5.15万吨，其中鲜葡萄4.87万吨，甜瓜680公顷，总产5 186吨，西瓜230公顷，总产6 878吨，园艺生产已成为农十三师的特色经济和支柱产业，品种以葡萄、红枣和哈密瓜为龙头，兼有苹果、梨、杏、李、核桃、山楂共4大类13个品种，既有地方特色品种，又有引进推广的名优品种。

调整品种结构，采用先进的涌泉灌等栽培技术，发展无公害绿色食品，实施品牌战略，严格产品质量和销售管理，生产的优质无核白葡萄“木卡姆”、“吐鲁番葡萄”等品牌已远销广州、上海、成都、武汉等地，并进入东南亚市场，在全国水果市场占有一定份额。1999年，在中国国际农业博览会评展中，“木卡姆”牌葡萄荣登榜首，2000年昆明绿色食品博览会上，又获畅销产品称号。同年，农十三师被国家林业局和中国经济林协会命名为首批“中国名特优经济林——葡萄之乡”。

近年来，先后实施了“667公顷综合园林生态示范区”、“6 667公顷葡萄基地建设”、“867公顷哈密大枣基地建设”、“667公顷哈密瓜基地建设”。“十五”末，葡萄面积将扩大到1万公顷，年总产达到12万吨以上，红枣扩大到2 000公顷，年产优质干枣1万吨，哈密瓜面积扩大到2 000公顷，年产达到4万吨，建成东疆最大的特色林果业生产基地。

五、国家级开发区

【石河子经济技术开发区】

是中国最西部的国家级开发区，也是中国惟一定位于面向亚欧大陆桥沿线各国的外向型国家开发区。设有惟一的“中国与中亚五国经贸合作论坛”，是中国西部惟一被联合国评为“人类居住环境改善最佳范例奖”所在城市的开发区，是中国“十五”重点科技开发和自治区、兵团优先发展的区域。1992年12月经自治区人民政府批准设立，1996年设立高新工业技术园区，2000年4月经国务院批准升格为国家经济技术开发区。

开发区位于新疆天山北坡经济带腹地、石河子市东部。规划面积为16.1平方千米，到2001年底累计完成土地开发面积5.3平方千米。完成固定资产投资22.48亿元，其中基础设施建设投资6.42亿元。注册外商投资企业9家，合同外资总额5 400万美元，实际使用外资金额1060万美元，内资工业企业100家，注册资本8亿元，投资总额22万元。

开发区注重基础设施建设，投资环境日臻完善。现已建成装机容量5万千瓦、年供热326万百万千焦的东热电厂和日供水能力7.2万立方米的自来水厂，配套建设了2×3.15万千伏·安的变电所。到2000年，共投资2.42亿元进行了“六通一平”基础设施建设，竣工道路48.41万平方米，铺设给水主干管16.7千米、排水主干管15.5千米，形成日排水15.6万立方米的能力，架设电力干线7千米，供热干管线7.3千米，铺设通讯光缆5.6千米，电话总装机容量2.5万门。一期开发5.3平方千米范围内的基础设施建设基本完成，已具备各类项目建设的配套条件。

“九五”期间，开发区坚持“以工业为主，以利用外资为主，以出口创汇为主，致力于高新技术”的原则，实现项目总投资10亿元，新增工业企业60家。其中仅2000年新建、扩建并投产的工业项目有：年产800吨棉籽分离蛋白项目、年产5 600万块粉煤灰蒸压砖项目、年产1万吨离子膜烧碱扩建、年产3万吨专用混配肥项目、5 000吨西域葡萄酒扩建、年处理棉籽2.4万吨榨油项目等。同时，总投资2.89亿元，日处理300吨鲜牛奶的龙元乳业项目也已开工。续建、新建的第三产业项目主要有：金龙建材市场、玫瑰园小区开发、新纪元餐饮广场、四川石油地震勘测公司基地等。社会公共事业得到加强，修建了医院、改造教学楼，并在现有企业全面实施社会保障制度。

2000年，实现国内生产总值3.02亿元，比“八五”末增加2.52亿元，同比增长5.98倍，年均递增47.51%，实现税利4 234万元，比“八五”末增加3242万元，增长3.27倍，年均递增33.66%；完成固定资产投资6.27亿元，比“八五”末增加5.04亿元，增长4.11倍，年均递增38.59%。

石河子市及农八师是经济技术开发区实现跨越发展的直接依托。“十五”期间，开发区将紧紧围绕以经济建设为中心，进一步加强基础设施建设，建立便捷、高效、廉洁、公正的管理机构，建设兵团实施农业产业化的基地，引资引智和扩大出口的工业基地、高新技术的创业基地和人才、资金流和物资流的集散基地，重点发展以乳制品、葡萄酒、番茄制品、果蔬饮料为代表的绿色食品工业；以优质高档棉纺服装为代表的纺织工业；以节水灌溉器材、节水剂、采棉机械为代表的现代农业装备工业以及为大农业服务的其他工业，以精细化工、生物化工为代表的化学工业，以应用高科技成果为主的信息、生物工程工业。

开发区管委会作为农八师、石河子市人民政府的派出机构，担负着开发区范围内的行政管理、经济发展、社会进步和精神文明建设的各项任务，根据“小政府、大服务”和“精简、统一、效能”的原则，下设精干办事机构。

V　发展计划信息

一、新疆生产建设兵团发展目标

【西部大开发战略目标】

兵团开发规划期为50年，分三个阶段。第一阶段2001～2010年是实施西部大开发战略的关键时期，要有重点、有步骤地推进。营造宽松的发展环境，力争基础设施和生态环境建设取得突破性发展。建立良性开发机制，加快资源优势向经济优势转化。提高自我发展能力，初步形成特色经济、精准农业、创汇农业。与东部地区经济社会发展差距扩大的趋势初步得到控制，使兵团开发有一个良好的开局。主要目标是：

1. 到2005年国内生产总值达到270亿元，按2000年价格计算年增长9%。2010年国内生产总值比2000年翻一番以上，在经济总量上再造一个兵团。

2. 水利、交通、能源、通信等基础设施条件得到明显改善，制约兵团经济发展的瓶颈得到缓解。

3. 垦区生态环境有较大改善，荒漠化得到有效遏止。垦区森林覆盖率达到7.5%。石河子绿化覆盖率达40%，其他新建城市达32%。城市人均公共绿地面积达到6平方米。

4. 经济结构调整取得明显进展，综合竞争力、经济增长质量和效益明显提高，精准农业技术全面推广，农业基本实现现代化。食品、纺织、农用、建材四大支柱工业市场地位基本确立，服务业快速发展，领域不断拓宽，水平进一步提高。

5. 城镇化水平有较大提高，小城镇建设有较快进展。2005年，石河子国家级经济技术开发区有跨越性发展，五家渠、北屯、阿拉尔、图木舒克4个新建城市初具雏形，38个团场小城镇基本建成，2010年建成小城镇总数达70个。

6. 区域经济布局趋向合理，天山北坡经济带中的石河子、奎屯、五家渠垦区和农十三师率先发展，形成带动大开发的增长极。

7. 职工收入有较快的增长，职工生活普遍达到小康水平。贫困团场基本消除贫困。2005年职均年收入达9 000元，年均增长7%。

第二阶段2011～2030年，通过大规模开发建设，基础设施建设基本适应发展需要，生态环境改善取得明显成效。农业实现现代化，以先进技术改造传统工业和有选择地发展高科技产业相结合的新型工业结构基本形成，第三产业有长足发展，新型产业具有相当规模，科技创新能力和综合经济实力显著增强，成为全国最具活力和特色的经济区之一。形成5座城市和100个小城镇组成的城镇群落，职工生活环境和生活质量显著提高，职工生活普遍达到比较宽裕的小康水平，与东部地区经济社会发展差距明显缩小。

第三阶段2031～2050年，经过兵团几代人的艰苦奋斗，与全国同步基本实现现代化，经济发展达到全国中等水平，从根本上改变兵团相对落后的面貌。生态环境保护和建设大见成效，人口、资源、环境和经济社会发展步入良性循环轨道，与自治区共同建成一个经济繁荣、社会进步、生活安定、民族团结、山河秀美、人民富裕的新疆。

【兵团“十五”发展目标】

“十五”时期兵团经济社会发展的总体目标是：国民经济保持较快发展速度，经济结构战略性调整取得明显成效，经济增长质量和效益显著提高；国有大中型企业全面建立现代企业制度，开放型经济初具规模；社会保障制度比较健全，就业渠道拓宽，职工物质文化生活水平有较大提高；生态建设和环境保护得到加强；科技创新能力增强；各级各类教育全面发展，职工素质进一步提高，精神文明和民主法制建设取得明显进展。

经济总量　国内生产总值按2000年价格计算期末达到270亿元，年均增长9%，人均国内生产总值突破万元，保持和自治区同步增长，为到2010年比2000年翻一番以上奠定坚实基础。

经济结构　经济结构调整取得明显成效。产业结构优化升级，综合竞争实力增强。全面推广精准农业技术，节水农业达到相当规模。改造提高传统产业，初步形成食品、纺织、农用、建材四大工业支柱，高新技术工业开始起步。服务业有较大发展，领域不断拓宽，水平明显提高。基础设施进一步完善，经济社会信息化程度显著提高。国家级石河子经济技术开发区有跨越性的发展，4个新建城市显示雏形，38个团场小城镇基本建成。和田皮墨垦区和北屯南部垦区开发有一定规模，区域经济布局趋向合理。非国有经济迅速发展。三次产业结构由39:28:33调整为32:32:36。

生活质量　职工收入有较快增长，职工年均收入达到9 000元，年增长7%。生活质量显著提高，总体过上比较宽裕的小康生活，基本消除贫困。城镇人均住房建筑面积23平方米，团场人均25平方米以上，农牧工危旧住房改造全部完成。城市燃气普及率达70%，电话普及率每百户70部，广播电视综合覆盖率达95%。

生态环境　有效防止垦区荒漠化，生态环境有较大改善。垦区森林覆盖率达到7.5%，城市绿化覆盖率达42%，工业废气处理率达90%，工业废水处理率达75%。努力控制农业污染，改善团场生态环境。

社会发展　公共服务进一步充实、社会全面发展和进步。人口自然增长率9‰，总人口256万人，城镇化水平达35%。社会保障体系比较健全，城镇登记失业率控制在2.5%左右。全面普及九年义务教育，大力发展高中阶段教育，扩大高等教育招生规模。垦区普及高中教育。人人享有卫生保健。增加城镇文化体育设施。全面提高职工群众思想道德和科学文化素质，增强法制观念，社会风气，社会信用和社会秩序进一步转好。

（一）农业发展目标

按照兵团党委“调优调高”农业的总体要求，继续大力发展节水农业、精准农业和特色农业，巩固棉花的支柱地位，加快发展特色林果业和畜牧业，加速农业产业化进程，到2010年争取在实现农业现代化方面走在西北乃至全国的前列。

【种植业】

2005年，全兵团耕地面积113.33万公顷，总播面积105.33万公顷（正播100万公顷），其中粮食22.28万公顷，总产130万吨；棉花35.56万公顷，总产80万吨；甜菜4.16万公顷，总产250万吨；油料10万公顷，总产20.4万吨。其余33.33万公顷主要发展特种经济作物。到2010年形成产业结构合理，名、特、优产品齐全，农产品深加工初具规模，具备较强的抗御市场风险的能力，适应市场经济要求，较强的农业综合经济实力。2010年兵团耕地达到133.33万公顷，正播116.67万公顷，实现粮食总产200万吨，棉花100万吨，油料45万吨，特经作物具有一定规模和档次，整个种植业成为布局合理，品种齐全，效益显著的优势产业，实现精准农业的各项目标。

用先进的科技改造和提升种植业。用农业十大主体技术，用精准农业的六项技术改造、提升棉花、油料、粮食、甜菜、瓜果等产业。在棉区，3~5年内用精准施肥、精准种籽、精准播种、喷滴灌、高密度栽培、越宽膜植棉和机采棉技术改造和提升棉花产业，使产品质量达到出口标准，公顷产量达到2 250千克，每个植棉农工管理6.7~13.3公顷，创造产值12~25万元，收入1.5~2万元。粮油种植区，职均收入达到1~1.5万元。

【畜牧业】

重点实施畜牧业66.67万公顷人工生态草场和1 000万头草食畜工程，商品肉总产量达25万吨，奶类总产20万吨，禽蛋总产6万吨，优质羊毛产量1.5万吨，千公顷耕地载畜量达1.63万个标准畜，畜牧业增加值在农业中的比重提高到20%以上，使之成为兵团农业的支柱产业之一。大力推进畜禽良种繁育体系建设和饲草饲料基地建设。做好兵团种畜禽生产经营、品种资源保护。实行粮食作物、经济作物、饲料草业作物三元结构的种植，提高饲草料种植比例，尤其是增加复播玉米和高产牧草的种植面积。大力推广秸秆青贮、黄贮、微贮和氨化技术，达到80%，同时增加全价配合饲料的推广应用。对草原畜牧业要改变传统的生产经营方式，逐步实现牧民定居。用先进的技术改造和提升细毛羊业和养牛业，加大羔羊早期培育、多胎繁育技术、快速育肥技术和胚胎移植技术，推广规模化饲养和兽医综合防治技术，提高畜牧业科技含量。

【林园业】

2005年，兵团森林覆盖率将达到7.5%。营林面积达到77.24万公顷，其中人工造林面积28.13万公顷，封沙育林49.11万公顷。人工造林中经济林面积6.61万公顷。香梨基地面积3.33万公顷，葡萄基地2万公顷，干果面积1.33万公顷，哈密瓜基地1.33万公顷，果品总产45万吨，瓜类总产90万吨。

引进推广优良新品种，普遍推广科学剪技、施肥、滴灌、套袋、限果数量、综合植保等技术；推广香梨分级、小包装抽氧注氮，低温保鲜技术。把葡萄,红枣、巴旦杏,哈密瓜、伽师瓜三个基地做大，重点解决更新品种，提高种植技术。

【农机业】

2005年，农机配套总动力达到205万千瓦。大中型拖拉机达到21 400台，大中型配套农具达到75 000台（架），大型收获机械达到2 000台，排灌动力机械达到30万千瓦，畜牧机械达到11 000台（架），林业配套机械发展到7 000台。新建“三库两间”面积80万平方米，7个农机监理所达到安全监理标准，145个团场，1 600个连队，11 350个机车组达到农机管理标准条件，机械化程度达到92%。

【农业气象】

完善兵团农业气象服务体系和雷达、电台、天气预报、高炮（或防雹增雨火箭）四位一体的“农业减灾防御体系”建设。建设5个气象台，8个垦区气象服务中心，3个农业气象试验站，16个特异气候区气象站，4个雷达站和2个季节探空站，构成覆盖兵团、师、团场三级气象服务网络。

【水利发展目标】

全面规划、统筹兼顾、标本兼治、综合治理，实现兴利与除害结合、建设与管理并重，防洪与抗旱并举、节水与增效兼顾，加快水利基础设施建设，满足兵团经济与社会发展对水利的要求。“十五”计划水利发展总投资108.52亿元，其中防洪工程28.95亿元，水资源开发利用工程18.11亿元，灌排与节水工程36.96亿元，水土保持及水资源保护工程1.8亿元，水电工程1.3亿元，基础设施与科技管理0.4亿元。塔里木河流域近期综合治理兵团部分总投资21亿元。

重点实施以下工程：

防洪工程　河道治理工程，病险水库加固和涵闸工程，城市防洪工程。

水资源工程　新建大型供水水库3座，总库容5.4亿立方米。大型调水工程1项，总调水量6.1亿立方米。城市供水工程，4个新建市的供水工程，总供水规模为6.8万吨/日。乡镇供水工程，总供水规模7.5万吨/日。人畜饮水工程，解决41万人饮水问题，工程680处。地下水工程，新建与改造机井3 200眼。

灌排与节水工程　节水灌溉建设

26.7万公顷喷滴灌。建设新灌区2个，新增有效灌溉面积2.87万公顷。大型灌区配套与改造14处，面积41.95万公顷，牧区水利（建设天然草场1.36万公顷、人工草饲料基地0.45万公顷）以及水土保持工程、水电工程、参与塔里木河近期治理工程。

（二）工业发展目标

2005年，工业增加值达到60亿元，年增长12.5%。工业在国内生产总值中的比重由18%上升到22%，其中食品、纺织、农用、建材四大支柱工业比重要达到70%以上。使其成为“十五”时期拉动兵团经济增长的有力支撑点。

以先进适用技术改造提升煤炭、电力、轻工、医药、化工、机械等传统工业，向“专、精、特、新”方向发展。依法关闭淘汰浪费资源、污染严重、技术装备落后、产品质量低劣、没有市场的企业。积极培育高新技术产业。实现提高工业整体素质的目标。

国有独立核算企业基本建立现代企业制度。重点发展和支持10户大型企业或企业集团，使其在期末能各自形成资产、销售收入超过5亿元的骨干企业，成为促进产业化升级的支撑和依托。

国有独立核算企业实现利润比“九五”翻一番，资产负债率降到60%左右。

全部工业固定资产投资80亿元，比“九五”增长33%。

主要工业品生产能力：棉纱20万吨，棉布3亿米；针织品500万件；化纤1.15万吨；番茄制品30~50万吨；葡萄酒10万吨；水泥450万吨；农用节水器材30万吨。

【食品工业】

适应食品消费结构的不断变化，提高农产品的加工深度和附加值，重点发展特色果蔬食品、酿酒、制糖、乳制品、油脂，促进食品向绿色、精制、方便、营养、保健方向发展。提高食品工业产值与农业产值的比例。积极开发食品工业基础原料和添加剂。

特色果蔬食品充分利用丰富的绿色食品资源，开发特色、精制果蔬食品。加强原料基地建设，引进国际先进加工设备，积极开发番茄系列制品，提高质量，培育品牌。重点支持中基公司整合兵团特色果蔬制品生产企业，建立国家级“企业技术中心”。大力开拓国内外市场，适度扩大加工能力。

酿酒　适度发展优质葡萄酒，稳定白酒产量。建设世界一流的酿酒葡萄种植基地，发展干型葡萄酒和其他水果酒。支持新天国际葡萄酒业有限公司为龙头，整合兵团葡萄酒生产企业，引进先进酿酒设备，把产品打入国际市场。白酒以稳定产量、提高质量为主，充分利用新疆特色中药材资源，开发系列营养保健酒。

制糖　不断提高兵团糖业的集中度，实现糖业的产业化经营。以新疆天山糖业（集团）公司为龙头，整合兵团制糖企业。提高甜菜的单产和含糖量，建设含糖分16%以上、单产4吨以上的优质原料基地。发挥现有精炼糖技术装备优势，增加品种、提高质量，开拓民用小包装精制糖市场。

乳制品　做好奶源基地建设，稳步发展液体奶、酸奶和配方奶；增加配方奶粉、功能奶粉等精深加工乳品生产；扩大初乳素生产规模，逐步形成拳头产品，培育新的经济增长点。建立国家级企业技术中心，培育国内知名品牌，技术装备达到国际先进水平。

油脂　大力发展食用精炼油，扩大营养保健油、营养调和油、风味油等精深加工。加强综合利用，利用副产物生产棉仁蛋白和粉末磷脂等精深加工产品。充分发挥大企业的装备和技术优势，淘汰关闭一批规模小、装备差、浪费资源的小油脂厂，提高植物油生产的集中度。

【纺织工业】

在控制总量、淘汰落后的基础上，用高新技术改造和提升纺织业。提高纱线、面料、服装的开发、设计和制造水平，形成具有创新能力的纺织加工体系。培育名牌，提高国内市场的占有率和出口创汇能力。积极开拓产业用纺织品市场，培育新的经济增长点，纺织工业在兵团工业经济总量中的比重由26.8%提高到28.3%。

建设两大纺织基地，一是以阿克苏垦区为主的南疆纺织基地；二是以石河子和奎屯垦区为主的北疆纺织基地。

棉纺织　充分利用棉花基地的资源优势，建成全国的优质纱、优质布生产基地。促进棉纺织向“高、深、精、特”方向发展。积极引进具有国际先进水平的新工艺、新设备，提高“一精二无”比重，分别达到32%、36%、10%，纱线向无疵无结方向发展；以发展喷气纺纱、紧密纺纱、无梭织布为主，把新型纺纱和天然彩色棉环保产品作为新的经济增长点。重点企业装备达到全国先进水平。优质高档纱、布占总产量的70%以上。

毛纺织　以提高产品质量档次为主，实现以出顶进。以服装加工为龙头，完善生产工艺与设备，实现以装备带动产品；以优质产品带动市场；以新产品带动企业经济效益。重点开发高支精纺毛纱（120支以上）、超薄型面料（200克/米）和多种纤维、多种功能的新型毛纺面料，逐步发展服装加工。

针织　以创全国名牌为目标，以“芳婷”品牌为龙头，加大技术创新力度，提高针织内衣的档次，逐步开发内衣、童装、运动装、休闲服装、高档T恤和女式服装等系列产品。

化纤　以生产差别化纤为主，逐步增加装饰面料和服装面料，把家用纺织品作为新的经济增长点。

适应西部大开发的需要，积极开发其他纺织产品，将新型纺织产业用纺织品作为重点研究开发对象。

【农用工业】

把滴灌和喷灌有机地结合起来，形成立体节水器材生产体系，开发系列产品并向产业化方向发展。支持新疆天业（集团）公司整合农用节水灌溉器材行业。发挥国家级企业技术中心的技术创新能力，不断引进消化国际先进节水灌溉技术和先进设备，自主开发研制符合国情、农户用得起的节水设备，开发研制能力达到国内领先水平，逐步向国际先进水平看齐。

建立以产品质量、技术培训和售后服务为一体的营销网络，大力开拓区内外市场，提高声誉，创出名牌。

【建材工业】

以调整产品结构为重点，以降低消耗为中心，大力发展新型建材及制品。适应建筑体系改革，建筑节能与建筑功能改善的要求，鼓励发展绿色建材产品。淘汰落后工艺，制止低水平重复建设。

淘汰落后的水泥立窑生产工艺，改造现有的旋窑生产线，增加高强度等级和优质特种水泥比例，发展日产1 000吨熟料以上规模的新型干法预分解水泥生产线。选择应用窑尾余热发电技术，着力推广高效除尘技术。推行集中烧成、分散磨粉的新型生产布局。

积极发展新型建材和化学建材，增加在建材工业中的比重。提倡利用煤渣、粉煤灰等制造粉煤灰砖、煤石空心砖、砌块等墙体材料。发展新型高档内外墙装饰涂料、防水材料、保温材料、装饰板等。

大力开拓开发资源独特的非金属矿产品，如石棉、蛭石、膨润土、花岗岩等加工产品，并逐步系列化，增加它们在建材工业中的比重。

【团场工业、乡镇企业目标】

2005年，团场工业国内生产总值达到22亿元（2000年价，下同），乡镇企业国内生产总值达到18亿元，其中私营个体达到12亿元。团场工业国内生产总值年增长10%，乡镇企业年增长15%，其中个体私营企业年增长18%。团场二、三产业的增加值占农场国内生产总值的比重由29%增加到40%～45%。

在食品、棉纺和建材行业中培育出5～6家龙头企业，创出在区内有一定影响力的名牌产品15～20个；50个团场的二、三产达到团场国内生产总值的50%以上；产值超亿元的企业10家、超5 000万元的企业20家。通过引进、嫁接、联合、开发等手段，培育一批高新技术产业、产品。

“十五”期间的投资规模为35亿元。投资方向依照北疆铁路沿线、南疆铁路沿线和边境沿线的各自发展重点，围绕团场工业、乡镇企业重点行业的技术改造和产品升级及第三产业的发展需求具体安排。鼓励发展以小城镇为中心的二、三产业，发挥其集聚效应。个体、私营投资的比例超过50%。

通过技改，棉纺新增12万锭达到35万锭；番茄酱新增10～15万吨，达到15～20万吨；精炼油脂加工新增4万吨，达到7.2万吨；水泥新增30万吨，达到70万吨；塑料制品由7万吨增加到10万吨；饲料新增6万吨，达到10万吨。“十五”期间，投资规模较大的建设项目有农一师、农二师、农六师和农八师机采棉配套加工项目、农四师寨口乳品厂的保健乳制品生产、71团焦化综合开发、农六师奇台农场山鸡饲养、农八师的北泉镇农业高新技术园建设以及农十二师的番茄酱生产项目等。

【建筑业发展目标】

2005年按2000年价格计算增加值达27亿元，年均增长10%，占全兵团国内生产总值的比例达到10%以上。

建筑业全员劳动生产率在2000年基础上提高40%以上，人均竣工面积达到35平方米以上。

建筑业生产管理和技术人员、特种工种、主体工种生产操作人员持证上岗率达到100%。

调整企业组织结构，把现有等级企业总量调整为80个，其中一级占10%，二级占25%，三级占65%。到2005年，非工民建独立承包的队伍总数调整到占总数的30%。

确保工程质量，工程合格率为100%，工程优良率达60%以上，创出一批高水平的优质名牌工程，实现"鲁班奖"零的突破。

健全安全生产监督体系，万人用工死亡率控制在0.5以内，百万平方米竣工面积因工死亡人数控制在1以内，安全合格达标率达到95%以上，优良率达到50%以上，杜绝重大伤亡事故。

【住宅建设与房地产业】

深化住房制度改革，增加房地产的有效供给，建立住房发展基金，重点面向城镇普通职工家庭，实现住宅产业化，全面完成危旧住房改造任务。

全兵团城镇、农牧团场住宅计划竣工面积1 150万平方米，其中城镇550万平方米，农牧团场危旧住房改造住宅竣工面积600万平方米。

2005年，城镇人均住宅建筑面积达到23平方米；农牧团场人均住宅建筑面积达到25平方米，砖混结构比重提高到95%。

城镇职工的住房条件、居住环境进一步改善，住房成套率达80%以上。

房地产各类专业人员持证上岗率达70%。

实行社会化、专业化物业管理，覆盖面为60%。

【城镇规划及城镇公用事业建设】

城市建设：石河子市主要地段和街区控制性详细规划的覆盖率达95%以上，其他新建城市要达到30%以上。

自来水普及率石河子达90%，其他城市达60%，人均生活用水量220升/日。

燃气普及率石河子市达99%，其他城市达70%。

集中供热普及率石河子达65%，其他城市达25%。

人均拥有道路面积8平方米，万人拥有公共汽车9辆。

垃圾粪便无害处理达50%，污水处理率达25%，水冲式公共厕所占公厕的80%。

绿地覆盖率石河子达42%，其他城市不低于30%，人均公共绿地面积6平方米以上。

村镇建设建设公共建筑200万平方米，生产性建筑500万平方米。

自来水普及率团部小城镇达80%

以上，连队居民点达40%以上。

村镇道路铺装达60%，人均道路面积24平方米。

人均公共绿地6平方米以上，绿地覆盖率30%以上。

将38个重点小城镇建设成为规划科学、功能齐全、交通方便、生态环境优美的小康型城镇。完善城建监察机构和队伍，对所辖城镇的规划、工程建设、市容环境卫生、园林绿化等进行监督、检查和管理。

【勘察设计咨询业】

积极发展工程勘察、工程设计、工程咨询、工程监理等中介行业，为国内外业主提供全方位、多功能的服务。进一步转换经营机制，增强企业活力。加快勘察设计技术更新，积极应用微电子技术，普及计算机辅助设计，提高设计能力、效率和质量，达到国内中上等水平。发挥工程造价咨询中介作用，实现项目管理的专业化和社会化，提高建设管理科学性和公正性，提高投资效益。全面开拓监理市场，形成大、强、专相结合，建筑、水利、电力、公路、市政监理等共同发展的良好监理结构，提高生存能力和市场竞争力。

勘察设计注册人员达25%以上。

年完成初步设计投资额19亿元，施工图设计投资额35亿元。

提交的勘察设计文件质量合格率达到100%。

工程造价咨询单位控制在15个之内，工程造价审核覆盖面70%左右，造价工程师在工程造价咨询单位占20%。

监理人员持全国监理工程师执业资格证书和监理工程师岗位证书的人数达到60%，持证上岗率达到95%以上，限额以上工程全部实施监理，监理覆盖面达到95%。

【外经贸发展目标】

进出口总值："十五"期末达到12亿美元，年增长11.4%，其中出口达到7亿美元，年增长11.8%。

外经贸增加值年增长12.3%，2005年达到5亿元（2000年价）。

引进外资规模，"十五"期间累计达到5亿美元。

按照国际市场标准，建立兵团级棉花、纺织品、番茄制品、酒类制品、焦炭、特色农畜产品等出口货源基地，形成以主导产业为龙头的产业链。

实施"大经贸"战略，促进外经贸的快速发展。在鼓励和扶持具有自身产品特点和经营特长的中小企业参与外经贸经营的同时，积极培育有发展实力的外向型企业集团。到"十五"期末，以兵团组建的企业集团和上市股份公司、自营进出口生产企业为骨干，培育出一批具有自身产业特点，集贸、工、农、科为一体的大型跨国集团公司。

实施"走出去"的发展战略，在更大范围和更深程度上参与国际竞争与合作。"十五"期内，争取外派劳务3 000人次，境外营业收入5 000万美元，带动出口创汇3 000万美元。实施国家援外合资合作项目12个，实施国家赠援项目10个，援外价值人民币5 000万元。

发挥石河子经济技术开发区招商引资的示范功能。

完善口岸和仓储设施建设，建立与外经贸发展相适应的外贸运输代理网络。

加快外经贸人才队伍建设步伐。争取到2005年从事外经贸行业的职工中80%具有大专以上学历，外经贸相关知识培训或继续教育覆盖面积达到50%以上，初步建立起熟悉WTO、懂经营会管理、适应市场经济要求的人才引进、任用、培训、考核、工薪和激励机制，保证兵团外经贸行业的快速健康发展。

【国内贸易发展目标】

发展大市场、大流通、大贸易，大力开拓城乡市场，特别是团场和农村市场，大力发展连锁经营、代理制、物流配送、特许经营、旧货流通、电子商务等现代营销方式。深化流通企业改革，加快技术创新，加快流通产业的现代化、市场化、产业化、国际化进程。建立统一、开放、竞争、有序的商品流通体系，形成比较合理的产业布局和结构。

2005年，实现社会消费品零售总额85亿元，年增长9%。到2010年力争实现社会消费品零售总额131亿元以上。

以建立现代企业制度为目标，加快改革和调整流通产业的组织结构和经济结构，形成一批产学研相结合、贸工农一体化、产供销一条龙、公司加农户的跨地区、跨行业、多种经济成分的大型企业集团。充分发挥市场机制作用，放开搞活中小型流通企业，团及团以下国有经济逐步退出零售、餐饮服务业。支持鼓励和引导非国有经济健康发展，鼓励有实力的外资和国内流通企业参与兵团流通产业发展。

采用先进科技手段和管理方式，推动流通产业的现代化步伐，连锁经营等现代营销方式要逐步推广到团场、连队，建立高效的商品市场运行信息和营销网络体系。

加快市场建设，完善商品流通体系，特别是与兵团生产建设密切相关的各类专业市场、仓储设施、中转站和信息传递设施，保持物流、信息流的畅通。

加快人才队伍建设步伐，培养造就一批熟悉国际贸易和国际经济法律的复合型、应用型中高级经营管理人才和企业家，力争2005年国内贸易系统职工中50%具有中专以上学历。

积极稳妥地做好兵团粮食管理工作。高度重视兵团的粮食安全问题，在结构调整中，在保护和提高粮食生产能力的同时切实做好粮食流通体制改革，保证供需平衡，余缺调剂、销售转化、技术改造、仓储建设、教育培训和新技术推广。积极争取国家继续投资在兵团建设国家粮食储备库。统筹规划、合理布局，在粮食主产师集中建设10～30万吨的兵团粮食储备库，团场建设一定规模的周转粮库，连队建设简易棚库，减少损失，形成兵团安全的粮食仓储体系。

【公路交通发展目标】

依托新疆国道、省道干线的公路网，初步建成兵团主要垦区经济主干线，重点完成农十二师、农十三师、农十四师三个新建师的骨架公路，五家渠、阿拉尔、图木舒克、北屯四个新建市和石河子市与国道省道连接的经济主干线建设。

团场间公路基本实现上等级，路面标准达到次高级。

团场部与国省道或垦区经济主干线连接的出口路全部达三级以上标准。

加快路网改造，优先发展不稳定地区、腹心垦区和贫困团场的公路建设，100%的分场（乡、镇）和95%以上的连队（行政村）通公路或机动车。

加快边境口岸公路建设，优先发展重点口岸公路建设，公路等级达到三级以上标准。

加快边防的公路建设，重点边防公路上等级，基本达到晴雨通车的目标。

完成中心客运站和货运配载中心的建设，基本实现运输、管理现代化。

“十五”计划公路交通建设重点项目是48条经济主干线，独立大桥1座，7条边境口岸公路和4条边境公路，总规模9 323.8千米（包括新建和改造）。其中：经济主干线5 238.8千米；路网改造1 447千米；乡村通达工程2 060千米；边境口岸公路158千米；边防公路420千米。新建改建客运中心站39个，货运配载中心14个。

【旅游业发展目标】

旅游业初步完成对旅游产业的培育，其规模和收入应占到自治区旅游业的1/4强。总体发展速度年均15%；接待国外旅游者人数年增长9%，五年接待26.84万人次；接待国内旅游者人数年增长11%，五年累计接待14.41万人次；旅游创汇总收入年增长5%，五年创汇75 350万美元。

旅行社建立现代企业制度，走集团化、规模化发展道路，以应对我国加入WTO的挑战。旅行社由28家新增设41家，达到69家，投资3 550万元。其中国际旅行社8家，国内旅行社61家。饭店业要全面提高服务质量，并进行星级评定，同时进行结构调整，按照现代企业制度的要求进行股份制改造。兵团星级和涉外饭店由29家增至56家，其中高星级1家，三星级17家，二星级15家，一星级4家，旅游涉外饭店19家。

旅游资源坚持“资源共享，优势互补，共同发展”的原则，不搞重复建设，树立“新疆大旅游”思想，积极与地方合作。对兵团辖区内的旅游资源坚持“先规划、后开发”，“统一规划，滚动开发”的方针，突出兵团特色。重点抓好石河子、五家渠两个旅游区的建设。研究开发旅游商品和开拓相关的内容如军垦文化、农业旅游、工业旅游等。

【信息业发展目标】

建成覆盖兵团主要部门和单位的数据、语言、图像三合一信息网络。在兵团机关和企事业单位基本实现信息网络化，利用信息技术改造传统产业，发展精准农业。信息技术在主要行业和领域得到广泛应用，达到国内先进水平；实现信息快速交换和充分利用，为兵团决策和企业管理工作提供准确、及时、有效的信息服务；大力发展信息服务业，创造条件发展软件业、系统集成业和信息产品部件制造业。加速兵团国民经济信息化进程。

信息产业增加值“十五”末达到10亿元，信息从业人员2万人。其中：信息工业增加值达到3亿元；信息服务业（包括信息咨询、软件、系统集成、技术交易、广播电视及通信运营）达到7亿元。

兵团城市家庭计算机普及率40台/百户；计算机入网率达到30%；电话普及率达到70%以上；广播电视综合覆盖率达到95%以上；有线电视入户率达到80%以上。

小学三年级以上的在读人员中信息及计算机教育普及率达20%，具有信息及计算机知识的人员占总人口的5%。

在传统产业应用计算机的普及率，农业达到25%，食品、纺织及建筑行业达到50%，建材、化工、机械行业达到30%，兵团各领域应用电子商务开展业务的普及率达到20%。

兵团统一的信息网络平台基本建成，兵团及师机关基本实现办公自动化，信息网络化程度达到80%以上。

应用系统建设初见成效，基本建成经济、政务、工业、农业、科教、商贸等六大部门决策信息应用系统和社会公众信息网络应用系统。

兵团管理的五座城市及38个小城镇中有30%的家庭实现光纤到户，形成三电（电视、电话、电脑）一体、三线（电话线、有线电视线、数据线）合一的信息化格局，10%的兵团家庭可以享受到远程教育、远程医疗、远程购物及娱乐的服务。

【环境保护发展目标】

全面落实“全国生态环境保护纲要”，坚持环境保护工作以经济建设为中心，以改善环境质量为重点，继续实行污染防治与生态保护并重，预防为主、保护优先的原则；实施污染物排放总量控制制度，严格环境标准，逐步实现由城市环境监督管理扩大到生态环境监督管理，由工业项目环评扩大到生态环境环评，由城市建设的“三同时”扩大到生态建设的“三同时”。强化执法监督，巩固达标成果，加大环保投资力度，全面推进环保事业发展，实现环境与经济“双赢”。到2005年，环境污染状况有所减轻，生态环境恶化的趋势基本得到遏制。

2005年，工业企业烟尘、化学需氧量和工业固体废弃物等主要污染物排放量比2000年减少10%。即烟尘排放量控制在8 480吨，化学需氧量排放量控制在17 768吨，工业固体废弃物排放量控制在27 000吨。二氧化硫的排放量比“九五”末略有减少，控制在22 000吨。

工业废气处理率达90%，工业废水处理率达75%，固废综合利用率达90%。

环境监测手段有明显改善，环境监测能力建设得到改善，全兵团监测机构计量认证率达60%~70%；监测人员培训上岗考核达100%；兵团监测网络完善健全，覆盖率达80%。

石河子市及四个新建城市的空气、地表水、声环境质量分别按环境功能区划达标。

城市生活污水集中处理率达到40%。

城市居民燃气普及率石河子达99%，其他城市达到70%。

城市人均公共绿地面积达到6平方米。

退耕还林还草面积达到13.33万公顷，植树造林面积达到38.2万公顷，秸秆综合利用率达100%，地膜回收率90%。防止过量使用化肥、农药和农膜带来的环境和生态污染，保护耕地质量。

生态环境保护和建设全面启动，一些重要的生态功能区（如塔河下游塔里木垦区）得到保护。防止垦区荒漠化，生态环境有较大的改善，垦区森林覆盖率达7.5%，城市绿化覆盖率达42%。努力控制农业污染，改善团场生态环境。

环境影响评价执行率达到95%，“三同时”制度执行率达到80%。

【科技发展目标】

建立和完善兵团技术创新体系，提高创新和资源转换能力；充分利用现代生物技术、信息技术和现代工程技术等与传统常规技术紧密结合，提高传统产业和产品的科技含量及附加值；鼓励和发展科技型中小企业群体，加大科技扶贫力度。注重生态效应，优化社会环境，促进兵团国民经济的可持续发展。

加强兵团科研基础设施建设，加速科技成果转化，积极参与和推动兵团科技、经济一体化进程。组建开放式兵团重点实验室，兵团生产力促进中心、高新技术产业化项目评估中心以及创业服务中心（兵团科技孵化器）等，建立兵团科研仪器、设备和科技成果共享网络。

增加全社会的科技投入。到2005年，兵团全社会的科研投入（R&D经费），在兵师财务科技专项投入年递增15%的基础上达到兵团国内生产总值的1%。提高全体干部、职工素质。全民科技普及率由70%~80%提高到90%以上。

【兵团重点科研项目】

结合兵团西部大开发投资方向和兵团在“十五”期间的工作目标和重点，共选择14个兵团重点科研项目。

1. 新疆兵团土壤地球化学生态环境类型区划及改治方案。项目总体目标是编制兵团垦区及周边地区土壤地球化学生态环境类型区划图；根据当地土壤地球化学特性、土壤结构，提出改善治理方案；完成治改方案专家系统设计，为“精准农业”工程的实施提供基础支撑和技术服务。

2. 新疆兵团农业信息网及智能化农业信息技术示范工程。通过建立作物平衡施肥、节水灌溉管理、市场信息服务、农业辅助决策、专家远程服务、农资供应等系统，实现对兵团大多数团场、连队进行实时、全程服务，最终建成我国“3S”技术农业开发应用的示范基地。

3. 新疆特有动植物种质资源的调

查、保护和开发。针对新疆独特生态区和极端环境下重要野生动植物种质资源收集、分类、保护和综合评价等研究。同时，对新疆特有的中草药资源，如雪莲、枸杞、红花、甘草、大芸、冬虫夏草、红景天等进行深入地研究开发。

4. 干旱地区节水农业和灌溉系统工程技术研究与产业化示范。

5. 优质高产毛/肉绵羊生物技术产业化和农区牧业示范工程。

6. 加工番茄种子产业化工程。项目完成后每年提供常规种子 50~60 吨，杂交种 20~30 吨，提供早、晚熟品种各一个，年精加工种子 40 吨，采用专用系列包装，国内市场占有率达到 90% 以上。

7. 特色果蔬贮运保鲜和深加工技术研究开发。

8. 优质草业种子资源的引进、选育、示范和规模化生产。

9. 大型现代农机具的引进、研制及产业化应用研究。项目完成后，将系列推出与耕作保墒、节水灌溉、精细整地、精密播种、精细深施肥及秸秆还田等农业新技术配套的 7 大类 10 种新机具。

10. 棉产业综合发展技术研究与示范。

11. 膨润土资源的产业化开发和推广应用。兵团农十师 184 团膨润土矿是我国目前惟一的天然纳基膨润土矿，储量大，勘探程度较高，极具开采和利用价值。项目通过引进国内外先进技术，与国内大专院校，科研单位进行技术合作，技术转让，共同研究开发系列产品和产业化开发示范。

12. 牛初乳素及生产装备的国产化研究与开发。该设备的样机设计已完成，其投资比引进国外设备节约资金 60%，产品质量可达到国内领先水平。

13. 农田土壤无毒化处理和洁净技术研究与示范。

14. 兵团农牧业防灾减灾和动植物重大病虫害预警系统和防治技术研究。利用“3S”技术和兵团智能化农业信息网平台，以及现有防灾、植保和病虫害测报系统，通过信息共享、在线咨询、专家服务和计算机智能化服务等手段，开展兵团农牧业防灾减灾和动植物重大病虫害预防系统和防治技术研究。

【科技人才发展目标】

总体指导方针是：适当增加数量，全面提高素质，注重引才借智，优化人才结构，发挥整体效能。

坚持使用和培养相结合，借智引才和就地取才相结合，科班育才和自学成才相结合的原则，稳定发展强项人才，着力造就缺门人才，管理用好现有人才，大力培育创新人才。形成多层次、高质量、合理的人才结构，充分发挥人才的整体效能。

科研人才是指直接从事科技活动的技术人员。根据兵团社会经济发展需要构建技术创新体系的要求，兵团科研人才发展的目标是：通过引进、选拔、培养和继续教育等途径，到 2005 年，每万名职工拥有的科研与开发人员要从目前的 10 人，增加到 15 人；培养和选拔 15~20 名科研开发带头人（领办、创办科技企业人员），35~40名学科带头人，100名研究与开发骨干；850名各行业专业人才。其中：生物工程和医药类210人，化学工程类120人，信息技术类200人，纺织工程类150人，食品工程类50人，机械制造与设计类60人，农业工程类40人，环保和生态类20人，使兵团科研人才的总量有较大发展，素质明显提高，结构趋于合理，专业门类齐全，基本满足经济发展对科研人才的需要。

主要保障措施有：建立科研人才开发专项基金，包括设立“院士工作基金”、“博士基金”和“科研人才培养专项基金”等，完善各项优惠政策，包括职务成果转化后按一定比例折成股份，分配给科技成果完成者和成果转化的主要实施者。推行科研项目课题制，试行首席专家负责制、主持人津贴制。建立开放式重点试验室和博士后流动站及执行首席专家加经纪人的科技产业化项目管理办法，“兵团重大科学技术贡献奖”等。实施育才工程与引智工程，在石河子大学建立兵团科技人才继续教育基地，尽快把石河子经济技术开发区建成兵团高新技术集散地和科技成果转化区，逐步建立兵团在内地和海外留学人员的人才信息库，为内地科研人员和海外留学人员提供科技需求信息等。

【兵团科研基础设施建设和条件保障】

主要目标是建立健全兵团科技与创新体系，完善科研与开发工作的基础和保障环境；逐步推行和实现骨干科研机构和单位的科研仪器设备的定期更新；建立兵团科研仪器设备的共享网络，提高科研保障水平。主要建设内容：

1. 建立兵团科技产业化研究基地和创业服务中心。充分利用石河子大学、新疆农垦科学院、石河子经济技术开发区和石河子科委等优势资源，积极引进内地强势院校科技人才和技术，按照“官、产、学、研、金”五位一体的形式组建“兵团科技产业化基地”。“基地”以生物技术、现代工程技术、精细化工技术和信息技术为主进行研究（R）、开发（D）和产业化示范。

2. 建立“兵团重点开放实验室”和共享网络。在现有基础性实验和检测中心的基础上，主要依靠已有科研设备和人才力量，首批建立分子生物学实验室、药物与生理实验室、分析与测试中心、胚胎工程实验室、智能化农业实验室等。开发相关性基础研究，并向全社会开放，提供有关技术服务，承担相关项目研究和技术支撑。

3. 兵团重点工程研究中心建设。该中心是以解决当前传统产业提升和改造问题为中心内容的工程中心，主要依靠新疆农科院、石河子大学、农二师、农六师、农八师等单位已有科研力量和人才资源，开展各项专项研究。首批建设的有：农业机械设计研究中心、食品工程研究中心、纺织工程研究中心、生物及胚胎移植工程研究中心、超细毛羊工程中心、农业节水工程研究中心、农业信息化研究实验中心。

4. 生产力促进中心建设。兵团生产力促进中心拟设立在石河子经济技术开发区，它有别于原有的农业技术推广中心。中心以产品技术和新技术为纽带，统一经营管理为保证，农业新技术开发推广为先导，促进科研资源的优势组合和区域农业发展，减少科技进入生产的阻力和成本。首批建设的有农三师、农四师、农五师、农九师、农十师和农十三师农业生产力促进中心。

5. 农业科技示范园区建设。兵团农业科技示范园区建设，旨在充分利用现有科技资源，组织吸引兵团内外专家，集资源、技术、人才、成果为一体，实施高度先进技术集约的农业示范工程，为现代农业技术应用转化提供示范基地，为兵团现代农业提供模板，促进兵团现代农业跨越式发展。拟建在石河子市的兵团农业科技示范区，将主要集中新疆农垦科学院、农八师农业科技开发研究中心、蔬菜研究所、园林科研所等涉农科研单位的科技资源和最新成果，根据"突出重点、主足农场、立足产业、形成规模"的起步战略，突出精准农业、节水农业、现代化农业的示范作用，引导农业向集约化高效质量型农业转变。

【人才资源开发目标】

以邓小平人事人才理论为指南，以构筑兵团人才高地为核心，建立良好机制、调整人才结构，扩大增量，提高素质，提升效益，为兵团实现"十五"计划目标和实施国家西部大开发战略提供人才保障。

2005 年，人才总量达到 20.3 万人，年增长 4.9%，人才总数占兵团人口的 7.9%。

结构上，分布在一、二、三产业的人才结构比调整到 33.6∶19.2∶47.2，其中工业人才占二产人才总数由 53.4% 提高到 58.5%；金融保险、房地产和社会服务、科学研究和综合技术服务、交通运输仓储及邮电通信、地质勘查和水利管理等五个行业的人才占三产人才总数的比例提高到 14%；分布在农牧团场的人才占兵团人才总量的比例由 55% 提高到 58%；专业技术人员职称结构比例调整为 1∶4.9∶13.1。

大学本科以上学历的人才占兵团人才总量的比例提高到 11%；中级以上职称的人员占兵团专业技术人员总数的比例由 26.2% 提高到 31.1%。

干部人事制度改革取得明显成效，"以业绩为主的人才脱颖而出，人尽其才的激励机制"基本建立，人才流动率大幅提高，人才效益有较高的提升。

专业技术人员总数达到 15.8 万人，年均长 3.8%，每万人拥有专业技术人员 618 人。其中工程技术人员 2.7 万人，农业技术人员 1.5 万人，科学研究人员 0.2 万人，卫生技术人员 2 万人，教学人员 3.4 万人，经济人员 2.2 万人，会计人员 2.3 万人，统计人员 0.4 万人，其他系列专业技术人员 1.1 万人。

2005 年，部分紧缺专业人才队伍

得到壮大，纺织专业人才达到0.3万人，机械制造专业人才达到0.1万人，化工专业人才达到0.02万人，金融保险专业人才达到0.02万人，外经贸专业人才达到0.3万人，旅游专业人才达到0.03万人，企业管理专业人才达到0.5万人，信息技术专业人才达到0.02万人，生物技术专业人才达到0.02万人，生态环境治理专业人才达到0.01万人，城建管理专业人才达到0.03万人。

【劳动就业和社会保障事业发展目标】

基本建立起符合兵团经济发展需要的比较完善的劳动就业和社会保障制度，使广大劳动者得到较为充分的就业和基本的社会保障。

劳动就业　加快劳动力市场建设步伐，逐步形成和完善在国家政策指导下，劳动者自主择业、市场调节就业和政府促进就业的市场就业运行机制。在城镇，积极开发新的就业岗位，拓宽就业渠道，重点做好国有企业下岗职工基本生活保障与再就业工作，促进下岗职工实现再就业，把城镇登记失业率控制在2.5%以内。到“十五”末，三次产业就业人数比重由47.3∶23.1∶29.6调整为38∶28∶34。在团场，积极配合精准农业、生态农业的开发，配套做好劳动力资源开发，引进与转移工作。预计“十五”期间，为满足农业生产一线的需要，每年需要引进承包地长期工10万人，季节性用工35~40万人。

社会保障制度　加快改革、建立健全社会保险制度，基本形成独立于企事业单位之外、资金来源多元化、保障制度规范化、管理服务社会化的社会保障体系，使广大劳动者在年老、疾病、失业、工伤和生育时得到基本的社会保障。

养老保险　2005年覆盖面达到95%。切实降低企业交费比例，“十五”期间综合费率控制在28%左右。收交率达到95%，社会发放率达到100%。

医疗保险　本着积极稳妥推进的原则，合理确定筹资水平，逐步扩大覆盖面，最终实现兵团范围内所有用人单位及其职工都能参加基本医疗保险。建立规范和完善的企业职工工伤保险制度、职工生育保险制度。

认真贯彻“失业保险条例”，完善失业保险制度，加大征缴力度，增强基金承受能力，研究农场缴费和基金管理和使用办法，确保失业人员基本生活和再就业工作方面的资金需要，探索并建立兵团失业保险预警制度。

工资、收入　坚持按劳分配为主体，多种分配方式并存以及效率优先、兼顾公平的原则，实现“市场机制决定，企业自主分配、职工民主参与、国家监控指导”，逐步建立起现代企业工资收入分配制度，稳步提高职工收入水平。“十五”期末，职工年均收入达到9 000元，年均增长7%。

劳动关系　建立协调体制，保持和谐稳定。健全法治、依法行政。

加强职业培训，提高劳动者素质。全面推行劳动预备制度、职工资格证书和就业准入制度。城镇新生劳动力严格实行劳动预备制度。农场新生劳动力接受职工培训的规模由60%提高到80%，所有转岗、转产人员在重新上岗前都能得到必要的职业技能培训。中级工、高级工的比例由35%、3%调整到50%、5%，技师、高级技师的比例达到1%。

信息服务　加强基础设施建设，提高计算机应用水平，加快信息网络化建设，逐步实现社会保障信息一体化管理，为社会、用人单位和劳动者提供信息服务。

【人口与计划生育事业发展目标】

执行人口计划，提高人口素质，改善人口结构。五年内年均人口出生率达到和保持在15‰，人口自然增长率达到和保持在9.5‰，同时考虑机械增加人数，到2005年总人口达到256万人；出生人口素质明显提高，人口结构得到改善，人口布局逐步趋向合理；育龄群众享有基本的生殖保健服务，普遍开展避孕节育措施的“知情选择”；初步形成新的婚育观念和生育文化；全面落实“三为主”，继续推行“三结合”，不断改革和完善人口与计划生育的管理体制、工作机制、保障机制、服务手段，全面提升人口与计划生育工作整体水平。为发展壮大兵团，更好地履行屯垦戍边的使命提供必要的具有一定素质的人力资源。

【教育事业发展目标】

普及九年义务教育，巩固、提高“两基”成果。继续坚持“两基”工作“重中之重”的地位不动摇，通过依法治教、加大投入、调整布局和扩大办学规模等，重点解决学生辍学、薄弱学校建设和初中学龄人口入学高峰问题。已实现“两基”的团场要把工作重点转移到巩固提高上来，建设高水平、高质量的九年义务教育。创造条件，妥善解决国有工交建商企业所办学校问题。加强学龄前教育工作，城镇和经济发达的团场基本满足学前幼儿入学（学前班）、入园要求。

基本普及高中阶段教育，为初中毕业生提供更多的学习机会。以多种形式发展包括中等职业教育在内的高中阶段教育，解决新增职工子女入学问题，巩固高中阶段教育成果，保持现有85%的高中入学率。

扩大高等教育规模，实现高等教育大众化。积极发展普通高等教育、成人高等教育和高等职业教育，扩大办学规模，使兵团同龄人口高等教育入学率达到25%左右，实现高等教育大众化。加快高校重点学科带头人、科研骨干和高新技术人才的培养。2002年石河子大学成为博士授权单位，五年内建立3~5个博士学位授权学科专业点，塔里木农垦大学成为硕士授权单位，建立2~4个硕士学位授权专业点。

基本形成适应素质教育的师资队伍，整体素质明显提高。切实提高教师学历合格率和学历层次：小学教师学历全部达标，其中70%具有大专学历；初中教师学历全部达标，其中40%具有本科学历；高中教师学历合格率达到70%，并有一定比例具有研究生学历；高校教师具有研究生学历（硕士学位）者达到40%，具有博士学位者达到10%～15%，非本校毕业或具有第二学历（学士学位）者达到70%；中等职业学校教师具有本科学历者达到70%，“双师型”教师要达到一定比例，并有一定比例教师具有研究生学历。进一步加强教师和校长的培训工作，改善师德、师风建设，提高思想政治素质和师德水平。

进一步改善办学条件，提高教育现代化水平。实施第二期“国家贫困地区义务教育工程”和“中小学危房改造工程”，使各级各类学校的校舍、图书、教学仪器设备、文化设施均基本达到国家规定的标准。高等学校、中等职业学校要建设好符合专业要求的实验培训基地。加快教育信息化步伐，中、高等学校和30%中小学校建成校园网并与互联网联通；70%的中小学与中国教育多媒体宽带网联通，实现“校校通”；所有中小学均按要求开设信息技术必修课；45周岁以下教师掌握计算机操作，并能在教学中熟练运用。

【政法发展目标】

运用法律武器，坚决打击民族分裂、非法宗教、暴力恐怖和各种违法犯罪活动；强化社会综合治理工作，调动全社会的力量，不断扩大对社会面的控制，增强综合整治的力度，遏制刑事、治安案件持续上升的势头；以创建“文明小区”、“小康连队”为基本载体，使广大职工群众有一个安全稳定的生活环境，为兵团经济发展和社会进步提供有力的法律保障；逐步完善执法职能，提高队伍素质，理顺保障渠道，建设一支让党放心，让人民满意，与担负的任务相适应的政法队伍。

理顺关系，完善职能，全面落实中共中央、国务院关于加强兵团工作和全国人大常委会关于在兵团设置人民法院和人民检察院的决定，积极主动协调与国家和自治区主管部门的关系，按中央要求实现自行管理兵团内部的行政司法事务。

健全机构、抓好队伍，建立健全三个新建师和四个新设市的政法机构，进一步完善兵团政法机关的职能。狠抓政法队伍的政治建设、组织建设和思想建设，教育广大干警努力实践“三个代表”，用“三个代表”思想指导司法工作。积极推进政法工作队伍和政法人事制度的改革，从制度上保证司法公正，保证政法干警政治和业务素质。

强化普法，依法治国，加大普法教育力度，按照国家“四五”普法教育部署，切实提高兵团广大职工法制意识和法制观念，使各级党政领导和机关树立依法行事的观念，使广大职工群众基本达到行为守法，并有能力依法保护个人合法权益和利益不受侵犯。

【卫生事业发展目标】

2005年在全兵团建立起适应社会主义市场经济体制和人民健康需求、功能完善的卫生、医疗保障和卫生监督体系，人民健康的主要指标达到全国中小城镇健康水平。

平均期望寿命，男性达到73岁，

女性达到76岁。

婴儿死亡率控制在15‰以下，任何垦区不高于30‰；5岁以下儿童死亡率控制在19‰以下，任何垦区不高于35‰。

孕产妇死亡率控制在35/10万人以下。

传染病报告发病率控制在300/10万以下。

“五苗”接种率保持在95%以上。

兵团范围内95%的农牧团场基本控制或消灭地方病。

开展慢性非传染性疾病和牙病的社区卫生服务工作，提高诊断早期重点疾病的治疗率，减缓心脑血管病、恶性肿瘤发病率上升趋势；提高高血压、糖尿病、口腔等疾病防治的覆盖率。

研究解决农牧团场61万人（其中改建项目服务人口33万人）的饮水问题，使群众饮用安全卫生水人数有较大提高。

加强卫生人才引进和培训。要全方位、分层次、多渠道引进和培养人才，用好现有人才。2005年全兵团需引进和培养主任医师187人，副主任医师330人，护理人员2 625人，药学人员146人。培养100名学科带头人，200名拔尖人才，500名技术骨干。使兵团1/2的社区有不同层次的全科医生，医疗预防保健科研上有新的突破并注重科研成果转化。

【广播电视发展目标】

2005年，广播电视综合覆盖率达到95%以上，实现连队通电和集中居民点通广播电视，基本消灭广播电视覆盖的空白点。

广播电视传输质量明显改善，有线电视成为主要传输方式，入户率达到80%以上。网络多功能服务和增值业务的开发和应用取得显著成效。

以集团化为目标的广播电视体制改革取得突破性进展，集团基本形成。以师为单位组建网络传输公司的工作和师团播出机构职能转变基本完成。

“十五”期间，兵团广播电视实施“精品工程”、“覆盖工程”、“示范工程”、“人才工程”、“联通工程”和“创新工程”等重点工程。

（三）各师发展目标

【农一师发展目标】

抓住国家西部大开发的机遇，以现代化建设为总目标，以产业和产品结构调整为中心，以生态和基础设施建设为重点，以棉花和果品产业化建设为突破口，不断完善社会化服务和市场体系建设，大力实施科教兴师和可持续发展战略，实现以下五个方面的升级（转变）：在发展总目标上由小康向现代化升级；在建设重点上由基地建设向产业化建设升级；在产品生产上由追求数量向追求质量升级；在农场建设上由小康连队向城镇化升级；在人口问题上由增加数量向提高质量升级。

农业现代化　根据国家提出的“五高”、“七化”的农业现代化指标体系，参照国家的统一标准和附件中农业现代化的12项主体指标和14项辅助指标，规划2015年全部达到基本现代化的标准，2030年全部达到完全现代化的标准。

土地开发利用　未来十年土地开发利用的基本原则是：保持13.6万公顷耕地面积的动态平衡，增加果园和林地面积，新开发2.92万公顷土地弥补因造林建园所占用的耕地。新增果园0.82万公顷，果园面积达到1.33万公顷；新增人工林1.6万公顷，林地面积达到4.75万公顷。除山区草场和尚未利用的荒地外，垦区林木覆盖率达到20%。

主要经济指标　按2000年价格计算，国内生产总值2005年达到36亿元，年增长10%，2010年达到55.44亿元，年增长9%。产业结构，2005年由45:25:30调整为38:28:34，2010年调整为32:31:37。确保职工收入与经济发展同步提高，2005年劳均年收入11 000元，人均年收入7 500元，2010年劳均年收入15 000元，人均年收入10 000元。

主要农业生产指标　种植业结构稳定在13.6万公顷，粮食面积3.33万公顷，棉花面积9万公顷，其他作物1.27万公顷。粮食总产18.5万吨，单产5.550千克/公顷，2010年单产6 750千克/公顷；棉花总产17.5万吨，单产1 950公斤/公顷，2010年单产2 100千克/公顷；果品总产达到9万吨，2010年达到15万吨；牲畜存栏50万头(只)，2010年达到63万头(只)，年产肉1.5万吨，2010年达到2万吨；年产鱼0.14万吨，2010年达到0.25万吨。

全社会固定资产投资117.71亿元，其中“十五”期间67.47亿元。“十五”的投资方向：产业化建设19.47亿元，占29%，生态和基础设施建设29.1亿元，占43%（其中水利建设占总投资的28%），现代化建设17.7亿元，占26%（其中城镇建设占总投资的21%），精神文明建设1.2亿元，占2%。

产业化建设共五项：即棉花产业化建设（含新增棉纺锭28万锭，总纺锭达到40万锭），果品产业化建设，粮食产业化建设，畜产品产业化建设和水产品产业化建设。生态和基础设施建设包括增节水工程，防风治沙工程，防洪除险工程，治碱工程，交通通讯，市场建设和能源原材料建设（新增2×2.5千瓦发电能力和2×6 000千瓦热电能力，新增水泥生产能力35万吨等）。城镇建设14亿元，其中阿拉尔市政建设10亿元。

【农二师发展目标】

加快结构调整，突出棉、糖、米、香梨、马鹿、西红柿、煤炭和石棉，做大、做强农业，加快资源转换，调优壮大工业，拓宽搞活服务业。着力改善基础设施和生态环境。深化改革，搞活企业，选好龙头，实现龙头带动，促进农业产业化进程。加快城市化进程，积极发展开放型经济。

经济总量　国内生产总值2000年价，2005年达到22.5亿元，年均增长9%，人均国内生产总值11 250元，人均收入5 300元。五年全社会固定资产投资40亿元，投资率为42.7%。

经济结构　三次产业由37.0∶28.6∶34.4调整为35.6∶28.9∶35.5。集中发展特色产品，支撑农二师特色高效经济进一步发展。2005年特色产品产量：棉花（含长绒棉）4.8万吨；果园（以香梨为主）面积1.33万公顷、果品产量10万吨；牲畜存栏38万头(只)，其中马鹿5万头，当年产马鹿茸35吨，肉类1.24万吨；甜菜糖5万吨；石棉4万吨；蛭石0.4万吨。

改革创新　企业改革结合产业结构调整、促进农业产业化进程，形成棉花生产、加工及纺织业；香梨生产及加工包装储藏业；马鹿养殖、鹿茸加工及保健制品业；甜菜糖业、番茄制品等五条产业链，提高加工深度，延长产业链，增加附加值。集中力量做好冠农股份公司的上市运作，规范现代企业制度。其他集团、股份公司应积极争取择优上市。放开搞活中小企业，发展非公有制经济，使其在团场经济中的比重达到30%以上，成为团场经济的重要组成部分。

主要农作物推广应用六大农业精准技术，重点在棉花、甜菜、番茄等作物的生产上实施机械化，80%的棉花面积实现机械收获，良种面积覆盖总播面积80%以上，大田作物职均管理面积达到6.7公顷以上，提高劳动生产率和市场竞争能力。改造传统的煤炭、石棉、蛭石等采矿业，提高其管理水平和生产能力。改造、改组、改制传统的服务业，发展房地产、科技和信息服务、社区服务等新型产业和特色旅游业。

生态环境建设　采取生态林与经济林结合，以发展经济为主；人工生态建设与保护自然生态相结合，重点是保护自然生态；经济效益与社会效益相结合，以社会生态效益为主，形成良性循环。重点建设生态骨干林，维护原有绿洲的安全。“十五”期间，新增1.33～1.67万公顷人工绿洲面积。塔里木生态环境治理初见成效，垦区生态环境有较大改善。各垦区森林覆盖率达到7.5%，城镇绿化覆盖率达到42%。加强对工业和生活污染源的防治，推广清洁生产技术。工业废气处理率达到90%，工业废水处理率达到70%。农药、化肥得到科学使用，农膜等废旧塑料制品及时回收，减轻农业污染。

基础设施建设　主要集中在水利、公路和小城镇建设。水利工程配合和参与自治区、巴音郭楞蒙古自治州水利工程建设，围绕塔里木河下游生态治理的三条干渠改建、完成开都河有关干渠改建工程。实施灌区内部2.33万公顷节水工程，期末喷滴灌面积达到2.67万公顷，更新改造机井200眼，新建渠道防渗1500标准千米。重点建设塔里木垦区各团场间的主干道，垦区内主干道、出口路，实现团连通。重点完成开来、吾瓦和库尔木依三个垦区小城镇建设，促进城镇化进程。

职工生活　“十五”期末职均年收入达到9 000元，年增长9%。生活质量显著提高，贫困团场基本脱贫，总体过上比较宽裕的小康生活。城镇人均住房建筑面积23平方米，农场25平方米。垦区道路、危房及农电网改造全部完成。电话普及率百户70部。广播电视覆盖率达到95%。

社会发展　公共服务进一步充实，项目和设施明显改善，社会全面发展和进步。稳定现行生育政策，保持低生育水平，提高人口素质。人口出生率和自然增长率分别控制在10‰和6‰，总人口控制在20万人以内，城镇化水平达到40%。社会保障体系比较健全，城镇登记失业率控制在2.5%。全面普及九年义务教育，库尔勒城区单位基本普及高中。人人享有卫生保健。职工群众思想道德和科学文化素质进一步提高，社会风气、社会信用、社会秩序进一步转好。

【农三师发展目标】

经济总量　“十五”期末国内生产总值达到13.17亿元（2000年价），年均增长9%。五年全社会固定资产投资25亿元。

经济结构　实行以产业升级、技术提高、竞争力增强和培育新的经济增长点为主的结构调整。巩固和加强第一产业，建设粮食、棉花、果品、畜牧业、芦笋、甘草六大基地。依托本地资源、加快改造优化第二产业，建设纺织、医药、芦笋加工、建材、节水灌溉、农机修造等重点工业。拓展服务领域，加强对外合作，拓展产品销售渠道，大力发展第三产业。三次产业由53.5∶21.0∶25.5调整为48.9∶24.1∶27.0。

经济指标　“十五”期末，棉花产量8万吨，粮食产量9.6万吨，牲畜存栏80万头(只)，肉类产量1.4万吨，奶类0.8万吨，禽蛋0.19万吨，羊毛700吨，果品总产8万吨。种植业、林果业、牧业、副业比例达到70∶11∶15∶4。工业增加值达到1.57亿元，年增长13.3%，建筑业增加值达到1.77亿元，年增长11.1%。社会消费品零售总额4.16亿元，进出口总额达到1 500万美元。

基础设施建设　以节水为中心，确保2万公顷节水新技术的实施；抓好两个水库的除险加固，大型灌区的续建配套工程、完成前海总干渠、中游渠道共建和伽师总场骨干水利建设工程。恢复弃耕地1.67万公顷。“十五”期末，灌溉面积达到12.67万公顷，其中耕地8.67万公顷，果园1.33万公顷，造林2万公顷，草场0.67万公顷。

完成农电网改造和防病改水工程。完成全师道路建设“通达”工程的40%。

全面实施图木舒克市市政建设工程，发挥其辐射带动作用。加快51团、52团、工程团、45团四个小城镇建设步伐。提高城镇化水平。

生活质量　职工收入有较快增长，职工年收入达到9 000元，人均收入3 000元。改善团场职工生活环境，提高职工生活质量。加快农牧职工危旧住房改造，继续建设农牧民定居和其他公用基础设施建设，发展城镇社区服务业，增强服务功能。加大扶贫工作力度，“十五”期末基本脱贫。搞好广播电视基础设施建设工程，广播电视覆盖率达到98%，有线电视入户率达到70%以上。

生态环境　做好保护规划，抓好生态自然保护区、生态示范区的建设和管理工程，扭转生态环境恶化趋势。以改善塔克拉玛干大沙漠边缘生态环境为重点，建设草、林、果、畜结合的绿色环境带，基本控制住风沙对农场的肆虐。有计划地退耕还草还林，改善提高耕地质量。结合经济结构调整，加大对工业和生活污染源的防治。坚持综合治理，突出重点，推广清洁生产，努力控制农业污染。

社会发展　以保障人人享有社会基本公共服务为目标，建立有兵团特色的社会事业体系，增强凝聚力，保持社会稳定，促进社会发展和进步。人口出生率和自然增长率控制在10‰和7‰以下，总人口控制在20万以内。完善就业服务体系，扩大劳动就业空间，控制失业率。加快卫生医疗体制改革步伐，完善卫生服务、预防保健、医药卫生监督体系，实现农场卫生管理向社区卫生服务转变。继续改善并加强农牧团场医疗卫生基础建设，重点扶持贫困农场，确保职工群众健康水平进一步提高。

【农四师发展目标】

经济总量 2005年国内生产总值达到23亿元（2000年价），年均增长9%，人均突破万元。期末综合利润总额8 500万元。五年全社会固定资产投资33亿元，投资率33.8%。

经济结构　2005年，农业通过推广精准技术，发展优质、特色产品，重点抓好果畜业。农业增加值达到7.05亿元。工业通过做大做强酿酒、水泥、农产品深加工三大支柱工业，培育燃料乙醇、果品加工、香料加工、肉食品加工等新的经济增长点，工业增加值达到7.48亿元。服务业重点抓好小城镇和伊宁市军垦商业一条街的建设，开拓市场、拉动内需，并依托伊犁地区自然景观、人文历史、民俗风情及草原、边境等资源发展旅游业，使其成为新的经济增长点，服务业增加值达到8.47亿元。三次产业结构由38∶31∶31调整为31∶32∶37。充分发挥垦区西部、东部、南部和特克斯、昭苏牧区的特色和优势，利用边境口岸的地缘优势和农业技术优势，到沿边的中亚诸国投资、承包工程，开展境外贸易，促进各区域经济协调发展。通过改革调整所有制结构，制定优惠政策，鼓励非国有经济发展，争取期末非国有经济占经济总量的40%以上。

基础设施建设　水利工程重点加固病险水库23座，建设供水水库5座，建设引输水工程、护岸工程等。灌区以节水为中心，完成渠道防渗1 200标准千米，建设地下、地面管灌和喷灌0.94万公顷。实施垦区内出口路、主干道、边境公路建设；改造团部至连队道路680千米，路面黑色化。能源建设完成农网改造，原煤生产能力达到60万吨。重点建设三个农垦小城镇。

生活质量　职工收入有较快增

长，职工年均收入 8 700 元，年增长 7.1%。生活质量明显提高、全面实现小康。逐步完成农牧工危旧住房改造，建立牧民定居点，全面完成小康连队建设。电话普及率农场每百户 30 部，城镇每百户 50 部。广播电视覆盖率达到 100%，有线电视入户率达到 70% 以上。建设师台单路调幅微波分配系统，争取 2005 年实现全师联网。

生态环境　重点治理塔克尔沙漠，种树种草 4 667 公顷，达到防风固沙，控制沙漠化蔓延。围绕三北防护林体系建设，绿色生态环境带建设、边境林建设与改造，团场林网化及配套工程、四大天然林保护工程，改善生态环境。期内退耕还林还草 8 000 公顷。实施 1.2 万公顷盐碱地治理及水土保持工程。加大对工业和生活污染源的防治，坚持综合治理，对造纸、食品、能源、水泥等工业项目着重抓好节能与控制“三废”排放，不断改善和提高环境质量。

社会发展　公共服务进一步充实，社会全面发展和进步。人口自然增长率控制在 5.8‰，总人口 22.4 万人，城镇化水平显著提高。健全和完善社会保障制度，完善就业服务体系，扩大劳动就业，控制失业率。全面普及九年义务教育，经济发达的团场有步骤地普及高中教育，基本实现教育手段现代化。基本建起农牧团场社区卫生服务、卫生监督体系，人人享有卫生保健。发展体育运动，普及全民健身运动。加强民族团结、兵地团结和热爱兵团教育，增强凝聚力和向心力。加强社会治安综合治理，维护社会稳定，保障经济和社会发展目标顺利实现。

【农五师发展目标】

经济总量“十五”末国内生产总值（2000 年价）达到 11.57 亿元，年均增长 10%，人均国内生产总值 8 696 元。五年全社会固定资产投资 15 亿元。

经济结构　调优调高农业，提高优质粮、棉比重，重点发展畜牧业。用先进技术改造传统农业，加强节水灌溉和对中低产田的改造力度，用现代生物技术培育动植物新品种，基因工程育苗及制药，发展特色产品。期末耕地面积达到 5.53 万公顷；出口棉基地 3.33 万公顷，总产 5 万吨，粮食 1.33 万公顷，粮食产量 9.18 万吨；特产作物 0.67 万公顷；牲畜存栏 40 万头(只)，年产肉 7 361 吨，羊毛 1 000 吨，禽蛋 1 470 吨，奶类 1 910 吨。以枸杞为主的园地 0.17 万公顷，果品总量 3 812 吨。做大做强工业，以先进技术和现代企业制度改造传统工业，基本建成电力（年发电 2.46 亿千瓦时）、轻纺、建材（水泥 15 万吨）、油脂化工（高烹油 2 万吨）等支柱产业，从促进农业产业化方面寻求新的经济增长点。拓宽搞活服务业，继续发展、提高传统服务业的同时，开拓旅游业、社区服务业和信息产业。三次产业由 52∶20∶28 调整为 48∶27∶25。调整所有制结构，鼓励非国有经济发展，欢迎外部经济参与共同开发。

基础设施建设和生态环境治理　加快水土开发，新增耕地面积 1 万公顷，期末喷滴灌面积达到 3.67 万公顷。继续做好团场的连连通道路建设及城镇建设，认真做好边境农牧团场医院、学校、广播电视、通讯、饮水、供电建设。

完成“三北”四期沿艾比湖盆地大型防风固沙基干林建设，进一步巩固完善以农田林网为主的防护林体系，期末人工造林达 0.97 万公顷、封育天然林 0.34 万公顷。继续开发水电、风电等清洁能源，完成垦区电网改造，建立稳定、可靠、高效的能源保障体系。加强水土资源的合理开发利用和保护，发展资源节约型经济，发展节水型产业，逐步建立节水型社会。

生活质量　职工生活在小康的基础上继续改善，向宽裕的小康生活迈进。努力增加职工收入，期末职工年均收入达到 6 700 元。全面完成农牧团场危旧住房改造，继续建设牧民定居点和人畜饮水工程。发展城镇社区服务，强化服务功能，引导垦区居民消费。全面完成“连连通”广播电视工程，加强少数民族连队的广播电视建设。

社会发展　公共服务进一步充实拓展，社会全面发展进步。人口自然增长率 8‰，总人口 12.9 万人。城镇化水平进一步提高。建立覆盖城镇所有从业人员的失业保险制度，城镇失业率控制在 3%。完善城镇居民最低生活保障制度。发展社会福利、社会救济、优抚安置和社会互助等各项社会保障事业。全面普及九年义务教育、大力发展高中阶段教育。人人享有卫生保健，发展远程医疗服务，提高卫生技术人员素质和服务水平，继续做好改水、改厕工作。发展群众体育运动，开展全民健身活动。

【农六师发展目标】

以产业化、工业化、城镇化为目标的经济结构调整取得明显成效。经济总量“十五”末国内生产总值达到 30.4 亿元（2000 年价），年增长 12%，人均国内生产总值 10 742 元。五年全社会固定资产投资 60 亿元。

经济结构　农业适应市场需求、因地制宜、发挥优势、突出特色。建立以种植业为基础、养殖业为重点、加工业为主导、多元增值、贸工农一体化、开放型的农业体系。突出技术进步作用，优化提升第二产业，培育新的经济增长点。做强棉纺、食品、化工、煤炭、农用工业等支柱工业，壮大建筑业；服务业拓宽领域、完善功能、以传统行业为支撑，重点发展旅游、社区服务、信息、技术服务业。五家渠城市建设初具规模，四个中心小城镇基本建成。国有经济有进有退、非国有经济的比重达到 35%，鼓励外部经济参与联合开发，首先完成方兴科农股份有限公司上市运作，争取再有一个公司上市。三次产业由 52∶20∶28 调整为 48∶27∶25。

基础设施建设与发展重点　重点水利工程，主要是干渠防渗、井灌区改造配套、水库除险加固及兵地共建的三座水库；连接国道、省道和垦区内的公路主干道工程；6.67 万公顷优质棉花基地及配套的 5.33 万公顷节水工程和 2.67 万公顷机采棉、精准农业工程；1.33 万公顷绿色蔬菜瓜果基地；1.33万公顷红色产业（番茄和红花）基地；牧业“12345”工程，即10万头牛、20万头猪、3万吨肉、400万只鸡及50万只羊；工业“一黑一白”战略工程，即60万吨煤炭、20万锭优质纱及它们的产品延伸，提高档次，增加附加值；边境农场的“金边工程”；五家渠市和19个农牧团场场部小城镇建设及农牧工危旧住房改造工程。

生态环境　高度重视水资源的合理开发和有效利用，逐步建立节水型经济和节水型社会。建设准噶尔盆地南缘防风固沙林工程（长18千米，宽3~5千米）、完善条田防护林、道路林以及封沙育林6.67万公顷，垦区森林覆盖率达7%。中低产田改造2万公顷、退耕还林0.33万公顷。改良牧区草场，建立人工饲草料基地。逐步完善三级垦区气象服务网。工业“三废”处理率达到80%，饮水质量达标率95%以上。五家渠市80%住房、农牧团场小城镇50%以上住宅实现集中供热，城镇绿化覆盖率达25%以上，五家渠市为40%。

生活质量　职工生活在总体达到小康基础上继续改善，向宽裕的小康生活迈进，贫困农场基本脱贫。职工年均收入达到10 318元。城镇人均住房23平方米，团场人均28平方米以上，危旧住房改造全部完成。电话普及率百户75部，广播电视覆盖率95%以上。卫生条件有较大改善。

社会发展　总人口达到28.3万人，人口自然增长率控制在5‰，城镇化水平达35%以上。社会保障体系比较健全，城镇登记失业率控制在4%。教育事业加快发展，实现“两基”团场达到17个，“两基”人口覆盖率突破95%。普及高中阶段教育，加速教育现代化、信息化进程，全民素质进一步提高。人人享有卫生保健。增加城镇文化教育卫生设施，全面提高职工、群众思想道德和科学文化素质，增强法制观念，社会风气、社会信用和社会秩序根本好转。

【农七师发展目标】

经济总量“十五”期末，国内生产总值达到28亿元（2000年价），年增长9%，人均国内生产总值12 700元。五年全社会固定资产投资50亿元。

经济结构　一产调优，加快农业产业化和现代化进程。农业内部加大林果业和养殖业的比重，两者与种植业之比由1:9调整为2:8。种植业实施经济作物、粮食作物和草料作物的三元结构，在种植面积上达到74:14:12。依靠科学技术发展精准农业，生产优质、高效、特色产品。二产做强支柱工业和建筑业，支柱工业为棉纺织、绿色食品、能源、农用机械和新型建材业，争取化学工业成为新的经济增长点。改造、放开、搞活传统工业。鼓励“锦”牌棉花、青牛纺织、绿叶食品、奎屯热电、农资集团建立以资本为纽带的企业集团，加快改制步伐，择优上市。三产拓宽，改组改造传统服务业，积极发展现代服务业，重点是旅游、社区服务、科技服务和信息服务业。三次产业由48:27:25调整为40:30:30。

建立现代企业制度　迈出实质性步伐。农场基本实现土地固定和租赁经营。建成四个农工商产业化实体，争取一个企业上市，其他非农企业基本实现股份制、股份合作制。鼓励非国有经济发展，“十五”末由10%达到30%。

基础设施建设和发展重点　以节水和土壤改良为中心的水利配套工程，使喷滴灌面积达到4万公顷、改造中低产田5万公顷，收复弃耕地1.67万公顷；继续奎屯河综合治理，新建柳沟二库、奎屯、柳沟水库除险加固等工程；依托国道主干线，联通垦区内主干道、断头路，新改建公路590千米，基本实现团连通沥青路；兵地合作共同开发奎屯河上游多级水电。热电、水电能力达到9万千瓦，原煤30万吨；加快车排子、高泉镇、柳沟镇、五五新镇等小城镇建设。

生态环境　做好规划，建立健全监测体系，抓好管理工作。重点建设奎屯河至艾比湖防洪、排水、保护次生林，新植0.33万公顷人工林工程；建成团、连、田三级绿色通道4 388千米，四道生态防风屏障396千米，建设防风固沙林0.27万公顷，天然林封育3.53万公顷，垦区森林覆盖率达到4.1%；实施6.67万公顷次生盐渍化土壤的治理，改善和提高耕地质量；加大对工业和生活污染源的防治力度，推广清洁生产，工业废气处理率达90%，工业废水处理率达80%；努力控制农业污染，改善农牧团场环境质量。

生活质量　职工年均收入达到11 500元，年增长7.1%。贫困团场和困难企业基本脱贫解困。生活环境和质量普遍改善和提高，过上比较宽裕的小康生活。人均住房建筑面积26平方米，危旧住房改造全部完成。电话普及率百户70部，广播覆盖率100%，电视覆盖率95%。

社会发展　人口自然增长率9‰，总人口22万人，城镇化水平达35%。社会保障体系比较健全，积极扩大就业，城镇登记失业率控制在2.5%。全面普及九年义务教育，基本普及高中阶段教育，基本消灭文盲，加强在职职工教育，全面提高职工素质。人人享有卫生保健，人均期望寿命73岁。增加城镇文化体育设施。增强法制观念，社会风气，社会信用，社会秩序进一步好转。

【农八师发展目标】

经济总量　2005年，国内生产总值达到86亿元（2000年价），年增长15%，人均国内生产总值13 200元。五年全社会固定资产投资134亿元，投资率40%。2010年国内生产总值达到138亿元，年均增长10%。

经济结构　推进农业产业化，做优一产。大力发展节水农业，合理利用水资源，期末节水灌溉面积达到5.33万公顷，净增灌溉面积2万公顷。发展精准农业技术，期末垦区机械化程度达到90%，大田生态监测网覆盖面积40%，良种推广面积100%。实施“40万吨出口棉花基地”建设项目，期末棉花生产能力达到22.5万吨。发展特色农产品，面积达到2万公顷。发展优质、高效、规模化的畜牧业。发展龙头企业，形成风险共担的利益共同体，推动农业产业化进程。提高农业管理定额，发挥规模效益，增加农工收入。做强工业，扶持高新技术企业。纺织工业在提高产品质量和档次的基础上向面料、装饰用布、服装方向拓展，重点建设彩棉纺织和兵团印染中心。塑料行业重点发展节水灌溉器材，带动聚氯乙烯、烧碱等化学工业发展。造纸工业组建集团，扩大规模，增加品种，提高质量，开发新产品，建设原料基地（芨芨草和速生杨为主）。食品工业利用现代高新技术，改造提升传统行业，依托垦区农畜产品进行深加工，生产特色食品。机械工业围绕大条田农业机械、种子加工机械及自治区内工业配套配件，形成集约化开发、专业化生产、社会化配套的格局。能源工业，扩大集中供热面积，增加发供电能力。其他工业以“专、精、特、新”为方向，改组中小企业。做大三产，改造、提升传统商贸业，期末社会消费品零售总额达30亿元，进出口总额1亿美元。加快市场建设，大力发展旅游、信息、房地产和社区服务业。三次产业由35.6∶33.2∶31.2调整为28∶38∶34。

进一步完善农牧团场经营体制，大田由稳定承包和土地长期固定向小农场经营转变，与农相关的服务业实施所有权有偿转让，发展多种经济成分。对非农国有经济布局进行调整，对具有发展前景的行业和企业重点扶持，放开搞活中小企业。对垦区支柱产业的龙头企业按照现代企业制度要求，进行规范化的公司制改造，适时组建企业集团。巩固天业、天宏、天富三个企业集团上市成果，争取有1~2家农场改制上市。2005年，非公有制经济比重达到35%以上。

基础设施建设　依法加强对水资源的管理，合理配置水资源，发展节水型农业、工业和服务业，着重解决洪水灾害、水资源不足及水污染问题。重点建设肯斯瓦特水利枢纽工程、蘑菇湖和安集海水库除险加固及防洪配套工程。公路建设以石河子市为中心，完善公路网建设，基本实现垦区主干公路网达到三级以上标准，实现城镇至分场、连队公路硬质化。加强铁路专用线建设，增加过货能力。改造石河子机场，确保飞行安全，稳定农林牧业航空作业，开展多种经营，发展工业航空。完善邮电网络建设，增强服务功能和综合通信能力。加大投入，适度超前，把石河子市建成特色鲜明的经济强市，科技文化城和环保生态园林城市。团（场）部所在地建设成为各具特色的小城镇。石河子经济技术开发区，成为自治区和兵团西部大开发的重要支撑点、出口加工基地、高新技术产业基地、促进农八师及石河子市的经济全面增长。

生态建设与环境保护　保护古尔班通古特大沙漠南缘天然植被和人工防风林建设，防止沙漠化蔓延；通过节水灌溉、退耕还林还草，解决部分垦区的土壤次生盐渍化；加快实施6.67万公顷芨芨草基地建设项目。对土地和水的后备资源进行科学规划，适度开发，已开发利用的要严格管理；加大对工业和生活污染源的防治力度，城市工业废气处理率100%，城市工业废水处理率达到85%；减少有毒化学农药、化肥的施用量，向有机农业方向发展。重点建设污水处理厂和古尔班通古特沙漠南缘生态走廊建设。

生活质量　2005年，职工年均收入10 000元。城市人均居住建设面积12平方米，镇区50%以上人口住进楼房，基本消灭“破、旧、危”房。城市绿化覆盖率超过40%，人均公共绿地8平方米，集中供热达到80%，居民燃气气化率达到90%，热水入户率达到50%，小城镇绿地率30%以上，自来水普及率100%。

社会发展　人口自然增长8.51‰，总人口65万人。完善社会保障制度，扩大就业范围，城市登记失业率控制在4%以内。在普及九年义务教育的基础上，积极开展素质教育，改善办学条件，逐步普及高中阶段教育，发展中等职业技术教育和成人教育，力争国家职业资格认证书覆盖垦区的主要技术职业。科技三项费用年均递增15%。构建基层卫生服务体系和社区卫生服务网络，人人享有卫生保健。人均期望寿命男性达到77.3岁，女性80.7岁。实现广播电视100%覆盖。建立健全三级文化网络。开展全民健身活动。加强社会主义民主与法制建设，维护社会稳定，保证人民安居乐业。

【农九师发展目标】

经济总量“十五”期末，国内生产总值达到7.1亿元（2000年价），年均增长10%，人均国内生产总值9 455元。五年全社会固定资产投资15亿元，投资率为50%。

经济结构　调优一产，种植业向经济、粮食、饲料作物三元结构方向转变。大力发展畜牧业和林业，农、林、牧比例由72.6:1.6:25.8调整为65:5:30。继续建设好4.57万公顷高产稳产田，抓好优质专用小麦、优质油料、高产高糖甜菜和多种经营基地建设。抓好农业生态工程；以优质肉牛为主发展畜牧业，改良草场5万公顷，期末牲畜存栏50万头(只)。植树造林1万公顷，做到生态效益与经济效益的统一。做强二产，做大农产品加工和建筑业，重点培育和发展制糖（6.2万吨）、面粉（3万吨）和食用植物油（0.6万吨），使之成为产业链中的“龙头”。搞活三产，改造、提高传统商贸流通业，开拓边贸、中介、技术、信息和社区服务业，扩大就业空间。期末社会消费品零售总额达到3.4亿元，进出口总值1 000万美元。三次产业结构由36.5:21.2:42.3调整为31.0:26.7:42.3。

所有制结构多元化，广泛吸收职工和各种所有制经济成分参加经济建设，鼓励私营、个体经济发展。欢迎外部经济参与共同开发。

基础设施　实施乌什水水库沙干输水渠续建和额敏灌区配套与节水工程，达到4万公顷节水灌溉农田的目标。争取小锡泊堤、麦海因水库的开工建设。搞好电力电网升级和联网配套，保证井灌区的正常运转。公路建设优先解决团与团、团与干线的连接，通车里程155千米，逐步推进团到连队的道路建设。把师、团、连之间的通信网络建成。重点建设师部小区和163团、168团两个农场小城镇。

生态环境保护　实施“准噶尔西部山区边境团场农业生态环境工程”项目，退耕还林4万公顷、改良草场5万公顷。合理开发利用土地资源，加强土地整治工作，恢复植被、重视绿化、期末林木覆盖率达到5%，城镇绿化覆盖率达到20%。严格控制工业污染，减少农业污染。

生活质量　2005年，职工年均收入7 000元，年均增长9%。职工住房条件进一步改善，城镇人口基本解决经济适用房，完成农牧职工“危旧”住房改造，人均住房建筑面积达到20平方米。电话入户，每百户50部。广播电视消除空白点。

社会发展　人口自然增长控制在6‰，总人口7.5万人，城镇化有明显进展。建立健全多层次的社会保障体系，重视解决低收入家庭、特困企业职工的生活困难和残疾人的温饱问题。全面普及九年义务教育，扩大高中阶段教育规模。人人享有卫生保健，居民饮用卫生水人口达到95%以上。文化体育设施条件进一步改善。提高全部居民思想道德素质和科学文化素质，健全社会主义民主和法制建设，强化社会治安综合治理，为经济建设和人民安居乐业创造良好的社会环境。

【农十师发展目标】

经济总量　2005年，国内生产总值达到5.55亿元（2000年价），年均增长9%，人均国内生产总值7 000元。五年全社会固定资产投资17.5亿元。

经济结构　优化一产，依照垦区分布的特点，发挥畜牧业、林果业的比较优势，组织专业化生产，规模化经营。种植业实施三元结构，精心培育粮食、油料、饲草饲料三大基地。推广应用农业精准技术，发展特色产品。期末，牲畜饲养由37万发展到100万个标准畜，狐类饲养6.65万只，年产狐皮5万张。利用额尔齐斯河特有的鱼种资源和1.2万公顷无公害水面实施生态保护和综合开发。经济林木、生态林木优良种苗规模化生产和经济效益、生态效益相统一的造林模式的推广。做强二产，集中力量做大北屯化工、油脂、面粉、淀粉和建筑工程等企业集团，开发膨润土、蛋白土和煤炭等系列产品。新增优质小麦粉10万吨，优质油料处理10万吨、饲草饲料加工10万吨、供出口的5万吨花芸豆加工、8万吨优质打瓜加工处理，2 000吨优质肉制品等，膨润土系列产品34万吨，煤炭30万吨、水泥10万吨。搞活三产，完善产业化体系，培育新的经济增长点。改造、提升传统商贸流通业、服务于产业化和职工生活。开拓边贸、旅游、农产品贮藏、保鲜、房地产和社区服务业作为新的经济增长点。三次产业由33.5∶31.1∶35.4调整为35.7∶30.3∶34.0。

通过企业改组、改制和建立现代企业制度，实行政企分离，吸收多种经济成份广泛参与，搞活机制，提高市场竞争力。调整所有制结构，提高非国有经济比重。

基础设施建设　重点加快北屯灌区和南部开发区工程建设，分期实施南关水库、北屯总干渠、阿克达拉水库、东滩水库、青年水库、顶山水库除险加固、沙尔良水库扩建、跃进大渠防渗以及界河、北屯城市、克郎河的防洪工程。建设喷灌、低产田改造、培育高产田各1.33万公顷。场内渠道防渗、道路铺砌和防护林各500千米。垦区公路网基本建成，团场通国道，省道路面95%达到三级硬化标准。加快北屯市公共设施建设，推进185团、186团和181团小城镇建设，改善团场经济环境。对布伦托海、鸣沙山、白沙湖、平顶山、额尔齐斯河森林公园等景点进行保护性建设。

生态环境　退耕还林1.33万公顷，道路绿化、额尔齐斯河渔业保护，实施北屯城市绿化和南部生态农业工程，垦区生态环境得到有效改善，农业土地贫瘠化、沙漠化得到有效遏制。垦区森林覆盖率达到10%，城镇公共绿地人均6平方米。北屯垃圾无害化处理和污水处理率达到50%，工业污水排放和废气排放达到国家规定标准。

生活质量　2005年，职工年均收入达到6 000元，团场职工年均收入达到8 000元，年均增长分别为7.5%和7%。10个团场全部脱贫。逐步解决团场危旧住房改造、卫生饮水，消灭广播电视空白点等关系职工切身利益的基础设施落后局面，职工基本过上宽裕的小康生活。

社会发展　人口自然增长控制在8‰以内，总人口8万人，城镇化水平有显著变化。社会保障体系等比较健全，职工下岗人数逐年减少。巩固“两基”成果，强化素质教育，职工教育和成人教育并举，逐步实现教育现代化。加快医改，增加投入，做到人人享有卫生保健。职工养老保险和基本医疗保险覆盖率达到100%。逐步增加文化设施，丰富职工文化生活。加强精神文明和民主法制建设，增强凝聚力和法律意识，保持社会稳定，确保改革和发展顺利实施。

【建工师发展目标】

经济总量　2005年，国内生产总值达到12亿元（2000年价），年均增长12%。五年全社会固定资产投资20亿元。

经济结构　以兵团建工集团为龙头，集聚所属企业优势组建专业施工工程公司（高层建筑、水利工程、民用建筑、电力建设、路桥建设等），并创造条件组建大型机械租赁和股份制物资设备公司。加快房地产开发，发展拳头产品，发展装饰、装潢业务，开拓占领区内外市场。路桥建设要面向和扩大国内市场、水利工程要立足区内，瞄准大型项目。集中力量做好招投标工作，提高中标率，巩固并扩大市场。优化工业结构，提高工业生产水平，重点发展建材工业。围绕节能、节土、利废、环保和改善建筑物功能，采用新技术发展新型建材。优化农业结构，在精耕细作、发挥特色、生产优质产品上下功夫，期末耕地面积达到0.85万公顷，牲畜存栏10万头(只)。提高服务质量，促进三产发展。继续发展商贸、运输、生活服务等传统行业，积极发展信息、咨询、设计、科研、技术、法律和会计服务等新的服务业。三次产业由5.6:87.7:6.7调整为6:84:10。

基础设施建设和环境保护　基础设施建设重点放在建筑业的装备和解决职工住房方面，环境保护重点放到三个农场。加大对施工设备、装备、技术的投入，施工机械的投入每年保持在5 000万元以上，新增添和更新一批土石方工程机械、道路工程机械、混凝土工程机械和大型运输车辆，重点装备水利、路桥、铁路、高层施工公司。职工危旧住房改造全部完成。新修渠道及防渗175千米，新打机井45眼，退耕还林0.13万公顷，新增喷、微灌面积3.3千公顷，防沙治沙造林770公顷。

职工生活和社会发展　职工收入有较快增长，职工年均收入达到10 000元，年增长10%。人均住房建筑面积达到20平方米。人口自然增长率控制在3‰，总人口6.1万人。建立起与经济发展水平相适应的社会保障制度，登记失业率控制在4%，新增劳动力就业前培训率达到90%。加强职工培训，提高劳动者素质，期末，高、中级管理人员达到15%，全部管理人员做到持证上岗。抓好中小学教育。力争科技投入占到国内生产总值的1%。发展社区卫生服务，建立健全医疗、预防、保健、康复和健康教育为主要内容的社区卫生服务体系。加强精神文明和民主法制建设，强化社会治安综合治理，促进社会发展和进步。

【农十二师发展目标】

围绕城郊型经济，充分发挥优势，突出重点，体现特色，调整和优化产业结构，促进产业升级。以科技进步和改革开放为动力、转变经济增长方式，提高综合经济效益，促进超常规、跨越式发展。实现农牧团场城镇化和职工物质文化生活水平进一步提高。

经济总量　2005年，国内生产总值达到6.26亿元（2000年价），年均增长12%，人均国内生产总值10 500元。五年全社会固定资产投入9亿元。

经济结构　优化一产，突出种养两业，采用农业精准技术发展特色产品。2005年，播种面积达到1.6万公顷，其中高产、优质、高效作物播种面积占到80%以上；牲畜存栏20万头(只)；充分发挥城郊优势，建成鲜食果品、制种、番茄、马铃薯、蔬菜、禽蛋、西甜瓜、啤酒花、花卉和肉奶基地；运用先进技术对产品进行加工、保鲜、储藏、包装，延长产业链、增加附加值，推进产业化进程。做强做大重点工业和建筑业。重点工业是针织、乳品加工、玻璃制瓶和番茄加工。发展壮大永红针织总厂、改组改造成为“新疆芳婷集团”，办成兵团针纺织龙头企业，争取早日上市。以农垦乳业集团为主体，加强奶业产业化建设，以集团与市牛奶公司的资本为纽带，组建“乌鲁木齐乳业集团”，培育其成为新疆乳制品行业中的龙头企业。五一玻璃厂通过技改提高产品质量，开发新产品，扩大生产能力，争取占有新疆市场50%以上份额。与中基公司合作，番茄酱生产能力达到5万吨。通过资产重组，提高建筑队伍资质等级，组建农垦建筑总公司，增强竞争力，期末建筑业增加值达到5 300万元，竣工工程优良率达到80%，一次性交验合格率达到100%。拓宽搞活三产。改组改造传统商业、供销、物资等行业，采用新的营运方式，推广连锁经营、物流配送、代理、超市、特种经营等，依托城市，服务城市，抓好104团老清真寺综合市场及文具厂市场建设，同时建成104团、头屯河、三坪农场、养禽场、西山农场、五一农场等一批农贸市场，形成较为完备的市场体系。

国有经济要从一般加工，小型企业及零售、餐饮等领域退出，向支柱行业和重点领域集聚。通过挂靠联合、利用外资、嫁接改造等多种形式进行股份改造，形成多元投资、自主联合、公平竞争、共同发展的格局。鼓励引导非国有经济发展，非国有经济比重达到40%。三产比重由33.5:29.0:37.5调整为28:30:42。

基础设施建设和环境保护　完成红岩水库二期配套工程、新增引水2 100万立方米，完成喷滴灌建设6.7千公顷、节水2 000万立方米，使垦区灌溉面积达到1.87万公顷。新修防渗渠200千米、改造防渗渠520千米，打机井50眼。建成垦区与国道、省道连通的环网千米90.5千米，实现连队通柏油路的目标。重点建设五一农场场部和经济开发区，带动垦区小城镇建设。加强生态环境建设和保护，注重人工生态与自然生态相结合，抓好防护林和经济林建设。保护草原，围栏天然草场2万公顷，建设人工草料基地2千公顷，新建牲畜棚圈100栋，牧民定居50户。对南郊多风的贫瘠土地退耕还林3.3千公顷。加强对工业和生活污染源的防治，推广清洁生产技术。防止过量使用化肥、农药和农膜带来的环境和生态污染，保护耕地质量。

生活质量　2005年，职工年均收入达到9 000元，年均增长7.4%。人均住房建筑面积达到25平方米，危旧住房改造全部完成。解决农牧区3.6万人及3万头牲畜吃水问题。生活质量显著提高，过上比较宽裕的小康生活。

社会发展　人口自然增长率5‰，总人口控制在6万以内，城镇化水平显著提高。社会保障制度健全完善，登记失业率控制在2.5%。高中阶段教育普及率达到85%以上。人人享有卫生保健。平均期望寿命男性达到72岁，女性达到74岁。增加城镇文化体育设施，师及6个农牧团场均建有职工文化活动中心。广播电视覆盖率达到100%，有线电视入户率达到85%。加强精神文明、民主法制建设。

【农十三师发展目标】

经济总量　2005年，国内生产总值达到7.05亿元（2000年价），年均增长9.9%，人均国内生产总值8 494元。五年全社会固定资产投资15亿元。经济结构一产调优，围绕特色经济区，发展优质高产高效特色农业，促进农业产业化，重点抓好“白、绿、畜”工程。白：棉花面积1.1万公顷，总产1.82万吨；绿：葡萄面积0.87万公顷，总产12.75万吨；畜：牲畜存栏43.5万头(只)，肉类总产5 974吨。二产做强，培育壮大支柱工业，改造传统工业。重点抓好碱化工（硫化碱3万吨、苯甲醚8 000吨）、铜镍矿采选（金属镍1 800吨）、水泥（5万吨）、节水器材（5 000吨，可装备2万公顷）和农畜产品加工等行业。三产做大，搞活传统服务业，加快发展新兴服务业。大力开拓市场，发展贸工农一体化、产供销一条龙、公司加农户等产业化流通组织形式，为工农业生产提供全方位优质服务。鼓励和引导个体、私营商业发展。发展信息、技术、中介等服务业；抓好鲜活商品的保鲜、储藏、包装、运输业；开拓物业管理和社区服务业。

三次产业结构由51: 26: 23调整为50: 27: 23。

基础设施建设　2005年，实现所有干支斗渠全防渗，耕地达到2.67万公顷，其中喷、滴、涌泉灌面积达到1.67万公顷。修建565.2千米的垦区道路。重点建设黄田、火箭、红星一场三个农场部，带动整个垦区小城镇建设。

生态环境　在淖毛湖等六个农场开发区处于强迎风的地带，种植防风基干林和生态保护林0.33万公顷，山北地区全部实现畜牧饲草基地化，山南部分地区实行退耕还草0.33万公顷。

生活质量　2005年，职工年均收入达到10 000元，年均增长9.2%，总体过上比较宽裕的小康生活。城镇人均住房建筑面积25平方米，团场人均30平方米。电话普及率每百户50部。广播电视综合覆盖率达到98%，有线电视入户率达到70%。

社会发展　人口自然增长率控制在8.2‰，总人口8.3万人，城镇化水平达到35%。完善社会保障制度，努力扩大就业，城镇登记失业率控制在3.8%以内。巩固提高九年义务教育，普及高中阶段教育，发展多层次、多形式的职业技术教育。加快医改步伐，管理体制向社区卫生服务转变，落实人人享有卫生保健。发展群众体育运动，普及和深入开展全民健身活动，提高职工健康水平。人均期望寿命73岁。加强社会主义精神文明和民主法制建设，全面提高职工、群众思想道德素质和科学文化素质，努力形成良好的社会风尚。

【农十四师发展目标】

经济总量　国内生产总值达到1.51亿元（2000年价），年均增长10%，人均国内生产总值5 800元。五年全社会固定资产投资13.34亿元。

经济结构　依托老垦区、开发（皮墨）新垦区，使老垦区与新开发区协调发展。2005年，特色林果业和畜牧业产业化初具规模，区域特色农业经济新格局基本形成。种植业调整为粮食、棉花、饲料饲草的三元结构。牧业在农业的比重占到25%以上，以养羊、马鹿、驼鸟等特种动物为主大力发展畜牧业。果园面积达到0.53万公顷，其中甜石榴、核桃、红枣面积占80%以上，林果业在农业中的比重逐年增加，果、畜两业成为农业中的主导产业。二产做强农产品加工、乡镇企业和建筑业。扩大、提升三产，培育龙头企业，搞好产销服务，推动产业化进程，发挥"亚鑫"进出口公司优势，做大进出口贸易，推动市场。2005年，社会消费品零售总额达到4 400万元，进出口总额2.5亿美元。三次产业由40.5∶10.5∶49调整为40∶12∶48。改组国有经济，改革国有企业，鼓励个体和私营经济发展，重点抓好"亚鑫"进出口公司改制上市工作。2005年，非国有经济达到80%。

基础设施　实施1.33万公顷节水工程，完成两个老农场的全部耕地、园地的喷滴灌建设。皮墨开发区建设，做到经济、社会、生态协调发展。一期工程争取用三年时间，开发2万公顷，再用三年时间完成二期工程，总规模达到3.33~4万公顷。2005年，垦区有效灌溉面积达到1~1.33万公顷。交通建设依托国道，加快场内道路建设，改善路面质量，实现连连通公路。能源建设依托乌鲁瓦提水利枢纽工程的电力供应，完成农电网改造，彻底解决农场用电问题。重点实施皮山农场场部建设，带动垦区小城镇建设。

生态环境　以防风防沙为中心，种树种草相结合，遏制生态环境恶化趋势。期末，垦区森林覆盖率达到7%。改造中低产田，增加土壤肥力，提高耕地质量。控制农业污染，改善团场生态环境。

生活质量　2005年，职工年均收入达到6 500元，年增长10.8%。完成危旧住房改造，城镇人均住房建筑面积21.5平方米，团场23平方米，电话普及率百户40部，广播电视覆盖率达到90%，整体实现小康。

社会发展　人口自然增长率10.6‰，总人口2.6万人，城镇化水平达到20%。社会保障体系比较健全。普及九年义务教育。人人享有卫生保健。职工思想道德和科学文化素质提高，法制观念增强，社会稳定，职工安居乐业。

二、重点规划地区发展战略、方向和任务

【石河子经济技术开发区发展目标】

石河子经济技术开发区位于石河子市区的东南侧，与老市区和石河子大学毗邻。石河子市东距乌鲁木齐市150千米，西距奎屯市100千米，地处天山中段北麓，准噶尔盆地南缘，为新疆天山北坡经济带的中心。

抓住西部大开发的历史机遇，进一步解放思想，发挥优势，提升产业结构，优化投资环境，科技兴区，坚持“三为主一致力”（以工业项目为主，以利用外资为主，以出口创汇为主，致力于发展高新技术）产业思路，实现跨越式发展。

按照“统一规划，分步实施，注重效益，滚动发展”的原则，坚持高起点规划、高标准设计、新机制运行。把开发区建设成为规划合理、经济发展、社会安定、环境优美、风格独特的新城区，成为农八师、石河子市重要的经济增长点。

经济发展　2005年实现国内生产总值13.44亿（2000年价）年均增长34.76%，人均国内生产总值2.24万元，其中工业增加值9.4亿元，年增长35.31%。二产在国内生产总值中占到80.1%。进出口总额1.2亿美元，年均增长1.2倍。实现税利1.8亿元，年增长33.57%。五年开发区投资14.47亿元。

建设四个基地　兵团实施农业产业化的基地、引资引智和扩大出口的工业基地、高新技术创业基地和人才流、资金流、物资流的集散基地。发展五大支柱产业：以乳制品、葡萄酒、番茄制品、果蔬饮料为代表的绿色食品工业；以优质高档棉纺服装为代表的纺织工业；以节水灌溉器材、节水剂、采棉机械为代表的农业装备工业；以精细化工、生物化工为代表的化学工业；以应用高科技为主的信息、生物工程工业。

“十五”期间，预计引进工业项目22个，总投资44亿元。项目全部建成后可新增工业总产值54亿元，新增工业增加值17亿元，可实现利润11亿元。

基础设施　北三路以南、北一路以北5.3平方千米的道路、给排水、供热、电网、通讯光缆建设，约投资7亿元；保税及仓储区“六通一平”和铁路专用线建设，约投资2亿元；城市绿化环境建设，绿化覆盖率达到35%以上，投资1.8亿元。

生态环境　开发区禁止污染严

重、而又难以治理达标的项目进区，提高工业企业废水、废气处理率和达标率。尽快通过EMS—ISO14000环境管理体系认证。

社会发展　2005年，人口达到6万。区内职工年均工资（扣除物价上涨因素）增长15%～20%，消费结构、消费水平和生活质量得到较大改善。居民恩格尔系数降至35%，文化、教育、娱乐支出占居民消费的比重达到30%以上，人均居住面积达到15平方米。社会保险普及、基本保险统一、实现社会化管理。在规划的生活区内集中建设育婴、幼儿入托和学校教育设施，普及九年义务教育，增设高质量的高级中学，创办与国际接轨的特色学校。在校生达到5 000人，力争成为兵团素质教育评估督导一级学校。卫生保健事业突出预防和保健两个重点，保障人民群众的基本医疗保健要求，开发区医院要引进新的用人机制，走联合办院道路，力争办成二甲医院。依托市区力量，加强广播电视及体育项目建设，开办文化市场，兴建群众健身设施。建立健全社区服务体系，为居民提供全方位的社会服务。加强社会主义民主与法制建设，强化社会治安，加强综合治理和防范工作，保证开发区社会稳定，文明礼貌，健康有序。

【皮墨开发区发展目标】

开发区位于塔克拉玛干大沙漠南缘、和田地区皮山县与墨玉县交界处的阿贡兰干地区，南距315国道近2千米，东距墨玉县城直线距离36千米。

坚持高起点、高质量、高效益，大力发展特色经济。采用高新技术节水，用新理念配置资源，走经济、社会、生态协调发展的路子。

一期工程争取用3年时间，开发2万公顷，再用3年时间完成二期工程，使总规模达到3.33～4万公顷。

开发方式　采用地面简易平整加微灌（涌泉灌加微灌），种树种草，固沙防风。

经营方式　以市场为导向，因地制宜，突出重点，体现特色，大力发展以甜石榴、核桃、红枣、开心果、巴旦杏等特色干果和农区牧业。依托一产，协调发展二、三产业。

开发区建设中心城镇一座，完善各项服务功能，创造优良的投资环境，制定优惠的政策，大力引进建设资金，先进技术和管理经验，用政策、待遇、事业、感情吸引并留住各类人才，开展多层次、多渠道、多形式的经济技术合作，大力发展开放型经济。

经过努力，力争把皮墨开发区建设成为西部大开发中治沙防沙生态综合治理的示范区，建设成为发展区域特色经济、“两高一优”现代农业示范区。

【农十师南部开发区发展目标】

位于新疆塔城地区和布克赛尔蒙古自治县境内夏孜盖乡东南侧、农十师184团境内，北距农十师师部北屯160千米，南距克拉玛依市140千米。该区土地、光热、矿藏资源丰富。

184团土地面积6.87万公顷，到2000年已开发0.52万公顷，播种面积只有 880 公顷。该区地形平坦，土壤含碱低，潜在养分较高，宜耕地约 6 万公顷，积温较高，适宜种植棉花等各种作物，地下资源主要是膨润土、石英砂和煤炭。膨润土已探明储量 C + D 级 4. 5 亿吨，各项技术指标列在世界前列；石英砂矿与蛋白土矿伴生，估算储量 2 300 万立方米，SiO_2 平均含量 83. 18%；煤炭探明工业储量 1. 2 亿吨，其中 B + C 级 9 956 万吨，煤种以长焰煤和不粘结煤为主，贫、瘦煤次之。以上三个矿种均有小量开发。

开发区开发总规模 5 万公顷，分三期实施：一期开发土地 1. 34 万公顷，二期开发 2. 33 万公顷，三期开发 1. 33 万公顷。

一期开发 1. 34 万公顷中净增耕地 9. 3 千公顷，工程内容主要包括水土开发、水利工程、建筑工程、园林建设、农机配套、道路、输电、通讯等，总投资 3. 1 亿元。

水利工程 1998 年已开始实施，到 2001 年新修干渠 21. 21 千米，分干渠 10. 8 千米，支斗渠 38 千米，构筑物 108 座，新修水库一座，蓄水量 2 200 万立方米，开发土地 4. 5 千公顷，引进 52 台 DYP 喷灌机，植树造林 37 公顷，电力线路 25 千米，建房 176 户，后续开发正在实施中。

VI 招商引资信息

一、兵团鼓励外商投资优势产业

【农、林、牧、渔业】

1. 中低产农田改造；

2. 棉花生产（产品全部直接出口）；

3. 蔬菜（含西甜瓜、番茄、酿酒葡萄、食用菌）、水果无公害栽培技术及产品系列化开发、生产；

4. 糖料、果树、花卉、牧20等农作物优质高产新技术、新品种（转基因品种除外）开发、生产；

5. 花卉生产与苗圃基地的建设、经营；

6. 农作物秸秆还田及综合利用、有机肥料资源的开发生产；

7. 甘草、麻黄草等中药材种植（限于合资、合作）；

8. 林木营造及良种培育、引进（速生造纸用林木）；

9. 优良种畜种禽、良种奶牛、水产苗种繁育（不含我国特有的珍贵优良品种）；

10. 名特优水产品养殖；

11. 防治荒漠化及水土流失的植树种草等生态环境保护工程建设、经营。

【纺织业】

1. 工程用特种纺织品生产；

2. 高档织物面料的织染及后整理加工；

3. 棉纺织生产企业技术改造及新产品开发；

4. 差别化化学纤维及芳纶、氨纶、碳纤维等高新技术化纤生产

【食品加工业】。

1. 粮食、蔬菜、水果、畜禽产品、水产品的储藏、保鲜及加工；

2. 果蔬饮料、蛋白饮料的开发、生产；

3. 婴儿、老年食品及功能食品的开发、生产；

4. 乳制品生产；

5. 生物饲料、蛋白饲料的开发、生产；

6. 油脂加工副产品综合利用及其精细化工产品的生产；

7. 系列番茄制品生产；

8. 高档葡萄酒生产。

【建材业】

1. 日产2 000吨及以上新型干法水泥熟料生产；

2. 新型建筑材料生产（轻质高强多功能墙体材料、高档环保型装饰装修材料、优质防水密封材料、高效保温材料）；

3. 蛋白土、膨润土、石棉等非金属矿深加工（超细粉碎、高纯、精制、改性）。

【农用设备制造业】

1. 农业、林业、畜牧业机械新型设备制造；

2. 农作物秸秆还田及综合利用设备制造；

3. 新型节水灌溉设备制造；

4. 设施农业设备制造。

【其他】

1. 原料林基地的林浆纸一体化工程的建设、经营（限于合资、合作）；

2. 高档纸及纸板生产（新闻纸除外）；

3. 针状焦、煤焦油深加工；

4. 精细化工：催化剂、助剂及石油添加剂新产品、新技术，食品添加剂、饲料添加剂，表面活性剂，水处理剂，胶粘剂，无机纤维、无机粉体填料生产；

5. 天然香料、合成香料、单离香料生产；

6. 生物肥料、高浓度化肥（钾肥、磷肥）、复合肥料生产；

7. 废气、废液、废渣综合利用和处理、处置；

8. 中药现代化生产技术（中药饮片传统炮制工艺技术除外）；

9. 兽用抗菌原料药生产（包括抗生素、化学合成类）；

10. 兽用抗菌药、驱虫药、杀虫药、抗球虫药新产品及新剂型开发与生产；

11. 植物农药生产技术；

12. 农膜新技术及新产品（光解膜、转光膜、多功能膜及原料等）开发与生产；

13. 废旧塑料的消解和再利用；

14. 煤炭及伴生资源勘探、开发；

15. 铜矿勘探、开采；

16. 煤矸石综合开发及利用；

17. 新型墙体材料开发及生产。

【电力、煤气及水的生产及供应业】

1. 热电联产电站的建设、经营；

2. 发电为主水电站的建设、经营；

3. 新能源电站的建设、经营（包括风能、太阳能等）；

4. 城市供水厂建设、经营；

5. 天然气供气工程的建设、经营（中方控股）。

【水利管理业】

1. 水资源合理开发、利用与保护工程；

2. 综合水利枢纽的建设、经营（中方相对控股）。

【交通运输、仓储业】

*1. 公路货物运输公司；

2. 运输业务相关的仓储设施建设、经营。

注：

标*的条目与我国加入世界贸易组织的承诺有关，属于逐步开放领域（下同）。具体内容：

1. 公路货物运输公司：不迟于2002年12月11日允许外方控股；不迟于2004年12月11日允许外方独资。

2. 一般商品的批发、零售、物流配送：限定条件为：商品交易、直销、邮购、网上销售、特许经营、委托经营、销售代理、商业管理等各类商业公司，以及粮、棉、植物油、食糖、药品、烟草、汽车、原油、农业生产资料的批发、零售、物流配送；图书、报纸、期刊的批发、零售业务；成品油批发及加油站建设、经营。

（1）佣金代理、批发（不包括盐、烟草）：不迟于2002年12月11日允许外商投资，外资比例可达50%，但不允许经营书报杂志、药品、农药、农膜、化肥、成品油、原油；不迟于2003年

12 月 11 日允许外方控股；不迟于 2004 年 12 月 11 日允许外方独资，允许经营书报杂志、药品、农药、农膜；不迟于 2006 年 12 月 11 日允许经营化肥、成品油、原油。

（2）零售（不包括烟草）：允许外商投资，但不允许经营书报杂志、药品、农药、农膜、化肥、成品油；不迟于 2002 年 12 月 11 日允许外资比例可达 50%，允许经营书报杂志；不迟于 2003 年 12 月 11 日允许外方控股；不迟于 2004 年 12 月 11 日允许外方独资，允许经营药品、农药、农膜、成品油；不迟于 2006 年 12 月 11 日允许经营化肥。经营产品包括汽车（不迟于 2006 年 12 月11 日取消限制）、书报杂志、药品、农药、农膜、成品油、化肥、粮食、植物油、食糖、烟草、棉花的超过 30 家分店的连锁店不允许外方控股。

（3）特许经营和无固定地点的批发、零售：不迟于 2004 年 12 月 11 日允许外商投资。

3. 会计、审计：限于合作、合伙。

【批发和零售贸易业】

*一般商品的批发、零售、连锁经营、物流配送。

【社会服务业】

1. 污水、废渣、垃圾处理厂，危险废物处理处置厂（焚烧厂、填埋场）及环境污染治理设施的建设、经营；

2. 旅游景区（点）及其配套设施的开发、建设和经营；

3. 国际经济、科技、环保信息、农业技术咨询服务；

*4. 会计、审计。

【其他】

1. 普通住宅的开发建设；

2. 老年人、残疾人服务；

3. 高等教育机构（限于合资、合作）；

4. 生物工程与生物医学工程技术；

5. 节约能源开发技术；

6. 资源再生及综合利用技术；

7. 环境污染治理及监测技术；

8. 防沙漠化及沙漠治理技术；

9. 研究开发中心；

10. 高新技术、新产品开发与企业孵化中心；

11. 资源节约与综合利用技术；

12. 环保产业开发及应用技术。

二、招商引资机构

【兵团主要招商引资机构】

兵团负责招商引资的机构主要是计划委员会、对外经济贸易局、经济协作办公室和经济贸易委员会等。它们的主要职责是：贯彻执行国家有关吸收外资的法律和政策，按照兵团经济发展战略和产业政策，制定指导外商投资的具体规定和行业项目；负责审批投资总额在3 000万美元以下，建设和经营条件不需要国家和自治区综合平衡的外商投资项目；对全兵团外商投资项目进行客观指导和管理，推进、督促和协调解决兵团外商投资企业在筹建和生产经营过程中所遇到的问题，使外商投资企业能按国家颁布的法律和政策进行生产和经营；为外国投资者介绍兵团的投资环境和投资政策，扩大合作伙伴，提供政策、法律等多种咨询服务，处理外国投资者的来信、来访和投诉。

兵团计划委员会
地址：新疆乌鲁木齐市光明路15号
电话：0991-2890136
传真：0991-2821831

兵团对外经济贸易合作局
地址：新疆乌鲁木齐市民主路67号
电话：0991-2826427
传真：0991-2833981

兵团经济协作办公室
地址：新疆乌鲁木齐市民主路67号
电话：0991-2824455

兵团经济贸易委员会
地址：新疆乌鲁木齐市东风路61号
电话：0991-2619709
传真：0991-2624418

【企业设立程序】

1. 合资企业、合作企业设立程序

程序	需呈报的文件	审批部门
1. 项目建议书审批	(1)项目建议书及呈报文件； (2)协议书	计划委员会(新建项目)； 经济贸易委员会(技改项目)； 对外贸易经济合作局
2. 可行性研究报告审批	(1)可行性研究报告及呈报文件； (2)环保评估证明、国有资产评估确认； (3)预先名称核准登记证明； (4)合营各方的合法开业证明及资信证明	计划委员会(新建项目)； 经济贸易委员会(技改项目)； 对外贸易经济合作局

续表

程序	需呈报的文件	审批部门
3. 名称核准登记	(1)组建负责人签署的申请书； (2)项目建议书及批件； (3)合营各方的合法开业证明	工商行政管理局
4. 合同、章程审批	(1)设立外资企业申请书； (2)外资项目立项批复； (3)可行性研究报告； (4)外资企业合同、章程； (5)外资企业法定代表人(或者董事会人选)名单； (6)外国投资者的法律证明文件(营业执照)和资信证明文件； (7)名称预先核准登记； (8)需要进口的物资清单； (9)其他需要报送的文件	对外贸易经济合作局
5. 办理企业代码证号	(1)名称预先核准登记； (2)合同、章程批复	质量技术监督局
6. 领取批准证书	上述所列全部文件	对外贸易经济合作局
7. 办理工商营业执照	(1)中方企业登记申请报告； (2)可行性研究报告、合同、章程呈批文件及批准文件； (3)批准证书副本； (4)董事会成员名单、董事委派书、简历及身份证明； (5)正、副总经理推荐书、简历及身份证明； (6)登记机关认为必要的其他材料	工商行政管理局

2. 独资企业设立程序

程序	需呈报的文件	审批部门
1. 可行性研究报告审批	投资方的营业执照(身份证明)及资信证明	计划委员会(新建项目)； 经济贸易委员会(技改项目)； 对外贸易经济合作局
2. 名称核准登记	同合资、合作经营企业	工商行政管理局
3. 设立企业审批	(1)设立企业申请报告； (2)拟设立企业所在地师级主管部门书面答复； (3)可行性研究报告； (4)企业章程； (5)投资者营业执照(身份证明)； (6)投资者有效的资信证明； (7)投资者近3年资产负债表(个人投资免)； (8)厂房租赁或购买合同； (9)设立企业的董事会成员委派书及简历； (10)企业进口设备物料清单； (11)环保评估证明； (12)审批部门认为必要的其他补充材料	对外贸易经济合作局

续表

程序	需呈报的文件	审批部门
4. 办理企业代码证号	(1)名称预先核准登记; (2)合同、章程批复	质量技术监督局
5. 领取批准证书	上述所列全部文件	对外贸易经济合作局
6. 办理工商注册登记	同合资、合作经营企业	工商行政管理局

【兵团驻外办事处】

兵团驻北京办事处
地址：北京朝阳区德胜门外双泉堡
邮编：100085
电话：010-64872221 转 3212（办公室）
传真：010-64874680

兵团驻上海办事处
地址：上海市复兴中路 335 号
邮编：200025
电话：021-63843494（办公室）
传真：021-63841093

兵团驻广州办事处
地址：广州市天河区燕岭路 29 号燕岭大厦六楼
邮编：510507
电话：020-87637639（办公室）
传真：020-87641601

兵团驻天津办事处
地址：天津市河东区华兴街中段（天津站后广场
邮编：300011
电话：022-24412564（办公室、传真）

兵团驻西安办事处
地址：西安市西七路六谷庄 2 号
邮编：710003
电话：029-7441484（办公室）
传真：029-7449048

兵团驻深圳办事处
地址：深圳市深南中路华垦大厦十二楼
邮编：518037
电话：0755-83651151
传真：0755-83651150

兵团驻珠海办事处
地址：珠海市白莲路 113 号 71 栋二单元 102 室
邮编：519015
电话：0756-3336439

兵团驻海口办事处
地址：海口市滨海大道花园新村 A1 栋 505 室
邮编：570105
电话：0898-66775823

【兵团各师主要宾馆】

单位	宾馆名称	星级	地址	电话
农一师	农一师招待所		阿克苏市西大街72号	0997-2124363
	金银川宾馆	二星	乌鲁木齐市火车南路北侧	0991-5838888
农二师	博斯腾宾馆	二星	库尔勒市人民西路	0996-2022118;2022253
	孔雀大厦	二星	乌鲁木齐市友好南路71号	0991-4522988
农三师	前海宾馆		喀什市人民西路199号	0998-2822584
农四师	花城宾馆	三星	伊宁市阿合买提江街7巷5号	0999-8125050
	伊力特大酒店		伊宁市迎宾路8号	0999-8035600
	伊力大酒店	三星	乌鲁木齐市长江路80号	0991-5856888;5853635
农五师	星光宾馆		博乐市人民路3号	0909-2220635;2220219
	艾比湖大酒店	三星	博乐市北京路290号	0909-2266111;2266088
农六师	五家渠宾馆		五家渠军垦路	0994-5800359
	青湖宾馆		五家渠南垦路	0994-5801592
	中山宾馆		乌鲁木齐市中山路104号	0991-2810481
	准噶尔宾馆		乌鲁木齐市北京南路5号	0991-4813982
农七师	军垦宾馆	三星	奎屯市团结东路12号	0992-3212233
农八师	石河子宾馆	二星	石河子市东环路	0993-2012587
	石河子供销大厦	二星	石河子市西环路	0993-2017624
	石河子金融大厦	二星	石河子市北四路	0993-2032288;2032388
	石河子大厦	三星	乌鲁木齐市西北路10号	0991-4524123;4516092
农九师	朝阳宾馆		新疆额敏县光明路	0901-3349658
农十师	北屯宾馆	二星	新疆北屯团结路230号	0906-3374864
农十二师	中心接待站		乌鲁木齐市五一农场路口	13039490987
农十三师	华宇宾馆	二星	哈密市融合路102号	0902-2234596;2234575
	九重天大厦	二星	哈密市天山北路4号	0902-2315656;2318169
农十四师	农十四师招待所		和田市乌鲁木齐北路20号	0993-2512375
建工师	建工师宾馆		乌鲁木齐市新民路47号	0991-2623695;2625227

三、重大引资项目

（一）种植业

【现代化灌溉工程项目】

1. 基本情况：兵团土地面积大，水资源相对短缺，为实现水资源永续利用、农业可持续发展，近年来，广泛开展了节水灌溉的科学试验活动，大力发展节水农业，制定了一系列政策与措施，目前已建成喷、微灌面积近 10 万公顷，大幅度提高了水资源利用率及水资源综合效益。

2. 建设内容：新建喷微灌 26.7 万公顷，其中：喷灌 10 万公顷、微灌 16.7 万公顷；渠道防渗 3 500 标准千米，地下输水管道 1.34 万千米，建筑物配套工程 1 万座，灌溉自动化控制示范面积 1.3 万公顷。项目建设期 5 年。

3. 项目总投资：37.3 亿元，其中：基础设施建设 18.46 亿元，田间工程建设 18.84 亿元。投资比例双方协商。

4. 效益估算：项目建成后，年节水 10 亿立方米，其中：喷灌节水 3 亿立方米，微灌节水 6 亿立方米，渠道防渗节水 1 亿立方米。财务内部收益率 23%，静态投资回收期 7.26 年。

5. 合作方式：合作、合资、补偿贸易。

6. 联系方式：

单位：新疆生产建设兵团计划委员会
电话：0991-2890139
传真：0991-2821831
地址：新疆乌鲁木齐市光明路 15 号
邮编：830002

【40 万公顷机采棉项目】

1. 基本情况：兵团不仅具备发展棉花生产的光热、土地资源，而且棉花生产技术、管理水平、单产水平在新疆乃至全国都处于领先地位，是国家重要的优质棉生产基地。2000 年兵团棉花播种面积 41.1 万公顷，“十五”期末，棉花面积将达到 45.3 万公顷，棉花生产能力达到 90～100 万吨，出口 40 万吨。

2. 建设内容：“十五”期间，计划实施机采棉面积 40 万公顷，其中兵团南疆垦区 18 万公顷，东疆垦区 0.7 万公顷、北疆垦区 21.3 万公顷。配备采棉机 1200 台，其中南疆垦区 540 台、东疆垦区 20 台、北疆垦区 640 台；新建 64 座现代化清花轧花工厂。

3. 项目总投资：16 亿元。

4. 效益估算：全部投资回收期税后 9.09 年，财务内部收益率税后 11.07%。

5. 合作方式：合资、合作。

6. 联系方式：
单位：新疆生产建设兵团农机局
电话：0991－2890289
传真：0991－2890287
地址：新疆乌鲁木齐市光明路15号
邮编：830002

【40万吨优质出口棉基地建设项目】

1. 基本情况：兵团2000年棉花种植面积达41.1万公顷，总产量69.4万吨，是我国重要的优质商品棉基地。"九五"中期开始实施品牌战略，组建了棉花集团，统一采收方式、统一品牌、统一包装，棉花质量优，品牌信誉好，深受客商的信赖。"十五"期间兵团将建设优质出口棉基地，到"十五"末，使兵团出口棉达到40万吨。

2. 建设内容：

品质优化工程：3个育种家种子基地、7个原种基地、8个商品种子基地；

可持续无公害植保工程：完善10个配套植物病虫害综合治理站、建设生防技术中试开发基地等；

植棉全程机械化工程：15个机采棉示范基地、2个机采棉培训维修中心、15个棉花精量播种机械技术推广点；

水肥高效利用系统工程：10个高标准节水示范点、25个土壤养分动态监测体系等；

无形市场网络工程：1个棉花数据库、6个棉花交易上网工程；

技术服务体系；

标准质量控制体系。

3. 项目总投资：9.63亿元。

4. 效益估算：财务内部收益率税后为11.7%。投资回收期税后10.7年。

5. 合作方式：合资、补偿贸易。

6. 联系方式：
单位：新疆生产建设兵团计划委员会
电话：0991-2890139
传真：0991-2821831
地址：新疆乌鲁木齐市光明路15号
邮编：830002

【兵团3.3万公顷番茄原料基地建设项目】

1. 基本情况：新疆得天独厚的光热条件使番茄系列制品生产迅速发展。2001年兵团番茄种植面积达1.6万公顷，番茄酱生产能力达18万吨，已成为兵团出口创汇的优势产业。兵团番茄种植水平高、经验丰富，具备产业化生产的条件。

2. 建设内容：2004年在兵团农二、六、七、八师建成番茄原料基地3.3万公顷。建设育苗温室31.3公顷，配套3.3万公顷滴灌设施；购置885台（套）栽培农机具。

3. 项目总投资：7.25亿元。

4. 效益估算：财务内部收益率17.9%，投资回收期8.2年。基地按绿色食品标准生产原料，保证番茄加工制品达到30万吨，2005年番茄制品出口量约占国际市场的10%。

5. 合作方式：合资、合作、补偿贸易等。

6. 联系方式：
单位：新疆生产建设兵团农业局
电话：0991-2890283

传真：0991-2890280
地址：新疆乌鲁木齐市光明路 15 号
邮编：830002

【长绒棉基地建设项目】

1. 基本情况：农三师是国家批准的优质商品棉基地，棉花生产已具有相当规模。该师水土资源开发潜力大，光热资源丰富，年日照时数 2 700 小时以上，10℃以上积温在 4 300℃，无霜期 212～225 天，非常适宜长绒棉生长。加之长期积累的丰富植棉经验和先进的技术手段，生产的长绒棉单产高，品质好，经济效益显著。

2. 建设内容：0.7 万公顷长绒棉基地，包括中低产田改造、农田水利建设、农田防护林建设、皮棍轧花机房及设备、晒场、住房等。项目建设期为三年。

3. 项目总投资：1 亿元（其中厂房及设备 0.1 亿元）。

4. 效益估算：投资利润率 38.41%。

5. 合作方式：合资、合作、补偿贸易等。

6. 联系方式：

单位：新疆生产建设兵团农三师计划委员会
电话：0998-2525971
传真：0998-2523729
地址：新疆喀什市克孜都维路 440 号
邮编：844000

【优质饲草饲料基地建设项目】

1. 基本情况：阿勒泰地区是我国重要的天然牧场，草场广阔，水草丰美，空气清新，河水清澈。本地区俗言："牛羊吃的中草药，喝的矿泉水，走的黄金道"。农十师地处阿勒泰地区，具有发展畜牧业优势，"十五"期间实施"双百万"工程，到 2005 年，全师牲畜存栏数达到 100 万只标准畜，年加工肉羊（牛）100 万只（头），为发展人工种植饲草提供了难得的发展机遇和商机。

2. 建设内容：种植优质饲草饲料 1.3 万公顷。其中：苜蓿 0.7 万公顷，饲料玉米 0.3 万公顷，青贮玉米 0.3 万公顷。

3. 项目总投资：2 000 万元。

4. 效益估算：年销售收入 6 775 万元，利润（税后）737.17 万元，投资利润率 29.2%，投资回收期 6.78 年。具有较好的社会效益和生态效益。

5. 合作方式：合资。

6. 联系方式：

单位：新疆生产建设兵团农十师畜牧局
电话：0906-3371310-6812
传真：0906-3374248
地址：新疆北屯市团结路农十师畜牧局
邮编：836000

【甘草产业化项目】

1. 基本情况：甘草被誉为"众药之王"，在祖国传统医学宝库中占有重要的地位，并广泛地应用到食品、饮料、烟草、化工酿造、国防等行业。农三师非常适合甘草的生长，有人工管护野生甘草 13 千公顷，人工种植甘草 0.7 千公顷。该师是首批取得国家经贸委核发的 51 家甘草、麻黄草专营许可证单位之一，并持有甘草提取物生产许可证。2000 年生产甘草浸膏 1 000 吨左右。拟在“十五”期间人工种植甘草 7 千公顷，加强和完善野生甘草的人工养护，进行加工升值。

2. 建设内容：年生产甘草浸膏 3 000 吨，甘草切片 3 000 吨，条草 1.8 万吨；其他配套工程。

3. 项目总投资：1.99 亿元。

4. 效益估算：所得税前利润 0.61 亿元，税后利润 0.41 亿元，投资回收期 6.25 年。

5. 合作方式：合资、合作、技术开发。

6. 联系方式：

单位：新疆生产建设兵团农三师计划委员会

电话：0998-2525971

传真：0998-2523729

地址：新疆喀什市克孜都维路 440 号

邮编：844000

【有机番茄基地建设项目】

1. 基本情况：项目建设区兵团农五师 84 团在新疆博尔塔拉蒙古自治州境内，具有日照时间长、昼夜温差大、土壤、气候、地下水等环境资源优势，适合种植有机番茄。2001 年底，中国首家有机番茄基地项目通过了国际权威机构德国纽伦堡 BCS 有机认证有限责任公司的认证，确认农五师 84 团等地生产的有机番茄产品，达到了欧盟规定标准。2001 年，该团生产的 1 万余吨有机番茄酱全部销往欧洲。在欧洲市场上，环保性绿色农产品的价格比一般农产品的价格高两倍，绿色食品的赢利空间很大。

2. 建设内容：

（1）实施灌溉面积 667 公顷；

（2）新增机电井配套 14 眼；

（3）架设输变电线路 24 千米；

（4）滴灌 623 公顷等。

3. 项目总投资：800 万元。

4. 效益估算：到项目定型年，可新增产值 561 万元。

5. 合作方式：合资、合作、独资、补偿贸易。

6. 联系方式：

单位：新疆生产建设兵团农五师经协办、农五师项目办

电话：0909-7671363、7671597、7671346

传真：0909-2270008

地址：新疆博乐市红星路

邮编：833400

【特种香精香料植物综合开发项目】

1. 基本情况：农四师位于伊犁哈萨克自治州境内，现种植薰衣草和薄荷等香料作物 667 公顷。随着食品、日用化学、加香行业的发展和人们对健康、环保意识的日益增强，世界天然植物香精香料的市场将会不断扩大。该师具有适合多种芳香植物生长的良好条件，区内薰衣草、椒样薄荷等香料作物已有 30 多年的种植历史，其精油质量优于国内同类产品。

2. 建设内容：

基地建设：种植特种香料植物 6 667 公顷，其中薰衣草 2 667 公顷，椒样薄荷 3 333 公顷，新产品开发 667 公顷（包括迷迭香、鼠尾草、百里香等）。

工厂建设：加工厂 1 座，年生产

薰衣草油200吨，薄荷油188吨。

3. 项目总投资：1.22亿元，其中固定资产1.1亿元，流动资产0.12亿元。

4. 效益估算：投资回收期5.5年，财务内部收益率25.2%。

5. 合作方式：合资、合作。

6. 联系方式：

单位：新疆生产建设兵团农四师计划委员会

电话：0999-8182425、8182426

传真：0999-8127203

地址：新疆伊宁市解放路219路

邮编：835000

【中药材生产基地建设项目】

1. 基本情况：农四师位于伊犁哈萨克自治州境内，全师有21个农牧团场，占地面积60.4万公顷，具有适合种植中药材的特种优势。为抓住西部大开发的历史机遇，调整产业结构，改善生态环境，发展我国的中医事业，拟建设中药材生产基地。

2. 建设内容：种植中药材8 670公顷，其中：甘草6 433公顷，枸杞2 000公顷，板蓝根100公顷，麻黄70公顷，党参33.3公顷，黄花33.3公顷。项目建设期5年。

3. 项目总投资：8 500万元，其中：基地建设4 500万元，加工生产建设4 000万元。

4. 效益估算：项目建成后，年利润3 240万元，投资回收期2.62年。

5. 合作方式：合资、合作。

6. 联系方式：

单位：新疆生产建设兵团农四师计划委员会

电话：0999-8182425、8182426

传真：0999-8127203

地址：新疆伊宁市解放路219路

邮编：835000

【农业现代化示范基地建设项目】

1. 基本情况：农二师29团被国家农业部授予全国农垦系统农机管理标准化先进单位称号。该团广泛采用高效优质农业机械，实现了农业规模经营，大大降低了生产费用和成本，提高土地的利用率，地膜回收率达到70%，同时光解膜、草纤膜等新型材料的使用，使土壤的污染程度越来越小，逐步向绿色环保农业迈进。

2. 建设内容：良种繁育基地667公顷、棉花种子轧花厂一座、棉种脱绒车间一座；分期引进棉花精量播种机50台、土壤与作物养分动态监测仪器一套、施肥机12台、160马力以上的拖拉机13台、激光找平仪2台、联合整地机13台、残膜回收机13台、籽棉清花设备1套。

3. 项目总投资：8 164万元。第一年投资2 722万元、第二年投资2 721万元、第三年投资2 721万元。

4. 效益估算：本项目符合国家“高产、优质、低耗、高效”的现代农业发展方针。项目完成后，年均利润可达902万元。

5. 合作方式：合资、合作。

6. 联系方式：

单位：新疆生产建设兵团农二师29团

电话：0996-2930218、2930216

地址：新疆库尔勒市吾瓦镇

邮编：841005

【高效、特种作物种子产业化项目】

1. 基本情况：兵团种子公司作为新疆制种行业的龙头企业，拥有技术水平较高的制种基地、完善的销售网络和严密的管理体系，建设条件较好。项目对促进兵团西部开发战略的实施，优化农产品结构，推动区域经济协调发展，增强企业效益意义重大。

2. 建设内容：制种基地面积 0.7 万公顷，年加工油料种子 400 万千克、特种玉米种子 600 万千克、西甜瓜种子 50 万千克、酱用番茄种子 20 万千克和红花种子 10 万千克。加工车间 1 000 平方米、烘干车间 500 平方米、种子库 12 500 平方米、种子鉴定室 2 000 平方米、购置设备和检验仪器 76 台（套）。

3. 项目总投资：4 959 万元。

4. 效益估算：财务内部收益率 16.1%，投资回收期 9.7 年。项目实施后，可带动兵团以及新疆农业种植结构调整，有利于农业生产的可持续发展。

5. 联系方式：

单位：新疆生产建设兵团种子公司
电话：0991-3820333
传真：0991-3819388、0991-2619679
地址：新疆乌鲁木齐市北京南路钻石城 11 号银通大厦
邮编：830011
E－mail: seed@ mail. xj. cninfo. net

【花卉、草业产业化建设项目】

1. 基本情况：兵团现有花卉基地 4 个，面积 112 公顷，年产各类种苗 180 万株，草坪面积 4 万平方米。由于新疆生态环境的复杂和多样，品种资源丰富，利用现已取得的成果，开发野生资源，加快成果转化，将会形成具有明显地域特色的产业。

2. 建设内容：到 2004 年在乌鲁木齐市、奎屯市、石河子市、库尔勒市建成野生花卉资源开发基地；实施草花制种及生产、草业生态工程；开发五项实用技术，转化五种野生花为商品，年产花卉 1 000 万株。投资建设研究基地 13.3 公顷、草花制种基地 66.7 公顷、无土育苗温室 60 个、全天候自控温室 40 个。

3. 项目总投资：1.08 亿元。

4. 效益估算：项目属集约型高效农业。财务内部收益率 26.2%，投资回收期 8.1 年。

5. 联系方式：

单位：新疆生产建设兵团农业局
电话：0991－2890291
传真：0991－2890280
地址：新疆乌鲁木齐市光明路 15 号
邮编：830002

【2 万吨/年红花建设项目】

1. 基本情况：农六师位于五家渠市，距首府乌鲁木齐市 40 余千米，交通、通讯便利，具有生产红花的良好自然条件，种植面积 3 333 公顷，红花籽单产最高达 2 100 千克/公顷。本项目开发红花油系列产品，可充分发挥原料、地域优势，是调整兵团油脂结构及地区农业经济结构的重要途径。

2. 建设内容：引进国际先进设备，建设红花油加工厂。项目完成后，各种油料加工能力 10 万吨/年，其中加工红花籽5万吨/年，生产红花油系列产品2万吨/年。

3. 项目总投资：6 242万元。

4. 效益估算：投资回收期6.07年，财务内部收益率23.19%。项目完成后，向市场提供的食疗保健营养油，是世界卫生组织推荐的食用油，社会效果显著。

5. 联系方式：

单位：新疆生产建设兵团农六师计划委员会

电话：0994-5800524

传真：0994-5800691

地址：新疆五家渠市

邮编：831300

E－mail: nlsxx－cl@ mail. xj. cninfo. net

【2万公顷鲜食葡萄基地项目】

1. 基本情况：葡萄具有分布广、耐旱、耐瘠薄、耐盐碱、耐高温、易种植管理等特点，在新疆属高产、高效的经济作物，也是天然的绿色食品。项目区光热资源丰富，基础条件较好，技术力量雄厚，职工具有种植葡萄的丰富经验。

2. 建设内容：2010年在兵团农六师、农七师、农八师、农十二师、农十三师建成鲜食葡萄生产基地2万公顷。主要建设苗木繁育体系，配套2万公顷滴灌系统，储藏保鲜设施，销售网络建设，科技服务体系建设等。

3. 项目总投资：10.3亿元。

4. 效益估算：财务内部收益率14.5%，投资回收期13.7年。项目建成后，有利于合理利用资源、优化产业结构、维护绿洲生态的良性循环、实现农业可持续发展，有利于提高产品质量和市场竞争力。

5. 合作方式：合资、合作。

6. 联系方式：

单位：新疆生产建设兵团林业局

电话：0991-2890291

传真：0991-2890280

地址：新疆乌鲁木齐市光明路15号

邮编：830002

【40万吨优质特色果品基地建设项目】

1. 基本情况：项目区设在农三师，该区光热资源丰富，年日照时数超过2 700小时，降雨量少，属灌溉绿洲农业，昼夜温差大，有利于果品糖分的积累。栽培的新梨5号（商品名称为贡梨）闻名遐迩，荣获全国首届农业博览会银质奖（未设金奖）、全国第二届农业博览会金奖，获得“绿色食品”称号，多年来畅销国内外，被确定为钓鱼台国宾馆接待外国元首及贵宾的指定产品。

2. 建设内容：建设40万吨优质特色果品基地，项目完成后，向市场提供优质特色果品40万吨，其中：贡梨20万吨，巴旦杏1万吨，杏7.5万吨，葡萄、石榴、桃等3.5万吨。

3. 项目总投资：3.43亿元。

4. 效益估算：年利润4 300万元，利润率12.5%，投资回收期8年。

5. 合作方式：合资、独资、补偿贸易。

6. 联系方式：

单位：新疆生产建设兵团农三师计划委员会

电话：0998-2525971

传真：0998-2523729
地址：新疆喀什市克孜都维路440号
邮编：844000

【香梨基地项目】

1. 基本情况：香梨栽培具有严格的地域性，新疆境内仅能在天山以南种植，是新疆名优特色产品和特色优质外贸出口商品，在国内外市场久负盛名，享有“水果之王”美称。项目区1999年香梨种植面积1万公顷，产量6.5万吨，产值1.62亿元。项目区具有独特的气候条件和资源优势，地势平坦，交通，通讯条件较好。随着我国加入WTO组织，水果出口量的逐步增加，大力发展香梨商品基地，将成为兵团新的经济增长点。

2. 建设内容：新建2.3万公顷香梨基地，130公顷脱毒苗圃繁育基地；改造4 700公顷低产果园；新建30万吨果品保鲜库。2010年农一师、农二师、农三师香梨总产达到75万吨。

3. 项目总投资：15.12亿元。

4. 效益估算：财务内部收益率14.0%，投资回收期12.5年。

5. 合作方式：合资、合作。

6. 联系方式：

单位：新疆生产建设兵团林业局
电话：0991-2890291
传真：0991-2890280
地址：新疆乌鲁木齐市光明路15号
邮编：830002

【0.3万公顷鲜食葡萄基地建设项目】

1. 基本情况：近年来，亚洲鲜食葡萄市场需求增长很快，美国和智利向亚洲出口提子每年高达50~60万吨，占领了高、中档市场，成为畅销品。俄罗斯由于受气候限制、水果产量少、品种单一，是鲜水果的最大消费市场和进口国，国产水果和进口水果各占50%。我国高档葡萄品种刚刚起步，每年从美国进口红提10~20万吨，市场前景比较乐观。因此，鲜食葡萄生产具有很强的市场竞争潜力。

2. 建设内容：建园3 000公顷、防护林267公顷、100套田管机械及50台小四轮拖拉机、机井50眼、修建防渗渠600千米、拟建1 000吨的自然冷源保鲜库5座。

3. 项目总投资：1.9亿元。

4. 效益估算：到2006年，年产鲜食葡萄7.5万吨，达产年销售收入2.18亿元。财务内部收益率（所得税后）20.44%，投资回收期（所得税后）7.5年。

5. 合作方式：合资、合作、独资、补偿贸易。

6. 联系方式：

单位：新疆生产建设兵团农五师经协办、项目办
电话：0909-7671363、7671597、7671346
传真：0909-2270008
地址：新疆博乐市红星路
邮编：833400

【1.3万公顷优质甜瓜基地建设项目】

1. 基本情况：新疆日照充足、气温干燥，非常适宜种植甜瓜，且栽培甜瓜历史悠久，是我国甜瓜面积最大、品质最佳、品种资源最丰富的地区。2001年兵团甜瓜面积7.45千公

顷，产量16万吨；兵团种植甜瓜的基础条件较好，技术力量雄厚，职工具有种甜瓜的丰富经验。

2. 建设内容：拟在农三师、农五师、农六师、农八师、农十二师建成1.3万公顷优质甜瓜生产基地，年产优质甜瓜40万吨。改造中低产田0.7万公顷，配套滴灌设施0.7万公顷；建设种苗基地，培育新品种，贮藏与加工设施，建立完善销售网络和服务体系。

3. 项目总投资：3.82亿元。

4. 效益估算：财务内部收益率21.9%，投资回收期8.3年。项目的建设有助于改善局部气候和农业生态环境，优化产业结构，提高产品质量和市场竞争力，实现农业可持续发展。

5. 合作方式：合资。

6. 联系方式：

单位：新疆生产建设兵团林业局

电话：0991-2890291

传真：0991-2890280

地址：新疆乌鲁木齐市光明路15号

邮编：830002

【优质酿酒葡萄基地建设项目】

1. 基本情况：农四师位于伊犁哈萨克自治州境内，地处伊犁河谷经济带，光照充足，土壤肥沃，土壤质地适应葡萄种植，尤其是62团和70团葡萄种植条件更佳，现已具有一定的规模。随着人们保健意识的日益增强，葡萄酒行业发展迅速，干红、干白及普通葡萄酒的消费量也越来越大，因此，建立优质酿酒葡萄基地发展前景广阔。

2. 建设内容：建设优质酿酒葡萄基地666.7公顷。项目建设期三年。

3. 项目总投资：1200万元。

4. 效益估算：项目建成后，年增加收入328.9万元，投资回收期3.65年。

5. 合作方式：合资、合作。

6. 联系方式：

单位：新疆生产建设兵团农四师计划委员会

电话：0999-8182425；8182426

传真：0999-8127203

地址：新疆伊宁市解放路219路

邮编：835000

（二）养殖业

【肉牛生产项目】

1. 基本情况：兵团天然草场面积242.7万公顷，草种类繁多，生产能力较高，为兵团肉牛业的发展提供了良好的物质条件。2001年牛存栏数20.8万头，其中良种牛占22.6%。发展肉牛业有助于促进畜牧业畜种结构的调整，同时推动新疆的皮革、生物制药等相关行业的发展。

2. 建设内容：重点在兵团农二、三、四、六、八、九、十师新建种牛场2个，改造种牛场1个，配套人工授精站147个，建设规模化育肥场35个，人工草场2万公顷、改良草场3.33万公顷、围栏草场13.33万公顷，设立国外销售办事处2个、国内地区级网点5~7个，并成立肉牛适用技术开发中心。项目完成后，年产牛肉2.18万吨，其中：优质牛肉1.1万吨。

3. 项目总投资：2.31亿元。

4. 效益估算：财务内部收益率14.2%，投资回收期9.8年。

5. 合作方式：合资、合作。

6. 联系方式：

单位：新疆生产建设兵团畜牧局

电话：0991－2890284

传真：0991－2890285

地址：新疆乌鲁木齐市光明路15号

邮编：830002

【肉牛胚胎移植技术产业化项目】

1. 基本情况：天康企业集团是新疆饲料行业及兵团“十五”期间肉牛、肉羊产业化的龙头企业。本项目是该集团下属的畜牧生物技术股份有限公司利用胚胎移植技术作为肉牛改良手段，大幅度提高肉牛改良速度，加速科研成果的转化，同时为今后新疆及兵团发展肉牛业提供优质品种资源。新疆远离工业污染源，资源条件好，具备发展天然、安全、无污染的绿色畜产品的基本条件，并具备向独联体出口的地缘优势。

2. 建设内容：核心群建设；胚胎移植、冻精制作中心建设；育肥示范厂建设；屠宰、分割加工系统；技术支持系统；繁育体系建设。项目建成后可年产冻精20万支，胚胎6 000枚；年出栏育肥肉牛3.5万头，年屠宰、分割肉牛6万头。

3. 项目总投资：0.82亿元，其中：固定资产投资0.69亿元。

4. 效益估算：年销售收入2.8亿元，年利润0.184亿元，税后利润大于20%，投资回收期约7年。

5. 合作方式：合资、独资、合作。

6. 联系方式：

单位：新疆天康畜牧生物技术股份有限公司

电话：0991-3851351、8638221

传真：0991-3666579

地址：新疆乌鲁木齐市北京南路钻石城11号银通大厦15楼

邮编：830011

【优质细毛羊良种发展项目】

1. 基本情况：细毛羊是兵团畜牧业的主要畜种，存栏数占牲畜总头数的82%以上。兵团现有草场242.7万公顷，年可供饲草800万吨；耕地107.2万公顷，生产饲料原料100万吨。兵团已建成较健全的育种推广、技术服务体系。

2. 建设内容：项目区包括兵团农二师、农四师、农五师、农六师、农七师、农八师、农九师、农十师、农十二师、农十三师的88个农牧团场。计划引进种公羊60只，扩建育种站88个，新建输精站264个，人工草料地1 333公顷，购置青贮收获机30台，打捆机88台，剪毛机880台，羊毛分级台172个，胚胎移植车2台，新建种羊、羊毛检测中心1个。

3. 项目总投资：1.67亿元。

4. 效益估算：财务内部收益率17.8%，投资回收期7.0年。项目建成后，羊毛单产由4.3千克/只提高到5.1千克/只，平均净毛率由45%~

50%提高到50%～55%，66支以上的优质毛占50%。

5. 合作方式：合资、合作。

6. 联系方式：

单位：新疆生产建设兵团畜牧局

电话：0991-2890284

传真：0991-2890285

地址：新疆乌鲁木齐市光明路15号

邮编：830002

【100万只草鹅基地建设项目】

1. 基本情况：农九师位于新疆准噶尔盆地西部山区，属北温带大陆性气候。境内土地肥沃，草场辽阔，现有天然草场24万公顷，特别适宜草鹅的繁殖生长。鹅绒、鹅皮、鹅头、鹅肝等加工成品后，具有较高的经济价值，市场前景广阔。

2. 建设内容：拟引进屠宰、加工、分割的流水线生产设备。

3. 项目总投资：3 000万元，其中：拟引资2 400万元。

4. 效益估算：年销售收入6 000万元，利润总额500万元，投资利润率20%，投资回收期5年。

5. 合作方式：合资、合作。

6. 联系方式：

单位：新疆生产建设兵团农九师商贸总公司

电话：0901-3383346

传真：0901-3711054

地址：新疆额敏县朝阳街

邮编：834506

【北极狐高效集约化养殖基地建设项目】

1. 基本情况：新疆北极狐养殖厂属于兵团农十师190团，位于新疆阿勒泰地区福海县境内，距离师部北屯45千米，阿勒泰市82千米，毗邻318省道，是通往闻名遐迩的喀纳斯湖和吉木乃口岸的必经之地，这里气候适宜，水资源丰富，非常适宜发展特种养殖业。新疆北极狐养殖厂是西北五省区最大的种狐基地，在全国享有一定的声誉，2000年被全国皮毛流通协会评为“全国特种毛皮动物养殖业皮张示范场”。

2. 建设内容：年产北极狐皮5万张规模的土建及基础设施建设。

3. 项目总投资：1 500万元，其中拟引资900万元。

4. 效益估算：年销售收入1 774万元，年利润382万元，投资利润率19%，投资回收期6.5年。

5. 合作方式：合资。

6. 联系方式：

单位：新疆兵团农十师190团

电话：0906-3395039、13809965426

传真：0906-3395030

地址：新疆北屯农十师190团

邮编：836000

【淡水养殖及水产品加工项目】

1. 基本情况：兵团农二师24团位于和硕县博斯腾湖北岸，现有水域面积1 920公顷，水产养殖面积200余公顷，养殖红鳟鱼、武昌鱼、乌鲤、胡子鲢、大口鲢、河鲈（五道黑）、银鲫、丁鲑（黑鱼）、彭则鲫、河蟹、虾、牛蛙、泥鳅、淡水白昌等名优水产品，地理位置优越，产品市场广阔。

2. 建设内容：拟建立666.7公顷养殖基地及建造年生产能力6 000吨冷藏基地。

3. 项目总投资：2 700 万元。

4. 效益估算：投资回收期 3～5 年。

5. 合作方式：合资、独资。

6. 联系方式：

单位：新疆生产建设兵团农二师 24 团

电话：0996-5941001、5941008、5941111

地址：新疆和硕县夏尔托热

邮编：841204

【额尔齐斯河特种鱼类开发项目】

1. 基本情况：额尔齐斯河是我国惟一一条流入北冰洋的河流，其独特的地理位置孕育着众多的经济鱼类，如白斑狗鱼、丁岁鱼、河鲈、江鳕、欧编、哲罗鲑等。这些鱼类生长速度快，肉质鲜嫩，营养价值高，具有很高的经济价值。农十师现有水面 1.3 万公顷，水质清新无污染。目前，农十师为开发、保护额尔齐斯河鱼类建有"额尔齐斯河特有鱼类繁育场"，是一家集北冰洋水系特有鱼类资源研究与开发为一体的企业。拥有国内先进的孵化设备和生物饵料培育设施，年设计生产鱼苗 1 亿尾。目前，该繁育场同上海水产大学联合攻关，进行人工繁育、基因研究等。

2. 建设内容：开发配套水库、湖泊基地 1.3 万公顷，年产 1.5 亿尾鱼苗。

3. 项目总投资：1.2 亿元。

4. 效益估算：投资利润率 22.16%，投资回收期 8.66 年。

5. 合作方式：合资、合作。

6. 联系方式：

单位：新疆北屯农十师水利局

电话：0906-3371310-6835、6869，13899417025

传真：0906-3371310-6835

地址：新疆北屯团结路

邮编：836000

(三) 纺织业

【石河子经济技术开发区纺织城项目】

1. 基本情况：石河子经济技术开发区为国家级开发区。石河子垦区是兵团重要的优质商品棉生产基地，"银力"牌棉花享誉国内外。同时石河子市纺织业初具规模，具有较好的人才和技术优势。石河子市拟在经济技术开发区建设一座新世纪现代化纺织工业城，该项目采用国际先进设备，自动化控制，股份制运作，现代化管理，规模化经营，生产规模为 30 万锭棉纺、2 000 台宽幅无梭织机，年加工棉花 7.5 万吨，年产棉纱 5 万吨，面料 1.2 亿米。产品定位：环保纯棉 J32/ 25 至 J1205/ 2 纱线及服装面料、棉涤、弹力包芯纱产品和棉毛产品。产品市场定位：60% 产品出口，40% 产品内销。

2. 建设内容：

该项目分三期实施：

第一期：启动建设 5 万锭棉纺压改重组项目，总投资 2.91 亿元，通过对石河子垦区现有的棉纺设备进行压改重组，初步形成棉花种植、加工和销售产业链。

第二期：在兵团范围内，通过收购、兼并、重组，实现整个兵团棉纺产业优化升级，“十五”期间建成20万锭棉纺、500台宽幅无梭织机生产规模，年产棉纱线2.8万吨、棉布3 000万米，形成以开发区纺织城为龙头；带动石河子垦区棉花种植、加工和贸易发展。

第三期：到2008年，在二期基础上，形成30万锭棉纺、2 000台宽幅无梭织机生产规模，年加工棉花7.5万吨、年产棉纱5万吨、棉布1.2万米。在石河子垦区实现从棉花种植、初级加工、棉纺加工、深加工到贸易产业链，实现棉花产业化。

3. 项目总投资：18.1亿元。

4. 效益估算：年销售收入2.44亿元，年利润0.33亿元，投资利润率11.26%，投资回收期6.44年。

5. 合作方式：合资、合作、独资。

6. 联系方式

单位：石河子经济技术开发区管委会
电话：0993-2622119、13909936652
地址：新疆石河子市北四东路56号
邮编：832000

【天然彩色棉开发生产绿色环保服装面料项目】

1. 基本情况：新疆石河子八一棉纺织有限责任公司是国家大型棉纺织印染联合企业，现有纱锭124 424枚，线锭7 280枚，气流纺2 136头，布机2 546台。年生产能力：环锭棉纱24 000吨、OE棉纱5 700吨、针织坯布1 000吨、棉布6 200万米。企业管理规范，技术力量雄厚，现拥有高中初级技术人员820人，企业已通过ISO9002质量体系认证。今后将充分发挥本地区盛产优质细绒棉、长绒和彩棉资源优势，大力提高国家“十五”规划确定纺织行业“一精二无”产品产量的比重，生产“扩大出口，替代进口”的高附加值环保服装面料。

2. 建设内容：利用新疆原料优势及企业现有厂房及部分先进设备，再购置瑞士立达清钢联三套、国产F1518A细纱机30台、德国产PLY-FIL1000喷气股纱纺机6台、ZAX-3600喷气布机120台及其配套的主机辅机设备。

3. 项目总投资：3.5亿元。

4. 效益估算：年销售收入3.94亿元，年利润0.97亿元，投资利润率23.5%，投资回收期5.13年。

5. 合作方式：合资、独资。

6. 联系方式：

单位：新疆石河子八一棉纺织有限责任公司
电话：0993-2518021、2518222、2518534
传真：0993-2515612
地址：新疆石河子市西三路7号
邮编：832000

【优质（天然彩色棉）针织OE出口纱建设项目】

1. 基本情况：新疆石河子八一棉纺织有限责任公司拥有一个控股的大型气流纺有限公司，生产纱线8大类、棉布9大类等系列产品，该公司生产的“白雪莲”牌棉纱、棉布在国内外有较高声誉，1999年公司通过了

ISO9002质量体系认证。企业将充分发挥本地区盛产优质细绒棉、长绒和彩棉资源优势，提高“一精二无”产品产量比重，生产高附加值环保服装面料。

2. 建设内容：该项目引进进口清钢联、并条机、气流纺纱机等设备，年产高附加值优质针织OE纱和天然彩色棉OE纱3 995吨。

3. 项目总投资：5 600万元。

4. 效益估算：年销售收入7 390万元，年利润1 220万元，投资利润率21.77%，投资回收期4.5年。

5. 合作方式：独资、合资、合作。

6. 联系方式：

单位：新疆石河子八一棉纺织有限责任公司

电话：0993-2518021、2518222、2518534

传真：0993-2515612

地址：新疆石河子市西三路7号

邮编：832000

【OE纱专纺厂项目】

1. 基本情况：新疆是我国的棉花主产区之一，具有单产高、品质好、原棉等级高的优势，石河子垦区年产优质棉花15万吨左右。石河子是新疆重要的棉纺织工业基地，为充分发挥该区原棉等级高、质量好、技术力量雄厚的优势，利用石河子经济技术开发区的优惠政策，加快资源优势向产品优势、经济优势转化，拟引进外资及先进的转杯纺设备，在石河子开发区建设此项目，利用新疆丰富的原料资源和低廉的劳动力、能源动力资源，生产国内外市场需求的高支纱。

2. 建设内容：该项目拟引进外资及先进的转杯纺纱设备，年生产国际市场需求的OE12支－40支纱1.34万吨。

3. 项目总投资：2.7亿元。

4. 效益估算：年销售收入2.74亿元，利润总额0.58亿元，投资利润率21.6%，投资回收期6.54年，财务内部收益率20.88%。该项目技术设备先进、OE纱支数高、产品结构合理，产品外销达80%以上，具有较好的经济效益和社会效益。

5. 合作方式：独资、合作。

6. 联系方式：

单位：石河子经济技术开发区招商局

电话：0993-2622061、2620856

传真：0993-2622081

地址：新疆石河子市北四东路56号

邮编：832014

【气流纺生产线技术改造项目】

1. 基本情况：转杯纺纱技术有利于实现纺织生产连续化、自动化，有利提高产品质量和生产效率，改善劳动环境。我国到目前为止约有60万头转杯纺，占环锭纺的2%，新疆目前约有4万头转杯纺，占环锭纺的2%。按世界平均水平5%计算，我国转杯纺纱还有60~90万头的发展空间，新疆还有4~6万头的发展空间。

2. 建设内容：本项目是兵团农五师新疆博赛精纺有限责任公司在原厂房的基础上，引进德国特吕茨勒清梳联两套（配DK903梳棉机），HSR-1000高速并条机10台和德国赐莱福公司的奥托康纳288型转杯纺纱机

15台，形成高档次转杯纺生产线。

3. 项目总投资：1.05亿元。

4. 效益估算：利润增长1 681万元，改造后的投资利润率为12.9%。

5. 合作方式：合资、合作、独资、补偿贸易。

6. 联系方式：

单位：新疆生产建设兵团农五师经协办、项目办

电话：0909-7671363、7671597、7671346

传真：0909-2270008

地址：新疆博乐市红星路

邮编：833400

【2万锭棉纺技术升级项目】

1. 基本情况：新疆奎屯棉纺织厂现有纱锭12.2万枚、线锭7 600枚、气流纺1 776头、布机720台，年产棉纱2.25万吨、坯布1 800万米。固定资产3.01亿元，职工3 400人，拥有专业技术人员118人，企业具有进出口经营权，已通过ISO9002质量体系认证。

2. 建设内容：淘汰落后的细纱机2万锭及其他落后设备，压改结合，购置先进水平的清梳联1套、精梳机2套、细纱机48台、10套包芯纱设备、自动络筒机15台，年产精梳纱无结头纱6 000吨。

3. 项目总投资：8 300万元。

4. 效益估算：年新增销售收入8 000万元，利润1 000万元，投资回收期3.8年，投资利润率26%。

5. 合作方式：合资、合作。

6. 联系方式：

单位：新疆生产建设兵团农七师经协办

电话：0992-3223943

传真：0992-3225714

地址：新疆奎屯市军垦广场1号

邮编：833200

【10万环锭600台织机棉织厂项目】

1. 基本情况：农一师是兵团棉花生产的重要基地，棉花种植面积达9.33万公顷，年产优质棉17万吨。2001年底，有棉纺纱锭12万锭、织机256台，棉纺已成为重要的支柱产业之一。

2. 建设内容：本项目拟在阿拉尔市建设13万环锭纺和织机的棉纺厂。主要淘汰落后设备，购置10万锭纺纱设备，600台箭杆织机。

3. 项目总投资：6.7亿元，拟引资额5亿元。

4. 效益估算：年产各类高档棉纱3.5万吨、高档棉布2 500万米，年产值9.5亿元，利税1.2亿元。

5. 合作方式：合作、合资。

6. 联系方式：

单位：新疆生产建设兵团农一师计划委员会

电话：0997-2136104

传真：0997-2124840

地址：新疆阿克苏市东大街3号

邮编：843000

网址：http://www.nys.gov.cn

【开发纯棉色织出口面料项目】

1. 基本情况：农六师五家渠青湖纺织有限公司位于新疆五家渠市。该公司拥有环锭纺7.3万枚，气流纺1 176头，年产棉纱1.4万吨。该项目重点提高产品的技术含量，发展纯

棉色织出口面料产品,与国内、国际面料市场“宽幅、轻、薄、爽”的潮流吻合，市场前景看好。

2. 建设内容：引进国外先进筒染、无梭织机等设备，生产高档色织出口面料1 000万米。

3. 项目总投资：1.6亿元。其中固定资产投资1.06亿元，流动资金0.54亿元。

4. 效益估算：年销售收入2.15亿元，年创利税0.62亿元,投资回收期为4年。

5. 合作方式：独资、合资、合作。

6. 联系方式：

单位：新疆生产建设兵团农六师五家渠市招商局

电话：0994-5808687

传真：0994-5800497

地址：新疆五家渠市振兴路

邮编：831300

【1 800万米/年纯棉服装面料项目】

1. 基本情况：石河子市是重要的棉纺织工业基地，但棉布生产规模较小，工艺设备陈旧，技术性能落后，产品档次及质量水平不高。我国已加入WTO，为参与国际市场竞争，充分发挥兵团和石河子垦区的优质原料优势，引进国内外先进工艺技术和设备，在基础设施配套齐全，交通通讯便利的石河子经济技术开发区建设此项目。

2. 建设内容：该项目拟引进外资及先进设备，建设产品档次高、质量优的年产1 800万米纯棉服装面料和装饰用棉布的织布厂，产品既可直接出口，也可通过印染后整理替代进口服装面料，在国内外有广阔的市场。

3. 项目总投资：3.13亿元。

4. 效益估算：年销售收入3.46亿元，利润总额0.62亿元，投资利润率19.68%，投资回收期6.87年，财务内部收益率19.53%。该项目技术设备先进，产品可替代进口，具有较好的经济效益。

5. 合作方式：独资、合作。

6. 联系方式：

单位：新疆石河子经济技术开发区招商局

地址：新疆石河子市北四东路56号

电话：0993-2622061、2620856

传真：0993-2622081

邮编：832014

网址：http://www.xjshz.com.cn/kfqsite1/index.htm

【高支轻薄精纺呢绒技改项目】

1. 基本情况：石河子八一毛纺织(集团)有限责任公司为自治区和兵团大型毛纺织企业。主要产品及生产规模：精纺呢绒300万米，精纺绒线450吨，精梳毛条2 500吨，羊绒衫20万件，羊绒纱150吨。该项目充分利用新疆丰富的羊毛及羊绒资源，生产高支轻薄产品，替代进口，提高产品附加值。项目已被列入国家“双高一优”技改计划。

2. 建设内容：引进世界先进水平纺、织、绘设备161台。

3. 项目总投资：1.86亿元。

4. 效益估算：年销售收入1.93亿元，年均利润0.33亿元，投资回收期

6年。

5. 合作方式：合资、合作。

6. 联系方式：

单位：新疆八一毛纺织有限责任公司
电话：0993-2526008
传真：0993-2513626
地址：新疆石河子市西三路65号
邮编：832000

【300万件高档针织服装项目】

1. 基本情况：兵团农十二师乌鲁木齐市永红针织总厂是集棉纺、针织、印染为一体的国有中型企业。现有资产1.7亿元，具有年产棉纱8 000吨、棉针织品1 000万件、针织坯布1 000吨的生产能力。企业管理规范，技术力量雄厚，拥有专业技术人员146人，企业正在进行ISO9001、2000质量体系认证和ISO14000环保体系认证，企业将充分发挥本地区地产优质棉的优势，积极实施“走出去”战略，生产具有高附加值的高档针织服装，扩大外贸出口。

2. 建设内容：选用新疆优质原料和国内外高附加值辅料，利用现有的厂房及部分先进设备，购置德国德乐先进的单、双面机30台，香港立信无张力烘干机(四网)2台，香港立信STENTER拉幅定型机1套，意大利圆筒预缩整理机2套，自动退捻机2套，特种缝纫机40台及其他辅助设备，从而形成年产300万件高档针织服装的能力。

3. 项目总投资：3 970万元。

4. 效益估算：年销售收入5 000万元，年利润1 200万元，投资利润率25.18%，投资回收期3.5年。

5. 合作方式：合资、合作。

6. 联系方式：

单位：乌鲁木齐市永红针织总厂
电话：0991-3967188、3967054、3967008
传真：0991-3967138
地址：新疆乌鲁木齐市西郊头屯街1号
邮编：830074

(四) 食品业

【30万吨番茄酱加工项目】

1. 基本情况：新疆丰富的光热资源非常适宜酱用番茄的种植，生产的番茄产量高、品质好。项目依托兵团原有的三家制糖企业和农五师油脂化工厂建设番茄制品加工生产线，可节省投资，对利用当地资源优势，开拓市场，调整兵团农副产品结构意义重大。

2. 建设内容：新增日处理1 500吨生产线14条，并配套相应设备。番茄基地及生产线集中建设在农二师、农五师、农六师、农七师。项目完成后，番茄酱生产能力达30万吨/年。

3. 项目总投资：6.47亿元。

4. 效益估算：投资回收期6.3年，财务内部收益率21.2%。

5. 联系方式：

单位：新疆生产建设兵团计划委员会
电话：0991-2890138
传真：0991-2821831
地址：新疆乌鲁木齐市光明路15号

邮编：830002
E－mail: jwgj@ xjbt. cei. gov. cn

【小包装番茄酱项目】

1. 基本情况：新疆奎屯绿叶食品有限公司是兵团农七师所属的股份制企业，公司拥有高泉和红果两个番茄制品厂和1 000公顷原料基地，固定资产6 000余万元。拟引进纸、塑、铝箔、马口铁等多种形式的小包装生产线，将高浓度番茄稀释，加入其他食品用原料。年生产国际市场紧俏、国际型口味的调味酱、番茄汁、番茄蜜、番茄沙司、番茄饮料等系列小包装产品5 500吨。

2. 建设内容：拟引进纸、塑、铝箔、马口铁等小包装先进生产线。

3. 项目总投资：2 631万元，拟引资1 444万元。

4. 合作方式：合资、补偿贸易。

5. 效益估算：项目投资回收期5年，投资利润率35%，财务内部收益率19%。

6. 联系方式：

单位：新疆奎屯绿叶食品有限公司
电话：0992-3222468
传真：0992-3224891
地址：新疆奎屯市北京西路
邮编：833200

【大豆综合加工产业化开发项目】

1. 基本情况：新疆石河子粮油加工厂现有总资产1.02亿元，是中国最大500家食品加工企业之一，为国有大二型企业，也是目前新疆最大的面粉和食用植物油综合加工专业厂家。大豆综合加工产业化开发项目，是在新建的年处理6万吨大豆一次浸出制油及年产6万吨精炼油的基础上，扩建一条大豆系列综合加工生产线，开发含多种维生素和矿物质的营养、保健、绿色的新型大豆系列产品。

2. 建设内容：建设一条大豆系列综合加工生产线，大豆分离蛋白3 000吨/年；大豆蛋白粉12 500吨/年；食用纤维粉3 000吨/年；大豆低聚糖750吨/年；大豆粉末磷脂100吨/年；大豆色拉油10 000吨/年；豆粕24 000吨/年。

3. 项目总投资：9 992万元。

4. 效益估算：年销售收入1.6亿元，年利润总额3 100万元，投资回收期4.48年。

5. 合作方式：合资、合作。

6. 联系方式：

单位：新疆生产建设兵团石河子市粮油加工厂
电话：0993-2868189
传真：0993-2865398
地址：新疆石河子市西三路
邮编：832000

【棉仁分离蛋白高新技术产业化示范工程项目】

1. 基本情况：该项目先后被科技部、国家发展计划委员会列为重大科技攻关项目及高新技术产业化示范工程项目。项目规模为日加工棉仁胚片80吨，生产棉分离蛋白粉12.5吨/日。目前该项目已完成一期工程(日加工棉仁胚片30吨，生产棉分离蛋白粉4.2吨/日)。2002年7月，产品荣获国家科技部等五部局颁发的“国家重点新产品证书”(2002ED891006)。该项目成功地实现了棉籽分离蛋白及棉酚工业化生产，填补了国内外空白。原料棉籽由石河子垦区各团场供应，开发区内水、电、汽供应有保证。

2. 建设内容：拟引进资金建设该项目二期工程，扩产为日加工棉仁胚片80吨，生产棉分离蛋白粉12.5吨/日。主要建设剥壳、碱炼车间；第二浸出车间；第二蛋白车间；生产线自动化；棉分离蛋白及棉酚产品深加工；废水综合利用项目等。

3. 项目总投资：二期工程投资4 052万元。

4. 效益估算：投资利润率20.57%，投资回收期4.9年。

5. 合作方式：合资、参股等。

6. 联系方式：

单位：新疆科赛生物工程有限公司

电话：0993-2622096

传真：0993-2620609

地址：新疆石河子经济技术开发区世纪大道东段18号

邮编：832014

E-mail：XJKSGS@ 163. net

【蛋白粉丝项目】

1. 基本情况：蛋白粉丝是以小麦淀粉为主，配以小麦蛋白、马铃薯淀粉和其他营养元素精制而成，富含多种人体必需的氨基酸和矿物质元素，不含胆固醇。该产品口味好、复水性好，粉丝糊化度高，不含防腐剂。所用小麦生产于自然环境优美、空气清洁、无污染的阿勒泰地区，获得了中国绿色食品发展中心允许使用的“绿色食品标志”。其品牌“乔尔玛”蛋白粉丝是目前我国粉丝食品中惟一获得绿色食品认证的方便食品。

2. 建设内容：一期建设年产2万吨蛋白粉丝生产线。

3. 项目总投资：1.3亿元。

4. 效益估算：该项目建成后，生产2万吨蛋白粉丝，年销售收入4.07亿元（含税价），销售利润4 625万元，内部收益率35.4%，平均利润率35.5%，投资回收期4.09年。

5. 合作方式：合资、合作。

6. 联系方式：

单位：新疆生产建设兵团农十师北疆乔尔玛有限责任公司

电话：0992-3223676

传真：0992-3223676

地址：新疆奎屯市南环西路40号

邮编：833214

【乳制品产业化项目】

1. 基本情况：乳制品业是一个节粮、经济、高效产业，通过对奶源基地、乳制品加工建设的投入，促进农牧民养牛的积极性，提高乳制品加工的生产能力，形成乳制品产、供、销具有一定规模的产业化模式。

2. 建设内容：新建生产车间及辅助用房5 000平方米，屋型保鲜奶生产线一条，UHT奶生产线一条，奶油生产线一条，原料奶收购站20座。

3. 项目总投资：1.14亿元，其中固定资产投资0.87亿元，拟引资0.6亿元。

4. 效益估算：投资利润率为21.48%，增量全部回收期所得税前为5.73年，所得税后为6.78年。

5. 合作方式：合资、合作。

6. 联系方式：

单位：新疆生产建设兵团乌鲁木齐农

垦乳业集团公司
电话：0991-3712473
传真：0991-3722854
地址：新疆乌鲁木齐市百园路付7号
邮编：830011

【肉制品加工及销售网络建设项目】

1. 基本情况：新疆农垦进出口股份有限公司控股的新疆香巴拉食品有限公司是一家以肉制品开发、加工和销售为主业的股份制公司，是新疆肉制品加工行业中生产量大，生产条件优，市场覆盖广，产品销售好，并具有较高知名度的企业，已进入国际最大的连锁超市“沃尔玛”在大连和深圳的销售网络，市场拓展迅速。新疆是全国重要的牧区之一，具有一定的畜牧资源优势，而且畜牧业已被列入新疆和兵团“十五”计划中的重点发展产业。

2. 建设内容：2003～2006年建设期内，在新疆香巴拉食品有限公司石河子肉制品加工厂和新疆博乐赛里木香巴拉食品有限公司加工厂进行厂房建设及设备购置，形成年产牛肉制品1 500吨，牛肉酱2 000吨及分割肉3 000吨的生产能力；在乌鲁木齐市建设“香巴拉”连锁超市及在内地大中城市进行销售网络建设。

3. 项目总投资：6 850万元，拟引资2 000万元。

4. 效益估算：项目完成后，可实现年销售收入1.51亿元，年利润总额1 330万元，投资利润率19%。

5. 合作方式：合资、合作。

6. 联系方式：

单位：新疆农垦进出口股份有限公司
电话：0991-2835234
传真：0991-2818158
地址：新疆乌鲁木齐市民主路67号
邮编：830002
E-mail: nkmwz28@yahoo.com

【20万头（只）牛羊肉加工厂建设项目】

1. 基本情况：阿勒泰地区草场广阔，水草丰美，远离城市等污染地，空气清新，河水清澈，并含有丰富的矿物质。本地区俗有：“牛羊吃的是中草药，喝的是矿泉水，走的是黄金道”之说。农十师大力发展畜牧业，实施“双百万”工程，到2005年，牲畜存栏数达到100万只标准畜，年加工肉牛（羊）100万头（只）。这些措施将进一步促进畜牧业发展，为此在农十师181团建设20万头(只)牛羊肉加工项目。

2. 建设内容：建设一个年生产能力20万头(只)的肉联厂。

3. 项目总投资：2 000万元。

4. 效益估算：年销售收入9 900万元，实现利润590万元（税后），投资利润率27.5%，投资回收期5年。

5. 合作方式：合资、合作。

6. 联系方式：

单位：新疆生产建设兵团农十师181团
电话：0906-3384137
传真：0906-3384125
地址：新疆北屯巴里巴盖
邮编：836001

【梨膏、浓缩梨汁产品加工项目】

1. 基本情况：新疆生产建设兵团

农二师冠农果茸股份公司位于库尔勒市，库尔勒香梨在国内、国际市场上具有很高的知名度。该公司依托库尔勒、尉犁、轮台地区目前2万公顷香梨及“十五”时期香梨种植面积将发展到6.7万公顷的规模，建设梨膏、浓缩梨汁产品加工项目。目前国内成规模、高品质的果汁饮料产品不足，品种较少，而以梨为特点和风味的果汁饮品在市场上基本空白，该项目生产的梨膏及浓缩梨汁产品可填补市场空白，发展前景极为广阔。

2. 建设内容：本项目拟购进国、内外先进生产设备。新建生产车间2 460平方米，库房、锅炉房及配电室等配套建设工程。形成年生产梨膏3 000吨、梨汁500吨的规模。

3. 项目总投资：2 900万元。

4. 效益估算：年销售收入5 000万元，利润850万元，投资回收期4.7年。

5. 合作方式：合资、合作。

6. 联系方式：

单位：新疆冠农果茸股份有限公司
电话：0996-2037008
传真：0996-2038156
地址：新疆库尔勒市人民西路86号
邮编：841000

【无核白葡萄果肉型系列饮品加工项目】

1. 基本情况：无核白葡萄是新疆东疆地区特有的地理和气候条件的产物，以其味道爽口甜美，闻名世界，深受国内外消费者青睐。农十三师已开发种植无核白葡萄4 000公顷，年产葡萄8万吨。

2. 建设内容：购置国内外先进的高新流水线生产设备，建成年产果肉型系列饮品4万吨的加工企业。

3. 项目总投资：8 000万元。

4. 效益估算：年销售收入2.4亿元，利润4 000万元，投资回收期2.2年。

5. 合作方式：合资、合作。

6. 联系方式：

单位：新疆生产建设兵团农十三师红星三场
电话：0902-2574258
传真：0902-2574011
地址：新疆哈密市北郊
邮编：839000

【5万吨/年玉米综合利用工程项目】

1. 基本情况：项目拟建在石河子经济技术开发区，开发区紧邻312国道，东距乌鲁木齐市150千米，距石河子火车站7千米，交通通讯便利。所需主要原料玉米由石河子垦区各团场供应，其他原料可在新疆区内解决。开发区内水、电、汽供应有保证。

项目建设将有利于粮食转化，加强石河子的工业基础地位，增强经济实力，促进产业结构调整。

2. 建设内容：主要包括玉米、淀粉、山梨醇、淀粉糖、精玉米油、饲料、变性淀粉等6个生产车间和附属设施的土建，总建筑面积1.97万平方米。购置各条生产线配套设备102台（套），主要设备采用进口设备。建成后玉米加工能力5万吨/年，变性淀粉、山梨醇等9种产品生产能力达

4.22万吨/年。

3. 项目总投资：1.58亿元。

4. 效益估算：年销售收入1.3亿元，利润总额0.22亿元，投资利润率13.75%，投资回收期7.77年，财务内部收益率12.62%。

5. 合作方式：独资、合资、合作。

6. 联系方式：

单位：新疆石河子市经济技术开发区招商局

电话：0993-2622061、2620856

传真：0993-2622081

地址：新疆石河子市北四东路56号

邮编：832014

网址：http://www.xjshz.com.cn/kfqsite1/index.htm

【蟠桃系列产品深加工项目】

1. 基本情况：新疆生产建设兵团农八师143团位于天山北麓，准噶尔盆地西南边缘，现有耕地面积1.4万公顷，年播种面积1.13万公顷，其土壤、气候、温度等特别适宜蟠桃生长，蟠桃采收期较集中，难以贮藏。该团与石河子大学密切合作，已研究开发掌握了蟠桃系列产品加工技术，并通过有关部门鉴定。该项目拟建在石河子经济技术开发区内。开发区紧邻312国道，东距乌鲁木齐市150千米，距石河子火车站7千米，交通通讯便利，区内水、电、汽供应有保证。

该项目对蟠桃资源进行深加工，可促进农业产业结构的调整，提高农产品附加值，将资源优势转变为经济优势。

2. 建设内容：该项目主要包括蟠桃汁车间、蟠桃酱车间、保温库房等公用和辅助工程的土建，总建筑面积7 047平方米，设备选择主要以国内为主。项目建成后，可形成年产蟠桃汁2万吨，蟠桃酱100吨。

3. 项目总投资：9 600万元。

4. 效益估算：年销售收入2.25亿元，利润总额0.22亿元，投资利润率22.98%，投资回收期5.5年，项目建设将为投资者创造良好的经济效益。

5. 合作方式：独资、合资、合作。

6. 联系方式：

单位：新疆石河子经济技术开发区招商局

电话：0993-2622061、2620856

传真：0993－2622081

地址：新疆石河子市北四东路56号

邮编：832014

网址：http://www.xjshz.com.cn/kfqsite1/index.htm

(五) 药材保健业

【塔里木马鹿系列产品深加工项目】

1. 基本情况：以鹿茸、血、胎等为原料进行深加工，将比单纯销售原料的效益提高数十倍甚至上百倍。本项目厂址拟选在库尔勒市工业区。

2. 建设内容：厂房建设及设备购置。项目完成后生产茸血大补酒150吨

（60 万瓶），鹿胎八珍晶 200 吨（100 万盒），茸血精口服液 100 吨（100 万盒），鹿茸胶囊 10 吨（250 万盒），冻干鹿血粉胶囊 2 吨（50 万盒）。

3. 项目总投资：2 975 万元。

4. 效益估算：项目建成后，年实现税后利润 1 529 万元，财务内部收益率 36.9%。投资回收期 4.84 年。

5. 合作方式：合作、合资。

6. 联系方式：

单位：新疆冠农果茸股份有限公司

电话：0996-2037008

传真：0996-2038156

地址：新疆库尔勒市人民西路 86 号

邮编：841000

【400 吨/年 L－谷氨酰胺生产项目】

1. 基本情况：L－谷氨酰胺是人体内最重要的氨基酸之一，其作用是增强或提高人体免疫功能，维持酸碱平衡，增加肌肉细胞蛋白质合成。可促进溃疡愈合，并大量用于高强度劳动和运动后的疲劳恢复，谷氨酰胺还有增进脑神经机能的作用，可用来治疗神经衰弱，改善脑出血后遗症的记忆障碍，促进智力不足儿童的智力发育。

L－谷氨酰胺产品用作制药添加剂和保健品，主要销售市场在北美和欧洲，年消耗量大约 1 万吨左右，目前，该产品应用领域及国内市场都在逐步扩大。

石河子—浙江大学联合科技开发中心对此产品进行了中试，质量达到美国食品化学法典 FCCIV 版标准。产品全部出口，供不应求。该产品与日本、韩国生产的同类产品相比，具有成本低、投资少、见效快的特点，非常适宜在我国发展。适时建设此项目，可使企业获得较好经济效益。

2. 建设内容：在现有基础上购进设备、完善工艺，项目完成后年产 L－谷氨酰胺 400 吨。

3. 项目总投资：2 854 万元。

4. 效益估算：年销售收入 6 000 万元，利润总额 843 万元，投资利润率 29.55%，投资回收期 3.47 年。

5. 合作方式：合资、合作。

6. 联系方式：

单位：新疆石河子经济技术开发区招商局

地址：新疆石河子市北四东路 56 号

电话：0993-2622061、2620856

传真：0993-2622081

邮编：832014

网址：http://www.xjshz.com.cn/kfqsite1/index.htm

【年产 800 吨甘草饮片项目】

1. 基本情况：中药材是中国独有的“瑰宝”，为中华民族的繁荣和健康事业做出了巨大贡献。中药材早已走出国门，为许多国家应用，其医疗、保健效果显著，深得赞誉。甘草是中药材中的“百草之王”，而新疆又是世界上甘草盛产地，质量最好，深得国内外客商喜爱。

石河子天德中药材加工厂是兵团惟一一家集甘草收购、加工、销售为一体的民营企业，设备、设施齐全。企业现有场地近 6 000 平方米、厂房及其他建筑物 1 900 平方米，配套设施一应俱全，该厂年产甘草饮片 500 吨，产品受到韩国、香港、河北、安徽、陕西等国家和地区客商青睐，呈供不应求的态势。

2. 建设内容：利用企业现有场地、厂房、设备，新增部分设备，使甘草饮片生产能力达到800吨。

3. 项目总投资：850万元，拟引进资金500万元。

4. 效益估算：年销售收入1 500万元，利润总额360万元，投资利润率42.35%，投资回收期2.5年。

5. 合作方式：合资、合作。

6. 联系方式：

单位：新疆石河子天德中药材加工厂

电话：0993-2620777、2620833

地址：新疆石河子市东幸福路

邮编：832014

网址：http://www.xjshz.com.cn/kfqsite1/index.htm

(六) 化工建材业

【膨润土系列产品开发项目】

1. 基本情况：夏子街膨润土矿位于农十师184团境内,是近年来发现的世界级的特大型膨润土矿。该矿具有成矿规模巨大、品位高、钠基为主、品种全等特点，适于开发多种产品。该矿目前已探明储量C+D级10亿吨，远景储量50亿吨。该矿最大的特点是：其天然钠基膨润土是制作钻井泥浆土、防水材料最佳的天然原材料，为国内同类矿山中所独有。

夏子街膨润土开发有限责任公司（原184团膨润土厂）利用膨润土矿开发生产钻井泥浆土、活性白土两大产品服务于石油行业，已占领西北地区大部分市场。为最大限度地发挥该矿的资源优势，夏子街膨润土开发有限责任公司确定了产品开发方向，将重点开发生产优质钻井泥浆土、高效吸附剂、有机膨润土、防水剂、降阻剂、净水剂、石油化工催化剂。

2. 建设内容：设备购置、改进工艺，膨润土系列产品开发。项目完成后年新增钻进泥浆10万吨、矿物油活性白土5万吨、植物油活性白土5万吨、防水材料10吨等。

3. 项目总投资：1.54亿元。

4. 效益估算:年销售收入预计为3.57亿元,销售利润预计0.51亿元,财务内部收益率为27%,投资回收期5.37年。

5. 联系方式：

单位：新疆生产建设兵团农十师经委

电话：0906-3371310-6891、13999796609

传真：0906-3374248

地址：新疆北屯团结路

邮编：836000

地址：新疆北屯市

【大黄山60万吨煤、40万吨焦炭项目】

1. 基本情况：新疆生产建设兵团农六师大黄山煤矿现已形成年产原煤24万吨、焦炭12万吨的规模，国家大型企业如西北铁合金厂、酒泉钢铁厂、新疆八一钢铁厂等一直是稳定的用户。1998年开拓了国际市场，为哈萨克斯坦卡拉卡拉矿业公司所属的铬冶炼厂开始供货，前景十分广阔。

2. 建设内容：年生产煤炭60万吨、焦炭40万吨，选煤车间入选原煤70万吨；合成氨装置建设规模为8万吨/年；尿素装置建设规模为13万吨/年；热电站装机容量2×12兆瓦。

3. 项目总投资：10.4亿元。其中固定资产投资9.6亿元，建设期银行贷款利息0.6亿元，流动资金0.2亿元。其中矿井和选煤车间固定资产投资为1.4亿元，焦化部分和公辅设施固定资产投资为4.7亿元，合成氨和尿素车间固定资产投资为3.5亿元。

4. 效益估算：投资利润率14.23%、财务内部收益率13.96%、回收期为8.08年。

5. 合作方式：合资、合作。

6. 联系方式：

单位：新疆生产建设兵团农六师五家渠市招商局

电话：0994-5808687

传真：0994-5800497

地址：新疆五家渠市振兴路

邮编：831300

【南岗水泥厂技改项目】

1. 基本情况：农四师伊犁南岗建材有限责任公司建成于1984年，原设计能力为年产5万吨普通硅酸盐水泥，后经两次技改达到10万吨生产能力，现有两条回转窑生产线，近年来产销率一直保持在99%。1998年实施特种水泥技改配套工程，新增D3.6×74M带余热回转窑生产线一条，2×3 000千瓦余热发电站一座。工程竣工后年产水泥26万吨，其中特种水泥16万吨。

2. 建设内容：购买余热发电设备及相应配套设施。

3. 项目总投资：8 832万元，其中固定资产7 972万元，流动资金860万元。拟引进资金4 000万元。

4. 效益估算：投资回收期4.4年，借款偿还期5.29年，投资利润率31.72%。

5. 合作方式：合资、合作。

6. 联系方式：

单位：新疆生产建设兵团农四师南岗建材有限责任公司

电话：0999-4051098、13309997885

传真：0999-4051169

地址：新疆伊宁县城西

邮编：835000

【北屯蛋白土白炭黑生产技改项目】

1. 基本情况：蛋白土矿是一种用途极为广泛的矿产资源，可开发生产的主要产品有：硅酸钠及其系列产品、偏硅酸钠、高级白炭黑等。该矿现已探明储量C+D级450万吨，其中C级268万吨。1996年，农十师188团建成了一座年产白炭黑2 000吨的蛋白土化工厂，建成后取得了一定的经济效益。目前该团决定采取多种形式对外联合，扩大规模、改进工艺，开发利用蛋白土矿资源及其伴生矿高岭土、石英砂。

2. 建设内容：该项目通过技术改造，利用原有厂房、设备，购置部分新设备，扩大生产规模。项目完成后，年生产白炭黑3 000吨。

3. 项目总投资：1 300万元。

4. 效益估算：年销售收入 1 128 万元，税后利润 185 万元，投资还贷期 4.3 年。

5. 合作方式：合资、合作。

6. 联系方式：

单位：新疆生产建设兵团农十师经委
电话：0906-3371310-6880、6881、6891
传真：0906-3374248
地址：新疆北屯团结路
邮编：836000

【阿拉山口木材深加工基地建设项目】

1. 基本情况：独联体国家丰产木材，中国木材市场需求量逐年增长。新疆阿拉山口口岸地处博尔塔拉蒙古自治州与塔城地区交界处，该区毗邻铁路货运木材专线，并有便利的公路相通，装卸方便。

2. 建设内容：年加工木材 50 万立方米，一期为年加工能力 10 万立方米；建设烘干厂房、办公、设计、精加工厂房、卸木场，烘干设备及配套设备的购置。

3. 项目总投资：1 948 万元。

4. 效益估算：年产值 7 624 万元，财务部收益率 18%，年利润 433 万元，投资回收期为 8.9 年。

5. 合作方式：合资、合作、独资、补偿贸易。

6. 联系方式：

单位：新疆生产建设兵团农五师经协办、项目办
电话：0909-7671363、7071597、7671346
传真：0909-2270008
地址：新疆博乐市红星路
邮编：833400

【60 万米^2/年硅镁轻质新型墙材系列产品生产线项目】

1. 基本情况：硅镁轻质墙板是以农作物秸秆、粉煤灰等工农业废料为主要原材料，生产不需烧结的绿色建材产品。随着全国 160 个城市限时禁用粘土实心砖工作的全面启动，新型墙体材料前景看好。预计乌鲁木齐市未来几年内将竣工的框架结构建筑面积达 100 万平方米，新型内墙材料所需达 200～250 万平方米。随着西部大开发战略的进一步实施，必将促进新疆房地产业快速发展，新型墙材需求量还将扩大。

2. 建设内容：购置年产 60 万平方米硅镁轻质墙板生产线，其中 40 万平方米为内墙板，20 万平方米为外墙板；购置年产 5 万件浮雕系列产品生产线。

3. 项目总投资：931 万元，拟引资 400 万元。

4. 效益估算：投资利润率 22.6%，财务内部收益率 27.6%，回收期为 4.7 年。

5. 合作方式：合资、合作。

6. 联系方式：

单位:新疆生产建设兵团农六师五家渠市招商局
电话:0994-5808687
传真:0994-5800497
地址:新疆五家渠市振兴路
邮编:831300

【混凝土空心砌块砖生产项目】

1. 基本情况：根据国家、自治区

关于发展新型建材的若干意见，乌鲁木齐、昌吉、石河子将在2005年淘汰实心粘土砖的使用，因此在乌鲁木齐市建设以混凝土空心砌块为主导产品的新型建材很有必要。混凝土空心砌块属于国家推广应用的新型建筑材料，砌块建筑与砖混建筑相比具有节省混凝土构件、墙体自重轻、提高工效、增加房屋使用面积等优点，有较好的市场前景。

该项目成本低，经济效益较好，可获国家多项优惠政策的扶持。项目已经兵团计委批准立项，并已完成了项目的可行性研究报告。项目建设年限：1年。

2. 建设内容：引进国际先进生产技术和设备，建设两条年产10万立方米全自动砌块生产线。

3. 项目总投资：5 560万元，其中固定资产投资5 310万元。

4. 效益估算：投资内部收益率税前20.6%，税后19.5%；投资回收期税后6.1年；投资利税率25.8%；投资利润率20.5%。

5. 合作方式：合资、合作。

6. 联系方式：

单位：新疆北新路桥建设股份有限公司

联系人：马喜功

电话：0991-3818154

地址：乌鲁木齐市河滩北路57号

邮编：830054

(七) 轻工业

【5万吨/年蓖麻综合利用项目】

1. 基本情况：石河子农八师为项目建设区，气候、土质、环境等均有利于蓖麻的生长。该项目的蓖麻生产加工厂拟建在石河子经济技术开发区内，蓖麻种植基地建在石河子市附近的团场。开发区北靠312国道，东距乌鲁木齐市150千米，距石河子火车站7千米，区内水、电、汽等基础设施配套齐全。交通通讯便利。

2. 建设内容：2万公顷蓖麻种植基地（项目单位负责0.67万公顷，农八师负责1.33万公顷）；年加工5万吨蓖麻生产厂一座，主要包括榨油、精炼车间和蓖麻油深加工车间及公用、辅助工程，建筑面积2.7万平方米。项目建成后，将形成年产1号蓖麻油6 000吨、高级润滑油5 000吨、磷化蓖麻油1 250吨、脱水蓖麻油2 500吨、氢化蓖麻油2 500吨、仲辛醇3 000吨、12－羟基硬脂酸1 250吨及辅助产品生产能力。

3. 项目总投资：3.54亿元。

4. 效益估算：年销售收入3.24亿元，利润总额0.87亿元，投资利润率24.64%，投资回收期5.13年，财务内部收益率24.96%。

5. 合作方式：独资、合资、合作。

6. 联系方式：

单位：新疆石河子经济技术开发区招商局

电话：0993-2622061，2620856

传真：0993-2622081

地址：新疆石河子市北四东路 56 号
邮编：832014
网址：http://www.xjshz.com.cn/kfqsite1/index.htm

【2 亿只/年中高档酒瓶项目】

1. 基本情况：新疆白酒、葡萄酒、饮料、罐头、乳制品等加工企业遍布全疆，玻璃瓶需求量很大，仅石河子垦区就有西域、中意、新安、白杨、神内等数家果酒、白酒和饮料企业，年需玻璃瓶 1 亿只以上，由于新疆玻璃制品生产企业数量少、规模小，不能满足市场需要，拟利用新疆丰富的高纯度石英砂等原料，在石河子经济技术开发区建设此项目，区内基础设施配套齐全，交通通讯便利。

2. 建设内容：厂房建设，设备购置。项目完成后年产中高档葡萄酒专用瓶 1 亿只，各种档次白酒和饮料瓶 1 亿只。

3. 项目总投资：5 000 万元。

4. 效益估算：年销售收入 1.5 亿元，利润总额 1 500 万元，投资利润率 30%，投资回收期 4 年。

5. 合作方式：独资、合资。

6. 联系方式：

单位：新疆石河子经济技术开发区招商局
电话：0993-2622061，2620856
传真：0993-2622081
地址：新疆石河子市北四东路 56 号
邮编：832014
网址：http://www.xjshz.com.cn/kfqsite1/index.htm

【阿拉尔植物纤维板厂项目】

1. 基本情况：农一师是兵团重要的棉花生产基地，年产皮棉 17 万吨，全师 60% 的土地种植棉花，有近 20 万吨的棉花秸秆，拟在农一师阿拉市建设植物纤维板厂，以棉花秸秆作原材料生产植物纤维压缩材料及高低密度刨花板材，产品可取代塑料、木材、钢材，为新一代节能型产品，成本低，有较好的经济效益。

2. 建设内容：厂房建设，设备购置。项目完成后可年产 1 万立方米植物纤维板。

3. 项目总投资：2 500 万元，拟引资 1 200 万元。

4. 效益估算：年收入 3 300 万元，创利税 1 000 万元，投资收益率在 13%，投资回收期 8 年。

5. 合作方式：合资、合作。

6. 联系方式：

单位：新疆生产建设兵团农一师计划委员会
电话：0997-2123780
传真：0997-2124840
地址：新疆阿克苏市东大街 3 号
邮编：843000

【益绿素纯植物饲料添加剂项目】

1. 基本情况：新疆天康技术发展公司主要从事饲料、动物保健品、种畜禽繁育、动物胚胎移植、科研开发、生产销售和技术服务，是兵团“十五”期间肉牛、肉羊产业化的龙头企业，已通过国家 ISO9002 质量认证。拟建的益绿素纯植物饲料添加剂项目是利用复合提取新工艺从中草药中提取纯植物饲料添加剂，避免抗生素等药物对畜产品质量的影响。

2. 建设内容：厂房建设、设备购

置。项目完成后，年加工“益绿素”纯植物饲料添加剂1 000吨。

3. 项目总投资：2 958万元，拟引资1 000万元。

4. 效益估算：年销售收入8 890万元，利润1 365万元，财务内部收益率（税前）27%。

5. 合作方式：合资、合作。

6. 联系方式：

单位：新疆天康畜牧生物技术股份有限公司

电话：0991-3851351

传真：0991-3666579

地址：乌鲁木齐北京南路钻石城11号银通大厦15楼

邮编：830011

网址：www.tcsw.com.cn

E-mail：tcsw@xj.cninfo.net

【2万吨/年配合饲料加工建设项目】

1. 基本情况：伊犁地区2000年牲畜饲养量达到1 900万标准畜，家禽饲养量1 000万只，养殖鱼产量1.3万吨，饲料缺口很大。农四师拟在可克达拉工业园区建设饲料加工项目，该区紧靠312国道，距霍尔果斯口岸20千米，交通方便，且原料来源可靠丰富，可利用各种粮油作物及附近糖厂、油脂厂、酒精厂、粮油加工厂副产品等作为饲料生产的原料。项目建设基础条件好，水、电、暖、汽可根据生产需要保证供给。

2. 建设内容：厂房建设，设备购置及公辅设施建设，实现电脑化控制。项目完成后，年单班生产2万吨配合（浓缩）饲料。

3. 项目总投资：3 000万元。

4. 效益估算：年销售收入735万元，投资回收期4.08年。

5. 合作方式：合资、合作。

6. 联系方式：

单位：新疆生产建设兵团农四师计划委员会

电话：0999-8182425、8182426

传真：0999-8127203

地址：新疆伊宁市解放路219路

邮编：835000

【3.4万吨/年涂布白纸板技改项目】

1. 基本情况：新疆天宏纸业股份有限公司是西北地区最大的文化用纸生产企业，现已形成年产4万吨漂白浆、5.2万吨机制纸生产能力。该项目以商品浆为原料，充分利用石河子完善的基础设施，采用先进的工艺和设备，生产高档包装纸板——涂布白纸板，满足新疆巨大的市场需求。

2. 建设内容：选用国内先进设备，引进部分关键设备，新建厂房，形成年产3.4万吨涂布白纸板生产线。

3. 项目总投资：7 000万元。

4. 效益估算：年销售收入1.56亿元，利润1 361万元，投资利润率19.4%，投资回收期5.14年。

5. 合作方式：合资、合作。

6. 联系方式：

单位：新疆天宏纸业股份有限公司

电话：0993-2515661-12330

传真：0993-2517773

地址：新疆石河子市西三路

邮编：832000

【1万吨/年无尘软纸项目】

1. 基本情况：新疆天宏纸业股份有限公司是西北地区最大的文化用纸生产企业，现已形成年产4万吨漂白浆，5.2万吨机制纸生产能力。该公司拟利用新疆丰富的棉短绒资源生产无尘纸原料绒毛浆，引进丹麦最新水平的干法造纸机系统，形成年产1万吨生产能力。

2. 建设内容：建设厂房并购置先进的干法造纸机等设备。

3. 项目总投资：1.57亿元。

4. 效益估算：投资利润率21.7%，投资回收期5.14年。

5. 合作方式：合资、合作。

6. 联系方式：

单位：新疆天宏纸业股份有限公司

电话：0993-2515661

传真：0993-2517773

地址：新疆石河子市西三路

邮编：832000

(八) 农机制造业

【200台/年棉花采摘机械及清花设备生产项目】

1. 基本情况：新疆农作物年播种面积320万公顷，其中棉花播种面积一直保持100万公顷左右。新疆每年人工采棉费用在20亿元以上。本项目拟利用外国先进技术和资金，在市场较为集中的新疆生产或组装棉花采摘机械和清花设备。

2. 建设内容：厂房建设、设备购置，并引进先进技术，年产200台棉花采摘机械和清花设备。

3. 项目总投资：2.5亿元。

4. 效益估算：年销售收入3亿元，年利润0.8亿元，投资利润率32%，投资回收期4年。

5. 合作方式：合资、合作、独资。

6. 联系方式：

单位：新疆石河子经济技术开发区招商局

电话：0993-2622061、2620856

传真：0993-2622081

地址：新疆石河子开发区北四东路56号

邮编：832014

网址：http://www.xjshz.com.cn/kfqsite1/index.htm

(九) 电业

【玛纳斯河肯斯瓦特水电建设项目】

1. 基本情况：新疆天富电力集团是集发、供、调电热一体化的集团公司，年发电量8.5亿千瓦时，供热500万兆焦，采煤50万吨。由于玛纳斯河冬季流量小，已建成的水电站冬季出力小，夏季水资源浪费，因此建设玛纳斯河肯斯瓦特水利枢纽工程，可以担负系统调峰任务并具有灌溉调节能力和巨大的洪水调节能力，是一座具有发电、灌溉、防洪等作用的水利枢纽工程。

2. 建设内容：混凝土面板堤、溢洪洞、发电引水隧道、电站厂房及升压变电站等工程。水库总库容 3.11 亿立方米，电站总装机容量 120 万千瓦。

3. 项目总投资：19.67 亿元，其中水库工程投资 14.21 亿元，发电工程投资 5.46 亿元。

4. 效益估算：财务内部收率 15.70%，投资回收期 7 年。

5. 合作方式：合资、合作。

6. 联系方式：

单位：新疆天富电力集团公司
电话：0993-2901088
传真：0993-2016160
地址：新疆石河子市北二路 28 号
邮编：832000

（十）商贸流通业

【兵团"菜篮子"工程项目】

1. 基本情况：兵团拥有 13 个农业师，经过几十年的艰苦奋斗，在戈壁荒原上建起了石河子、奎屯、五家渠、阿拉尔、北屯、图木舒克等绿洲新城。气候特征为：日照长，光热资源充足，利于蔬菜、水果的生长。各垦区的"菜篮子"生产基地初具规模，新世纪的"菜篮子"工程是为了更好地满足城镇发展和职工消费需求。

2. 建设内容：新建、改造大中小型农贸市场 41 个，建设反季节生产基地 0.2 万公顷，200 万只鸡屠宰加工厂 1 个，牛羊定点屠宰场 1 个，猪定点屠宰场 1 个，1 200 平方米渔业技术培训中心 1 座，营养配送中心 2 个。2005 年生产蔬菜 75 万吨、肉类 21 万吨、奶类 15 万吨、水果 25.5 万吨、水产品 1.7 万吨。

3. 项目总投资：2.55 亿元。

4. 效益估算：财务内部收益率 16.5%，投资回收期 8.3 年。

5. 合作方式:合资、独资。

6. 联系方式：

单位：新疆生产建设兵团计划委员会
电话：0991-2890140
传真：0991-2821831
地址：新疆乌鲁木齐市光明路 15 号
邮编：830002
E－mail: jwsc@ xjbt. cei. gov. cn

【果品批发市场及贮藏库建设项目】

1. 基本情况：农十三师"十五"期间的农业发展思路是：以农业为基础，大力发展特色农业，实现葡萄产业的重点突破。到 2005 年，规划葡萄面积达到 0.8 万公顷，产量 18 万吨。以基地为起点，建设果品批发市场及保鲜库。

2. 建设内容：建设果品批发市场 8 000 平方米（建筑面积），4 000 吨气体调节贮藏库，购置 5 辆冷藏保鲜车。

3. 项目总投资：3 600 万元。

4. 效益估算：财务内部收益率为

17.1%，投资回收期6年。

5. 合作方式：合资。

6. 联系方式：

单位：新疆生产建设兵团农十三师计划委员会

电话：0902-2565138

传真：0902-2565434

地址：新疆哈密市大营房

邮编：839000

【中亚国际商贸物流配送中心项目】

1. 基本情况：该项目的组织实施单位及法人为兵团国有资产经营公司，所属的兵团物资供销总公司、新疆通联实业总公司、兵团供销合作总公司拥有遍布全新疆的运输中转站、农用物资经销网络和较大的运输资产。已经初步形成物流集团的框架，通过进行管理、信息、人才、营运等方面的充分整合，逐步构建覆盖全疆，辐射中亚的国际商贸物流配送体系，必将产生良好的经济效益。

2. 建设内容：项目的建设规模计划面积为10万平方米，主要进行物流、仓储、分装、配送。

3. 项目总投资：1.17亿元。

4. 效益估算：年营业收入20亿元，年利税0.5亿元，安排就业人数0.3万人。

5. 合作方式：合资、合作。

6. 联系方式：

单位：新疆生产建设兵团国有资产经营公司

电话：0991-4824090

传真：0991-4824151

地址：新疆乌鲁木齐市新医路15号

邮编：830054

【巴楚棉花中转库项目】

1. 基本情况：新疆生产建设兵团棉麻公司拟在南疆腹地巴楚建设棉花中转库，以解决区域内棉花、农资及其他社会物资中转储运难的问题，节省运费，促进区域内物流加速。

2. 建设内容：征购建设用地20公顷，建铁路专用线2.57千米、站台货棚1万平方米、棉花库房5 000平方米及其配套附属设施。形成棉花、农资等货物中转能力20万吨。

3. 项目总投资：5 355万元，拟引资40%。

4. 效益估算：项目建成后，年节省运费预计1 210万元，年利润总额450万元，经济效益可观。

5. 合作方式：合资、合作，以资金及设备投入为主。

6. 联系方式：

单位：新疆生产建设兵团棉麻公司

电话：0991-4533659

传真：0991-4533228

地址：乌鲁木齐市西北路65号

邮编：830091

E-mail：ZJJ6906@sina.com.cn

（十一）旅游业

【航空运输、游览、服务项目】

1. 基本情况：通用航空作为一种先进的生产力和适用技术，在各个领域中将发挥最经济、最高效的优势。

新疆地域辽阔，现有11个疆内支线机场，还将修建吐鲁番、哈密、博乐、那拉提、石河子等支线机场，经营疆内支线运输飞行。新疆通用航空有限责任公司拟购置5架Y12型飞机，经营疆内支线运输飞行、空中游览观光、人工影响天气、航空摄影等通用航空项目。

2. 建设内容：购买5架Y12型飞机。

3. 项目总投资：1.24亿元。

4. 效益分析：5架Y12型飞机，每架Y12型飞机年飞行量600小时工作量，总年飞行量3 000小时工作量。根据Y12型飞机飞行成本及收费价格，年运营利润870万元。

5. 合作方式：合资、合作。

6. 联系方式：

单位：新疆通用航空有限责任公司
电话：0993-2026541、2026540
传真：0993-2011974
地址：新疆石河子市西环路102号
邮编：832000

【青格达湖—沙漠生态旅游区基础设施建设项目】

1. 基本情况：兵团农六师五家渠市青格达湖是一个17平方千米的人工湖，湖面水鸟翻飞，远处白雪皑皑的博格达峰高耸入云，宛如一幅动静结合的水墨画，目前已建成部分景点，每年接待游客12万人次。经农六师102团、103团往北30千米进入古尔班通古特沙漠。连绵的沙丘，沙漠湖泊遗迹，沙生动植物和沙漠绿洲等构成十分壮观的自然景观，极具旅游开发价值。青格达湖距首府乌鲁木齐市40余千米、昌吉市28千米，距新疆著名的旅游景点天池80千米，距五家渠市仅5千米，对外交通十分便利。湖区及102团、103团的水、电、通讯设施基本健全。

2. 建设内容：五家渠到湖区的城市绿阴道路2.11千米，湖区到沙漠景点的道路30千米，环坝主干道3.4千米，排水主干网3.94千米，以及沙漠生态探奇、沙漠绿洲农业观光、沙上运动娱乐等景点设施建设。

3. 项目总投资：6 100万元。

4. 效益估算：投资回收期7年，内部收益率13.4%。项目为国内和新疆人民创造了环境优美、设施完备的旅游休闲度假场所。

5. 联系方式：

单位：新疆生产建设兵团农六师计划委员会
电话：0994-5800524、5800650
传真：0994-5800691
地址：新疆五家渠市
邮编：831300
E－mail: nlsxx－cl@ mail. xj. cninfo. net

【北湖风景旅游区二期工程基础设施建设项目】

1. 基本情况：北湖风景旅游区位于“戈壁明珠”石河子市区以北14千米，石（河子）莫（索湾）公路东侧。地势呈东南高，西北低，湖区南为进水口，湖区北为拦水坝。北湖东西宽约3千米，南北宽约5.5千米。绿茵似绒的草地，沙细如毯的水滩，迎风摇摆的湖岸林、芦苇、红柳，使水面形成神秘多变而又自然的空间。旅游区南15～20千米有312国道、乌奎高速公路、北疆铁路，交通十分便利。石河子市基础设施完善，区内水、电、通讯设施基本健全，是兵团的“窗口”，每年接待游客20万人次。

2. 建设内容：环湖道路10千米，游船停靠码头4 500平方米，停车场10 000平方米，公共绿地84.5公顷，湖周花墙4 400米，以及水、电配套基础设施。

3. 项目总投资：3 505万元。

4. 效益估算：投资回收期9.7年，内部收益率10.4%。

5. 合作方式：合资、合作。

6. 联系方式：

单位：新疆生产建设兵团农八师石河子玛河流域管理处

电话：0993-2015716、2012917

传真：0993-2013022

地址：新疆石河子市东一路60号

邮编：832000

【“西海旅游风情园”开发建设项目】

1. 基本情况：西海旅游风情园位于新疆北部福海县境内的布伦托海东北岸，距离北屯22千米、阿勒泰市82千米，距离省道319线7千米，是通往哈纳斯湖和吉木乃口岸的必经之地，交通极为便利。布伦托海面积820平方千米，是北疆地区最大的内陆淡水湖，也是新疆重要的渔业和北极狐生产基地，西海旅游风情园占地面积160公顷，景色宜人，资源丰富，是休闲度假的绝佳场所。

2. 建设内容：海岸线整治2千米，道路铺砌2.2千米，鸟类保护区0.56平方千米；水上（冰上）游乐设施；珍稀动物养殖；依山傍水陆地建设；冷水鱼等水产品加工、养殖；环境绿化。

3. 项目总投资：4 765万元，拟引资50%～70%。

4. 效益估算：投资回收期8年，财务内部收益率（税后）16.6%。

5. 合作方式：合资、合作。

6. 联系方式：

单位：新疆生产建设兵团农十师190团

电话：0906-3395039

传真：0906-3395030

地址：新疆北屯

邮编：836000

【银沙滩风景区旅游项目】

1. 基本情况：银沙滩风景区位于巴音郭楞蒙古自治州博湖县博斯腾湖北岸的乌图额勒森（沙岛），面积约11平方千米，风景区水域广阔，一派“南国海滨”风光，湖水清澈，湖面上水鸟翻飞，景色十分宜人。岸边沙滩延绵，细沙柔软纯净，纵深250米范围内，水深1.7米，是一个天然沙滩浴场，夏季可开展游泳等水上运动。

2. 建设内容：拟建海滨浴场20万平方米；水上乐园20万平方米及休闲钓鱼区、西海广场、民族风情园等。

3. 项目总投资：6 000万元。

4. 效益估算：投资利润率15.2%，投资回收期7.2年。

5. 合作方式：合资、独资和股份制。

6. 联系方式：

单位：新疆生产建设兵团农二师旅游局
电话：0996-2028314
传真：0996-2023713
地址：新疆库尔勒人民西路
邮编：841000

【现代农业观光园建设工程项目】

1. 基本情况：以加快国内外现代化农业高新技术的引进为宗旨，以发展观光农业为目标，通过观光农业示范区、设施、生态农业示范区的建设，展示种植业的优良品种与成熟、先进、配套的技术设备，使观光园成为乌鲁木齐市民进行农业技术普及的活教材和市郊一个新的旅游景点。

2. 建设内容：

观光农业示范区：（1）名、优、特品种示范园区：①特色农产品种植小区；②精品蔬菜种植小区；③西甜瓜良种繁育小区；④名优果品示范小区；⑤花卉观赏小区；（2）引种示范园区：①组培室；②大田实验小区。

休闲娱乐园：（1）趣味动物养殖园：①肉用动物养殖园；②观赏动物养殖园；（2）垂钓园；（3）娱乐游园；（4）念园林园。

3. 项目总投资：985 万元。其中：直接建设性投资 880 万元，间接性投资 105 万元。

4. 效益估算：年利润 367 万元，年上缴税金 71 万元，投资利润率为 28.08%，投资利税率为 34.13%，全部投资动态回收期为 9.23 年，静态投资回收期为 7.21 年，财务内部收益率为 22.63%，财务净现值 912 万元，项目抗风险能力较强。

5. 合作方式：合资、合作。

6. 联系方式：

单位：新疆生产建设兵团农十二师农业技术推广站
电话：0991-3960209
传真：0991-3960114
地址：乌鲁木齐市西郊五一农场路口
邮编：830088

【那拉提风景区建设项目】

1. 基本情况：那拉提风景区位于新疆新源县以东 70 多千米处，这里山峦起伏，绿草如茵，冬暖夏凉，气候宜人，既有草原的辽阔，又有溪水的柔美；既有群山的峻秀，又有松涛的气势。同时具有浓郁古朴的哈萨克民俗风情和丰富的草原文化，是一处绝好的旅游、疗养、休闲避暑胜地。

2. 建设内容：旅游基础设施建设，形成年接待游客 10～30 万人次的规模。

3. 项目总投资：1 200 万元。

4. 效益估算：年利润率 10.91%，年利税率 16.36%，投资回收期 5.46 年。

5. 合作方式：合资、合作。

6. 联系方式：

单位：新疆生产建设兵团农四师 71 团
电话：0999-5200568
传真：0999-5200624
地址：新疆伊犁新源县
邮编：835800

【怪石沟风景旅游区项目】

1. 基本情况：怪石沟风景旅游区是自治区的著名旅游区，距离博乐市 38 千米。景区东西长 18 千米，南北宽 14 千米，主要景区面积达 142 平方千米。景区怪石林立，姿态万千，是一座天然的地质地貌博物馆。中国科学院新疆生态与地理研究所经实地考察，对该景区旅游资源的品位定为一级，称为我国西部最著名的巨大观赏怪石群，具有极高的美学观赏价值和科学研究价值。

2. 建设内容：旅游基础设施建设，形成年接待游客5~15万人次的规模。

3. 项目总投资：2.06亿元。

4. 效益估算：年利润率10.91%，年利税率16.36%，投资回收期16年。

5. 合作方式：合资、合作。

6. 联系方式：

单位：新疆生产建设兵团农五师84团
电话：0909-6442666
传真：0909-6442648
地址：新疆博尔塔拉蒙古自治州
邮编：833405

【西海湾旅游区建设项目】

1. 基本情况：西海湾旅游区位于新疆巴楚县以东26千米处，面积为145平方千米，风景区水域宽广，湖水清澈，芦苇碧绿丛生，湖面上水鸟翻飞，湖中有沙山景点，水中鱼类资源丰富，各种鸟类及野生动物借助这一自然条件栖息繁衍，构成了一幅鱼游虾跃，飞鸟翔空的自然景观，岸边沙滩绵延，细沙柔软纯净，纵深200米范围内，水深1.7米，是一个天然的沙滩浴场，是得天独厚的天然海滨娱乐场。隆冬季节，湖水冰冻，冰层厚度达70厘米，是难得的冰上运动娱乐场所。

2. 建设内容：旅游基础设施建设，形成年接待游客5万人次的规模。

3. 项目总投资：4 750万元。

4. 效益估算：年利润率10.91%，年利税率16.36%，投资回收期8.5年。

5. 合作方式：合资、合作。

6. 联系方式：

单位：新疆生产建设兵团农三师小海子水管处
电话：0998-6180476
传真：0998-6180476
地址：新疆喀什巴楚县
邮编：843800

【庙尔沟旅游区建设项目】

1. 基本情况：庙尔沟旅游区位于哈密市东北40千米的天山庙尔沟口，原为明清时期哈密四世回王玉素甫避暑行宫之地。这里依山傍水，气候温和，果木成荫，风景优美。春天杏花如海，秋天硕果流金，被列为哈密地区文物保护单位，兵团森林公园。

2. 建设内容：游基础设施建设，形成年接待游客5万人次的规模。

3. 项目总投资：2 880万元。

4. 效益估算：年利润率24.84%，年利税率15.41%，投资回收期7.96年。

5. 合作方式：合资、合作。

6. 联系方式：

单位：新疆生产建设兵团农十三师黄田农场
电话：0902-6401029
传真：0902-6401308
地址：新疆哈密市
邮编：839103

（十二）基础设施

【阿拉尔市集中供热项目】

1. 基本情况：城市集中供热既可以节约能源，又可以减少环境污染，还可以取得较好的经济效益、社会效益和生态效益。

2. 建设内容：根据市政规划共建8个集中供热中心、其中10吨、15吨、20吨、25吨、30吨锅炉32台套；28个热交换站、管网151千米、采暖建筑面积503万平方米。

3. 项目总投资：1.9亿元。

4. 效益估算：采暖收费按15元/(年·米^2)计，年收入7 600万元，年利润约1 500万元。

5. 合作方式：合资、合作、独资。

6. 联系方式：

单位：新疆生产建设兵团农一师计划委员会

电话：0997-2123780

传真：0997-2124840

地址：新疆阿克苏市东路东大街3号

邮编：843000

【石河子机场改扩建项目】

1. 基本情况：新疆通用航空公司目前执管2个系列4种机型的飞机33架，拥有固定资产1亿元。现有一条长1 000米可承受起飞全重70吨的水泥跑道、三条滑行道、35个停机坪、调度指挥楼，机场建设已初具规模。现已累计飞行4.6万小时，主要经营飞播、施肥、造林、化学除草、灭虫治病、卫生防疫、航测、土地详查等20多项业务，是全国通用航空七大骨干企业之一。

2. 建设内容：主要包括扩建跑道（长3 200米，宽45米）、滑行道、航站区建筑物建设、机场改扩建后的配套系统及设备购置。机场改扩建面积283万平方米。扩建后机场可达到4D机场标准。

3. 项目总投资：5.81亿元。

4. 效益估算：投资回收期8~10年。项目建设可促进新疆及兵团农林牧经济发展和通用航空事业的发展。

5. 合作方式：合资、合作。

6. 联系方式：

单位：新疆生产建设兵团航空企业管理局

电话：0993-2016010

传真：0993-2016010

地址：新疆石河子市北四路

邮编：832000

【石河子天然气供气工程项目】

1. 基本情况：石河子市是中国西部的一座规划合理、环境优美、清洁卫生的园林城市。目前工业及民用燃料结构以煤和液化石油气为主，随着城市发展和保护环境意识的提高，开发利用天然气资源对节约能源，改善人民生活条件，建立文明城市起着积极的促进作用。气源来自于呼图壁气田，通过克—乌ϕ529输油管线的704清管站在石河子市接口，管理方便。预测输气量50×104米^3/天，能够满足全市近远期用气量。

2. 建设内容：输气干管32千米，配气网管75.4千米，704站扩建，城区门站1座以及其他配套设施。供气量2 250×104米³/年，其中居民用气1 800×104米³/年，最终用户达8.5万户。

3. 项目总投资：1.38亿元。

4. 效益估算：投资回收期11年，财务内部收益率10.1%。

5. 合作方式：合资、合作。

6. 联系方式：

单位：新疆生产建设兵团农八师计划委员会

电话：0993-2012316

传真：0993-2016227

地址：新疆石河子市

邮编：832000

【石河子市大气污染治理工程项目】

1. 基本情况：随着人口增加和工业发展，石河子市区大气污染日趋严重。目前年工业用煤60多万吨，包括采暖用煤可达90多万吨。局部地区，特别是污染源周围大气环境质量明显变坏，形成了带状污染区。因此改善城市大气环境，治理大气污染源已是当务之急，也是关系到新疆人民生活质量的大事。

2. 建设内容：对东热电厂、西热电厂、八一毛纺厂、八一糖厂、八一棉纺厂、热力公司等超标排放较为严重的20台锅炉的除尘器进行改造。主要配置20台卧式三电场静电除尘器，新建除尘器平台（两层钢筋混凝土框架）20座。

3. 项目总投资：4 153万元。

4. 效益估算：财务内部收益率19.2%，投资回收期6.5年。项目完成后，锅炉除尘器效率将提高15%～25%，城市主要工业企业大气污染源得到彻底根治，市区大气环境质量明显改善。

5. 合作方式：合资、合作。

6. 联系方式：

单位：新疆生产建设兵团农八师计划委员会

电话：0993-2012316

传真：0993-2016227

地址：新疆石河子市

邮编：832000

Ⅶ 政策法规信息

一、税　收

【兵团计委、兵团经贸委关于贯彻落实国务院调整进口设备税收政策有关问题的通知】[1998年10月15日兵计(政策法规)发(1998)382号]

主要内容：

1. 按照国家现行投资项目审批权限，对于属于进口设备免税范围的限额以下的内外资基本建设项目，由兵团计划委员会出具《项目确认书》；限额以下内外资技术改造项目由兵团经济贸易委员会出具。

2. 申办《项目确认书》基本要求：对于外商投资项目，执行1997年12月原国家计委修订的《外商投资产业指导目录》和海关总署颁布的《外商投资项目不予免税的进口商品目录》；利用外国政府贷款、国际金融组织贷款项目进口的自用设备，以及加工贸易外商提供的不作价进口设备，执行《外商投资项目不予免税的进口商品目录》；国内投资项目（包括利用国外商业贷款项目），执行《当前国家鼓励发展的产业、产品和技术目录》和《国内投资项目不予免税的进口商品目录》；对于结转项目进口设备免税范围及要求，按照国家有关文件执行。对于符合上述要求的，并在项目可行性研究报告中提出进口设备免税建议的项目，由兵团计委或兵团经贸委在项目可行性研究报告批复文件中明确，同时加附《项目确认书》；对于没有提出免税建议的项目，应到原项目审批单位办理相应手续后，按有关规定出具《项目确认书》。项目单位凭此到当地海关等有关部门办理免税手续。

3. 对于要享受免税政策的项目，其项目可行性研究报告需有以下内容：项目总投资，其中进口设备投资，包括项目用汇额；项目进口设备型号、数量及主要技术参数；符合国家产业政策条目及免税建议，由于其他原因，项目进口设备由国内改为进口，或总投资额发生变化等与可研报告或批复文件有关内容不一致的，须在项目可行性研究报告中补充有关内容，并办理审批手续。出具《项目确认书》主要依据是项目可行性研究报告及批复文件；项目设备进口委托书；项目设备进口合同书。项目进口设备必须符合国家进口机电设备的有关规定，必须符合兵团有关政策。进口设备必须是项目自用的，贸易项目不能享受免税政策。项目建设单位应优先选择兵团有进出口权的企业或公司代理进口设备。

二、基本建设与技术改造投资

【新疆维吾尔自治区建筑市场管理条例】（1998年9月25日自治区第九届人大常委会第5次会议通过）

主要内容：

1. 总则：（1）凡在自治区行政区域内从事建筑市场活动及其监督管理的单位和个人，均应遵守本条例。（2）从事建筑活动和实施对建筑活动的监督管理，应当遵循统一、开放、竞争、有序和公开、公正的原则。（3）建筑活动应当确保建筑工程质量和安全符合国家工程建设标准。（4）自治区人民政府建设行政主管部门对全区建筑活动实施统一监督管理；县级以上人民政府建设行政主管部门依照其职责权限，对本行政区域建筑活动实施监督管理。

2. 建筑工程发包：（1）建筑工程勘察、设计和施工发包应当具备下列条件：①勘察、设计发包：取得建筑工程项目的有关批准文件；具备勘察、设计所需的基础资料；取得建设工程用地规划许可；法律、法规规定的其他条件。②施工发包：初步设计和概算已经批准；取得建设工程规划许可；具备施工所需的图纸和技术资料；取得有关资金落实的审核文件；法律、法规规定的其他条件。（2）下列建筑工程必须依法通过公开或邀请招标发包方式择优选定承包方：①勘察设计院招标：城市重要地段和沿街的主要建筑、纪念性建筑和大型雕塑；高层住宅规定限额以上的公共建筑和住宅；大中型专业建筑工程。②施工招标：由政府或者公有制单位投资的规定限额以上的建筑工程；其他渠道投资用于商品住宅和市政公用事业的建筑工程。③规定限额以上的设备采购。前列建筑工程的具体范围和限额由区人民政府制定。（3）招标发包应当符合下列基本程序：①招标方提出招标申请，组织编制资格预审文件、招标文件和工程标底，公布招标信息，对投标单位进行资格预审、组织现场踏勘；②投标方编制并递交投标文件；③招标方组织开标、评标、定标，与中标方签订承包合同。（4）建筑工程招标的开标、评标、定标由建设单位依法组织实施，并接受建设行政主管部门的监督。

3. 建筑工程承包：（1）从事建筑工程承包活动的单位应当持有依法取得的资质证书，并在其资质等级许可的业务范围内承揽建筑工程。（2）大型建筑工程的勘察、设计、施工可以有两个以上具备相应资质的承包单位共同承包。共同承包的各方对承包合同的履行承担连带责任。（3）总承包单位依照总承包合同的约定或征得发包方同意，可以对承包工程中的部分工程实施分包。（4）总承包单位按照总承包合同的约定对发包单位负责；分包单位按照分包合同的约定对总承包单位负责。总承包单位和分包单位就分包的建筑工程对发包单位承担连带责任。

4. 建筑工程中介服务：建筑工程中介服务包括勘察设计咨询、造价咨询、招标代理、建设监理、工程质量检测、设备材料检验等有偿服务行为。从事中介服务活动的单位必须依法取得从业许可和营业执照后，方可开展业务。

5. 建筑工程合同造价：（1）建筑工程发包、承包、中介服务应当使用或参照使用国家制定的合同文本，依法签订书面合同，报建设行政主管部门和工商行政管理部门备案，并接受监督、指导。（2）建筑工程造价应当以国家和自治区规定的工程量计算规则和计价方法为依据，按照工程专业类别，参照定额规定的消耗量和相应的取费标准计算，由发包、承包双方在合同中约定。

6. 建筑工程质量与安全：建筑工程勘察、设计、施工、材料设备的质量和施工安全，应当符合法律、法规和有关的工程技术标准、质量验评标准，达到设计文件和承包合同对工程质量、安全的要求。

7. 管理与服务：建设行政主管部门和有关管理部门按照各自的职责分工，加强对建筑活动的监督管理，依法纠正和查处建筑活动中的违法行为，维护和保障市场中的合法经营活动。建设行政管理应当公开办事制度，简化办事程序，提高办事效率，接受社会监督。

【新疆维吾尔自治区重点建设项目管理办法】（1998年5月28日新疆维吾尔自治区人民政府令第76号）

主要内容：

1. 本办法所称重点建设项目，是指（1）农业、交通、能源等基础设施、基础产业和重要原材料等支柱产业建设项目；（2）能带动行业技术进步的建设项目；（3）对社会发展有重要影响的建设项目；（4）其他骨干建设项目。

2. 重点建设项目必须严格遵守基本建设程序。重点建设项目的申请，应当以书面方式提出，并载明下列内容：（1）项目、项目法人（建设单位）名称、建设地点、上级主管部门或者单位；（2）项目建议书，可行性研究报告，初步设计，开工报告的批准机关、日期、文号；（3）项目建设规模、概算总投资，计划开工日期及建设工期；（4）项目资金及其他建设资金落实的有关文件；（5）环保等其他有关内容。

3. 经营性重点建设项目实行建设项目法人责任制；自治区计划行政主管部门负责全过程综合管理和有关部门、地区分级管理制度。

4. 各级计划行政主管部门应当按保重点、保收尾、保投产的原则，根据建设项目的合理工期，平衡和安排重点建设项目及配套工程的年度投资计划。

5. 重点建设项目的设备储备资金，各有关部门和银行应当优先安排。

6. 土地、建设行政主管部门会同计划等行政主管部门，负责重点建设项目有关征地、拆迁工作的管理和协调，提供必要的便利条件，依法保障重点建设项目的建设用地。

7. 重点建设项目的主体设计须由具有相应资质的设计单位承担，施工、监理、设备材料采购等通过招标择优选定中标单位。

8. 电力、交通、邮电、供水、供热等单位，应当优先保证重点建设项目对施工和生产用电、物资运输、邮电通信和用水、用热等方面的需要，按照合同的约定履行义务。

9. 任何单位和个人不得非法向重点建设项目收取费用。

10. 重点建设项目法人对项目建设内容、建设规模、建设标准及各项费用支出，要严格按批准的初步设计及概算执行。

11. 重点建设项目法人要确保建设项目的工程质量和建设工期，提高投资效益，并按有关规定和要求，及时向自治区计划和统计主管部门报送项目建设情况和资料。

12. 重点建设项目竣工验收合格的，经过运营，项目法人向国家有关部门或者自治区计划行政主管部门书面提出项目后评价报告。审计机关依法对项目的资金来源、使用以及竣工决算进行审计。

13. 严重违反本办法规定的项目，自治区计划行政主管部门可以取消其重点建设项目资格。

14. 新疆生产建设兵团可参照本办法执行或者依照有关法律、法规制定具体的管理办法。

【新疆生产建设兵团固定资产投资的五个管理办法】（1997年7月30日新兵发[1997]75号）

主要内容：《兵团全社会固定资产投资的管理办法》是加强对全社会固定资产投资的宏观管理，调整投资结构，保证重点建设，提高投资管理水平和投资效益，改变当前项目管理混乱和资金使用分散的状况。《兵团经营性建设项目的管理办法》是改变过去按固定资产投资额划分审批权限的管理办法，实行按照国家产业政策审批项目。《兵团非经营性建设项目的管理办法》是对科研、文化艺术、广播电视、卫生、体育、政法机关及党政机关、群众团体、企事业单位等建设项目纳入计划管理。《兵团建设性资金的管理办法》是集中力量保证重点工程建设，促进国民经济和社会事业稳步、协调、健康发展，更加合理使用建设资金。《兵团对外投资的管理办法》是规范兵团、师行政机关、企事业单位或其他经济组织向兵团辖区外和境外设立各类企业或购股、参股、购买房地产等从事生产、经营的活动。

三、对外经济贸易

【新疆生产建设兵团关于发挥集团优势加强工商联手积极开拓市场的意见】（1998 年 9 月 17 日新兵办发[1998]85 号）

主要内容：

1. 加强领导，提高认识，抓好工商联手工作。工商联手开拓市场是一项系统工程，涉及一、二、三产业的生产、流通、分配和消费领域的各个环节，需要各方面配合。兵团各师、各经济管理部门要加强组织协调，逐步建立现代营销模式，积极发展连锁经营和物资代理配送，最终使兵团企业形成利益共享、风险共担、共同发展的新型农商、工商关系。

2. 成立兵团市场营销协会，挂靠在兵团经贸委。

3. 充分发挥国有流通企业主渠道作用。组建兵团范围内的专业物资经营集团公司。

4. 制定有关政策措施。

5. 积极开拓兵团内部市场和区内外农村市场。

6. 深化改革，积极采取各种形式，强化工商联手。

7. 积极组建和壮大一批产业化集团。

四、外商投资

【关于印发《新疆维吾尔自治区鼓励外商投资若干政策规定》的通知】(2000年8月25日新政发[2000]64号)

主要内容：

1. 鼓励外商投资以下重点产业：农林牧业综合开发及其产品深加工；水利、能源、交通等基础产业和基础设施建设；生态环境建设、小城镇经济建设；高技术含量、高附加值的轻工产品、特色产品；棉、毛、丝、麻纺深加工技术与产品开发、高仿真化纤生产、织物印染及后整理加工；石油化工、精细化工、农田化工；有色金属、黑色金属和非金属矿产的勘察、开采和加工；新型建筑材料和节能建筑材料；新材料、生物工程技术、信息、通信系统网络技术、资源再生及综合利用技术、节约能源开发技术、环境污染给治理工程及监测和治理技术；旅游资源的开发及旅游景点建设。

2. 优惠政策：设立外商投资企业，经营期在10年以上的免征企业所得税中的地方所得税；外商投资举办的先进技术企业，依照税法规定免征、减征所得税期满后仍为先进技术企业的，经税务机关批准，可按照税法规定的税率延长3年减半征收企业所得税；从事农业生产的外商投资企业，免征农业税5年；外商投资重点鼓励产业中的项目，其实际出资额在500万美元以上的，从生产经营之日起，5年内可享受不超过该企业上缴增值税10%的财政补贴；从事矿产资源开采的外商投资企业，自建成投产之日起，暂缓征收资源税5年；外商投资企业自有自用房产，自生产经营之日起，免征城市房地产税5年，自第6年至第10年减半征收城市房地产税；外商投资企业自领取工商营业执照之日起，免征车船使用牌照税、屠宰税10年；外商投资企业从事水利、能源、交通、小城镇等基础设施项目的建设用地和公益事业用地，可按行政划拨方式取得国有土地使用权；外商投资企业可以按租赁方式取得国有土地使用权（房地产开发除外）；外商投资企业以出让方式取得国有土地使用权，经营期在20年以上的，免缴25%的土地使用权出让金；外商投资企业从事本规定重点鼓励的产业，采取出让方式取得国有土地使用权，并且经营期在30年以上的，免缴30%的土地使用权出让金，其余土地使用权出让金可实行挂账，自生产、经营之日起5年内分期付清；对中外合资、合作经营企业，中方可将土地资产折价作为国家股投入；从事本规定重点鼓励产业的外商投资企业，使用的土地可按当地地价的低限予以出让或收取土地租金；外商投资企业以出让方式取得国有土地使用权的，在缴纳全部土地使用权出让金的，可以依法转让、出租或抵押；以行政划拨方式取得国有土地使用权的，在补办出让手续、补交出让金后，也可依法转让、出租或抵押。

【兵团关于鼓励外商投资的实施意见（试行）】（2002年6月3日新兵办发[2002] 55号）

主要内容：

1. 税收优惠政策：（1）生产性外商投资企业，享受减免企业所得税，并免征地方所得税。（2）从事农业生产的外商投资企业，免征农业税5年。（3）外商投资企业举办交通、电力、水利、广播电视企业，减免企业所得税。（4）对保护生态环境，退耕还林（生态林应占80%以上）还草产出的农业特产收入，10年内免征农业特产税。（5）外国投资者，以企业取得的利润再投资于该企业，增加注册资本，或者作为资本投资开办其他外商投资企业，退还再投资部分已缴纳所得税的40%税款。（6）减免自用房产的城市房地产税、车船使用牌照税、屠宰税。

2. 土地优惠政策：（1）外商承包荒山、荒地，进行造林种草等生态建设，减免土地出让金，实行土地使用权50年不变；土地使用权可依法转让、出租、抵押。（2）从事重点鼓励产业的外商投资企业，使用的土地可按当地地价的低限予以出让或收取土地租金（土地使用费）。

3. 金融优惠政策：（1）外商投资于重点鼓励产业的项目，出资额在500万美元以上，自生产经营之日起，5年内可向当地财政申请不超过该企业上缴增值税10%的财政补贴。（2）外商投资于基础设施和优势产业项目，可适当放宽外商持股比例。外商投资于商业项目，经营年限可放宽至40年；注册资本可放宽至3 000万元。（3）外商投资企业，其所需固定资产贷款、流动资金和技术改造贷款，兵团农行根据国家信贷政策与兵团企业一视同仁，给予贷款支持。

4. 其他优惠政策：（1）合资、合作企业中外商投资比例不低于25%的项目，享受外商投资企业待遇。（2）对外商投资企业减半征收城市基础设施配套费。（3）其他行政事业性收费规定标准有幅度的，以低限为基准减半收费，无幅度的一律减半收费。（4）外商投资企业在生产经营中所交纳的各项费用与国有企业同等对待。

5. 保障措施：对外商投资企业提供生活设施、生产活动等方面的保障措施，并确保其合法权益受法律保护。

6. 奖励措施：凡从国外引荐项目和资金的个人，均给予适当奖励。

【关于印发《新疆维吾尔自治区招商引资若干政策规定》的通知】（2000年11月21日新政发[2000]83号）

主要内容：

1. 区外投资者在我区兴办生产性企业，自生产经营之日起，5年内免征企业所得税、车船使用税和房产税，期满后在一定期限内，减按15%的税率征收企业所得税；建设期内免征土地使用税。其中，凡在和田、喀什、克孜勒苏柯尔克孜自治州以及国家和自治区划定的贫困县（包括兵团贫困团场）投资兴办企业，免征企业所得税8年，期满后在一定期限内，减按15%的税率征收企业所得税。兴办非生产性企业，自经营之日起，3年内免征企业所得税，期满后，减半征收企业所得税3年。

2. 区外投资者在我区投资兴办企业（公司），法定注册资本金可实行3年内分期到位。

3. 鼓励区外投资者在我区推广新技术、新产品、新工艺。鼓励以高新技术入股创办科技开发企业。

4. 区外投资企业，进口自用的先进技术设备和种子、种苗与种禽、种畜等，除国家有特殊规定外，免征关税和进口环节增值税。

5. 在边境地区注册成立的区外投资企业，注册资金在50万元人民币以上，经批准可享有边境小额贸易权。符合条件的生产型企业，经批准可享有进出口贸易权。

6. 区外投资者，可办矿山企业从事矿产资源开发的，自生产经营之日起，暂缓征收资源税5年；综合开发矿产资源的，对伴生矿产减半征收矿产资源补偿费。

7. 区外投资者来我区开发“四荒”（荒山、荒地、荒滩、荒坡）种树种草的，免征一切地方税费和土地出让金，投资者拥有所植草木的所有权和经营权，土地使用权50～70年不变，期满后可申请缓期，可以继承和有偿转让。对投资退耕还生态林、草，保护生态环境的，免征土地使用费，其产出的农业特产品的收入，在20年内免征农业特产税。在我区土地利用总体规划划定的可垦区域内进行土地综合开发的，从受益年度起5年内免征农业税、农业特产税及土地使用费。来我区兴办畜牧业项目的，从受益年度起5年内免征牧业税和草原使用费。

8. 区外投资者按租赁方式取得土地使用权，经营期在20年以上的，自企业取得使用权之日起，前5年免交土地租金（土地有偿使用费），在国家、自治区划定的贫困县内投资的，免缴10年地租金。

9. 区外投资者从事水利、能源、交通、环境保护、生态建设、小城镇建设、城市市政建设等基础设施项目的建设用地，公益性事业用地，以及国家和省、市、区认定的高新技术项目用地可按行政划拨的方式取得土地使用权。以出让方式获得土地使用权的，在交纳全部出让金后，可以依法转让、出租和抵押；以行政划拨方式获得国有土地使用权的，在补交土地出让金后，也可以依法转让、出租和抵押。获得土地使用权的投资者，还可以以土地使用权作价入股（扣除政策优惠部分），创办新企业。

10. 区外企业来我区设立分支机

构，已做过信用等级评定的，银行和有关部门的不再重新评定等级，享受区内同类资信等级的优惠政策和授信额度。

11. 区外投资企业所需配套的固定资产、技改贷款及流动资金贷款，经办银行可根据国家有关金融法规政策，给予积极支持。

12. 区外投资者兴办国家认定的高新技术企业和前景良好的成长型企业，由自治区按区内企业标准，推荐上市融资。

13. 在边境城市投资注册并取得进出口经营权和办境贸易权的区外投资企业，在注册地从事进出口贸易，办理有关结汇、售汇以及进出口收、付汇核销等方面，享受区内同类企业的同等待遇。

14. 区外投资者，凡在我区一次性购买500平方米以上商品房的（含500平方米），减半征收购房产交易手续费（服务费、登记费）和房产交易税。

15. 区外投资者，一次性投资50万元以上的，可在投资所在地申办2个城镇居民常住户口；投资100万元以上的，可在投资所在地申办4个城镇居民常住户口；一次性投资300万元以上的，可为其法人代表、经营管理人员，及其配偶，子女申办城镇居民常住户口，免征城市市政公用基础设施增容费。

16. 区外投资者从海外和外省市区引进具有大学本科以上学历的专业技术人员、管理人员和高级技术工作，可按有关规定申办乌鲁木齐市和各地州市城镇常住户口，免征城市市政公用基础设施增容费。

17. 所有区外投资企业（包括个体和私营企业）以及他们的员工及其配偶和子女，除本政策规定的，均与我区企业同等对待。

18. 凡为我区引进资金、高新技术的个人和中介组织，由受益单位按所引进资金额或新增利税总额的1%～3%给予一次性奖励。

【石河子经济技术开发区鼓励投资的优惠政策及办法】（2000年5月12日新兵办发[2000]48号）

主要内容：

税收优惠政策：在开发区内外商投资生产性企业按15%的税率征收企业所得税。其中，经营期在10年以上的企业，从获利年度起，第1至第2年免征企业所得税，第3至第5年减半征收企业所得税，第6至第10年按15%的税率应纳税额再减征15%～30%的税额等。

财政优惠政策：兴办经营期10年以上的生产性企业，地方企业所得税实行先征后返，自投产之日起，前2年每年返还100%，后3年每年返还50%等。

土地优惠政策：开发区土地使用价格比石河子市规定的同类土地价格优惠50%，高新技术企业比石河子市规定的同类土地价格优惠60%等。

引进资金奖励政策：对引进项目和资金的引资人，在引进资金到位、项目投产后，由开发区管委会按下列标准一次性支付奖金或等值的实物：引进赠与资金的，奖励引资额的10%；引进无息和低息资金者，奖励其与同期利息差额的10%；投资者在开发区投资兴办项目，项目验收投产后，奖励引（投）资额。

人才引进政策：鼓励各类人才以各种形式参与开发区建设。参与开发区建设的各类人才实行来去自由的政策，开发区有关部门为其居住、创业、出国考察、对外交流、成果转让、职称评定等方面，提供优质服务和最大方便。凡到开发区工作的各类人才，由接收单位申报，开发区有关部门办理落户手续，其配偶、子女及父母可以办理随迁，免征城市市政公用基础设施增容费；凡开发区引进的优秀拔尖人才，劳动报酬由双方协商。鼓励各类人才以专利、发明、技术、资金等要素参与分配，技术要素参与分配的比例最高可达45%，具体比例由双方商定。开发区财政每年在预算内安排引进人才专项资金，资助和扶持引进的各类拔尖人才，并对做出突出贡献的人才和用人单位予以奖励。

经营环境：开发区管委会组织实施承诺服务，确保水、暖、电、汽供应，建立、健全社会化服务体系，兴办教育、医疗、卫生等社会公益事业，为各类企业及人员提供良好的服务。简化办事程序，提高办事效率。

五、土地与矿产资源

【新疆维吾尔自治区矿产资源管理条例】（1995年1月13日经自治区第八届人大常委会第12次会议通过并公布施行，1997年10月11日自治区第八届人大常委会第29次会议修订。）

主要内容：

明确规定：矿产资源属于国家所有，矿产资源的勘察、开发实行统一规划、合理布局、综合勘察、合理开发和综合利用的方针；各级人民政府在保障国有矿业经济巩固和发展的同时，对集体矿山企业和个体采矿应积极扶持、正确引导，鼓励国内外投资者进行矿产资源勘察和开办矿山企业，以促进自治区矿业经济发展；自治区地质矿产主管部门主管全自治区矿产资源的勘探、开发工作，监督地质环境的保护、地质勘察的行业管理、规划和协同水资源行政主管部门对地下水资源的管理；县以上地质矿产主管部门负责本行政区域内的矿产资源勘察监督管理、采矿登记管理、开采与保护监督管理和地质环境保护管理等工作；调解矿产资源开发的争议；同时对探矿权、采矿权的审批和许可证的颁发、采矿管理、采矿监督以及违反本条例的法律责任等，作了具体规定。《条例》鼓励集体矿山企业开采国家和自治区指定范围内的矿产资源，允许个人采挖零星、分散资源，只能用作普通建筑材料的矿、石、黏土以及用作生活而采挖少量的矿产。

【新疆维吾尔自治区人民政府批转自治区土地管理局关于对国有企业盘活土地资产实行特殊优惠政策意见的通知】（1999年4月28日新政发[1999]32号）

主要内容：

1. 国有企业采取破产、出售或拍卖形式实施改制的，土地管理部门要对原划拨土地使用权进行界定，并委托具备资格的评估机构对土地使用权进行评估，土地使用权处置所得收益，可全额返还企业，用于安置下岗职工生活。

2. 国有企业自愿将富余土地或利用不合理的土地使用权交政府依法出让的，其出让收益全部返还企业，用于企业技术改造和安置下岗职工生活。

3. 国有企业被国有企业兼并的，其土地使用权可保留划拨方式处置。

4. 国有企业被非国有企业兼并的，被兼并企业原划拨土地使用权应采取出让方式处置。

5. 国有企业划拨土地使用权出让或出租的，都必须先依法办理出让手续，5年内免交土地使用权出让金。

6. 国有企业以划拨土地使用权抵押的必须先依法办理出让手续，5年内免交土地使用权出让金。

7. 国有困难企业原划拨土地使用权作价入股的，其股权属于国有，股权收益5年内归原国有困难企业。

8. 国有企业改制为有限责任公司（国有独资有限责任公司除外）、股份有限公司、股份合作制企业及组建企业集团的，原企业划拨的土地使用权，应当以有偿方式处置。按评估确认后土地使用权价格的20%上交财政，专项用于国有企业补充资本金或支持国有企业进行技术改造，其余的80%返还企业，作为国家对企业的资本金投入。

9. 国有企业划拨土地资产处置，涉及上缴财政部分，应统筹安排使用。

10. 国有企业对处置土地所得资金的使用须向上一级行业主管部门报备，上级行业主管部门应定期对该项资金的使用情况进行检查，确保资金的合理有效使用。

11. 国有企业下岗职工从事农用土地开发的，优先供给可垦土地，5年内免收国有土地使用费。

12. 各级土地管理部门，要大力支持国有企业的改革和发展，千方百计帮助企业解困，提供优质、高效服务。

【新疆生产建设兵团引资农业开发项目用地管理暂行办法】（1998年2月24日新兵办发[1998]12号）

主要内容：引资农业开发项目用地指为种植、养殖等农、林、牧、渔业生产而使用兵团现存耕地及弃耕地、荒山、荒地、滩涂、工矿废弃地等未利用的土地。供地方式为国有土地使用权出让、租赁、作价入股三种；引资项目用地最高年限为：养殖业和花卉、蔬菜、特种经济作物种植业为20年，粮、棉、油等种植业为30年，水果种植业、林业为40年；引资项目用地出让、租赁的审批权限为荒地66.6公顷以下的，由师批准；66.6公顷（含66.6公顷）以上的，由兵团批准；其他引资项目用地的报批程序、管理办法及罚则。

六、农村与农业

【新疆生产建设兵团农业综合开发有偿资金回收奖罚办法】（1997年9月17日新兵办发[1997]88号）

主要内容：有偿资金回收日期定为每个回收年的11月30日。凡按期、足额还清有偿资金本金和资金占用费的师，优先安排下年度开发项目，增加投资额；还款较差的师，减少下年度投资额或停止安排新项目，不能参加评选农业综合开发先进单位。以前年度无欠款，当年按合同规定年度内并在11月30日前全部还清本金和资金占用费的，按还款总额1.5%提奖；12月20日前还清本金和资金占用费的，按还款总额1%提奖；第二年1月20日还清本金和资金占用费的，按0.6%提奖。有偿资金逾期未偿还的师，在原占用费率的基础上，加收10%的逾期占用费；逾期2~4个月的，缓拨当年或下年度应拨资金；逾期4个月以上的，从当年或下年度应拨款中扣回本金、占用费和逾期占用费。

【新疆生产建设兵团农业综合开发专项贷款贴息暂行办法】（1997年10月6日新兵办发[1997]95号）

主要内容：贴息范围是经批准立项使用农业发展银行农业综合开发专项借款，完成农业综合开发项目建设任务的农场、单位。贴息条件是：（1）列入年度计划，贷款已到位；（2）按设计施工达到设计规模、建设标准和预期效益验收合格；（3）项目建设单位无挪用、挤占专项贷款。贴息标准是土地开发治理项目按年息6%补贴利息，各种经营及龙头项目按年息3%补贴利息。贴息期为2年。

【关于深化兵团农牧团场改革的意见（试行）】（2001年4月6日新兵党发〔2001〕10号）

该文件由1个主件与3个配套文件组成。主件：《关于深化兵团农牧团场改革的意见（试行）》，配套文件：《关于进一步理顺兵团农牧团场分配关系的实施办法（试行）》、《关于加强农牧团场财务管理的暂行规定（试行）》、《关于扩大农牧团场基层民主加强基层建设的实施办法（试行）》。

主要内容：转变兵团农牧团场和连队管理职能，实现“固定、自主、分配、服务”的创新目标。（1）落实土地长期固定政策。坚持职工承包土地的主体地位；延长土地承包期限，坚持土地固定30年不变的政策；加强土地承包的法制化管理；坚持土地承包“公开、公平、公正”的原则；土地承包固定的形式要因地制宜；在团场统一规划下，采取优惠政策，吸引和鼓励愿意到团场投资的个人和组织，以独资、合资、股份制、股份合作制、承包、租赁等多种形式到团场开发土地，领办创办小农场；继续加大“两费自理”和租赁经营承包力度。（2）扩大经营自主权。经团场批准，承包职工家庭及小农场可以在不改变土地用途的前提下转让土地承包权；承包职工家庭及小农场在团场指导下，有权自主地对其生产全过程进行统筹安排，自主管理；承包职工家庭及小农场有产品经营权；小农场在上级有关规定范围内有权确定其内部的分配方式，通过建立合同契约关系确定内部的分配奖励办法；维护承包职工及小农场的合法收益权，坚决制止各种乱摊派、乱收费、乱集资，产生矛盾且行政调解无效的，职工有权通过法律形式解决。（3）健全社会化服务体系。团场要适应农业科技进步和承包职工家庭及小农场发展的需要，把承包职工家庭及小农场作为经济实体和一个经营层次，提供产前、产中、产后的社会化服务。积极培育龙头企业，促进龙头企业与承包职工家庭及小农场的有机结合，与发展职工庭院经济的有机结合，引导发展定单农业，走农业产业化道路。（4）转变团场和连队管理职能。团场与承包职工家庭及小农场在行政上是领导和被领导的关系，在经济上是合同契约关系，在产品收购上是定单关系，在生产过程中是服务与被服从的关系；连队要逐步转变为以社会化服务和行政管理为主，实行财务报账制，组织和协调各种承包关系，分解落实团场各项考核指标，引导职工按市场需求发展庭院经济；财务公开，实行民主化、法制化管理。（5）积极发展团场非国有经济和非公有经济。鼓励支持职工发展庭院经济等多种形式的自营经济；大力发展个体、私营经济；积极发展集体经济和混合所有制经济。

七、生态环境

【新疆维吾尔自治区环境保护条例】（1996年7月26日自治区第八届人大常委会第22次会议通过）

主要内容：

1. 环境保护工作实行预防为主、防治结合、全面规划、合理布局、综合治理的方针，坚持谁污染、谁治理的原则。

2. 各级人民政府对本行政区域内的环境质量负责，制定具体的环境保护目标，实行目标责任制。新疆生产建设兵团在自治区人民政府领导下，依照国家环境保护法律、法规和本条例，负责兵团管理范围内的环境保护工作。

3. 各级环境保护行政主管部门，应当监督检查环境保护法律、法规的贯彻实施，拟定环境保护的规划和计划，加强污染防治、生态环境保护的监督管理和自然保护区的综合管理。组织开展环境监测、环境保护科学技术研究和环境保护宣传教育，调查处理环境污染和破坏事故，调解环境污染纠纷。

4. 各级人民政府应当综合考虑当地的自然资源和生态环境状况，按照开发利用与保护、增值并重的方针，制定经济发展政策，维护生态系统的稳定和良性循环，保护和改善环境。开发利用自然资源，必须坚持谁开发谁保护，谁破坏谁恢复，谁利用谁补偿的原则，对环境造成破坏的，应当同时承担治理责任。

5. 产生环境污染和其他公害的单位，必须建立健全环境保护管理制度，采用资源、能源利用率高、污染物排放量少的设备、工艺、技术，实行清洁生产。建设项目防治污染和其他公害的配套设施，必须与主体工程同时设计、同时施工、同时投产使用。

6. 对违反本条例，应当受到处罚的行为，依照国家环境保护法律、法规的规定予以处罚。

【兵团贯彻落实全国生态环境保护纲要实施意见及兵团“十五”期间生态环境保护工作要点】（2001年4月24日新兵办发[2001]25号）

主要内容：兵团生态环境保护工作的指导思想是保护生态环境，实施可持续发展战略，扭转生态环境恶化的趋势，实现祖国秀美山川的宏伟目标，坚持污染防治与生态环境保护并重；生态环境保护与生态环境建设并举，统筹兼顾，综合决策，合理开发，谁开发谁保护，谁破坏谁恢复，谁使用谁付费。“十五”期间建立一批生态功能保护区，对重点资源开发区实行生态环境强制性保护，建设一批生态示范团场。工作重点是：(1)加强宣传教育工作；(2)建立一批生态环境功能保护区，重点为垦区绿洲外围的防风固沙功能保护区；(3)做好重点资源开发区的生态环境保护工作；(4)建立一批生态良好地区的生态示范城市(小城镇)及绿洲生态农业示范区；(5)加强农牧团场的环境保护工作，防止农业污染；(6)做好小城镇的生态环境保护工作；(7)坚持以草定畜，逐步扩大草场面积；(8)大力发展灌区节水农业，保证必需的生态用水；(9)大力保护野生动植物资源，保护和发展生物多样性；(10)建立经济社会发展环境保护综合决策机制。

八、科技扶持

【新疆维吾尔自治区民营科技企业条例】（1996年9月26日自治区第八届人大常委会第23次会议通过）

主要内容：

1. 本条例所称民营科技企业，是指以科技人员为主，按照自筹资金、自愿组合、自主经营、自负盈亏的原则创办，以技术开发、技术转让、技术咨询、技术服务以及新产品的开发、生产、销售，新技术的引进、推广为主要业务的经济实体。民营科技企业包括实行集体经济、合作经济、股份制经济、私营经济的科技企业和由国有科研院所、大专院校、企业事业单位创办的实行国有民营的科技企业。

2. 新疆生产建设兵团在自治区人民政府领导下，依照国家有关法律、法规和本条例，负责兵团范围内的民营科技企业的认定、指导、服务等管理工作。

3. 鼓励和支持经单位批准的在职科技人员，有专业知识的辞、退职、退离休人员，大中专毕业生、研究生和归国留学人员等创办民营科技企业或者到民营科技企业工作；

4. 鼓励科研院所、大专院校、国有企业、乡镇企业与民营科技企业联合进行资源和技术开发。民营科技企业可以承包、租赁、兼并、购买包括国有企业在内的各种企业。法律另有规定的除外。

5. 鼓励单位和个人以其合法拥有的知识产权或者资金向民营科技企业投资入股。

6. 经科学技术行政管理部门认定的民营科技企业，可以享受国家和自治区规定的有关税收优惠待遇。

7. 经自治区科学技术行政管理部门确认，并报自治区税务机关批准后，民营科技企业可以提高用于新技术产品开发的高新技术产品，可以享受相应的优惠待遇。

8. 在民营科技企业连续工作一年以上的科技人员，可以参加自治区组织的专业技术职称资格的评审或者全国专业技术资格统一考试，其专业技术职称的聘任和待遇，由民营科技企业自行确定。

9. 民营科技企业可以根据需要招聘专业技术人员。民营科技企业可以申请和接受有关部门的科技发展计划项目，取得的科研成果可以申报成果鉴定和科技奖励。

10. 民营科技企业所需特殊生产资料和设施，可以自有关部门申请购置或有偿使用。

11. 金融机构应当支持民营科技企业的发展。

12. 民营科技企业人员出国科技考察，开展科技交流或商务活动，经所在地科学行政管理部门的审查后，报有关部门办理审批手续。

13. 鼓励民营科技企业开展对外贸易和技术经济合作。

14. 在自治区境内兴办民营科技企业，不受申办人户口所在地限制。

九、人事与户籍

【新疆生产建设兵团党委办公厅关于鼓励专业技术人员合理流动的规定】（1992 年 4 月 16 日新兵党办发[1992]18 号）

主要内容：兵团、师机关企事业单位的专业技术人员到团场承包、租赁、创办、领办团场企业、集体企业的，在保留全民公职身份、报酬、子女上学、就业等方面给予优惠；鼓励科研院所、设计单位、大中专院校、技工学校、学术团体的专业技术人员到团场企业从事技术咨询等项服务活动；鼓励科研院所、设计单位、大中专院校、技工学校、学术团体以技术转让、服务、入股等形式，跨行业、跨部门开展联营与协作；鼓励离退休技术人员到团场、企业开展技术服务活动；鼓励大专院校的国家统一分配的毕业生和“五大”毕业生到农牧团场、工业、建筑业企业工作；专业技术人员从兵团以外引进的新技术、新工艺，一经企业运用，按新增利润提成奖励等。

【高校毕业生志愿服务西部享受八项优惠政策】

为鼓励高校毕业生积极参加大学生志愿服务西部计划，团中央、教育部、财政部、人事部日前联合作出决定，参加计划的志愿者除享受国家规定的高校毕业生就业优惠政策外，还可以享受八项优惠政策。

这八项政策，一是志愿者服务期间，中央财政给予必要的生活补贴(含交通补贴和人身意外伤害、住院医疗保险)。其中生活补助每月 600 元/人(在西藏服务的，每月 800 元/人)，交通补贴每年 1000 元/人(在西藏、新疆服务的，按国家有关规定另行确定)。

二是服务期间计算工龄，党团关系转至服务单位。本人要求户口和档案保留在学校的，按规定保留两年，在此期间，档案管理机构对保留其档案免收服务费用；本人要求将户口转入学前户籍所在地的，公安机关按照规定为其办理落户手续，人事、教育部门所属人才交流机构负责办理相关手续，人事部门所属人才交流服务机构免费提供人事代理服务。服务期满落实工作单位后，公安机关按有关规定办理户口迁移手续。

三是服务期间可兼职或专职担任所在乡镇团委副书记、学校及其他服务单位的管理职务。

四是服务期间满考核合格的，报考研究生给予加分，在同等条件下，优先录取，具体规定在当年的研究生招生政策中予以明确。

五是服务期满考核合格后报考党

政机关公务员的，可适当加分，同等条件下，应优先录用，具体规定由省级公务员考核试录用主管机关在当年招考中予以明确。

六是服务期满将对志愿者进行考核鉴定，并存入本人档案；考核合格的，颁发证书，作为志愿者服务经历和就业、创业的证明。

七是服务单位应向志愿者提供住宿等必要的生活条件；在录用党政机关公务员和新增国有企业单位专业技术人员、管理人员时优先录用、招聘志愿者。

八是服务期为1年、服务期满考核合格的，授予中国青年志愿服务铜奖奖章。服务期为2年、服务期满考核合格的，授予中国青年志愿服务银奖奖章，表现优秀的授予中国青年志愿服务金奖奖章，表现特别优秀的推荐参加中国青年五四奖章、中国十大杰出青年、中国十大杰出青年志愿者、国际青少年消除贫困奖等评选。

十、其　他

【新疆维吾尔自治区技术市场条例】(1993年12月10日自治区第八届人大常委会第5次会议通过)

主要内容:

1. 技术市场的业务范围包括技术开发、技术转让、技术咨询和技术服务、技术入股、技术联营、技术引进、技术出口以及开展科研、生产、贸易一体化经营等技术贸易活动。

2. 技术市场贯彻“放开、搞活、扶持、引导”的方针,实行统一管理、多家经营、平等竞争、方便基层、服务基层的原则,鼓励开展多层次、多渠道、多形式的技术贸易活动。

3. 县以上各级人民政府的科学技术行政部门是技术市场的管理部门,其职责是:(1)贯彻实施有关技术市场的法律、法规和政策;(2)组织、推进、协调、管理和监督检查技术贸易和技术经纪活动;(3)组织管理技术合同的认定登记,技术成果无形资产的价格评估、技术市场的统计分析等工作;(4)培训、考核技术市场管理、经营人员和技术经纪人员;(5)建立技术市场信息网络,开辟信息渠道,推动信息交换;(6)负责技术市场管理的其他工作。

4. 县级以上工商行政管理部门参与技术市场的监督管理。其职责是:(1)负责技术贸易机构、技术经纪机构的登记注册和监督管理;(2)查处违法技术合同;(3)依法查处其他违反工商行政管理法律、法规的行为。

5. 技术贸易活动可以采取举办技术成果交易会、洽谈会、招标会、拍卖会、信息发布会或建立常设技术交易场所等形式。科研、生产方面的技术攻关项目,均可进入技术市场公开招标。对有助于生产力发展和社会进步的国内外的技术,均可进入技术市场进行交易,不受地域、部门、隶属关系和所有制形式的限制。

6. 技术合同成立后,当事人可以向技术合同登记机构申请认定登记。申请技术合同认定登记,合同的研究开发方、转让方、顾问方和服务方,应当自合同成立之日起30日内向所在地区的技术合同登记机构提出申请。

7. 技术贸易当事人凭认定登记或经备案的技术合同,享有下列优惠待遇:(1)优先取得科技贷款;(2)优先使用技术市场发展基金;(3)按国家规定享受减免税收和其他优惠待遇。

【新疆维吾尔自治区发展个体私营经济条例】(该条例1994年7月16日

自治区第八届人大常委会第9次会议通过，2000年6月2日自治区第九届人大常委会第16次会议修订。）

主要内容：

1. 个体私营经济是社会主义市场经济的重要组成部分，与其他所有制经济平等竞争，共同发展，个体工商户和私营企业的合法权益受法律保护，任何组织和个人不得侵犯。

2. 自治区鼓励个体工商户和私营企业从事生产性经营、科技开发、信息服务、居民生活服务、农牧区社会化服务，以及资源开发、基础设施建设等行业，鼓励承包、租赁、兼并、购买、参股、控股国有、集体企业，参与或发起各类所有制企业共同组建股份公司和企业集团，并享受国家对股份制企业的有关政策待遇；鼓励从境外引进资金、先进技术和先进管理方法，到境外经商、办企业，与港、澳、台商以及外商共同举办合资、合作企业；鼓励增加科技投入，引进科技人才，采用先进技术，提高技术创新能力和产品科技含量，创办高新技术企业，推进技术进步；鼓励大中专毕业生和各类专业技术人员创办私营企业，从事个体经营或受聘于个体工商户、私营企业。

3. 规定个体工商户和私营企业享有权利15项，履行义务10项，权利和义务对等。

4. 规定对个体工商户和私营企业做出突出成绩的给予表扬或奖励；对各级行政管理部门、司法机关及受委托执法的单位、组织及工作人员违反本条例的给予处罚。

【自治区党委、自治区人民政府关于加快个体、私营经济发展的意见】

（1997年12月19日新党发[1997]19号）

主要内容：

1. 各级党委、政府要加强对个体、私营经济的领导，要把个体、私营经济纳入当地的国民经济发展总规划，统筹安排，精心指导。

2. 工商联是党和政府联系个体劳动者和私营企业及其从业人员的桥梁和纽带，要发挥个体、私营企业协会“自我教育、自我服务、自我管理”的作用。

3. 除国家公务员及参照公务员管理的人员外，其他所有人员（含区外人员）都可以从事个体、私营经营。

4. 在职的企事业单位职工和专业技术人员，在不影响本职工作的前提下，经本单位同意，可以到个体、私营企业兼职，或者从事技术咨询服务。

5. 除国家法律、法规及国务院、自治区人民政府明令禁止的项目外，均允许个体工商户、私营企业生产经营。

6. 允许个体工商户、私营企业一业为主，综合经营，批零兼营；允许开展代理、代购、代销、代运、代储、代加工等业务；鼓励跨地区、跨行业、跨所有制联合经营和承包。租赁、兼并、购买国有、集体企业及向国有、集体企业参股。鼓励创办股份制及合伙企业。

7. 鼓励个体工商户、私营企业参与边民互市，有条件的可以通过与有外贸进出口经营权的企业联合或者代理的方式，开展边境贸易或国际贸易，符合条件的可以申报进出口经营权。鼓励私营企业与外商及港、澳、台商合资、合作兴办“三资”企业或通过有进出口经营权的企业承接“三来一补”业务，以及经批准到国外、境外经商办企业。

8. 除法律、法规和国务院、自治区人民政府明文规定实行许可证专项审批外，取消其他部门自定的许可证或专项审批、个体工商户和私营企业自定的许可证或专项审批，个体工商户和私营企业可直接向工商行政管理部门登记注册。

9. 凡 2 人以上投资，注册资金在 2 万元以上的科技型、生产型、外向型私营企业和注册资金在 5 万元以上的私营企业，可以核发企业法人营业执照。

10. 对经县以上人民政府认可的贫困户从事个体经营的，3 年内免交一切行政性收费；私营企业吸收贫困户子女就业人数达到 50% 以上，3 年内免交一切行政性收费；特困企业下岗职工从事个体经营的，1 年内免交一切行政性收费。

11. 银行部门对个体、私营企业在信贷政策上，应与公有制企业一视同仁。

12. 个体工商户、私营企业经商、建厂使用土地的，城建和土地管理部门应依法提供用地。

13. 坚决制止对个体工商户、私营企业乱收费、乱摊派、乱罚款。

14. 个体工商户、私营企业的产品鉴定、评优参展、进出口报关及其人员的职称评定、评先选优、招干、参军等与国有、集体企业同等对待。

15. 积极引导个体、私营企业向集约化、产业化方向发展。

16. 个体工商户、私营企业必须“文明经商，优质服务”，做到依法经营、照章纳税、爱国守法、诚实守信。

17. 各级政府和各有关部门，要切实加强廉政建设，增强服务意识，不断提高执法和管理水平。

【新疆维吾尔自治区人民政府批转自治区建设厅关于加强小城镇建设工作意见的通知】（1999 年 8 月 27 日新政发[1999]51 号）

主要内容：

1. 总体目标是把小城镇建成为经济繁荣、政治稳定、科技进步、农民富裕、规划布局合理、基础设施基本配套、交通方便、环境优美、具有地方民族特色的小城镇。

2. 具体任务是：加强规划编制工作，提高规划编制水平；加强规划建设管理；加强基础设施建设；促进产业结构调整；开展农房建设示范工程；抓好试点工作；加强小康村和牧民定居的规划建设指导工作。

3. 政策措施是：实行户籍管理制度改革，实行按居住地和就业地原则确定身份的户籍登记制度；改革小城镇土地管理制度，积极推进土地有偿出让转让制度，加强统一管理，建立规范的小城镇土地市场；改革小城镇建设投资体制，逐步建立起以集体投入为主，国家、地方、集体、个人共同投资的多元投入体制。

【新疆生产建设兵团城镇居民最低生活保障制度农牧团场实施暂行办法】（2000 年 8 月 22 日新兵办发[2000]81 号）

主要内容：

1. 建立城镇居民最低生活保证制度的原则：国家保障原则；社会化保障原则；不养懒汉原则；保障居民基本生活原则；实事求是、公开公正原则。

2. 城镇居民最低生活保障标准。农牧团场城镇居民最低生活保障标准按农牧团场所在县市规定的最新保障标准执行。

3. 城镇居民最低生活保障制度时间。农牧团场城镇居民最低生活保障制度从 2000 年 1 月 1 日起正式实施。

4. 城镇居民最低生活保障对象的确定。持有兵团农牧团场户口的家庭人均收入低于当地最低生活保障标准的居民都应纳入城镇居民最低生活保障范围。

5. 最低生活保障对象家庭收入确定范围。保障对象家庭收入是指与保障对象共同生活的家庭成员的货币收入和实物收入，包括法定赡养人、扶养人或抚养人应当给付的赡养费、扶养费或抚养费，不包括优抚对象按国家规定享受的抚恤金、补助费。

6. 最低生活保障待遇的申请、审批程序。由户主向所在单位民政部门提出书面申请，出具有关证明材料，填写申请表，由所在单位城镇居民最低生活保障领导小组初审后，报师民政部门复核批准，发放“保障金领取证”，并报兵团民政局备案。

7. 城镇居民最低生活保障的发放。“三无”（无生活来源、无劳动力、无法定赡养人或扶养人的居民）对象的最低生活保障金按当地最低生活保障标准金额发放；对有一定收入的其他最低生活保障对象的最低生活保障金，按照家庭人均收入低于当地最低生活保障标准的差额发放。

8. 保障对象家庭收入计算的有关问题。

9. 明确最低生活保障金的审核与决算、管理与监督、工作机构与组织领导、工作职能划分与建档工作，以及所必须的工作经费来源。

【关于加快兵团国有工交建商企业改革和发展的意见（试行）】（2001 年 9 月 30 日新兵党发[2001]24 号）

该文件由 1 个主件与 8 个配套文件组成。主件：《关于加快兵团国有工交建商企业改革和发展的意见（试行）》。配套文件：《关于兵团国有资产管理体制改革的意见（试行）》、《兵团国有及国有控股企业人事制度改革实施办法（试行）》、《兵团国有工交建商企业关闭、破产和改制中富余职工安置暂行办法（试行）》、《兵团国有工交建商企业职工及经营者持股办法（试行）》、《兵团国有工交建商企业改制重组中资产债务处理暂行办法（试行）》、《兵团国有工交建商企业改革与发展专项资金筹集与管理暂行办法（试行）》、《兵团国有工交建商企业分离办社会职能实施办法（试行）》、

《关于进一步加强兵团控股的上市公司和拟发行上市公司规范工作的意见（试行）》。

主要内容：

1. 改革国有资产管理体制，建立和完善出资人制度。（1）国有资产管理体制改革的基本目标：实现兵师的社会经济管理职能与国有资产所有者职能相分离；国有资产的行政管理与国有资产的经营运行职能相分离；国有资产所有权同企业法人财产权相分离。实现国有资产管理从实物形态管理为主向价值形态管理为主转变；从静态、凝固的管理向动态、流动的管理转变；从行政与所有权合一的条块管理向分层次的专司管理转变。实现国有资产管理体制改革同建立现代企业制度、行政机构改革、建立社会保障制度和干部人事制度改革相结合，为国有资产有效管理和高效运营创造一个有利的经济环境。（2）国有资产管理体制的基本框架。二级管理：按照“国家所有、分级管理、授权经营、分工监督”的原则，形成兵、师国有资产的两级管理体制。两个体系：在二级管理的基础上，按照行政管理与资本运行相分离的原则，形成国有资产行政管理和经营的两个运作体系。三个层次：第一层次为国有资产管理委员会，对所属国有资产行使占有、使用、收益、处置四项权利，负责兵团国有资产的管理、监督，研究决策和协调国有资产管理与营运的重大方针、政策；第二层次为国有资产运营机构，由国资委授权，依法行使授权范围内国有资产出资者的职能，并对授权范围内国有资产的保值增值向国资委负责；第三层次为国有资产运营机构将其拥有的国有资产投入到各种类型企业后，形成的独资公司、控股公司和参股公司。

2. 加快建立现代企业制度，促进企业经营机制转换。（1）加快公司制的改造步伐。积极推动资产联合重组，吸收兵团内外法人、经营者、员工、外企、社会个人和民营企业入股，以多种形式吸收外来资本，实现多元化的股权结构，促进企业经营机制的转换。按照《公司法》的要求建立和规范企业集团母子公司体制。今后新建企业和新建项目，要按照股权多元化的公司制形式进行组建。（2）实行政企分开。兵、师通过出资人代表国家对兴办和拥有股份的企业行使所有者职能，不干预企业的日常经营活动，并努力为企业创造良好的外部环境。（3）建立和完善法人治理结构。（4）加强上市公司和拟上市公司的规范运作。（5）强化企业管理，提高经营水平。（6）强化企业激励机制。建立企业经营者年薪制度；积极推行经营者持股经营；加大对科技成果的奖励力度；积极稳妥地推行职工持股，增强企业凝聚力；深化企业内部劳动、人事、分配制度改革；把物质奖励与精神鼓励结合起来。

3. 加快兵团国有工交建商企业战略性调整和改组。做大做强优势企业。重点扶持纺织、食品、建材、农用节水器材、电力、建筑、贸易行业中的龙头企业、上市公司和具有高新技术发展潜力的骨干企业。积极培育新的上市公司，发挥现有上市公司的龙头带动作用，通过资本运作，实现快速扩张。组建一批在国内乃至国际具有较强竞争能力的大型企业集团。

【兵团工业结构调整意见】（2002年7月22日新兵办发[2002] 62号）

该文件由1个主件和4个配套文件组成。主件：《兵团工业结构调整意见》，配套文件：《兵团工业“强纺织”意见》、《兵团工业“精食品”意见》、《兵团工业“拓建材”意见》、《兵团工业“大力发展农用高效节水器材”意见》。

主要内容：

1. 产业结构调整。加大对工业的投入，重点投向纺织、食品、建材、农用高效节水器材四大支柱工业，提高工业在三次产业中的比重。

2. 区域布局结构的调整。在资金、技术、人才等方面要向5个城市和38个小城镇倾斜，提高工业集中度，以城镇化建设带动工业化发展。以石河子经济技术开发区为载体，充分利用新天、天业、中基、天富、天宏等一批上市公司，吸纳社会资本发展垦区经济，使石河子垦区成为兵团重要的纺织品、节水器材、机制纸、食品等生产基地和出口基地。

3. 企业组织结构调整。培育大型企业和企业集团；促进中小企业发展；开放搞活中小企业。

4. 对纺织、食品、建材、农用节水器材、电力、造纸、塑料制品、机械、化工、煤炭等产品结构进行调整。

5. 技术结构调整。以信息技术为基础，以新材料、生物技术为突破口，培育和发展高新技术产业和产品，提高高新技术比例和科技贡献率。

6. 所有制结构调整。重点是大力发展融合经济、混合经济、个体私营经济等多种经济成分，引导国有资本向优势产业、优势企业聚集，积极培育上市公司，充分发挥现有上市公司作用，通过资本运作，实现快速扩张。

VIII 企业信息

一、农业企业

【农一师1团】

前身是抗日战争时期的八路军359旅718团。1953年3月整编为农一师1团。位于阿克苏西南63千米处，紧靠314国道和南疆铁路。地理位置优越，盛产金黄的稻谷和银白的棉花，故有“金银川”之称，是兵团和自治区的重要粮棉生产基地。2000年6.66千公顷棉花，皮棉公顷单产达到2 151千克，雄居兵团农牧团场之首。主要产品有大米、陆地棉、长绒棉、食用植物油、瓜果、米酒、饲料、畜禽产品等，兼营粮、棉、食品加工、机械修理等。大米品质优良，销往新疆各地并出口独联体，长绒棉远销日本等国。

经过近50年的开发建设，1团发展成为集农林牧副，工交建商于一体的国有机械化农场，综合机械化水平达82%。曾20多次荣获国家、自治区、兵团的各种荣誉称号。2000年耕地面积14.08千公顷，从业人员4 032人，管理人员352人，技术人员201人，固定资产20 691万元，流动资产15 700万元。实现国内生产总值15 744万元，利润2 004万元，排序均为兵团前列。

1团在乌鲁木齐火车南站建造的一座占地1万平方米、高17层的“金银川”大厦，成为企业发展外向型经济的重要“窗口”。目前，该团正实行企业改制，加大私营、个体和其他经济成分比重，大力发展职工自营经济，一团将发展成为农一师沙井子垦区政治、经济、文化的中心，也是农一师二、三产业的中坚。

地址：新疆阿克苏市
邮编：843008
电话：0997-2310091
传真：0997-2310099

【农一师3团】

位于驰名中外的古丝绸之路南侧，塔克拉玛干大沙漠边缘，距阿克苏市113千米，靠近314国道和南疆铁路。水土条件好、光热充足、无霜期长，发展农业、尤其是发展棉花生产优势得天独厚。

3团1956年3月建团，经过40多年的建设，已成为以农为主，集工交建商贸为一体，全面发展的国有机械化农场，综合机械化水平达82%。该团盛产棉花、水稻、甘草、啤酒花和瓜果等。主要产品有大米、面粉、饲料、食用油、皮棉、水果、塑料制品、甘草膏等。2000年耕地面积10.44千公顷，从业人员5 082人，管理人员368人，技术人员226人，固定资产17 751万元，流动资产11 043万元。实现国内生产总值15 238万元，利润1 169万元。棉花产量15 069吨，水果产量4 194吨。1991年该团生产的“金帅”、“富士”苹果评为兵团优质果品第一名。1992年以来3团被师、兵团评为先进团场，并入选“全国农垦系统明星企业”。目前该团正实行企业改制，加大私营、个体和其他经济成分比例，大力发展职工自营经济，3团将成为农一师沙井子垦区政治、经济、文化快速发展区。

地址：新疆阿瓦提县
邮编：843011
电话：0997-2330135
传真：0997-2333001

【农一师9团】

位于塔里木河上游北岸的阿拉尔市，距阿克苏市120千米，与塔里木农垦大学、农一师农业科研所、阿拉尔电视台相邻，地缘条件优越。该团建于1958年，现已成为以种植业为主，农林牧副、工交建商综合发展的国有机械化农场，综合机械化水平达82%。2000年耕地面积9.66千公顷，从业人员6 774人，管理人员330人，技术人员372人，固定资产27 032万元，流动资产11 453万元。实现国内生产总值12 494万元。

9团地理位置优越，光热、水土资源丰富，具有种植长绒棉和瓜果的得天独厚条件，1990年和1991年连续获国家农业部长绒棉高产奖。主要产品有：皮棉、大米、水果、食用油、饲料、种衣剂、铸铁件等。生产的优质长绒棉大量出口日本和欧洲。生产的库尔勒香梨，1992年在北京首届农业博览会上获得金奖。该团建有引进先进设备的优质良种加工厂，所加工的各类种子籽粒饱满、纯洁度高、发芽率高、出苗整齐粗壮，产品畅销全疆各地。

目前该团正实行企业改制，加大私营、个体和其他经济成分比例，大力发展职工自营经济，结合阿拉尔市的建设，九团将成为该垦区政治、经济、文化快速发展区。

地址：新疆阿拉尔市阿拉尔
邮编：843300
电话：0997-4611047
传真：0997-4611450

【农一师12团】

地处塔克拉玛干大沙漠南缘和塔里木河南岸，距阿克苏市131千米。于1958年由农一师职工捐资、开荒筹建的共青团农场沿革而成，经过40多年的开发建设，现已成为以农业种植为主，农林牧副渔，工交建商服全面发展的国有机械化农场，综合机械化水平达82%。

该团40多年来，尤其是改革开放以来，作物实行模式化栽培，农林牧实行良种化生产，农业连年丰收，二、三产业迅速崛起。2000年耕地面积11.85千公顷，从业人员6 205人，管理人员275人，技术人员310人，固定资产25 267万元，流动资产6 026万元，实现国内生产总值21 327万元，在全国国有农场排序第37位，跨入“全国农垦百强行列”。主要产品有：皮棉、电、大米、面粉、食用油、饲料、水果、节水材料、农用地膜等。棉花是农场的拳头产品，2000年皮棉总产量16 841吨，生产水平领先全国，产品出口日本及东欧各国。尤其是长绒棉的生产具有得天独厚的自然条件和科技优势。农膜产品和节水器材1989年在自治区同类产品评比会上评为优质产品。

目前正在实行企业改制，加大私营、个体和其他经济成分比重，大力发展职工自营经济，结合阿拉尔市的建设，12团将成为农一师塔里木垦区政治、经济、文化快速发展区，是农一师二、三产业的中坚。

地址：新疆阿克苏市
邮编：843301
电话：0997-4910961
传真：0997-4910507

【农二师29团】

前身为中国人民解放军二军六师十八团。位于巴音郭楞蒙古自治州境内，东接南疆重镇库尔勒市、西连塔里木油田，314国道和南疆铁路穿场而过，交通运输十分便利。该团1950年投入农业生产，经过50多年的开发建设，现已形成以农业为依托，发展工业和其他各业，贸、工、农一体化的现代化国有农场。基本形成了精量-半精量播种、节水灌溉、精准施肥、精准管理，机械采收、加工、纺织一条龙的现代化生产模式。曾受到国务院通令嘉奖和国家农业部等六部（委）的表彰奖励。

29团土地、光热资源丰富，有发展水稻、长绒棉、果品特别是库尔勒香梨生产的优越条件。团场生产的库尔勒香梨、优质细绒棉、塔河马鹿茸、优质大米等名牌产品，享誉全国，畅销海外。工业以棉纺企业为龙头产业，主要产品有：棉纱、食用油、肉食品、原煤、水泥、红砖等。2000年耕地面积7.23千公顷，从业人员5 379人，管理人员231人、技术人员222人。资产总额4.99亿元，其中固定资产2.06亿元，流动资产2.26亿元，长期投资0.57亿元。实现国内生产总值21 026万元，利润总额1960万元。“十五”期间，29团的战略目标是：以棉花和水稻为重点，发展节水生态特色农业，种植面积扩大到1万公顷；形成多浪超细毛羊繁育基地；发展以香梨和百果为重点的经济林；建设棉花水稻种子生产基地、机采棉中心、机采棉加工中心、精炼棉籽油中心、组建29团棉纺集团。

该团1992年在乌鲁木齐市繁华区建成的集商贸、餐饮、娱乐、宾馆为一体的14层孔雀大厦，成为团场发展商贸的窗口。

地址：新疆库尔勒市
邮编：841005
电话：0996-2930200
传真：0996-2930488

【农六师军户农场】

建于1958年，地处昌吉市境内西南方向，距市区25千米，乌奎高速公路和北疆铁路穿场而过，交通十分便利。总面积为9.066千公顷，可耕面积6.67千公顷。是一个以农为主，种养加相结合，贸工农一体化的机械化国有农场，综合机械化水平82%。现有固定资产5 000万元，流动资金1.13

亿元。职工 1 581 人，管理人员 102 人，各类专业技术人员 359 人。2000 年实现国内生产总值 5 089 万元，利润总额 479 万元。

该场是一个多民族聚居的农业企业。现有回、汉、维、哈等 12 个民族，总人口 11 000 多人。其中，少数民族人口占 59%，各族人民和睦相处、互相帮助，亲如一家。1988 年和 2000 年，被国务院授予“全国民族团结进步模范单位”称号。

农场种植业结构合理，粮食作物和经济作物比例协调。主要作物有小麦、玉米、甜菜、番茄、啤酒花、瓜、菜等。采用高产模式栽培，科学管理，农业生产基本实现高产、优质、高效。1990 年，被国务院授予“全国县级粮食生产先进单位”称号。与上市公司新天国际合作，种植了酿酒葡萄 0.66 千公顷，年产达到外贸出口一级品种标准的优质啤酒花 400 吨左右，畅销日本、美国和欧洲。农业的发展，带动了加工业的发展，场属淀粉厂可年产国标一级优质玉米淀粉 10 000 吨，优质小麦面粉 5 000 吨以上。与上市企业中基公司合作，建立了年加工能力 18 万吨以上的番茄酱厂。

该场把发展农区畜牧业作为新的经济增长点。从 1995 年开始，投入 1 000 万元兴建起目前新疆规模最大、品种最优、年出栏种猪、育肥猪 1 万头的迪卡种猪场和单班生产 5 000 吨配合饲料厂。2002 年力争与昌吉麦趣尔乳业集团合作，建两个养殖规模分别为 200 头的奶牛养殖区，计划用 5 年时间使奶牛规模达到 1 000 头。农场还出台了鼓励职工发展规模养殖的 8 条优惠政策。2002 年，农场提出大力实施“特色强场富民、科技强场富民、畜牧强场富民”战略，发展六条产业链：即做大做强红色产业链，使番茄成为农场的主导产业；发展城郊观光旅游特色农业，逐步形成以瓜果蔬菜为主的绿色产业链；扩大制种面积，形成制种产业链；大力发展私人养殖和特色养殖，形成畜牧业产业链；与新天国际酒业集团合作，形成葡萄产业链；提高粮食产量和品质，做强粮食产业链。

地址：新疆昌吉军户农场
邮编：831111
电话：0994-2560275
传真：0994-2560096

【农七师 123 团】

前身是中国人民解放军二十五师七十四团，1950 年投入农业生产。位于奎屯、乌苏、独山子“金三角”经济开发地带。具有发展大农业的丰富资源和优越的地理环境。在 20 世纪五六十年代，以该团为基础扩建成为现车排子垦区的六个团场。

123 团经过五十多年的开发建设，现已成为农林牧相结合，农工商综合经营的现代化国有农场、新型的粮棉基地和商贸中心。2000 年土地面积 22.554 千公顷，耕地面积 9.87 千公顷，职工 5 817 人，技术人员 1 393 人（其中高级职称 42 人，中级职称 216 人）。资产总额 29 507 万元，其中：流动资金 18 707 万元，固定资产 10 800 万元。实现国内生产总值 18 795万元，利润总额215万元。该团盛产棉、粮，被国家列为“粮棉大县项目区”、“国家50万吨棉花生产基地和优质出口棉基地”、“机采棉项目示范区”、“现代化农业高新技术示范区”。主要农产品有：“锦”牌棉花、果品、畜产品。2000年产棉1.4万吨，一、二级品率均在85%以上，1999~2000年向国外销售皮棉2.79万吨，创汇2 192万美元。工业项目主要有轧花、良种加工、农机制造、制砖、造纸、木器加工、粮油加工等。种子加工加入了中国种子集团公司，“保康”牌棉籽油荣获国家首批“放心油”产品。

“十五”期间，123团将充分发挥国家农业现代化示范团的有利条件，以点带面，整体推进全团经济发展，实现农业产业化，工业现代化，团场城镇化。把123团建设成为繁荣富强的现代化农场。

地址：新疆奎屯市
邮编：833208
电话：0992-3923211
传真：0992-3923227

【农七师125团】

前身为中国人民解放军二十七师七十九团，1950年投入农业生产，原屯垦于焉耆，1954年搬迁至柳沟垦区。位于奎屯、乌苏、独山子“金三角”经济开发中心地带。水土光热资源丰富。经过近50年的开发建设，现已成为农林牧副、工交建商综合经营的国有机械化农场，综合机械化水平达82%。是自治区和兵团粮、油、肉和优质出口棉生产基地。现有土地总面积459平方千米，可耕面积28.67千公顷、耕地面积11.56千公顷。2000年从业人员5 752人，高级职称技术人员48人、中级176人。固定资产原值21 530万元，净值16 631万元，国内生产总值16 368万元，利润总额1 788万元。棉花是农场的拳头产品，为农七师之首，2000年皮棉总产量15 153吨，一级品占90%，粮食7476吨，牲畜存栏5.09万头。

125团拥有毛巾、奶粉、饮料、食品等工业企业。毛巾是该团的工业拳头产品，有毛巾、枕巾、毛巾被、浴巾四大类30多个品种。产品远销欧、美、独联体、日本等国。“园菱牌”奶粉、“博琳特花生奶”饮料等产品多次在国家、自治区、兵团评比中获奖，深受区内外市场青睐。

随着棉花价格下滑，125团提出了农业综合开发项目，调整农业种植结构。2001~2003年投资1 800万元，通过种植牧草、生态苗圃、扩繁新品系、建立经济林示范基地、引进扩广优质品种和先进生产技术等项措施，建立新的经济增长点，提高经济效益。

地址：新疆奎屯市
邮编：833203
电话：0992－3955014
传真：0992-3955764

【农七师128团】

建于1958年，前身为车排子第四农场，地处奎屯、乌苏、独山子“金三角”经济开发地带。团内66千米的柏油路直通各个基层连队，通讯发达，交通便利。

辖区面积 567.49 平方千米，拥有耕地 12 千公顷。现有固定资产原值 14 776.5 万元，净值 9 901 万元。流动资产 13 194.4 万元，其中货币资金 4 121 万元。从业人员 4 647 人，管理人员 153 人，各类专业技术人员 621 人。是一个以农业为主体，农、林、牧、副结合，工、交、建、商、服协调发展的国有机械化农场，综合机械化水平 82%。

该团水土光热资源丰富，无霜期较长。农林牧“三业”发展条件得天独厚。是垦区农林牧业主要生产基地和国家优质棉生产基地。主要种植棉花、小麦、玉米、油料、瓜果等，该团的“红富士”苹果和“金皇后”甜瓜品味好，享誉自治区内外。团场工业主要有：棉花加工、粮油加工、种子加工、建材、机械、帆布、饲料等 10 余家企业。工业产品主要有皮棉、短绒、植物油、小麦面粉、帆布篷布、红砖等。1989 年药用本色棉帆布，篷盖用纯棉染色上蜡防水帆布，糖用本色棉帆布等科研成果填补了自治区空白，产品畅销全国各地，荣获自治区优质产品奖。2000 年，棉花总产 11 785 吨，粮食总产 3 930 吨，年末牲畜存栏 2.47 万头，完成国内生产总值 1.38 亿元，利润总额 1 283 万元。曾多次荣获自治区、兵、师“文明村镇”、“文明单位”等光荣称号。国家实施西部大开发和新疆优先发展天山北坡经济带给该团带来了新的历史发展机遇。今后将努力推广六大精准农业技术措施，积极实施水土开发工程，合理调整经济结构，加速发展二、三产业。

地址：新疆奎屯市
邮编：833207
电话：0992-3989331
传真：0992-3889337

【农七师 129 团】

位于奎屯、乌苏、独山子“金三角”经济开发地带，217 国道独山子—克拉玛依的 55 千米处。水土光热资源丰富，是较理想的灌溉农业垦区，是兵团和自治区重要的粮棉、牲畜生产基地。1960 年建场，经过 40 余年开发建设，现已成为农林牧副、工交建商综合经营的国有机械化农场，综合机械化程度达 85%。

129 团 2000 年种植面积 9.28 千公顷，从业人员 4 753 人，各类专业技术人员 892 人，其中高、中级技术人员 42 人。年末资产总额 20 774 万元，其中流动资产 12 316 万元，固定资产 8 458 万元。当年实现国民生产总值 18 443 万元、利润总额 2 801 万元。

该团主要农产品有“锦”牌棉花、小麦、玉米、甜菜和罗米利·希尔斯肉用细毛羊。2000 年皮棉总产达 11 700 吨。现有工、交、建、服企业 12 个，主要产品有“天池王”白酒等。

发展设想：调整产业结构，主要提高农业、工业和服务业的生产水平和效益，加快发展非国有经济。按“西农、东牧”的设想进行产业布局。从澳大利亚引进了罗米利·希尔斯肉用细毛羊冷冻胚胎并移植成功，建立工厂化养羊基地，并建立肉类分割加工厂。恢复“天池”系列酒的名牌地位，扩大市场占有量，“十五”末年销售量达5 000吨。

地址：克拉玛依市独山子区五五镇

邮编：834032

电话：0992－3990216

传真：0992－3990573

【农七师130团】

前身是1958年由农七师职工捐资创建的共青团农场，1969年更名为130团。位于奎屯、独山子、乌苏“金三角”的经济开发地带，交通方便，水土光热资源丰富，是一个以农为主、农工商综合经营的国有机械化农场，综合机械化水平达82%。是自治区、兵团的重要粮棉生产基地，2000年棉花总产量6 900吨。现有土地总面积600平方千米，耕地11.79千公顷。2000年从业人员4 618人，管理人员352人，技术人员1 709人。固定资产1.6609亿元，流动资产1.7634亿元，流动资金2 088万元。实现国内生产总值18 516万元，利润总额1 336万元。

该团主要工业企业新疆昌恒纺织有限公司，主要从事棉纺织加工和塑料制品管材生产。可年产“环洲”牌各类普、精梳棉纱8 000吨、坯布600万米，各类PVC管材、农用地膜4 500吨。针对现有的生产设备落后、产品科技含量低，从以色列引进一套微滴灌溉生产线，对塑料厂进行技术改造。

该团开发了位于团部4千米处的皇渠沟旅游景区，这是120年前由60户引水渠——皇渠发育而成的一条地堑。形势险峻，沟谷幽深，景色奇丽，现有200公顷野生胡杨林保护完好，水蚀残丘犹如水中仙山、林中奇峰，是十分罕见的自然生态景区。2002年由北京旅游规划部门编制的旅游规划已通过专家审定，不久将进行全面开发。该团今后的发展思路是：做强农业保稳定，做大工业促发展，拓展三产增收入。

地址：新疆奎屯市

邮编：834034

电话：0992-3930088

传真：0992-3932360

【农七师131团】

位于奎屯市郊，始建于1956年，原名为奎屯农场，是当地的城郊型农场，总面积943平方千米，耕地5.93千公顷。经过45年的艰苦创业，现发展成为以农为主，农林牧渔协调发展，工交建服、房地产综合经营的机械化国有农场，综合机械化水平82%。是垦区的棉花基地，市区的蔬菜、副食品生产基地。现有固定资产原值8 698万元，现值6 844万元，流动资金9 131万元。在职职工4 990人，其中管理人员378人，技术人员893人。2000年实现国内生产总值1.04亿元，农业利润600万元。皮棉总产量6 280吨，西红柿总产量17 500吨。

该团工业企业主要有：酒厂、食品厂、番茄酱厂、轧花厂等。主要产品有：皮棉、棉短绒、棉籽油、棉籽粕、白酒、番茄酱、花炮等。1992年奎屯酿酒厂生产的“奎屯特曲”在布鲁塞尔第30届世界优质产品评选中荣获国际金奖；奎屯罐头食品厂生产的“纯天然杏仁奶”、“哈密瓜汁”饮料、番茄酱等产品远销日本、泰国、香港等国家和地区。花炮厂生产的烟花鞭炮、礼花均被自治区评为优秀产品创新奖和优秀产品系列奖。

该团还有较丰富的旅游资源。一是南山自然风景区。位于131团南面独山子方向30多千米处，分乔孔萨拉景点和毛溜沟两个景点，风景秀丽，山势层峦叠嶂，山顶白雪皑皑，山腰松青地绿，小河潺潺流水，夏日凉爽宜人，在此可同时观赏到两个不同季节的风光，是夏日休假的好去处。二是鸭子坝自然风景区。位于131团南3千米处，有一明净如镜的湖水，成群结队的野鸭子日夜栖息于湖面，自然环境十分优美。三是该团9连区域有种植于清朝年间的葡萄树，树龄已高达100多年，现仍枝繁叶茂，胜为一大景观。

发展设想：实施科技兴团战略，做大做强棉花产业，大力发展城郊经济。以房地产开发、旅游开发、观光农业开发、绿色水果蔬菜开发，农贸市场以及农产品加工等为重点，加速团场城郊经济的发展。放手发展非国有经济，使之成为团场新的经济增长点。

地址：新疆奎屯市
邮编：833200
电话：0992-3282500
传真：0992-3282395

【农八师121团】

位于天山北麓、准噶尔盆地底部西南，古尔班通古特沙漠南缘沙湾县炮台镇。

相传清朝前，炮台一带无人烟，野生动植物很多，特别是有很多的鹿，蒙古人把这片有鹿的地方叫做“博克泰”，汉语谐音为“炮台”而得名。1950年春，中国人民解放军二十二兵团九军二十师七五团（即现121团）进驻炮台，开荒生产，经过50多年三代军垦人的开发建设，现已建成农、林、牧、工、交、建、商综合发展的国有农场。综合机械化程度达85%。

该团现有土地面积45.33千公顷，可耕地面积25.33千公顷，年播种面积16千公顷。2000年总资产1.89亿元，其中固定资产净值0.63亿元，流动资产1.25亿元，个人投资0.3亿元。现有职工6 300余人。2000年实现国内生产总值17 963万元，利润总额1 708万元。

1995年，该团率先在全师进行棉花大面积膜下滴灌栽培种植试验获得成功。现以普遍运用滴灌随水施肥技术、膜下膜上点播以及种子带技术、机采棉技术为突破口，实现了传统农业向现代化农业、分散经营向规模经营、产量型农业向效益型农业的转变。

该团主要农产品有小麦、玉米、棉花、豆类、油菜、葵花以及“炮台红”西甜瓜。棉花是团场的支柱产业，2000年总产14 750吨。“炮台红”甜瓜，因其纹清、个匀、脆甜、多汁、清香爽口、含糖量高、耐贮存等特点而享誉国内外，除少部分自销外，大部分远销全国各地及港、澳、台地区，出口到东南亚部分国家，1995年获得国家绿色食品证书。工副业产品主要有供电、皮棉、红砖、面粉、食用油、饲料、短绒、清弹棉、棉粕、棉壳、颗粒饲料等。到“十五”期末，国内生产总值预计达到3.6

亿元，年均增长15%，人均国内生产总值1.6万元，职工年均收入达到1.2万元，人均收入8 000元。经济结构更趋合理，做强做优一产，巩固壮大二产，加快发展三产，不断推进城镇化功能建设，实现农场职工生活城镇化、生产过程自动化、生活水平小康化的目标。

地址：新疆沙湾县炮台镇
邮编：832066
电话：0993-5210039
传真：0993-5210062

【农八师142团】

前身是中国人民解放军二十二兵团二十六师七十六团，1950年建场，位于沙湾县新安镇，东距石河子市67千米，距沙湾县城37千米。土地总面积701平方千米，耕地15.87千公顷，是自治区和兵团重要的粮、棉、畜生产基地。经过50多年的建设，该团现已成为以农为主，农林牧副渔、工交建商服全面发展的国有机械化农场，综合机械化水平82%。现有固定资产15 657.41万元，流动资产22 665.3万元，流动资金2 328.73万元，从业人员8 217人，管理人员899人，各类技术人员907人。2000年完成国内生产总值20 875万元，利润总额1 568万元。

该团农业以生产粮食、棉花、牲畜为主，2000年粮食总产17 189吨，棉花总产10 519吨，啤酒花总产29吨，年末牲畜存栏4.27万头。工业产品主要有：皮棉、煤、酒、食油、棉布、饲料等30余种。

地址：新疆沙湾县
邮编：832029
电话：0993-5635011
传真：0993-5635159

【农八师143团】

又名新疆华侨农场，地处天山北麓、准噶尔盆地南缘沙湾县境内，铁路、公路交通十分方便。面积266平方千米，人口3.5万，职工7 616人，各类专业技术人员1 165人。耕地15.3千公顷，草场5.3千公顷，水土光热资源丰富，发展农业有得天独厚的有利条件。现有固定资产14 750万元，流动资金20 788万元。2000年完成国内生产总值17 377万元，利润总额958万元。

1950年3月建团，经过50多年开发建设，现已建成以农为主，农林牧副综合经营，工交建商全面发展的国有农场，综合机械化水平达90%。是兵团和自治区重要的粮、棉、瓜果生产基地。1958年朱德副主席来农场视察，称之为“花园农场”；1960年王震部长来视察后说：“二十三团农场不仅是兵团的标兵农场，而且就已有的成绩来说，她已经是全国国营农场的一面红旗。”

农业是团场的经济支柱。主要种植棉花、小麦、玉米、油料、线椒、瓜果、蔬菜及制罐西红柿。蟠桃、线椒是团场特优产品，蟠桃以个大皮薄、肉质细嫩、香甜味美、营养丰富闻名遐迩；线椒以色红、味辣、规模化生产享誉九州，该团被国家命名为“中国蟠桃之乡”、“中国线辣椒之乡”、“中国良种作物繁育之乡”。

工业产品有水泥、水泥制品、人

力车辐条、塑料制品、淀粉、粮油制品、乳制品、冷饮制品等，其中人力车辐条获1993年国际博览会金奖，“花园”牌大颗粒速溶奶粉获1994年全国名优民用商品博览会金奖、北京第二届国际中小企业新产品展示会金奖、蒙古国国际商工贸产品博览会金奖，“花园”牌碘锌强化营养奶粉获全国第六届医学微量元素会议银奖、评为国家星火计划优秀项目，玉米淀粉是国家部优产品。

随着经济的发展，团场第三产业悄然兴起。20世纪90年代，团部花园镇已形成了花卉、活畜、蔬菜、煤炭、运输、小百货六大市场。2001年，团内注册个体工商户896户。团场发展经济的同时，也重视企业文化建设。2000年，143团被国家命名为“中国民间艺术之乡”。国家西部大开发，给团场的发展提供了千载难逢的好机遇。2002年，团场引进浙江兰溪水泥有限公司4 000万元资金，对团石红水泥厂进行技改扩建，年生产能力由原3万吨提高到25万吨。

地址：新疆沙湾县
邮编：832021
电话：0993-5190021
传真：0993-5192075

【农八师148团】

位于石河子市以北80千米，准噶尔盆地南缘莫索湾灌区西营镇。1957年建场，总面积308平方千米，耕地12.85千公顷，是自治区和兵团重要粮、棉、甜菜生产基地。经过40多年的建设，该团逐渐发展成为以农为主，农林牧渔全面发展、工交建运商综合经营的机械化国有农场，综合机械化水平82%。现有固定资产原值18 645万元，净值11 943万元，流动资金25 632万元。职工8 557人，其中管理人员253人，技术人员1 119人。2000年完成国内生产总值17 515万元，利润总额1 612万元，排序在全兵团农场前列。先后被兵团、自治区和国家农业部评为“红旗单位”、“先进集体”和“文明单位”。

该团农业以生产粮食、棉花、甜菜、大豆为主；工业拥有棉纺织厂、饲料厂、纤维板厂等骨干企业。主要生产皮棉、棉短绒、棉纱、棉布、农用薄膜等，产品销往区内外。今后农场将以节水灌溉为突破口，扩大生产规模，发展特色、高效农业；以大力运用新技术、降本增效，发展精准农业，不断增强农业持续发展后劲，全面振兴农场经济。

地址：新疆玛纳斯县
邮编：832048
电话：0993-5382028
传真：0993-5382019

【农八师石河子总场】

创建于1950年，地处石河子市北郊，与市区仅一路（乌伊公路）之隔，是一个以农为主，农林牧副渔综合经营，工交建商服全面发展的国有大型机械化农场，综合机械化水平82%。在20世纪80年代自治区人民政府曾授予该场“农牧业连续10年丰收先进集体”光荣称号。周恩来、邓小平、江泽民等党和国家领导人先后都曾来总场视察。

石河子总场面积373平方千米，

耕地21.92千公顷，是自治区、兵团和石河子市重要的粮、棉、油、糖和瓜果蔬菜及肉、奶、鱼、蛋等农副产品生产、加工基地。粮、棉、油料约占石河子垦区年产总量的10%，蔬菜瓜果和肉类食品约占石河子市70%～80%的消费市场份额。场属30多个工交建商企业。植保机械厂“奔兔”牌商标，为新疆名牌商标，3W系列大型农用喷雾器曾获国家专利。乳品厂生产的“咪咪”牌系列乳制品是自治区消协“向消费者推荐产品”。现有资产总额7.65亿元，其中固定资产2.84亿元，流动资产4.6亿元，无形及其他资产0.19亿元。现有职工10 952人，非生产人员占23.1%；各类专业技术人员1 788人，其中高、中、初级所占比例分别为3.1%、25%和71.9%。2000年实现国内生产总值39 698万元，在兵团农场排序第1位，在全国农场排序第8位；利润总额1 616万元。

总场具有潜在的旅游资源优势，位于场内的大泉沟水库，是干旱地区少有的自然与人工相结合的湿地景观，现已开辟为“北湖公园”，水色秀丽，风景宜人。著名的周恩来总理纪念碑（馆），矗立在总场南端，是新疆著名的人文景观。北疆大动脉乌（乌鲁木齐）伊（伊宁）公路和石（石河子）莫（莫索湾）公路纵横穿场而过，距石河子机场、火车站不足5千米，交通十分方便。

地址：新疆石河子市北泉镇
邮编：832011
电话：0993－2251642
传真：0992－2251432
E－mail：sljr@21cn.com

【新疆塔里木农业综合开发股份有限公司】

是由兵团农一师农垦农工商联合总公司独家发起，并将其下属的9团、12团及13团农场部分优良经营性资产折价投入，以募集方式设立的股份有限公司。于1999年3月29日向社会公开发行人民币普通A股9 000万股，加上发起人折价投入的20 400万股，总股本为29 400万股，1999年4月29日，公司以“新农开发”名称在上海证券交易所上市。至2001年末，已拥有资产总额17.44亿元，净资产9.85亿元，公司总股本32 100万股，流通股本11 700万股，主营业务收入5.38亿元，利润总额520万元，每股净资产3.068元，每股收益0.014元。

公司是新疆第一家以农业生产经营为主的纯种植业概念的上市公司。地处新疆阿克苏的阿拉尔地区，光热资源丰富，昼夜温差大，独特的气候资源非常适合种植业的发展。其主要作物有棉花、粮食、油料，是国家重要的商品棉生产基地。下辖阿拉尔、南口和幸福城三个分公司。现拥有耕地29千公顷，员工12 796人，年产优质皮棉4万吨以上，是具有先进生产力水平的现代化大型农牧企业。

主营业务：农业种植、牧渔养殖、农产品畜产品的生产加工和销售，加工种子、种衣剂、农用塑料制品、农机制造等。主要产品是棉花，包括长绒棉、细绒棉和生态棉，占公司收入的80%以上。独特的自然资源使公司生产的棉花品质十分优良，一级品率占85%以上。尤其是长绒棉品质优秀，多项指标超过埃及棉，极适宜纺高支纱，2000年公司棉花播种面积23.33千公顷，其中细绒棉13.33千公顷，长绒棉9.33千公顷。皮棉总产4.32万吨。

“十五”期间公司将按照“稳粮增棉、调整结构、上林果、抓畜牧”的农业工作方针，树立“攻单产、增总量、降成本、高效益”的思路，弘扬“团结拼搏、开拓进取、求实高效、争创一流”的企业精神，巩固加强基础设施建设，依靠科技进步和优化农业产业结构来实现农业的增产增收，通过增资配股促进公司的快速发展。

地址：新疆阿克苏市健康路3号
邮编：843000
电话：0997-2144416
传真：0997-2130840

【新疆康地农业技术发展有限公司】

1999年成立，注册资金3 000万元。2001年总资产为13 689万元，净资产3 306.65万元，流动资产11 782.83万元，固定资产1 450.59万元，其他长期资产123.76万元。2001年产品销售总额5 700万元。现有员工113人，其中，博士2人，硕士5人，本科以上40人，大专以上77人；现有专业技术人员34人。公司大力实施精准种子工程，1989年与美国孟山都公司合作培育出高科技含量、高附加值的“康地”牌油用向日葵杂交种，食用向日葵种，早熟抗虫、抗病棉花品种，制糖甜菜，早熟、特用、饲用玉米品种。公司建成一条由美国进口设备为主的向日葵种子加工生产线；以及一条以丹麦进口设备为主、国内棉种分级的棉花种子加工生产线。

公司生产的种子销往全国16个省市自治区，在长江以北大部分省区以特许经营与代理为主要方式设立了100多个分销点。油葵种子G101、康地5号、康地7号、康地102号占全国市场销售的63%；在区内石河子、奎屯、伊犁、阿勒泰、五家渠、博乐、塔城、喀什等地区建立了全资、合资分公司；甜菜种子销售量占全疆市场的81%；早熟玉米种子占南疆复播市场的35%。2000年在中国商品学会、中国质量学会联合举办的“2000年中国市场质量调查活动”中，公司的“康地”牌向日葵、玉米、棉花等种子产品的品牌知名度、服务满意度、市场占有率、质量美誉度跻身同行业“十大品牌”，成了新疆获此殊荣的首家企业。

公司始终关注种子的科研技术，与大型跨国公司美国孟山都公司、德国KWS公司等建立了长期的科技合作与业务往来，在国内与各大农业科研机构、科技人员保持着长期的合作。几年来以销售利润的15%用于科研设施建设，自购试验用地18公顷，建立了棉花、油葵、食葵、甜菜的病圃、温室、网室和生物技术实验室等。并确定了五大科研目标：油葵育种以早熟、抗病系列、复播为目标；食葵以提高品种多样性和商品性状为目标；

甜菜以丰产高糖抗病为目标；玉米以早熟、特用饲用品种为目标；棉花以早熟丰产抗病系列、转基因抗病抗虫系列、杂种优势利用为目标。目前公司已选育出一批丰产优质抗病的棉花新品系：如抗枯、黄萎病等，选育出一批转基因抗病抗虫棉新品系；2000年公司参加区试的早熟、大铃棉花品系“康地2000”表现出良好的性状。公司围绕农产品优质化的育种目标，从美国引进农作物育种技术的成套设备，建立了“农杆菌介导转化法”“花粉管通道转化法”等转基因技术体系，利用计算机监控、生化分析、基因测试等高科技手段，对品种实行产前、产中、产后整个过程的监测，真正实现科研育种的高起点。2001年3月25日，新疆康地农业高新技术研究中心获准成立。2001年8月，公司被自治区科技厅认定为2001年第一批高新技术企业。2002年1月31日公司拥有自主知识产权的“康地”牌新食葵1号、新食葵2号及新甜13号通过品种审定。

地址：新疆乌鲁木齐市北京南路钻石城11号银通大厦

邮编：830011

电话：0991-3820333

传真：0991-3819388

【方兴科农股份有限公司】

是经自治区人民政府批准，由新疆五家渠农垦农工商总公司为主发起人，联合中棉工业有限责任公司、新疆农垦科学院、秦皇岛市色织总厂和乌鲁木齐农垦乳业集团公司4家单位设立的股份有限公司。于2001年11月11日在自治区工商行政管理局注册登记，注册资金18 888万元。公司目前主要从事棉花种植、初加工和销售，农作物种子的生产和经营，农药及农药器械的销售，塑化材料的生产和销售等业务。

公司主体是具有40年建场历史的农六师新湖农场和芳草湖农场。1998年以来两农场的国内生产总值、利润总额分别居兵团农牧团场的第一、二位。2000年芳草湖农场的国内生产总值、利润总额分别为39 660万元、5 368万元，在全国国有农场中排名分别位于第九位、第四位。新湖农场的国内生产总值、利润总额分别为38 041万元、7 681万元，在全国国有农场排名分别位于第十位、第一位。2001年12月31日，公司总资产为99 075万元，固定资产42 160.48万元，流动资产55 034.85万元，员工总数18 213人，其中管理人员910人，专业技术人员546人，财务人员364人，生产人员14 388人，其他人员2 005人。

公司的主营业务是农业种植，主要产品为棉花。公司地处亚欧大陆中心地区，光热资源丰富，昼夜温差大，年积温高，有利于棉花生长，2000年皮棉总产6.43万吨，占全国皮棉总产的1.45%，皮棉单产1 875千克/公顷，超出全国平均水平72个百分点。2001年公司棉花销售收入，占公司主营业务收入的86.2%。

公司在棉花种植中具有以下优势：一是经营模式优势。公司采取以工厂化管理为主体、承包经营为基础的统分结合的双层经营体制，农业产业化的生产经营模式，在原材料采购、生产和销售三个业务阶段实行统一的计划、管理、控制和技术支持，充分发挥了规模经营的优势。二是技术和装备优势。公司及其前身从事棉花生产已有40余年历史，实现了从传统农业向现代农业的跨越。在十大主体技术和六大精准技术的配套应用以及大面积推广方面处于国内领先水平。2001年，公司百分之百实行高密度植棉、模式化栽培，宽膜超宽膜植棉，种子包衣和电场处理，全层施肥和精量一半精量播种。膜下滴灌面积，占棉花种植面积的31%。公司现有41条轧花生产线，其中12条进行了技术改造，该类生产线居全国先进水平。公司现有11台采棉机（7台迪尔和4台凯斯），均为国际先进水平的机采棉设备。三是规模优势。公司拥有土地面积1 883平方千米，1999~2001年平均棉花种植面积35.23千公顷，是国家重要的棉花生产基地。

发展总体设想：立足发展农业，以建设国家级商品棉基地为中心，以科技发展为重点，依托现代农业技术，实现集约化、规模化经营；合理调整产业结构和产品结构；完善“公司+研发+基地”的发展模式，充分利用公司的资金、资源、规模优势，实现企业的可持续发展。

地址：新疆五家渠市军垦路
邮编：831300
电话：0994-5814685
传真：0994-5814695
E-mail：fxkn@sina.com

【新疆冠农果茸股份有限公司】

于1999年12月30日成立。主营新疆特色果品——库尔勒香梨的种植、贮藏、加工、销售；塔里木马鹿养殖及鹿系列保健品的开发、加工、销售；各类包装制品生产、销售；进出口业务。公司净资产1.14亿元，固定资产1.64亿元，注册资金8 000万元，折成国有法人股8 000万股。公司拥有1.8千公顷香梨生产基地和尚未结果的0.67千公顷梨园，1.5万余头成年塔里木马鹿，7 500吨库容的空调保鲜库。公司下辖17个香梨生产园艺场，24个马鹿养殖场，一个年产300万平方米的包装制品厂。现有员工1 780人，其中各类专业技术人员164人。2001年利润总额2 055万元。

库尔勒香梨具有皮薄、肉细、酥脆、无渣、香甜、多汁、清醇、爽口特色，被誉为“水果王子”，曾获全国农业博览会金奖，中国国际农业博览会名牌产品奖，2000年中国昆明绿色食品博览会畅销产品奖，获国家绿色食品认证。产品远销港、澳及东南亚、欧美等国家和地区。公司承担的库尔勒香梨保鲜技术研究课题填补了国家两项空白。公司兼营的塔里木马鹿产品精深加工具有十分广阔的前景，其鹿茸被誉为中国“鹿茸之花”。鹿血和其他器官均可入药，有着广泛医疗保健作用。

“十五”期间，依托资源优势，认真做好上市工作，进一步扩大香梨生产规模，加强马鹿系列产品的精深加工开发，使公司成为“产、供、销、种、养、加一条龙，科、农、贸一体化”的龙头企业，成为中国证券市场乃至全国为之瞩目的“新疆特色农业之星”。

地址：新疆库尔勒市人民西路86号
邮编：841000
电话：0996-2990021
传真：0996-2930368

【新疆丰达农业有限公司】

位于塔克拉玛干大沙漠西北边缘、叶尔羌河流域的麦盖提县境内，是兵团农三师43团与香港溢达集团及其全资附属机构新疆吐鲁番溢达纺织有限公司投资的农业综合开发企业。合资项目为农业综合开发荒地2.666千公顷，主要以治理生态环境，生产和加工销售优质长绒棉及其农副产品为主，合资期限为20年。于1998年1月19日签约，1998年3月8日经新疆维吾尔自治区工商行政管理局审批注册成立。

公司合资项目设计总投资1 458.3万美元，其中固定资产投资982.9万美元；流动资金335.3万美元。注册资本金600万美元，其中43团出资360万美元，占注册资金的60%，主要以国有土地使用权与货币形式投入；香港溢达集团出资240万美元，以货币形式投入。

按照项目设计，公司发展进程为二个阶段：第一阶段为2 667公顷农业综合开发的基础建设。即以现代化农业结构模式，以农田相配套，用7年时间（1998~2004年）基本完成以农、林、水、电、路建设和居民小区相配套的2 667公顷长绒棉生产基地的基础建设。截止到1999年底，经公司上下，合资双方的共同努力，比计划提前4年的时间进入生产期。目前拥有各类管理技术人员51名，一线职工800人。可耕面积1.866千公顷，住房110栋、防渗渠道24千米、林带面积0.16千公顷、柏油路8千米、高压输变线路12千米。程控通讯，有线电视覆盖全公司。

第二阶段为生产经营阶段。根据开垦的土地资源，2000年公司种植长绒棉1.486千公顷、生物棉0.026千公顷、小麦0.066千公顷、绿肥0.245千公顷，生态林0.16千公顷。总产值达到3 500万元，实现农业总产值2 000万元，利润600万元。同时，积极筹措资金引进运用了科技含量高、附加值高的农业初、深加工工艺。年内建成了一座加工能力大、先进程度较高的长绒棉轧花厂，辐射麦盖提垦区，逐步实现年加工能力为15万担的长绒棉生产基地。引进配置机采棉设备降低劳动成本，提高单位效能。2001年公司由于受自然灾害的影响及棉花市场价格的回落，利润有所下降。但多渠道引进资金，筹措资金开发了节水灌溉农业，可新增耕地2.666千公顷。

经过4年的发展，公司已成为兵团最大的、最有成效的合资农业开发公司，多次受到兵师及地方党政领导的好评与鼓励，不远的将来，公司将发展成为新疆境内具有一定经济、社会影响实力的高新农业技术示范园区。

地址：新疆喀什麦盖提县43团
邮编：844603
电话：0998-7987168
传真：0998-7987168

二、化工企业

【新疆梧桐化工厂】

为国家轻工部合成洗涤剂定点生产厂，自治区二级企业。占地面积12万平方米，建筑面积19万平方米，主要生产设备120台（套），产品四大类近百余种，为国有中二型企业。2000年产品销售收入1 740.6万元，固定资产原值2 574万元，净值997万元，流动资产4 167万元。在职职工406人。

产品主要有："阿凡提"牌高级洗衣粉、"绵羊"牌洗衣粉、"天美"牌加酶洗衣粉、"雪鸡"牌高效低泡洗衣粉、洗衣机专用粉、"飞雪"牌洗衣粉、洗发香波、餐具蔬菜洗净剂、石油钻井泥浆助剂、"绵羊"牌洗净剂Ⅰ型、Ⅱ型、浓Ⅰ型和LAS表面活性剂、皮毛工业粉、45型工业粉、SMP10磺化酚醛树脂、乳化剂、聚腈钾（钠）和酸性媒介红染料S80等。"阿凡提"牌洗衣粉被评为轻工部及自治区优质产品，SMP10磺化酚醛树脂被评为自治区优质产品。

地址：新疆五家渠市102团
邮编：831302
电话：0994-5655207、5655201
传真：0994-5655202

【新疆天纶化纤有限责任公司】

建于1994年10月，占地面积8.7公顷，建筑面积9.4万平方米，1997年正式投产，企业资产2.9亿元。一期工程年生产能力4 500吨涤纶长丝，产品主要用于服装、装饰产业及工业。公司有两条生产线，一条是德国巴马格公司的涤纶全牵伸丝（FDY）生长线，另一条是引进意大利的涤纶预取向丝（POY）生产线。主要产品有涤纶全牵伸丝（FDY）和涤纶预取向（POY）、涤纶低弹丝（DTY）。品种包括：75D/48F、50D/24F的常规丝、75D/36F三叶有光丝、75D/96F细旦丝及阳离子可染丝。检验、检测设备分别从瑞士、美国、德国等引进，均为国际领先水平。目前公司生产的FDY涤纶长丝优级品率达95%，优一级品率达99.8%，各项经济技术指标在国内同行业中处于领先水平。产品投入沿海市场，产销率均保持在100%。

目前公司职工213人，平均年龄27岁，大中专（含技校）毕业生占79%，其中研究生1名，本科生8名、大专生54名。高级职称5人，初、中级职称专业技术人员47人。2000年完成国内生产总值338万元，产品销售收入3 614.7万元。公司于2001年通过ISO9002国际质量体系认证。公司中长期的发展规划：从2002~2008年，将陆续完成3 000万米仿丝绸技改项目；建设10万吨聚酯生产线，发展4万吨熔体直纺项目。另外，还将与兄弟单位合作建设印染生产线，做布料的深加工产品，为下一步发展服装深加工业务奠定基础。

地址：新疆乌鲁木齐市头屯河区
邮编：830088
电话：0991-3960483、3960484、3960713
传真：3960717
网址：www. tl - chemfibre. com. cn
E-mail：hope@ tl - chemfibre. com. cn
tlhx@ xj. cninfo. net

三、机械企业

【新疆微型汽车厂（新疆青湖节水设备厂）】

建于 1952 年 7 月，现已发展成为自治区机械行业中型骨干企业。被国家机械工业部审定为新疆机械行业十六个重点企业之一，取得国家二级计量合格证，企业等级为自治区二级企业。全厂占地面积 43.9 万平方米，建筑面积 7.8 万平方米，厂房面积 4.5 万平方米。加工、冲压、焊接等设备 280 台（套）。2000 年产品销售收入 1 825.9 万元，资产总额 5 920 万元，其中固定资产净值 1 691.35 万元，流动资产 4 181.2 万元，从业人员 267 人。

主要产品有：农业机械系列、节水设备系列、建筑金属结构系列（防火防盗安全门窗、塑钢门窗、铝合金制品）、汽车配件系列（标准紧固件、散热器、车轮）、包装系列（酱桶、油桶）等。企业发展设想：加强内部管理，向管理要效益；调整产品结构，积极开发新产品，寻找新的经济增长点；深化改革，“整体推进，分块搞活”，提高效益。

厂址：新疆五家渠市军垦路七区 16 号
邮编：831300
电话：0994-5801576
传真：0994-5801576

【新疆潜水泵厂】

建于 1958 年，1972 年研制生产出新疆第一台潜水电泵，是国家机械工业潜水电泵骨干企业，西北地区最大的潜水电泵生产基地，自治区一级企业。曾连续十年被全国泵行业评为“十佳优秀企业”和全国“节能先进企业”。企业拥有先进设备和严格的生产工艺，已获得 ISO9002 国际质量体系认证，为国家级“企业基础管理达标”优秀企业。

2000 年实现国内生产总值 1 149.7 万元，利润总额 159.6 万元。现有职工 455 人，技术人员 30 余人，管理人员 15 人。占地面积 22.3 万平方米，各种加工设备 300 余台。固定资产近 1 000 万元，流动资产 3 700 万元，总资产近 5 000 万元。生产各种规格型号的潜水泵 300 余种，年生产能力 5 000 台套，为国有中二型企业。主要产品有：200QJ、250QJ、300QJ、350QJ、400QJ 型井用潜水电泵，并能满足用户随时需要的各种型号规格的潜水泵。同时，生产各种井扬水管、配电箱及深井手动泵、石油化工泵、排污潜水泵、螺杆泵、渔塘增氧泵等产品。2002 年，已开发生产出卧式潜水电泵。生产的“五家渠”牌潜水电泵荣获“新疆名牌产品”和国家“优质产品”称号。同时，“五家渠”牌注册商标被自治区工商局评定为“自治区著名商标”。“五家渠”牌潜水泵从1992年开始出口中亚各国，出口量占全国同行业第一，在新疆销售量也占居首位，随着市场经济的不断完善，新疆潜水泵厂于2001年进行改制，组建有限责任公司。为寻求新的经济增长点，企业努力开发低耗高能产品及节水灌溉设备。

地址：五家渠市长征路

邮编：831300

电话：0994-5800793、5812617

传真：0994-5807114

【新疆大宇机械有限公司】

于1998年2月24日经兵团外经贸委审批设立，为中外合资企业，由兵团物产集团公司与韩国大宇综合机械株式会社共同出资组建，注册资本500万美元，兵团物产集团公司占注册资本40%，韩国大宇综合机械株式会社占注册资本60%，注册地点乌鲁木齐市，合资期限为20年。经营范围是：机械及配件加工、销售、维修；工程机械翻新及相关的技术咨询服务；设备出租。

公司现有资产总额8 164万元，其中固定资产1 637万元。现有员工44名，其中管理人员10名，各类专业技术人员10名。公司下属销售部、售后服务部、配件部、租赁部、财务部、经营管理部、管理部七个部门。

公司专营大宇机械产品。在兰州、西宁、伊犁、奎屯、库尔勒等地分别设立了代理点及经销商，同时配有便捷的售后服务网络体系。公司注重员工素质的提高和企业文化的建设，积极参加社会公益活动。2002年出资万元在和田地区捐助56名失学儿童，使他们重回学堂。在企业内部拨专款建立职工子女奖学金制度，同时每年有计划地对员工进行各种培训，在吸收合资双方企业文化及国际先进管理模式的基础上形成了新疆大宇机械有限公司独特的企业风格。企业成立以来销售各种型号的大宇挖掘机及叉车近400余台，为新疆建设及西部大开发发挥了重要作用，受到全疆及周边省区广大用户的好评。

地址：新疆乌鲁木齐市河滩北路178号

邮编：830054

电话：0991-4697217、4698354、4698267

传真：0991-4698641

四、电力企业

【农一师电力公司】

成立于1996年，下设西大桥水电厂和电力中心调度所、阿拉尔及沙井子中心供电站。主要负责农一师全师和农三师部分团场的工农业生产、职工生活用电管理和调配。1999~2001年投资16 302万元实施了全师农网改造一期工程。2000年发电总量9 034万千瓦时，供电17 006千瓦时，规模为国有中二型企业。技术力量及服务水平居阿克苏同行业和企业前列。2000年销售收入6 471.6万元，利润总额488.3万元，固定资产19 349万元，流动资产7 757万元。公司在岗职工310人，管理人员46人，技术人员180人。目前正进行规范化企业制度改革，全面进行农村电网改造和电力体制改革，实行同网同价，抄表到户，使农一师电价与地区、国家电价相衔接。

地址：阿克苏市
邮编：843000
电话：0997-2680567
传真：0997-2680341

【新疆赛里木电业有限责任公司】

是集发电、供电、供热、用电管理为一体的国有企业，现有员工1 380人，其中管理人员148人，各类专业技术人员310人。资产总额3.73亿元，其中固定资产2.71亿元，流动资金350万元，流动资产9 326万元，递延资产406万元。主要服务于兵团农五师的10个农牧团场、北疆铁路、师直企事业单位及博乐市、州部分用户。1999年5月原电力公司与农五师热电厂合并，实现水、火电联网，并于1999年12月成立了该公司。现拥有一座热电厂和22座水电站，总装机容量为5.35万千瓦，其中热电2.4万千瓦，水电2.83万千瓦，风电0.12万千瓦。年发电量1.8亿千瓦时，年售电量1.5亿千瓦时。集中供热面积45万平方米，年创利530万元。

公司建立了现代企业制度，深化了人事制度等改革，并鼓励职工全员持股，使企业与职工形成以股连心的利益共同体。公司将充分利用农五师垦区丰富的水资源，继续开发水电。“十五”期间，水、火电装机总容量将达到10万千瓦，网架建设将纵贯农五师东西全长240千米的110千伏线路工程，集中供热将达到180万平方米。

地址：新疆博乐市民主路5号
邮编：833400
电话：0909-2276082
传真：0909-2276010

【农七师电力公司】

成立于1989年6月，是一家集火力发电、供电、供热、产煤、电力设备安装及果蔬生产于一体的国有中型电力生产企业。下属企业有奎屯热电厂、奎屯供电公司、华能火电设备安装公司、红山煤矿、奎屯园艺场、华运公司。该公司担负着奎屯市区、农七师、乌苏市市政、工农业生产和居民生活用电及城区供热任务。

总装机容量6.6万千瓦，输变电线路800千米，35千伏以上变电站12座，供热主管线17.2千米，供热能力210吨/小时，拥有固定资产5.5亿元。现有职工1178人，专业技术人员248人，管理人员62人。

2000年完成国内生产总值4 408万元，产品销售收入7 356万元，利润总额106万元。

公司能够独立完成10万千伏以下的火电机组和压力9.8兆帕以下锅炉安装调试、检修工程。并通过ISO9001（2000）质量体系认证，誉称“兵团电力安装第一军”。

2001年开工的25兆瓦工程、农网改造工程、城区热网改造工程的竣工投产，为奎屯垦区提供更加充足的电源和热能。“十五”期间装机容量规划达到116兆瓦，供热能力400吨/小时，产煤18万吨，电网、热网建设更加完善。

地址：新疆奎屯市乌鲁木齐东路51号
邮编：833200
电话：0992-3222201-2188、2156
传真：0992-3222201-2114

【新疆天富热电股份有限公司】

于1999年3月由石河子电力工业公司、兵团农七师电力工业公司、石河子造纸厂、兵团农八师148团、石河子市水泥制品厂共同发起设立。总股本为16 909万股，流通股本6 000万股，其中：石河子电力工业公司占总股本总数的97.84%；于2002年1月28日在上海证券交易所发行，2月28日上市挂牌交易。至2001年末，已拥有资产总额6.64亿元，净资产2.14亿元，主营业务收入3.52亿元，利润总额5 164万元，每股净资产1.89元，每股收益0.4元。公司下设红山嘴水电厂、热电厂、供电分公司、电力调度所、电力检修安装公司、物资分公司、电力设计室等。主要从事电力、热力的生产供应，同时也承担电力设计和电力安装等其他业务，对石河子地区电力生产的发、供、调工作实行统一管理，统一规划建设，成为兵团惟一的水、火电并举，发、供、调一体化的地方电网。

公司现有职工人数2 029人，总装机容量11万千瓦。其中：水电机组5.75万千瓦，热电机组5.1万千瓦，年发电量5亿千瓦时，年供电量近7亿千瓦时。现有变电站18座，变电总容量17.5万千伏安，其中：110千伏变电站7座；110千伏、35千伏输电线路602.8千米，供电半径达165千米；年供热230万兆焦，供热半径5千米，供热面积110万平方米。公司2000年完成国内生产总值17 304万元，产品收入28 225.2万元，利润总额5 164.9万元。

天富热电主营业务逐年增长，相继成立了房地产发展公司、旅游公司、信息技术开发中心，具有较强的股本扩张能力和市场竞争力，有十分广阔的发展前景。

地址：新疆石河子红星路 54 号
邮编：832000
电话：0993-2901108
传真：0993-2901121

五、轻纺企业

【农一师恒达棉纺公司】

前身是上海汇新织布厂，1960 年迁至阿克苏，定名为胜利棉纺织厂，1983 年与针织被服厂合并成立师染织厂，1998 年吸收部分团场入股资金，更名为恒达棉纺公司，规模为中二型国有棉纺企业。有 4.5 万锭棉纱生产线。主要生产经营环锭纺、气流纺、色染织。2000 年完成国内生产总值 2457 万元，产品销售收入 9 373 万元，年产纱 6 452 吨。年末固定资产 23 893 万元，流动资产 5 829 万元，在岗职工 1 719 人，管理人员 45 人，技术人员 80 人。为加强棉产品的市场竞争力，2001 年公司已与师其他棉花生产企业组建成农一师银海棉纺集团。

“十五”期间，公司将充分发挥集团优势，加强技术改造，重点发展 80 支以上高支纱，适度发展制衣业，进行棉花精深加工，提高经济效益。

地址：阿克苏市北路 1 号
邮编：843000
电话：0997-2515839
传真：0997-2514176

【新疆湖光纺织针织厂】

是一个集纺纱、织布、针织于一体的国有中型纺织企业，建于 1962 年，享有外贸进出口自营权和两纱两布自营出口权。现有纱锭 3.6 万枚，线锭 0.3 万枚，气流纺 0.04 万头，布机 645 台和一条年产针织品 300 万件的生产线，以及配套齐全的纺、织等检测设备和仪器。主要生产 60 支以下纯棉纱、幅宽 3.1 米以下纯棉布及针织内衣。

现有固定资产净值 20 607.5 万元。2000 年完成国内生产总值 3 953 万元，年销售收入 11 602.9 万元，员工 2 286 人，专业技术人员 246 人。该厂通过技术改造，先后引进了部分国际先进水平的纺纱、织布、针织设备。生产技术装备水平大幅度提高，管理水平、产品质量及档次也不断提高，18tex、28tex、29tex 三种产品曾获部优称号，6 种产品获区优称号，7 种产品获区行优称号，外贸出口纱达到香港华润公司 A 级、优级标准。目前，50% 以上产品用于外贸出口。

1999 年、2000 年该厂荣获新疆兵团外贸系统先进企业称号。产品主要销往东南亚、香港等国家和地区。注册商标为“香梨”牌（棉纱），“梨洲”牌（棉布），“阿尔金”牌（针织内衣）。通过压锭和企业内部组织结构调整及三项制度改革一系列措施，企业资产结构得到优化，员工素质得到提高，并通过ISO9002质量体系认证，按照GB/T19002—1994—ISO9002：1994标准建立健全的企业质量保证体系已有效运行。

地址：库尔勒市

邮编：841000

电话：0996-2208584

传真：0996-2208840

【新疆五家渠联营棉纺织厂】

建于1988年8月，是兵团农六师与北京印染三厂合资兴建的中型棉纺企业，位于乌鲁木齐北郊35千米处的五家渠市，厂区占地面积29.6万平方米。规模为环锭纺5.04万锭，其中气流纺1 176头。设备有国际先进水平的一批进口清钢联合机、精梳机、自动络筒机等。

企业主导产品“西峰”牌棉纱，有精梳40S、38S、32S筒子纱、绞纱、捻线等；普梳32S、21S、16S筒子纱、绞纱等；气流纺7S～10S。主要销往江苏、浙江、上海、广东、大连、北京等生产出口产品的厂家，同时销往香港。企业于1999年12月通过ISO9002质量体系认证，国家对外经贸部赋予该厂自营进出口经营权。

2000年该厂产品销售收入12 310.6万元，利润总额351.5万元，年末固定资产12 426万元，流动资金8 347万元。在岗职工1 696人，其中管理人员116人，专业技术人员96人。企业不断进行技术改造，“1万锭精梳出口纱生产线技术改造”项目已于2001年正式投入生产运营，并获得国家“九五”技改优秀项目荣誉。“2万锭精梳出口纱生产线技改项目”已列入国家“双高一优”导向计划，目前正在实施。

地址：新疆五家渠市军垦北路

邮编：831300

电话：0994-5816809、5800193、5816289

传真：0994-5816807

【新疆石河子八一棉纺织有限公司】

是以兵团内部棉花为主要原料，以引进国际先进设备为主体，生产纱线、棉布、床上用品和漂白、染色、印花系列产品的国有控股大型纺织企业。2001年由中国长城资产管理公司和新疆石河子国有资产管理公司等五家股东合资，在石河子市成立，注册资金41 177.29万元。下属石河子八一棉纺织厂和新疆新润气流纺有限公司等企业。

公司拥有先进的环锭纺、气流纺、喷气布机和一条160厘米幅宽74型漂、染生产线、针织大圆机设备。生产规模占自治区纺织行业6%，兵团纺织行业20%。主要产品有：中高支纯棉普、精梳纱线，无结头纱、纯棉布、帆布、鞋类用布和巾被等床上用品。质量达到国际乌斯特97公报25%的水平。企业产品中获部优14个、区优5个，“白雪莲”牌纯棉布有5个品种被评为自治区名牌产品。在全国主要大城市均有销售网点。有26个产品销往国外几十个国家和地区，累计出口创汇24 513万美元。累计实现利润16 637万元，上交税金49 121万元。2000年八一棉纺厂从业人员6 855人，实现国内生产总值10 016万元，产品销售收入31 939.3万元，利润总额306.1万元。1993年和1996年企业取得印染布和“两纱两布”自营进出口权；1999年通过了中国进出口商品质量认证中心（CQC）和英国摩迪国际认证公司（AOQC）ISO9002质量体系双认证。2001年八一棉纺织有限公司开发的彩棉仿羽布、纯棉酶洗纱卡系列产品，在全国纺织印染新产品开发年会上被评为优秀新产品创新奖，其中彩棉仿羽布被列为2001年国家重点新产品。“十五”期间，公司依靠制度创新、管理创新和技术创新，把公司做强、做大、做精。采用联合、并购、合作、合资等形式，强化资本运营。加大产品研发，使公司主导产品棉纱的高、中、低支比例协调，创出八一棉纺织有限公司品牌，使棉布品种向高密、轻薄、宽幅的服装面料方向发展；加大天然彩色棉纱、线和服装面料的生产规模，形成八一棉纺织有限公司品牌的天然彩棉针织内衣和服装的最终产品；加大新型纤维混纺和棉毛、棉麻混纺产品的开发研制工作，使公司产品结构适应市场，引领服装潮流。

地址：新疆石河子市
邮编：832004
电话：0993-2518214
传真：0993-2515612

【新疆石河子八一毛纺织（集团）有限责任公司】

是一家全能毛纺织染大型工业企业，是新疆纺织行业出口创汇大户之一。集团公司所属控股公司及全资子公司有：新疆石河子八一毛纺织厂、新疆八一毛纺织股份有限公司、新疆西部毛纺厂、新疆石河子益群针织厂、新疆石河子天羊绒纺织厂等企业。占地面积59.29万平方米。资产总额10亿元。职工6 000余人。

企业经过40余年的发展，生产设备达到20世纪90年代国际先进水平。拥有意大利产FTC细纱机、瑞士苏尔寿产片梭织机、比利时必佳乐产、意大利斯密特产剑杆织机、意大利产罐蒸机、英国产溢流染色机、德国克兰茨多层烘干定型机、意大利产洗缩联合机、德国M—TEC压光定型机和整套意大利产粗纺羊绒纱生产设备。现有毛精纺锭2.3万枚，毛粗纺纱锭0.12万枚，羊绒纱纺锭0.25万枚。年生产精纺呢绒350万米，粗纺呢绒30万米，精纺毛线400吨。针织绒纱500吨，羊绒纱300吨，羊绒衫30万件，梭织服装5万件。

产品主要有：精纺呢绒、粗纺呢绒、羊绒（毛）衫、毛线、毛毯、梭织服装、披肩7大类别100多个品种。精纺呢绒有9大系列，其中华达呢系列、贡丝锦系列在20世纪80年代享誉国内外市场。20世纪90年代开发的贡丝锦系列、精纺羊绒呢等产品具有国内一流水平。针织绒产品涉及羊毛衫、羊绒衫、丝绒衫及混纺针织衫3大系列；精纺呢绒服装在西北地区具有较强的竞争优势。1993年获得国家自营进出口权。产品远销北美、欧共体、日本、中东等国，羊绒纱、羊绒衫95%出口。新近开发的防缩、防油、防水、防蛀、机可洗、香味泥绒等功能型产品具有很大的市场空间。

1999年，"雪松"牌精纺呢绒商标被自治区工商局、商标协会评为新疆著名商标，经国家级技术监督部门多次抽检、评定，有35个产品获国优、部优、区优产品称号。

企业申报的技改"250万米替代进口的精纺呢绒项目"已列入国家财政债券贴息重点技术改造项目计划。公司面向市场招商，采取投资、合资、合作共同开发精纺呢绒、羊绒衫、服装等项目。

联系地址：新疆石河子西三路65号
邮编：832006
电话：0993-2526016
传真：0993-2513626
E-mail：sale@ 8m. com. cn

【乌鲁木齐市永红针织总厂】

建于1966年，是集棉纺、织染、制衣为一体，拥有自营进出口权的国有棉针织中型企业。现有总资产1.7亿元，其中固定资产7 206万元，流动资产8 878万元。职工2 063人，管理人员128人，各类技术人员102人。2000年完成产品销售收入5 719万元。相继引进意大利后整理设备、韩国横机、台湾常温常压溢流染机等国际一流设备和工艺。棉纺规模为环锭纺31 152锭，气流纺336头，年产针织内衣及坯布能力为1 000万件和800吨。棉纱年生产－10S－38S的普梳棉纱8 000吨，产品质量指标为乌斯特1997年公报接近于50%的水平，棉纱入库一等品率99.9%。产品除满足本厂针织用纱外，销往上海、广州及江浙地区。针织品近年来企业除自行开发出柔暖、弹力、抽条、提花及抗寒内衣外，又利用新疆天然彩色棉、美国杜邦公司"莱卡"丝及其他天然纤维，在新疆首家开发了棉＋莱卡内衣、吊带背心、休闲女衫、三角裤等，绿色环保内衣、澳毛内衣、羊毛T恤等高附加值、高档次针织内衣产品。该厂产品在新疆的市场占有率达45%，同时销往全国27个中心城市，并打入美国、欧盟市场。企业生产的"芳婷"牌针织内衣获"新疆名牌产品"和"全国消费者协会推荐产品"称号，"芳婷"商标为"新疆著名商标"。2002年将继续开发具有保健作用的棉麻混纺面料、麻灰纱面料和产品，还将开发运动服装面料及产品等。

"十五"期间企业将充分发挥本地区优质棉及天然彩色棉的资源优势，利用国家对西部大开发的产业政策和地缘优势，大力提高国家"十五"规划确定的纺织业"一精二无"产品产量的比重，生产品种以"扩大出口，替代进口"的高附加值、高品质及环保产品为目标，加大设备改造力度，适应加入WTO后带来的市场变化，促进新疆经济建设的发展。

地址：乌鲁木齐市头屯街
邮编：830074
电话：0991-3967188
传真：0991-3967138

【新疆天宏纸业股份有限公司】

始建于1958年，1999年12月由新疆石河子造纸厂为主要发起人，联合4家法人单位，注册资本5 016万元人民币。2001年6月28日，在上海证券交易所上市交易，公司股本总额8 016万股，可流通股3 000万股，注册资本8 016万元人民币，是西北地区集制浆、造纸、印刷、机械加工、原料开发等为一体的大型造纸骨干企业。2000年公司通过了ISO9002质量体系认证。现有员工1071人，其中各类专业技术人员242人。至2001年末，已拥有资产总额4.03亿元，净资产2.81亿元，公司总股本8 016万股，流通股本3 000万股，主营业务收入1.61亿元，利润总额1 625万元，每股净资产3.51元，每股收益0.17元。

主要产品为胶版印刷纸、干法静电复印纸、胶印书刊纸、书写纸、钢纸原纸等30多个品种。公司1995～1999年连续五年获新疆造纸行业利税第一名，曾荣获新疆惟一的“全国节能先进单位”称号，农业部“企业技术进步”奖，轻工业部“金龙腾飞”奖，“全国资源综合利用先进企业”奖。干法静电复印纸荣获1994年北京第二届国际新产品新技术展览会及洽谈会金奖，胶印刷纸系列产品荣获全国博览会银奖，“博雪”牌系列文化用纸是新疆惟一纸张名牌产品。企业拥有进出口经营权，产品销往全国20多个省及周边国家。

为了解决纸厂大发展对原料的需求，1996年11月，师市以行政划拨方式将石河子东泉农场3千公顷土地划归造纸厂作为原料基地。

公司成立后，优化了组织结构，实行规范管理，逐步建立了责权分明、管理科学的现代企业制度。成立了企业技术中心。为提高企业竞争力，增强企业效益，公司的原料结构和产品将向多元化方向发展。充分利用芦苇及棉短绒资源优势，拓展利用杨木资源及废纸资源，研究开发丰富的棉秆资源。开发生活系列无尘纸、高档卫生纸、餐巾纸、钢纸原纸等，将原料优势转化为产品优势。

地址：石河子市
邮编：832009
电话：0993-2515661转2330
传真：0993-2517773

【新天国际经济技术合作（集团）有限公司】

于1990年12月在国家工商管理局注册成立，隶属兵团的国有涉外企业。国内外下辖24个子公司及控股公司，其中控股一个上市公司—新天国际经贸股份有限公司（在上海证券交易所挂牌上市，股票代码600084），经营业务涉及农业综合开发、贸易、外经、旅游、房地产、金融期货等行业，是一个“多元化、实业化、国际化”的企业集团。至2001年末，已拥有资产总额19.24亿元，净资产6.92亿元，公司总股本23 518万股，流通股本8 923.2万股，主营业务收入8.54亿元，利润总额8 341万元，每股净资产2.88元，每股收益0.31元。

公司总部设在乌鲁木齐市，拥有职工730人，其中本科以上学历占89%，具有研究生学历的56人，平均年龄30.5岁；管理人员平均年龄34岁。

公司在古巴、墨西哥进行了实业投资，并根据发展需要在多个国家与地区设有分支机构。国内经营地区辐射新疆、北京、上海、深圳、海南、香港等20多个省、市、地区，海外经营机构主要分布在美国、墨西哥、古巴、独联体等国家。在新疆拥有一个20千公顷土地的农场。

公司连续3年被评为乌鲁木齐市功勋企业，连续3年上交国家税金超亿元，名列新疆外贸企业前3名，在中国出口额最大企业中排名第198名，最大进出口企业中排名264位。荣获国家管理创新成果二等奖。

地址：新疆乌鲁木齐市红山路40号新天国际大厦

邮编：830002

电话：0991-2321379

传真：0991-2300191

E-mail：Sun－time@ mail. xj. cninfo. net

【新疆中基实业股份有限公司】

于1994年6月是以定向募集方式设立的国有控股股份有限公司。2000年9月26日，公司股票在深圳证券交易所挂牌上市。至2001年末，已拥有资产总额12.29亿元，净资产4.56亿元，公司总股本12 459万股，流通股本4 500万股，主营业务收入5.49亿元，利润总额2 102万元，每股净资产3.23元，每股收益0.16元。在册员工907人，其中管理人员48人，技术人员93人。公司现拥有8家控股子公司，4家国内分公司、3家参股子公司，并在国内北京、天津、广州、长沙等重要城市以及独联体部分国家首都莫斯科、基辅、阿拉木图等设立了办事处和代表处。其中石河子开发区中基番茄制品有限公司，专门从事番茄酱及番茄制品的生产销售，产品全部外销欧洲、中东、东南亚、美国、非洲等国家及地区。2002年日处理番茄能力已达1.8万吨，年产优质番茄酱18.2万吨，初步形成了带动兵团红色产业的龙头框架，促进了兵团产业结构调整。2001年公司实现销售额5.68亿元，进出口额10 044万美元，利税6 457万元，是兵团连年赢利和创汇的大户，被外经贸部、人事部授予先进企业，被中国农业银行新疆分行授予AAA级企业，被乌鲁木齐市评为2000年“十大功勋”企业。

发展目标：依托兵团的资源优势与地缘优势，通过资本运作，组建以新中基为龙头的兵团番茄制品产业集团，进一步发展番茄产业。组建兵团红色产业高新技术工业园区，成立红色产业研究院、番茄种子研究所、皮籽处理车间等。使公司番茄产业从种子培育到番茄后继高附加值产品开发、研制达到国际一流水平。最大限度地提高经济效益，将公司建设成为国际番茄原料及生产加工基地。

地址：乌鲁木齐青年路19号中基大厦

邮编：830002

电话：0991-2628888

传真：0991-2616688

E-mail：chalkis@ public. wl. xj. cn

【新疆湖光糖厂】

该厂经国家农牧渔业部批准，于1985年5月破土动工，1987年8月建成日处理甜菜1 000吨的中型国有企业。经过10多年自我滚动发展，先后投资1.6亿元，发展到目前日处理甜菜4 500吨的生产规模。年产白砂糖5.5万吨，酒精4 500吨，颗粒饲料

1.2 万吨。主要产品白砂糖 1995 年荣获“新疆名牌”产品称号，2001 年又通过复审。1997 年在新疆率先通过了 ISO9002 产品质量体系认证。主导产品为“绿原”牌白砂糖、“静月”牌食用酒精、“绿原”牌颗粒饲料等。

2000 年实现国内生产总值 3 990 万元，产品销售收入 14 334.6 万元，利润总额 717.5 万元，年末固定资产 2.3 亿元，流动资产 1.1 亿元。现有职工 817 人，其中管理人员 186 人，工程技术人员 162 人。该厂目前已与焉耆垦区 8 个团场通过入股方式，建立了产、供、销一条龙的有限责任公司，正逐步按《公司法》规范运作。计划在今后三年内使生产规模提高到日处理甜菜 6 000 吨，并实现产品升级换代；两年内完成精制白砂糖、精幼砂的生产。

地址：新疆和静县才吾库勒镇
邮编：841310
电话：0996-6090045
传真：0996-6090129

【西裕糖厂】

是农九师的支柱工业企业，拥有资产总额 3.88 亿元，其中固定资产 2.42 亿元。现有员工 710 人，各类专业技术人员 133 人。2000 年实现销售收入 12 416.7 万元。

西裕糖厂创建于 1994 年，为国有中型制糖企业，1996 年与农九师 11 个农牧团场共同组建农九师西裕糖业有限责任公司。原设计能力为日加工甜菜 1 500 吨，1999 年扩建为 2 000 吨/日，2001 年对现有设备进行了改造，处理量达到 2 300 吨/日。

目前年产白砂糖、绵白糖 4.2 万吨（其中精制白砂糖、精制绵白糖 1.5 万吨），食用酒精 4 000 吨，颗粒粕 1 万吨。电站装机容量 1.5 万千瓦时。多年来，该厂不断完善质量检测和管理体系，采用与国际标准有效的 GB317.1-91，产品符合出口食品要求，白砂糖、酒精及颗粒粕通过 ISO9002 质量体系认证，白砂糖通过国家绿色食品认证。“西沁”砂糖除满足本地需求外，还销往陕西、甘肃、宁夏、河南、山东、河北等地。酒精销往俄罗斯、哈萨克斯坦、蒙古等周边国家。颗粒粕远销日本、韩国，年出口创汇 300 万美元。

按照建立现代企业制度的要求，西裕糖厂不断深化内部改革，加快产品结构调整，在确保砂糖优质稳产的同时，以废蜜生产酒精，以废丝生产颗粒粕，开发绵白糖、精糖、冰糖生产项目，形成副产品综合利用和深加工的多元发展格局。

地址：新疆塔城地区额敏县朝阳区
邮编：834601
电话：0901-3341417、3341496
传真：0901-3341476

【新疆天河罐头食品总厂】

始建于 1989 年，于 1994 年经国家批准为番茄酱正式出口企业，代号为 Y22。下属三个分厂，总资产 7 000 万元。其中固定资产 3 447 万元，流动资金 3 083 万元。现有员工 227 人，其中各类专业技术人员 26 人。2001 年完成国内生产总值 672 万元，产品销售收入 3 292 万元。拥有意大利 FBR—ELPO 公司日处理番茄 600 吨、700 吨生产线各一条，国产上海前卫日处理番茄 120 吨生产线四条，年生产能力 18 300 吨番茄酱。产品规格有 200 升无菌大包装（注册品牌：天堂鸟）和马口铁包装的 198 克、425 克、850 克、1 000 克、3 000 克、4 500 克及 30 克、50 克精制软包装（注册品牌：红门宴）的番茄产品。经国家绿色食品中心认定为绿色食品，证书为 LB35—9801301011。

1998 年企业获得自营进出口权，1999 年企业通过 ISO9002 质量体系认证。产品主要出口日本、韩国、东南亚、中东、欧洲等 20 多个国家和地区，累计出口近 5 万吨。

地址：新疆和静县 21 团
邮编：841111
电话：0996-6312008
传真：0996-6312658

【新疆博斯腾番茄制品有限公司】

于 1995 年成立，现已形成年产 7 500 吨番茄酱生产能力。主要生产设备为意大利罗西·卡泰利公司制造的日处理鲜果 800 吨的成套番茄酱生产线一条和上海前卫机械厂制造的日处理鲜果 225 吨生产线一条。实际生产能力 2000 年已达到设计能力的 130%。是个农、工、科、贸一体化的中一型股份制企业。股本金共计 1 276 万元，各股东的出资比例为：农二师 25 团占 40.98%，新疆屯河投资股份公司占 35.53%，天津港保税区天山国贸有限公司占 15.6%，农二师 27 团占 7.83%。1998 年欧共体委派权威检测机构对中国各生产企业的产品联检中，公司综合质量名列第一。1999 年 9 月通过了西北认证中心 ISO9002 国际质量体系的认证及绿色食品认证，企业产品综合质量指标居全疆同行业前列，受到自治区罐头饮料行业协会的多次表彰和奖励，公司于 1999 年荣获“全国优秀乡镇企业”称号。

2000 年公司完成产品销售收入 2 307.6 万元，年末固定资产 5 028 万元，流动资金3 509 万元。现有职工 122 人，其中管理人员 20 人，技术人员 47 人。截止到 2001 年底，累计生产番茄酱 36 271 吨，为国家创汇近 500 万美元，上交税金近 600 万元，累计实现利润 423 万元。出口商检合格率达到 100%，产品远销意大利、法国、韩国、沙特及东南亚各国和地区。内销北京、天津、内蒙古等华北地区。随着我国进入 WTO，为博斯腾公司发展带来了良好机遇，公司将充分利用当地资源优势，合理配置，挖掘潜力，创造出更好的经济效益。

地址：新疆博湖县 25 团
邮编：841003
电话：0996-69920232
传真：0996-6992088

【新疆伊力特实业股份有限公司】

于 1999 年由新疆伊犁酿酒总厂为主发起人成立上市。公司主导产业是白酒酿造，2000 ~ 2001 年入围全国酿酒业白酒销售前十位。荣获“全国五一劳动奖状”、“全国精神文明创建工作先进单位”、“中国食品工业突出贡献企业”称号。“伊力”商标荣获“中国驰名商标”殊荣。

公司拥有员工 2 011 人，其中管理人员 99 人，技术人员 169 人。至 2001

年末，已拥有资产总额9.5亿元，净资产7.43亿元，公司总股本22 050万元，流通股本7 500万股，销售白酒1.5万吨、主营业务收入3.52亿元，利润总额8 878万元，每股净资产3.35元，每股收益0.35元。3年来公司投资33 645万元，拓展了13个新项目，提高了公司规避市场风险能力，增强了企业实力。公司上市3年来资产、资本运作成效不断提高。

主营业务有酒类生产和销售；农业综合开发；农副产品（粮食批发及棉花除外）加工和销售；汽车货物运输；包装物生产和销售；机电产品化工产品（汽车及国家有专项审批规定的产品除外）、五金交电产品的销售；火力发电；日用百货、针纺织品、职工培训；食品、饮料的生产和销售；饲料的生产和销售。经营本企业自产产品的出口业务；经营本企业生产所需的机械设备、零配件、原辅材料的进口业务；经营加工贸易和补偿贸易业务。

公司拥有国内同行业先进水平的生产、技术和监控设备，建立了新疆规模最大的微机制曲生产基地。企业内部建立了技术中心，1999年10月被确认为自治区级技术中心，并配备从国外进口的先进检验和试验设备。公司质量体系和产品通过ISO9002标准认证。在对白酒的感官指标检评上，有1名国家级评酒委员和3名区级评酒员，质检人员素质处于疆内同行业领先水平，综合检验能力处于国内同行业领先水平，确保了“伊力”牌系列产品质量的稳步提高。

主要产品：“伊力”牌金奖伊力特曲系列、伊力老窖系列、伊力特曲系列、伊力大曲系列、营养型伊力特系列、伊力酒系列、伊力景天特曲系列、伊力特干红葡萄酒和伊力特饮料等九个系列100余个品种、规格的系列产品。伊力牌系列白酒，被誉为“新疆第一酒”，连获国内外50多个奖项，产品销往全国26个省区。“伊力”牌金奖伊力特曲酒是“伊力”系列酒之极品。

公司充分利用新疆和伊犁特有的各种资源优势，合理配置人才、技术、资金、管理、品牌资源，稳定和提高酿酒主业。围绕食品及相关行业，大力开发科技含量高、附加值高、能够满足人们健康需求，具有市场前景的绿色保健食品、饮品，培育新的经济增长点。运用电子商务等先进科技手段，提高伊力特主要产品和各种新产品的市场占有率。不断投资有发展潜力的新项目、新领域，增强公司整体实力和综合竞争力。

地址：新疆新源县肖尔布拉克
邮编：835811
电话：0999-5266888
传真：0999-5266014

【新疆伊犁葡萄酒厂】

建于1982年，厂区占地面积4万平方米，生产用房建筑面积4 948平方米，现有固定资产950万元，流动资金75万元，员工98人，管理人员18人，技术人员6人，（其中工程师2人，助理工程师4人），为自治区葡萄酒行业国有中型企业。1983年，甜红葡萄酒被评为农牧渔业部优质产品。1987年由自治区科委立项投资，研制开发生产高档“伊珠”干红、半干红、干白、半干白、干桃红、半干桃红产品。通过自治区专家组评审鉴定并投放市场。1990年，“伊珠”干红、半干红、半甜、甜四个系列的葡萄酒达到20余个品种，年产量1 000多吨。1999年10月，“伊珠干红”葡萄酒在首届中国国际农业博览会，获得新疆葡萄酒类惟一名牌产品称号。2001年该厂又推出和美国加利福尼亚亚西饮料公司联合开发的高档新产品“伊珠干红葡萄酒”、“伊珠精品干红葡萄酒”、“伊珠干白葡萄酒”、“伊珠草莓酒”等系列“伊珠”产品，受消费者青睐。目前畅销天山南北并远销北京、上海、兰州、西安、湖南、四川、福建等10余个省、市。1995年以来，经国家葡萄酒质量监督检验测试中心来厂抽查检验，各项理化指标全部合格。2000年实现国内生产总值697万元，利润总额64万元。

目前，依据团场具有种植酿造葡萄得天独厚的自然条件，引进优质酿造葡萄苗木（现已种植0.133千公顷），借助“公司+基地+农户”的有效形式，加强葡萄基地建设，生产出附加值高、科技含量高、适应市场需要的产品，提高企业的经济效益和社会效益。

地址：新疆伊宁县70团
邮编：835116
电话：0999-4270031
传真：0999-4270031

【楼兰酒厂】

位于乌市头屯河区乌昌公路28千米处，东距乌市中心26千米，西距昌吉市9千米，南距乌伊公路1.5千米，占地13万平方米。于1989年建厂，1990年正式投产，为国有大二型白酒制造企业。年生产规模1万吨，产品命名为“古菀”，选用优质高粱、小麦、大米为原料，以甘冽纯净的矿泉水精工酿造，长期贮存，勾兑而成。已形成三大系列，12个种类，52个品种，高、中、低度酒齐全。1992年9月“古菀特曲”首次荣获建国43周年北京优质产品奖，1994年进入兵团10家赢利大户企业，并进入新疆工业100强企业，行业企业第3名，1995年被国务院六部委审批为“国家大型二档企业”，1996年8月被评定为“新疆人民会堂指定用酒”。

该厂现拥有固定资产7 619万元，流动资产87 850万元，现有职工389人，其中管理人员27人，技术人员15人。“十五”期间该厂将紧紧抓住西部大开发机遇，搞好结构调整，启动闲置资产，加强清理整顿，拓宽搞活市场，提高经济效益。

地址：乌鲁木齐市头屯河区楼兰酒厂
邮编：830088
电话：0991-3960103
传真：0991-3960224

【新疆方睿啤酒原料制品有限责任公司】

前身是颗粒啤酒花加工厂，成立于1982年，隶属原五家渠食品厂。2001年，以资金和产业为纽带，地跨兵团三个师的7家股东出资组建集啤酒原料的科研、种植、加工、销售于一体的有限责任公司，于2001年6月18日在五家渠工商局登记注册，7月26日正式挂牌。公司拥有固定资产200万元，流动资金246万元。员工130人，其中管理人员15人（包括销售人员），技工15人。具有各类专业技术职称的技术人员16人，其中高级1人，中级3人。公司以经营啤酒原料为主业，开展多种经营。2001年，经过半年的运作，实现总产值780万元，增加值195万元，利税114万元，利润86万元，百元资产利润23元，被银行评为A级信誉单位。

公司主要产品颗粒啤酒花，加工技术在国内同行业中处于上等水平，尤其是45型颗粒啤酒花的加工技术，处于国内先进水平。2001年经自治区质量技术监督局多次随机抽样检验，各项质量技术指标都优于国家规定标准。国家法定机构为公司颁发了产品质量合格证、卫生许可证等证件。

根据市场发展和需要，公司一方面进行较先进的技术改造和ISO9000质量保证体系的认证工作，另一方面向上级有关部门申请了进出口商品经营权。并积极开拓市场，与青岛啤酒集团、燕京啤酒集团、珠江啤酒集团等30多家客户和种植单位建立了业务联系，签订了2002年度的原料供应和产品销售合同，经营范围也由单一的颗粒啤酒花向多品种发展。

地址：五家渠市军垦北路
邮编：831300
电话：0994-5815104、5800420、5809215
传真：0994-5809444

【乌鲁木齐农垦乳业集团公司】

成立于1992年12月，以乌鲁木齐乳品厂为核心，由乌鲁木齐垦区的五一农场、三坪农场、头屯河农场、西山农场和市财政局共同出资1114万元组建的有限责任公司。是一个集奶牛饲养、乳品加工、市场销售、科研开发为一体的中型乳制品加工企业。现有总资产5 000万元，固定资产2 546万元，流动资产1 477万元，职工545人，管理人员27人，技术人员112人。饲养荷斯坦奶牛2 000余头，成年母牛年单产达7.5吨以上，每年向市民提供各类乳制品一万多吨，在乌鲁木齐市场占有率为35%，是乌鲁木齐市重要的牛奶和乳制品生产基地，也是乌鲁木齐市最大的乳制品加工企业和兵团乳制品发展的龙头企业。公司成立后不断投资扩大生产，更新设备，配套和完善了生产条件。在全疆率先引进软包装生产线，兴建了保久奶生产车间，提高了产品档次，延长了产品的保质期，为地产乳制品走出新疆，打入全国市场创造了条件。2000年完成国内生产总值1 078万元，产品销售收入1 956.3万元，公司目前主要产品有巴氏消毒奶、灭菌奶（UHT）、酸奶、乳酸饮料、学生饮用奶、牛初乳、奶粉等6大系列40个品种。1996年公司成立了以奶牛养殖和乳品开发为重点的乌鲁木齐奶业研究所，经过科研人员的努力，公司的产品形成了系列化，提高了产品的附加值和经济效益。公司研制开发了维生素AD奶、荷斯坦牛奶、100%纯牛奶、活力奶、铁+锌牛奶等产品成为企业的主导产品。保久奶、花色牛奶等产品荣获“中国国际农业博览会名牌乳制品”称号，在第十一届全国发明博览会上，公司参展的产品，有两个获银奖，一个获优秀新产品金杯奖。公司现拥有两条国内先进的牛奶加工灌装生产线和一条先进的标准屋顶型纸盒灌装生产线，使生产水平大幅度提高。

公司以主发起人的身份，联合几家公司成立了新疆天润乳业生物制品股份有限公司。现公司又将联合农十二师各农牧团场共同发起，设立农十二师农垦副食品基地股份有限公司。

“十五”期间，公司走奶业产业化建设发展之路，建立“公司+农户+基地”的产业化模式，带动周边地区养牛业的发展。力争在“十五”末，年国民生产总值达到9 440万元，年生产销售乳制品5万吨，利润上千万元，职工年均收入上万元的目标。并努力抓好奶源基地、第三期活性初乳素、UHT奶产业化、干酪素生产、学生奶、消毒奶及酸奶加工示范等项目的建设。

地址：乌鲁木齐百园路副七号
邮编：830011
电话：0991-3712473
传真：0991-3722854

【伊力特食品有限责任公司】

是伊力特集团公司控股的有限责任公司。由伊力特集团公司、61团、62团、63团、64团、65团、69团和自然人共同出资组建，于2001年9月在霍城县工商管理局注册登记，注册资金1 129.5万元。其中：国家资本904.1万元，自然人资本为225.4万元。公司目前拥有固定资产原值512.36万元，流动资产4 814.76万元。职工518人，其中管理人员70人，技术人员93人。公司根据本地区的团场具有几十年种植甜菜的经验，首先从制糖业的发展开始，走多种经营的发展之路。2001年度，公司所属糖厂日处理甜菜2 084.027吨，产白砂糖18 522.45吨，绵白糖3 433.2吨，颗粒粕4 790.05吨，酒精1 751.89吨，质量完全符合国家GB317—98标准。在市场糖价处于低谷期，公司出售白砂糖11 370.8吨，绵白糖3 398吨，创销售收入4 102万元，实现年度利润总额826万元。

公司刚刚组建，就面临着国家加入WTO的严峻考验，面对市场的挑战，公司将深化内部改革，加快技术更新，以国家西部大开发为契机，以制糖专业为主线，带动产业化的发展。2002年，公司从实际出发，发展养殖业、塑料大棚业，同时生产新产品——冰糖。力争把伊力特食品有限责任公司做强、做大。

地址：新疆霍城县可克达拉
邮编：835200
电话：0999-3242356
传真：0999-3242355

【石河子粮油加工厂】

建于1952年，现已发展成为集粮油仓储加工、饲料加工和部分粮油机械制造安装于一体，拥有先进生产工艺和现代化生产设备的国有综合生产企业。1993年被列为“中国500家最大食品制造业企业”之一，占地面积

41万平方米，职工1 063人，各类专业技术人员213人，其中高级职称6人，中级职称89人，总资产1.4亿元，固定资产1.2亿元。2000年加工各类小麦粉6.3万吨，各类食用油1.2万吨，产品销售收入13 470.4万元，利润总额421.5万元。

2000年10月新建成大豆综合加工项目一期工程——年产6万吨大豆一次性浸出制油子项，2001年，又实施了该项目的二期工程——年产6万吨精炼油和300吨粉末磷脂项目目。按照现代企业制度要求成立了新疆石河子汇昌油脂有限公司和石河子汇昌豆业有限责任公司，并在布尔津县新建了一个年加工黄豆3万吨的分厂。该厂拥有一个中心化验室，两个辅助生产车间，具有自营进出口经营权。2001年通过了ISO9002国际质量体系认证，列为“中华人民共和国进出境动植物及其产品生产、加工、存放定点单位”。2002年被评为“兵团经济建设先进单位”。

该厂主要产品有：“汇昌”牌各类色拉油、磷脂；“大力”牌系列小麦粉；“大力”牌系列食用植物油；“大力宝”牌、“天福”牌挂面；“普康”牌饲料。2001年，该厂生产的小麦特粉和精炼棉籽油被评为自治区首批“放心粮油”产品。

该厂从瑞士布勒公司引进生产及控制系统设备256台套，生产能力为日处理小麦250吨。经新疆粮油学会测定：该工艺属国内先进，主要设备选型合理，产量达到设计要求。可同时生产特一粉、特二粉、标准粉，还可随时根据市场需求调整产品结构；无论何种等级的小麦，只要进行合理搭配，均能生产出符合国标的小麦粉。该厂油脂主要生产设备——三台分离机是从德国韦斯特伐里亚公司购进，工艺先进，在国内处于领先水平，生产的“汇昌”牌色拉油品质优良，生产的粉末磷脂填补了新疆空白。

今后四年企业的发展目标是：做大一块，即做大大豆产业链，向高附加值、高科技型发展；开发一块，即进一步开发面粉市场，生产各种专用粉，满足不同层次消费人群需要；巩固一块，即老油脂生产线除保持现有规模外，向“专、精、特、新”产品并进，如生产西红柿籽油、葡萄籽油、胚芽油等专特油品；搞活一块，即将企业办社会的单位脱钩分离，向社区物业管理发展。

地址：石河子市西三路29号
邮编：832018
电话：0993-2865398
传真：0993-2868042

【西塔通心面有限责任公司】

建于1993年，是国内首家颗粒粉、等级粉与通心面生产一体化的粮食加工企业，也是新疆兵团重点外资项目之一。公司制粉设备由瑞士布勒公司引进，通心面设备由意大利引进。公司现有固定资产净值3 528万元，流动资产净值2 009万元；职工67人，其中大中专以上38人，高、中、初级技术人员25人。2000年产品销售收入994.9万元，利润总额10.2万元，是面粉加工行业的国有中型企业。

公司现有一条日处理70吨的颗粒粉及等级粉双性生产线和日产1.8吨的通心面生产线，年加工小麦20 000吨。主要产品有特一粉、特二粉、专用粉、通心面、挂面。等级粉是公司现在的主导产品，原料选用塔额盆地优质小麦，配一定比例的杜仑小麦，其产品质量好，面筋含量高，是生产挂面、方便面、拉面、蒸汽馍、馕等产品的优质原料。企业产品通过了ISO9002国际质量体系认证并取得“绿色食品”证书，2002年初又通过中国粮食行业协会授予“放心面”荣誉证书。

公司的发展思路是：发挥自身优势，依靠科技进步，走公司+农场+市场的农业产业化道路。发挥龙头企业作用，带动农场经济发展，取得企业最佳效益。

地址：新疆额敏农九师军垦路西
邮编：834600
电话：0901-3342778
传真：0901-3341673

【新疆北疆小麦淀粉厂】

建于1988年，由农十师和德国哈普勒、捷克林两家公司以补偿贸易的形式在新疆奎屯市合资兴建。现拥有一条年产3万吨瑞士布勒面粉生产线，一条德国淀粉/蛋白粉生产线。设备、工艺、技术先进。现有员工89人，其中专业技术人员35人，高级管理人员5人。管理人员本科学历达到100%，普通员工高中以上学历占95%。拥有固定资产3 590万元。2001年实现工业增加值427万元，生产面粉8 500吨，产销率95.3%。该厂主要生产“乔尔玛”牌小麦粉、小麦淀粉、蛋白粉以及新开发的蛋白粉丝、粉条、方便粉丝、麦香蛋白等产品。2001年，获得中国绿色发展中心许可使用绿色食品标志，同年8月24日又通过ISO9001国际质量认证。2002年1月，“乔尔玛”特一粉、特二粉被中国粮食行业协会评为全国“放心面”。

根据现代企业制度要求和市场发展，企业加大改革力度，建立“新疆北屯淀粉集团公司”，走股份制、集团化发展道路，增强市场竞争力和抵御市场风险的能力。同时立足农业，将企业发展和农业发展结合起来，在原183团、187团、188团面粉厂，建立加工马铃薯、大豆、小麦的生产线，以带动农十师小麦、马铃薯、大豆等产业的发展。

地址：新疆奎屯市南环西路40号
邮编：833214
电话：0992-3293826
传真：0992-3280545

【新疆赛里木油脂集团】

是大型食用油生产加工企业，1992年建成投产。1997年10月油脂与化工相分离。油脂总厂于2000年3月由国资局出资入股600万元，11个农牧团场出资入股1 500万元，职工出资入股160万元共计2 260万元，组建新疆赛里木油脂集团。总占地面积4.1万平方米，现有资产6 460万元，其中：固定资产2 573万元，流动资产3 887万元。员工367名，其中：管理人员19人，技术人员34人，工人314人。1999～2001年，集团锐意创新、强化主业、分流辅业，3 年分别实现利润 73 万元、465 万元、600 万元。

集团主要产品，可按市场需求生产红花籽、葵花籽、番茄籽、葡萄籽、菜籽、棉籽等高级烹调油；同时生产葵粕、棉粕、菜粕、红花籽粕、番茄籽粕、葡萄籽粕等副产品。产品规模已有 7 个品种、9 个系列、52 种规格，并拥有全国驰名商标“羚羊唛”品牌。

集团加工生产线——预榨、浸出、精炼均采用德国进口设备，电脑微机化管理操作，并采用国内一次性浸出、混合油碱炼先进技术，建成一条日处理 300 吨的生产线，集团年生产加工能力达到 5 万吨。

发展设想：发挥集团设备优势，在精、细、高质量的产品上下功夫，进一步巩固棉油、开发保健油品，向高附加值的特色油品要效益；在巩固现有产品的基础上，每年增加一个新品种，加大销售力度；2002 年拟开发红花籽油胶囊，提高设备利用率，发挥精炼设备的优势，增加产量、降低费用，在五年后达到 8 万吨目标。

地址：新疆博乐工业区

邮编：833400

电话：0909-2323011、2323340

传真：0909 - 2323223

网址：www. slmchina. com

www. slmchina. net

E - mail：yzzc - bl@ mail. xj. cninfo. net

【新疆北屯油脂化工有限责任公司】

是由农十师 8 个农牧团场共同出资入股组建的有限责任公司，总股本 2 214 万元，现有员工 158 人，其中：管理人员 15 人，技术人员 9 人，中专以上文化占 70%。2000 年实现产品销售收入 4 981. 3 万元。资产总额 5 351 万元，其中：固定资产 2 733 万元，流动资产 3 277 万元。

公司建于 1995 年 10 月，1999 年实施低酸、低色度、高亮度工业用油技术改造，2000 年通过了国家科技成果验收。几年来，公司累计加工油葵 11. 2 万吨，生产葵花精炼油 4. 5 万余吨，累计实现销售收入 2. 57 亿元。2000 年公司通过了 ISO9002 国际质量认证，同年还通过了中国绿色食品认证，获得了“绿色食品商标标志使用书”。2001 年，经全国粮食行业协会检验，获得全国 572 家放心粮油标志。公司生产的“金屯”牌国标一、二级葵花食用油、高级烹调油、色拉油和脱蜡工业用油以及优质高蛋白葵粕，都达到国际通用标准。

地址：新疆北屯阿福路 166 号

邮编：836000

传真：0906-3371134

电话：0906-3371134

【新疆伊犁建华皮革总厂】

建于 1956 年 2 月，厂房占地面积 7. 5 万平方米，建筑面积 3. 5 万平方米。下设 9 个分厂，一个科研中心。职工 500 余人，其中工程技术人员占 20%，高级科技人员 23 人，管理干部 20 人，拥有固定资产 3 400 万元，流动资金 2 800 万元。1992 年和 1995 年投入 3 000 万元进行技术改造，引进了国内外先进的制革、制裘、制鞋设备及新技术，提高了产品的档次和规模。目前是一个集制革、制裘、制鞋、制衣、箱包、皮件等上百种产品为一体的综合性加工生产企业。享有国家进出口贸易权，边境小额贸易权，是进出口皮张加工定点企业和全国民族用品定点生产企业，并推选为中国皮革工业协会理事单位和自治区工业协会的常务理事单位。2002年生产能力：制革投牛皮80万张，羊皮500万张，马皮20万张，制鞋80万双，革皮服装3万件，箱包15万只，革皮手套10万双。2000年，企业完成工业总产值6 997万元，实现国内生产总值1 522万元，制革投皮（标准张）16万张，轻革53万平方米，皮鞋9 000双。生产加工的羊剪绒系列产品荣获首届"中国皮革商品博览会金奖"和第十一届"全国科技发明展览会优秀产品金杯奖"。

"十五"期间，企业各项经济指标将翻一番，为实现这一目标，将加紧内地专业人才的引进，多方寻求合作伙伴，利用企业得天独厚的地理优势和优质丰富的皮源，通过兼并、联合、入股等多种形式，组建伊犁建华皮革集团公司。

地址：新疆伊宁市公园街4巷13号
邮编：835000
电话：0999-8129191
传真：0999-8122891

【新疆天业股份有限公司】

创立于1997年6月，是兵团国有资产控股的首家大型综合类上市公司。至2001年末，已拥有资产总额25.86亿元，净资产11.6亿元，总股本22 680万元，流通股本9 720万股，主营业务收入12.92亿元，利润总额6 702万元，每股净资产4.85元，每股收益0.21元。员工12 000余名，各类专业技术人员2 000余名，辖属9家分公司，9家控股公司和6家参股公司。拥有外贸自营进出口权和国家认定的企业技术中心。

公司主要从事农用塑料节水器材、塑料制品、化工产品、食品和农业种植，以及农副产品深加工的生产和经营。不断推进塑料、化工产品向上下游延伸，形成天业的产品链，从而整体带动天业的产业联动，初步形成具有天业特色的科、工、贸、农产业一体化的发展新格局。公司坚持走科技创新和产、学、研相结合之路，与西北农林科技大学、西安理工大学、石河子大学合作，建立"节水生态农业工程中心"，与四川大学合作建立"天业塑料研究所"，与水利部农科院农田灌溉研究所合作，建立"天业节水灌溉工程研究所"，进一步加快科研成果向现实生产力转化进程。

公司所属塑料制品生产企业，年生产塑料制品5万吨，不断引进、吸收国外节水灌溉技术和先进设备，自主开发符合国情的、农户用得起的"一次性可回收滴灌带"及其配套的"天业滴灌系统"。2000年推广滴灌面积10千公顷，2001年33.33千公顷，并形成133.33千公顷节水器具生产能力，"十五"期间可形成400千公顷节水器具的生产能力。其产品被评为"新疆名牌"。其中"天业"牌农用地膜被农业部评为优质产品，被

1999年中国国际农业博览会认定为名牌产品。

公司所属的氯碱化工企业，拥有10万吨化工产品生产能力，其中年产烧碱3.5万吨，盐酸2.5万吨，硫酸3万吨，聚氯乙烯树脂2.5万吨，液氯3 000吨。

公司所属的食品生产企业，拥有6万吨食品加工能力，其中番茄酱4.5万吨，柠檬酸1.2万吨，胡萝卜汁6 000吨。

公司所属天业北泉农场和天业东阜城农场，拥有耕地29.33千公顷，是天业在石河子垦区建立的农产品深加工、贸、工、农一体化示范基地。

新疆天业不断开拓外贸市场，实施规模化经营战略，已形成较完整的商贸流通体系。在运行机制上注重与国际惯例接轨，应用电子商务，实行营销网络化。进一步扩大独联体市场，积极开展欧美贸易，促进产品出口，已成为新疆规模化的外贸经营公司。

发展目标：抓住兵团实施“26.66千公顷高效节水农业示范工程”的机遇，开拓进取，按照把企业“做大、做强、做精、做优”的发展思路，走高起点，规模化经营之路。预计到2005年企业总资产可达60亿元，力争65亿元，净资产29亿元，职工年均收入2万元。

地址：新疆石河子北一路94号
邮编：832000
电话：0993-2865242
传真：0993-2865574

【红星钙塑厂】

建于1985年，占地面积18.4公顷，现有总资产5 307万元，其中固定资产净值3 671万元，流动资产1 636万元。在职人员130人，其中：管理人员14人，技术人员22人，大中专毕业生29人。现已形成年产4 700吨塑料制品的生产能力。2000年产品销售收入683万元。主要产品有地膜、PVC管材、PE管材、葡萄周转箱、塑料编织袋等，其中：地膜年生产能力1 000吨（宽度2 320毫米，厚度0.07毫米）；PVC硬管生产能力2 400吨，37种规格；PE管0.25～0.4兆帕压力等级16种规格。2000年以来，该厂开发了光、生物降解地膜，取得了企业标准，经哈密本地试用效果很好，具有可控降解性，解决了普通地膜对土地造成“白色污染”的难题，该产品目前已大面积推广。2001年开发出新型建材管材——无规共聚聚丙烯PP—R管材，具有无毒、卫生、保温性好、轻质高强、耐温耐压、连接方式简单可靠的特点，在建材领域发展潜力巨大。该厂已形成*DN*20～*DN*63，1.25～2.0兆帕压力等级，冷、热水管12种规格系列，生产能力300吨。

今后该厂将积极利用资源优势、地缘优势，采取合资、股份制等多种形式招商引资，寻求发展。以厂房及附属设施入股形式发展农田滴灌和园林节水灌溉器材及塑料包装产品。

地址：新疆哈密市红光路1号
邮编：839000
电话：0902-8216597、8216748
传真：0902-8216852

【乌鲁木齐正大畜牧有限公司】

是泰国正大集团与兵团于1992年

7月合作兴办的大型现代化高科技农牧企业。现有员工157人，管理人员9人，技术人员81人。首期工程总投资5 000余万元，建成年生产饲料能力为18万吨。现公司投资规模已达7 000万元，固定资产6 033.6万元，流动资金316.2万元，流动资产1 798.3万元。自1994年8月29日正式投产以来，已生产出各种优质畜、禽、鱼饲料60余万吨。1998年公司在阿克苏建立分公司，投资1 000余万元建成年产9万吨的饲料厂，同年公司又投资300万元建成产年300万羽孵化场。

公司全套引进20世纪90年代欧美发达国家的先进生产设备，采用泰国正大集团提供的优秀配方，电脑控制生产工艺流程，严格质量管理，全程品质检测。

公司被自治区科委审批认定为高新技术企业；被中国建设银行新疆分行评定为企业信用等级“AAA”级；公司生产的“金驼牌”饲料通过“中国兽药市场发展战略调查”被确认为名优产品；551仔猪配合饲料（551乳猪料）被评为中国饲料工业协会推荐产品；公司被中国质量无投诉活动委员会评为质量无投诉企业，并颁发荣誉证书。1999年10月11日公司及其阿克苏分公司同时获得了英国国家认证机构（UKAS）颁发的ISO9002质量体系认证证书，2000年6月公司生产的“金驼”牌饲料产品被自治区人民政府授予1999年度新疆名牌产品荣誉称号。

地址：新疆乌鲁木齐西郊乌昌一级公路28千米处

邮编：830088

电话：0991-3960117、3960119

传真：0991-3960116

网址：uctnet. yeah. net

E－mail：uctdep@ xj. cninfo. net

分公司地址：新疆阿克苏市迎宾路35-2号

邮编：843000

传真：0997-2517571

六、建材企业

【农一师青松建材化工股份有限公司】

前身为青松建化总厂，建于1956年。1965年与巴依里煤矿、胜利渠电站和师水泥厂合并成立胜利建筑化工厂。2000年经自治区批准改为青松建材化工股份有限公司。下辖水泥、磷肥、塑料化工、煤矿、烧碱、硫酸等9个生产单位。年产水泥70万吨，拥有装机容量6 000千瓦时的水泥旋窑余热发电，年产磷肥5万吨、硫酸1.8万吨、烧碱1 000吨、盐酸3 000吨，编织袋1 100万条。2000年销售收入18 761.5万元，利润总额2 414.5万元，固定资产21 144万元，流动资产1 827万元。公司在岗职工2 697人，管理人员180人，技术人员490人。规模为国有大二型企业，列入国家百家最大建材企业行列。公司产品于2000年3月获ISO9002国际标准质量认证体系认证书，先后获得国家级多项荣誉。目前拟向社会募集资金扩建喀什、拜城、库车三条水泥干法生产线，拟组建水泥集团整合南疆水泥市场。

地址：阿克苏市
邮编：843000
电话：0997-2811282
传真：0997-2811675

【伊犁南岗建材有限责任公司】

以水泥生产为主，集发电、运输、塑料制品、预制电杆、矿业开发、煤炭生产等多种产业为一体的综合性企业。公司前身是伊犁南岗水泥厂，建成投产于1986年7月，2000年7月1日与伊力特实业股份有限公司等10家企业联合组建伊犁南岗建材有限责任公司，注册资本11 884.03万元。同年又与屯河水泥有限责任公司两家名优企业跨地区强强联手，由伊力特实业股份公司控股，屯河参股5 500万元，组建了伊犁地区规模最大、实力最强、品种最多、产品最优的水泥生产企业。总资产4亿余元，年水泥生产能力70万吨。产品通过ISO9002国际标准质量认证。公司下辖4个水泥厂和5个独立核算公司，现有员工1 800余人，职工中有大专以上学历151人，本科学历12名，有各类专业技术人员632名。公司1996年被国家农业部评为“全国农垦工业利税百强企业”，多次被兵团授予“兵团先进集体”、“兵团先进企业”的光荣称号。

2000年产品销售收入8 898万元，比上年增长（下同）73.7%，工业增加值6 232万元，增长67.5%，利润总额2 135万元，增长94.1%，职工年均收入11 461元，增长9.3%。自2000年至今，公司已研制生产出了高抗硫酸盐水泥、大坝水泥、低碱、缓凝四种特性水泥，并通过了自治区建材质量监督检验站检验，各项指标均已超过国家标准。

公司今后以西部大开发和中国加入WTO为契机，以企业增效、职工增收、资产增值、实力增大为目标，并购与建材配套生产的小型企业，使企业有形资产和无形资产快速增长，全方位实现低成本扩能，在巩固伊犁地区市场的基础上，由南岗牵头，组建兵团水泥（集团）公司。

地址：新疆巩留县
邮编：835407
电话：0999-4051168
传真：0999-4051169

【石河子南山水泥厂】

建于1962年，目前已形成年产水泥20万吨的能力，拥有一座9 100千瓦的自备火力发电厂，是集水泥、热电为一体的国有中二型企业。2000年有职工1 239人，各类管理专业技术人员218人；总资产11 255万元，其中固定资产4 066万元，流动资产7 184万元。完成国内生产总值3 064万元，产品销售收入5 185.7万元，利润总额301.8万元。

该厂投产40年来，共生产水泥400万吨。普通硅酸盐425号、235号、火山灰硅酸盐325号，1988年曾被评为部优、区优产品。现已具备生产42.5级和特种水泥的能力。自1982年以来，企业先后被列入全国建材500家、全国农垦企业220家、新疆百强、行业10强行列。2000年企业又通过了国家建材ISO9002质量体系认证。企业经济效益稳步增长，数十年保持赢利，产品出厂合格率连续几十年保持100%，在用户和银行中享有很好的信誉，被兵团农行石河子支行评为AA信用企业。

“十五”期间，根据兵团“拓建材”的总体思路和石河子垦区水泥市场需求调查，到2005年，水泥需求量将突破60万吨，该厂将其生产能力调整为水泥粉磨60万吨，熟料生产能力35~40万吨，在上项目的同时，按照国家产业结构调整的政策，淘汰现有的10万吨立窑落后生产工艺，使企业从工艺能力到规模效益都能适宜垦区建设的基本要求。

地址：新疆石河子市
邮编：832026
电话：0993-5290117
传真：0993-5290100

【新疆卡子湾水泥厂】

建于1951年3月，面积120万平方米，经过50多年发展，企业集水泥、制砖、保温材料、矿山开采、汽车运输、机械修造、建筑施工等为一体，总资产3.42亿元。现有在岗职工1605人，其中管理人员及专业技术人员393人。经营主业为水泥，有3台机立窑和2台旋窑水泥生产线，年产“新工”牌各种水泥50万吨。为国有中一型企业。2000年产品销售收入8 687万元，利润总额207万元。

该厂重视科技进步，认真实施名

牌战略。1991 年研制生产道路硅酸盐 425 号、525 号水泥，填补了自治区道路水泥的空白。1998 年研制出中热 525 号 R 硅酸盐水泥。同年“新工”牌系列水泥被自治区人民政府评为“新疆名牌”。1999 年通过中国建材质量体系认证中心的 ISO9002 认证，获得《质量体系认证证书》。2001 年企业严格执行国家下达的水泥产品新标准，所生产的普通 32.5R、42.5R 硅酸盐水泥获得国家及自治区技术监督部门颁发的《采用国际标准标志证书》。2000 年、2001 年均被自治区技术监督部门评为“优秀企业”。2002 年，“新工”牌水泥顺利通过产品认证并获得“产品认证证书”。企业先后被新疆生产建设兵团及自治区总工会评为兵团先进企业和开发建设新疆先进企业。

“十五”期间，加快技术改造步伐，进一步提高现有水泥生产能力。联合优势水泥企业，实施日产 2 000 吨熟料生产线工程，提高市场竞争力和抗风险能力。

地址：新疆乌鲁木齐市乌奇公路 2 号
邮编：830021
电话：0991-6652096
传真：0991-6655927

【农二师 36 团石棉矿】

又称巴音郭楞蒙古自治州石棉矿，建于 1966 年，矿区位于巴音郭楞蒙古自治州若羌县依吞布拉克境内，平均海拔 3 200 米，国道 315 线（青新公路）横穿矿区，矿区距兰新铁路敦煌（柳园）站 721 千米，玉门站 853 千米。该矿探明石棉 C、D 级储量 500 万吨以上，可利用储量 300 万吨。为超基型蛇纹石温石棉，物化性能稳定，耐酸、耐碱，抗拉强度大，阻燃耐高温，是国内外石棉水泥制品、石棉橡胶制品、石棉制动制品和石棉保温制品最理想的原材料。从 1996 年起该矿年产量突破 4 万吨。35 年累计生产石棉 49 万吨，创工业增加值 6.1 亿元，上缴利税 1.83 亿元，为国家大二型企业。1995 年 8 月被中国明星企业开发管委会评为“中国明星企业”、并荣获“中国明星企业杯”奖，1999 年被中国非金属矿工业协会评为“第三届中国非金属矿工业协会”先进单位，2000 年 9 月被评为国家建材系统“先进集体”。

“九五”以来，先后投资 2 000 多万元，更新设备进行技术改造，新建 18 座年产 4 000 吨优质石棉选矿厂，现已具备年产 5 万吨以上的生产能力，生产石棉 40 多个品种。产品质量层层把关，建立了产前、产中、产后及柳园、玉门“三级两地”检验制度。在柳园、玉门设立了石棉转运办事处，在北京等十大城市设有石棉常年经销处，产品遍及国内 26 个省、市、区，用户 160 多家。2000 年产品销售收入 5 913.3 万元，利润总额 989.3 万元，年末拥有固定资产 6 630 万元，流动资产 8 439 万元。在岗职工 950 人，管理人员 158 人，技术人员 283 人。

我国加入 WTO 后，国内石棉市场为了不受到俄罗斯、加拿大等国进口石棉的严重冲击，该矿正与青海茫崖石棉矿、新疆若羌石棉矿，商讨走

"强强联合、做大做强"之路，组建西北石棉股份（集团）公司。

地址：新疆若羌巴音郭楞蒙古自治州石棉矿
邮编：841804
电话：0996-7520009
传真：0996-7520011

【新疆膨润土有限责任公司】

前身是农十师184团膨润土厂，1986年建厂，1988年投产。现改制成为"新疆膨润土有限责任公司"。年采矿能力10万吨，形成了年产钻井泥浆土3万吨，活性白土2万吨，铸造土、添加剂、降阻剂2 000吨的生产能力。该公司拥有世界上最大的膨润土矿，目前已经探明的C+D级储量达到4亿吨，公司依托资源优势进行膨润土系列产品的开发、加工、检测、销售。2000年实现产值1998.6万元，利税397.3万元。2001年公司总资产3 118.68万元，固定资产1 041.89万元，流动资金2 062.96万元，年产值1 072.12万元，实现利税237.59万元。现有员工206人，管理人员6人，技术开发人员12名，高级工程师1人，工程师2人，该公司为中国膨润土行业协会理事长单位。

主要产品：①钻井泥浆土：主要用于油井钻探，生产能力属全国首位，质量达到欧洲OCMA标准。已占领新疆市场90%以上，并出口中亚、西亚等国。②活性白土：用于动植物油的吸附、脱色，产品达到国家HG/T2569—94。③饲料添加剂、铸造土、降阻剂产品均达到国家标准。

公司将立足于资源优势，面向市场，加大科研开发力度，重点开发有机土、矿物凝胶、医用膨润土、防水材料、净水剂等产品。同时完善公司内部管理，实施品牌战略。进一步改制成股份公司，拓宽融资渠道，向资本市场进军，成为在亚洲具有一定知名度的公司。

地址：新疆塔城地区和丰县184团
邮编：834409
电话：0990-6733098
传真：0990-6730098
网址：http//www.china-bentonite.com
E-mail：xjrjm@sina.com

七、医药企业

【华世丹药业有限公司】

于1996年4月由华世丹制药厂与原优德制药有限公司合并重组而成，资产总额为9 400万元。2000年公司实现产品销售收入4 939万元，一举扭亏增盈626.9万元，当年赢利156.9万元。公司现有员工363人，专业技术人员77人，其中药学专业技术人员38人，管理人员22人，员工平均年龄31岁。

公司设计年生产能力：片剂3亿片、硬胶囊2亿粒、软胶囊6 000万粒、冲剂4 000万包、口服液6 000万支、针剂2 000万支，提取加工原生药材1 000吨。现有口服液、片剂、针剂、软胶囊和提取5条工艺生产线。当前设备利用率达20%，产销率达95%。为国有中一型企业。

主要产品有：阿胶钙口服液、阿胶强骨口服液、大蒜素软胶囊、红景天口服液等30个品种。阿胶钙口服液于1995年荣获第四次世界妇女大会医药保健品博览会金奖，并获中华预防医学会推荐产品，并获“参展优秀奖”；1998年在第十一届全国发明展览会上获金奖；在2000年香港国际发明展览会上获银奖。阿胶强骨口服液荣获2001年度国家重点新产品证书。红景天口服液和大蒜素软胶囊1995年在第一届中国国际医药保健精品博览会上荣获金奖。该公司被自治区科技厅认定为高新技术企业，被乌鲁木齐市消费者协会评为“消费者信得过企业”。

该公司重视新产品的开发，1995年成立了科研开发部，1997年成立了“华世丹专家顾问委员会”，聘请了66位长期在医药战线工作的专家，组成了产、学、研相结合的新产品开发体制，已研究成功国家三类新药——阿胶钙口服液，占公司年总销售收入的60%。现正研制的新药有：抗癌一类新药1个、抗感冒三类新药1个，抗包虫、抗菌四类新药各1个。

地址：乌鲁木齐市新市区
邮编：830011
电话：0991-6642103
传真：0991-6620876

【新疆天康畜牧生物技术股份有限公司】

是以新疆兵团草业开发技术服务中心为主发起人，在对其下属的新疆天康技术发展公司整体改制的基础上，联合新疆畜牧科学院、新疆生物药品厂、新疆农垦科学院、乌鲁木齐中实智帮企业顾问有限公司5位法人和朱文涛、钟诚、陈静波3位自然人共同发起设立，于2000年12月28日在新疆维吾尔自治区工商局注册成立，注册资金为人民币4 000万元，公司主要经营范围包括：种畜胚胎移殖、种畜种禽繁育、饲料、兽药、动物保健品、畜禽用生物制剂的生产及销售。

公司下设三个研究中心（动物营养研究中心、生物制药研究中心、胚胎生物工程研究中心），现有研究生学历以上的科技和管理人员20人（其中博士3人），副研究员以上职称20人（其中研究员3人）。中国工程院院士刘守仁担任公司首席科学家。公司还拥有完整的信息网络，快捷准确地了解、吸纳、处理来自世界各地最先进的相关技术成果。

公司以振兴新疆畜牧业，带动农牧民脱贫致富为已任，以现代先进的管理理念打造企业。2000年10月，公司被国家农业部、国家发展计划委员会、国家经济贸易委员会、财政部等八部委联合确定为“国家农业产业化龙头企业”。被自治区科技厅授予“新疆高新技术企业”，并且率先通过ISO9002国际质量体系认证，其下属企业天康技术发展公司，2000年从业人员303人，产品销售收入9 493.2万元，利润总额736.9万元。主导产品“天康”牌饲料被自治区质量技术监督局确认为“全疆饲料行业首批惟一免检产品”。“天康”牌商标被评为“新疆首届著名商标”。企业已连续多年被银行授予“AAA”级信用企业。

地址：新疆乌鲁木齐市新市区北京南路钻石城11号银通大厦15层
邮编：830011
电话：0991-3852037、3851970
传真：0991-3851351
E-mail：tesw@ xj. cninfo. net
Zgxjtcsl@ xj. cninfo. net

【新疆生产建设兵团医药有限责任公司】

于1993年6月由原兵团医药公司改制组建而成。年销售额平均以30%的速度递增，从1993年自有资金20万元，发展到现拥有总资产达111 276.03万元，流动资产8 591.23万元，年销售额超亿元，经营范围包括化学制剂、抗生素、生化药品、生物制剂、血液制品、中成药、中药材及中药饮片等近4 000余品种规格的中型国有医药商业企业。

公司从业人员138人，药学及相关专业技术人员占83%，其中执业药师8人，高中级专业技术人员32人。下设药品批发公司、中药材发展有限责任公司、药品零售连锁经营公司，并在全疆设有五个药品配送中心。已与国内900多个厂、商家建立了良好协作关系，与新疆170余家医疗机构和网点建立了稳定的供药关系。

2001年6月，公司通过了国家GSP（药品经营质量管理规范）认证验收，成为全国首批、兵团首家获得国家GSP认证的药品经营企业。公司2001年7月完成了股份制改造，全面建立了现代企业制度。所属零售连锁公司在新疆境内开设了89家零售连锁大药房；所属中药材发展有限公司，在疆内销售中药材1 000万元，年生产加工甘草饮片近1 000吨。2001年除扩大甘草饮片的加工外，建立了0.333千公顷甘草规范化种植基地，促进公司甘草产业化发展。

为了应对入世的挑战，掌握市场竞争主动权，公司将从原来的药品批发一元化经营方式向以药品批发业为主，积极发展医药零售连锁业和以甘草为主的药材种植加工产业等多元化经营格局过渡。

地址：乌鲁木齐市前进街21号
邮编：830002
电话：0991-2625895
传真：0991-2625895

八、建筑安装企业

【新疆石河子天筑建设（集团）有限责任公司】

是由原石河子一建、二建改制重组设立的国家建筑工程施工总承包一级企业。资产总额 31 791 万元，企业注册资本金（净资产）7 699 万元。率先在农八师、石河子市建筑行业通过 ISO9002 国际质量体系认证，先后被授予自治区“重合同、守信用”企业、自治区优秀施工企业、自治区级精神文明单位、自治区科技应用先进单位、兵团先进施工企业、兵团工程质量优胜企业、兵团“屯垦戍边”先进单位、兵团建设科技先进单位、兵团职工职业道德建设先进单位、全国建筑安全生产先进集体等多项荣誉称号。

公司下设分公司 9 个；全资及控股子公司 10 个；参股公司 7 个。主要经营工业与民用建筑、装饰装潢、水利、道路、桥梁、市政、钢结构制作安装、机械化施工、建材生产、电气生产、混凝土预拌、建材试验、房地产开发、物资设备租赁、融资租赁担保等产业。公司现有各类专业技术管理人员 1 125 人，其中：高级工程师 15 人，工程师 118 人。具有三级以上资质等级项目经理 125 人，其中：一级资质项目经理 18 人。公司拥有机械设备 2 569 台（件），技术装备率 0.3 万元/人，动力装备率 2.1 千瓦/人，其中：HBT60E 型混凝土拖泵，SCD2000 型施工电梯及 SSB－1 型高速施工井架等先进设备配套齐全。在建设部推广“十项”新技术应用开发方面居自治区同行业先进水平。

2001 年度，公司完成施工产值 5.89 亿元，增加值 17 830 万元，房屋建筑施工面积 110 万平方米，实现利税 2 538 万元。“十五”期间，公司将抓住企业改制，中国加入 WTO 和西部大开发等有利时机，树立大市场大经营理念开发拓宽市场，调整产业结构，形成一个以建筑施工为主，房地产开发、市政、路桥、水利、装潢、建材、经销为辅的多元化经营格局。

地址：新疆石河子市北子午路 94 号
邮编：832000
电话：0993-2032160
传真：0993-2020008

【农七师第二建筑安装工程公司】

于1981 年 2 月成立，并从农七师所属的 10 个团场抽调 4 000 多人与二建联营，1998 年全面推行了股份合作制。属房屋建筑施工二级，水利、水电工程施工三级，公路工程施工、设备安装、房地产开发三级的国有企业。经营范围：房屋建筑工程施工、设备安装、水利水电工程施工、公路工程施工、房地产开发、电路架设。兼营：建材生产及销售、土石方机械施工。

公司注册资金1 000万元，资产净值2 000万元。现有职工240人，在职干部152人，各类专业技术人员133人，其中：工程技术人员77人（高级职务2人，中级职务33人），经济、财务专业人员40人（中级职务8人），政工人员14人（高级政工2人，中级职务6人）。公司施工设备不断完善，目前公司已实现了办公微机化，施工机械化，现有大型机械装备295台（套），总功率5 159.5千瓦。2000年完成国内生产总值3 596万元，利润总额666万元。2001年完成国内生产总值4 282万元，利润总额1 156万元。

公司于2000年顺利通过ISO9002国际质量标准体系认证。工程质量优良率逐年提高。1998年优良率58%，1999年62.5%，2000年90%，2001年88.9%，承建的工程先后荣获自治区的“天山杯”、兵团的“昆仑杯”、奎屯市的“玫瑰杯”及优质工程银、铜奖。在全兵团工交建企业中，连续两年被评为经济发展争先创优先进单位，即2000年排名第二、2001年排名第一。

地址：新疆奎屯市
邮编：833200
电话：0992-3222358
传真：0992-3242265

【兵团第一建筑安装工程有限责任公司】

为国家建设部核准的国家一级施工企业，年施工生产能力达6亿元。已通过ISO9002质量体系和英国UKAS质量体系认证。2000年12月获得对外经济贸易资格。企业固定资产8 505万元，流动资产3.26亿元，现有职工895人，管理人员794人，各类专业技术人员792人（其中高级17人，中级148人）。公司施工设备总台数400余台（套），总功率5 000千瓦，可以同时满足80万平方米工程的施工需求。

该公司原为兵团一建，组建于1981年，2001年7月改制为“兵团一建有限责任公司”。具有各类工业与民用建设项目、装饰装修、市政管道、桥梁、机场跑道、公路、铁路、水利、大型土石方、锅炉安装、钻井钻孔、灌注打桩、水文勘探、软地基处理、混凝土搅拌、红砖钢模板、汽车运输、塑钢生产、中低压配电设备制作等综合性生产能力。可以承包境外工业与民用建筑及境内国际招标工程，可以进行上述工程所需的设备、材料出口及派遣实施上述工程所需的劳务人员，是集土建施工、设备安装、建材生产与贸易、机械设备租赁与维修为一体的国有大型施工企业。2000年实现国内生产总值14 679万元，工程结算收入41 600万元，利润总额1 106万元。2001年完成社会总产值5.3亿元，实现利润1 411万元，职均收入10 550元。工程合格率100%，工程优良率80%，获得全国用户满意工程一项，自治区优质工程一项，兵团优质工程“昆仑杯”两项，乌鲁木齐市优质工程“红山杯”三项，建工师优质工程“建工杯”四项。企业将继续探索建立健全规范的法人治理结构，努力实现“发展壮大企业，致富职工群众”的目标。

地址：乌鲁木齐市新民路61号

邮编：830002

电话：0991-2628606

传真：0991-2628872

【兵团第四建筑安装工程公司】

是集工业与民用建筑、设备安装、汽车运输、建材生产以及铁路、桥梁、水利、市政工程、高级装饰为一体的综合国有一级建筑安装施工企业。其前身为1963年组建的新疆8 531工程指挥部，1979年进驻乌鲁木齐市，后改称新疆兵团第四建筑安装工程公司。现有员工3 996人，各类工程技术人员582人，其中：高级职称人员25人，工程师148人；各工种专业技师122人，各类技工1 600余人。公司下设10个建安分公司、8个工交单位。

公司拥有各类起吊高度45～120米的塔式起重机、施工电梯及30吨日产吊车等大中型垂直运输机械，拥有330型至120型推土机、平地机、压路机、挖掘机等大功率土石方施工机械，建筑施工机械和道路施工机械及水利、市政施工机械合计设备858台（套）。机械总功率为12 106千瓦，人均动力装备率5 300元，年施工能力35万平方米，产值4亿元。公司资产总值26 048.6万元，流动资产19 597.2万元，资本金5 424.2万元，资信等级为AA级。公司成立30多年来，承建了一大批国家、自治区、兵团及乌鲁木齐市的重点工程项目，在加快新疆建设、完成国家和自治区重大工程建设中起着骨干作用受到业主的好评和上级部门的嘉奖。2000年完成国内生产总值6 850万元，工程结算收入20 169万元。

公司具有较高的技术管理水平和完整的质量保证体系，连续多年荣获“乌鲁木齐市工程质量综合排序前十名”，1998年被建设部授予“八五”期间全国工程建设管理先进单位称号。1999年9月顺利通过ISO9002质量认证，获国内和国际双认证。被列入国家建筑业500强企业。

地址：新疆乌鲁木齐市七道湾路31号

邮编：830063

电话：0991-4641711

传真：0991-4630134

【兵团第六建筑安装工程公司】

组建于1951年，前身为中国人民解放军22兵团工兵团。现以工业及民用建筑施工和工业设备安装为主业，下属18个建安分公司和1个木工厂，2个农场，耕地面积6.67公顷，是一个集建筑、工业、农业生产为一体的国有综合大型建安企业。技术资质为一级建筑施工、二级工业设备安装，同时具有国外承包工程资质。

公司注册资金5 631万元，流动资金20 480万元。在册职工3 995人。工程技术人员565人，其中高级11人，中级221人；经济专业人员565人，其中高级6人，中级189人。年生产规模5亿元。公司已通过ISO9002质量体系认证，计量及标准化管理均取得合格证。试验室取得自治区标准局核发的CM资格证。公司全员技术装备率 4 004.73 元/人，全员动力装备率 4.7 千瓦/人。公司主要机械设备有：塔式起重机、挖掘机、推土机 R16 吨、12 吨、8 吨，轮式起重机 R50 吨、20 吨、8 吨及混凝土输送泵、汽车式起重机等大型机械设备。各种焊接设备 223 台，各种加工设备 82 台，拥有气体保护焊、埋弧自动焊等先进焊接工艺及设备和理化试验、无损检测等各种质量保证手段。公司有钢模板上万平方米，钢管、脚手架千余吨，能够满足各种结构类型与企业资质相符的施工需要。

公司在施工中严格按照 ISO9002 质量体系运行。工程优良品率达到 70.5% 以上，在自治区、兵团等地建筑工程质量检查中均受到好评，并被石河子市人民政府授予“重合同、守信用”企业。获自治区优质工程项目银质奖 3 个、铜质奖 2 个。2000 年完成国内生产总值9 597 万元，工程结算收入 21 062 万元，利润总额 845 万元。

“十五”期间公司将按《公司法》进行改制和资产重组，逐步形成一批由企业控股的子公司，把公司建成智力、技术密集型的集团公司，使之成为国内同行业一流水平的大型综合性现代化企业。

地址：新疆石河子市天山路（34 小区）

邮编：832007

电话：0993-2859195

E-mail：JGSLJ@ 163. com

【新疆生产建设兵团建设工程（集团）有限责任公司】

公司第二法人名称为新疆北新建设工程集团有限责任公司（主要用于国际业务），国家建设部和交通部核准营业范围和资质等级为：可承担各类工业、能源、交通、民用等工程建设项目的施工总承包一级企业，公路施工一级资信企业，水利工程一级资质和铁路工程综合施工一级资质。1998 年经外经贸部批准取得对外经营权，1999 年底通过 ISO9002 质量体系认证。企业注册资金 33 978 万元人民币，拥有总资产 202 526 万元，其中固定资产 43 226 万元，流动资产 141 663 万元。企业 1999～2001 年连续三年实现净利润 2 516 万元、11 741 万元和 2 011 万元。企业银行资信为 AAA（一级）。

集团公司辖管市政分公司、建筑分公司、水利水电分公司、铁路工程分公司、南疆分公司、西源分公司、上海公司、物资经销公司、大地建设公司，并拥有 10 家全资法人子公司。2001 年集团公司作为主要发起出资单位，组建了公路工程施工公司——新疆北新路桥建设股份有限公司。集团公司及其子公司在册职工 21 830 人，各类管理人员 4 889 人，企业具有专业技术职称的人员 3 758 人，一、二级各专业项目经理 315 人。企业能够根据不同的项目选派项目管理班子，对施工项目的工程质量、建设进度、工程造价进行直接管理及有效控制。

集团公司现拥有各类大中型、特型施工机械 4 526 台（套），机械总功率 496 513 千瓦，年最大施工能力可达 17.96 亿元。50 年来，集团公司主持完成了多项国家、自治区重点建设工程项目。获得多项优良工程的殊荣，享有很好的社会信誉，是新疆及西北地区工业、民用建设工程项目、铁路、道路、桥梁施工的主要力量。集团公司参与了北疆铁路、南疆铁路、陕西西安绕城高速公路、河南洛阳高速公路、新疆“北水南调”等一批国家和自治区的重点建设工程项目。累计完成铁路铺轨里程 1 604 千米，铁路线下工程 1 500 千米，公路通车里程 1 554 千米，桥梁 2. 5 万延米。隧洞 8 200 米。工民建工程 200 余万平方米，工程合格率 100%。工民建工程优良品率 35%，铁路、公路优良品率 75%。2001 年集团公司在参与国家重点工程青藏铁路工程投标的激烈竞争中一举中标，为集团公司开拓疆外铁路工程投标奠定了良好的基础。集团公司现已发展成为以水利、铁路工程为主，集建筑、科研、设计、工程施工、设备安装、建材生产、房地产开发、物资供应及轻工、农业、商贸等多元经济的企业集团。

今后 10 年，集团公司凭借国家一级总承包资质的优势，进行强强联合和重组，迅速建立专业的施工企业，积极开拓和占领区外市场，将集团公司建设成一个高新技术装备、能打硬仗、能参与国际市场竞争、具备综合施工能力的大型建筑施工企业集团。

地址：新疆乌鲁木齐市河滩北路 57 号
邮编：830054
电话：0991-2625222、2611914
传真：0991-2633964

九、商贸流通企业

【新疆百花村股份有限公司】

由兵贸发展中心下属全资子公司——百花村饭店整体改组并与兵团石油公司、新疆芳草湖糖厂、新疆通久经济发展（集团）公司商业旅游服务总公司、兵团商业贸易总公司、华夏证券有限公司等共同发起，以募集方式设立的股份公司。于 1996 年 6 月 3 日发行社会公众股 3 000 万股，在上海证券交易所挂牌交易。至 2001 年末，已拥有资产总额 3.13 亿元，净资产 1.22 亿元，公司总股本 9 480 万股，流通股本 4 650 万股，主营业务收入 0.39 亿元，利润总额 386 万元，每股净资产 1.26 元，每股收益 0.05 元。现有员工 188 人。

2000 年公司第一大股东新疆兵团商业贸易发展中心，将其持有的公司 4 142.375 万股中的 1 422.0113 万股转让给北京北亚工业科技开发集团；948.0075 万股转让给陕西大合实业集团公司；259.754 万股转让给西安市秦兴房地产开发有限公司。转让后，2001 年公司进行了大规模的产业结构和经营结构调整。经过努力，公司经营初见成效，2001 年 2 月，约 7.2 万平方米的新疆百花村软件园建设项目正式得到自治区和乌鲁木齐市政府的批准立项，并纳入到国家级高新技术产业开发区——乌鲁木齐高新技术产业开发区进行管理，成为该区的第一个专业园区，享受高新区的各项优惠政策。目前公司已初步完成经营结构和产业结构的调整。软件园一期工程信息产品展示中心、软件企业办公苑已相继投入使用，二期工程预计 2003 年底可全部交付使用。

经营范围：住宿、餐饮、文化娱乐服务；机电产品、五金交电化工（专营产品及国家有专项审批规定的产品除外）、装饰装潢材料、百货、针纺织品、农副产品（粮、棉、山羊绒除外）；其他食品的批发、零售、摄影服务；汽车货物运输及仓储业务；汽车出租业务；照相器材、感光材料的销售，房屋及柜台租赁，汽车租赁（出租车除外），汽车装潢美容服务；汽车配件、金属材料销售，家政服务及搬迁服务；计算机硬件及软件销售、计算机软件开发、计算机系统集成及相关服务等。

地址：新疆乌鲁木齐市中山路 141 号
邮编：830000
电话：0991-7793701
传真：0991-7793700

【新疆农垦进出口股份有限公司】

成立于1999年9月。股本总额为2 530万元，固定资产为4.78亿元，流动资产4.18亿元，职工总数63人，平均年龄35岁，其中管理人员8人，技术人员14人。1999年12月，被国家计划委员会审定拥有棉花进出口经营权。2000年出口棉花15万吨，占全国出口量的50%，并于1999年、2000年连续2年跻身于由国家对外经济贸易合作部组织排名的全国500强企业之列，成为中国最大的棉花出口商。年创汇额1亿余美元，利润也连年上升，多次被兵团评为先进外贸企业，被国税局评定为A类纳税企业。

公司分别在天津、石河子、阿拉山口设立了3家分公司，并控股香巴拉食品有限公司，贸易伙伴遍及日本、法国、意大利、韩国、印度、泰国、马来西亚、香港、印度尼西亚、菲律宾、朝鲜、越南、土耳其、孟加拉国、秘鲁等国家和地区。公司还利用新疆作为欧亚大陆桥枢纽的优势，以边境口岸为依托，大力推进边境贸易，现已与俄罗斯、哈萨克斯坦、吉尔吉斯斯坦、塔吉克斯坦、乌兹别克斯坦等国家开展了多渠道、多层次的边境贸易。

公司已经基本形成了以棉花出口为龙头，以纺织品、机械产品、工农业原料、矿产品、化工产品、地方特产等进出口为依托的多元化经营格局。利用新疆资源优势，实施出口棉品牌战略，依托兵团40万吨优质出口棉基地，形成产销一体化的生产经营体系。在今后的发展中，将采取投资入股、参股、控股等多种形式，寻求多方合作，涉足高科技领域，培育新的经济增长点，以“做大、做强”为企业目标，立足外贸，兼顾内销，以棉为主、多种经营，发展壮大企业。

地址：乌鲁木齐市民主路67号
邮编：830002
电话：0991-2827387
传真：0991-2818158

【新疆亚鑫国际股份有限公司】

于1992年10月成立，前身为和田农场管理局和田农垦边境贸易公司乌鲁木齐分公司。1995年10月，外经贸部赋予农垦边贸公司进出口经营权，1996年4月，更名为和田农垦进出口公司。1997年和田农垦进出口公司现汇进出口经营权划转给新疆亚鑫进出口公司，2001年改制为新疆亚鑫国际股份有限公司。现有职工55人，其中管理人员4人。截止到2001年末，股本总额2 957.55万元，资产总额为25 335万元，其中：流动资金23 318万元。实现进出口总额10 118万美元，其中：进口总额5 478万美元，出口总额4 640万美元。主要进口商品有：钢材、纸浆、电解铜、电子仪器等。主要出口商品有：番茄酱、芸豆、服装、红花、大米等。2001年实现国内生产总值2 753万元，销售收入47 230万元，利润156.96万元。

地址：乌鲁木齐市五星路17号五星大厦24层
邮编：830002
电话：0991-2618252、2618379
传真：0991-2611843

【新疆生产建设兵团棉麻公司】

成立于1991年4月，是集批发、销售、商业、服务业为一体的大型国有流通企业。共实现利润2.53亿元，上交税金3.04亿元，总资产达5.16亿元，其中：固定资产3.65亿元，流动资金2 692万元。公司下设8个分公司、3个经营部、6个棉花储运经销站，仓储面积共48万平方米，年仓储能力32万吨，铁路专运线4条，发运能力53万吨。另外还有1个三星级涉外酒店。公司机关5个职能科室，92名工作人员。全公司现有职工638人，其中：管理人员56人，技术人员224人。按照责权利相统一的原则，公司实行经营实体目标责任制，以实现利润作为主要考核指标，职工收入、职务升降与经济效益挂钩，调动了职工的积极性。2000年完成国内生产总值7 107万元、商品销售总额8 750万元，利润总额2 363万元。公司以优质的服务和良好的质量管理体制在同行业中赢得了良好信誉。曾先后被国务院发展中心、《管理世界》中国企业评价中心、国内贸易部等多家部委评为中国500家最大服务业、流通业第74位、批发业第7位。被中国公共关系协会、全国企业形象评选活动组委员授予《全国企业形象最佳单位》、《全国企业公关最佳单位》、《全国守信誉先进单位》。荣获中华全国供销总社、新疆维吾尔自治区、乌鲁木齐市授予的《多种经营先进单位》、《全国供销合作社系统先进单位》、《新疆最大10家批发贸易企业》、《新疆批发贸易企业前10家利税大户》、《乌鲁木齐市经济发展贡献突出企业》、《市文明单位》等荣誉称号。

面对棉花流通行业严峻的挑战，公司将发挥群体优势，实行产业化收购、加工、销售一条龙服务；加强行业管理职能，提高签证人员素质和水平，保证棉花质量，确保行业品牌效益；人员、资金、设备优势互补，资源优化配置，利益合理分配，抵御市场风险，促进兵团棉麻事业发展。

地址：乌鲁木齐市西北路65号
邮编：830091
电话：0991-4533695
传真：0991-4533228

【新疆兵团农三师棉麻公司】

组建于1990年10月，现有职工42人，净资产5 800万元。承担着全师棉花的收购、加工、检验、调运、销售以及技术服务、包装材料和棉机配件的供应等。属国有中型批发贸易企业，曾被全国供销总社评为“科技兴棉先进单位”、“棉花质量检验先进单位”。为适应国家棉花流通体制改革，积极参与市场竞争，组建了农三师棉业集团，注册“前海”牌棉花。2000年度公司销售棉花7万余吨，完成商品销售额48 339万元，国内生产总值551万元，利润总额194万元，成为新疆最大50家批发贸易企业之一。目前已与香港中国华润轻纺集团、江苏华芳集团、广东省纺织协会、保定依棉有限公司等二十多家企业达成长期合作关系，棉花销往6个国家和国内14个省市。公司下属18个轧花厂，拥有121型轧花生产线11

台（套），120型轧花生产线2台（套），139型生产线5台（套），80B型生产线8台（套），168型生产线1台（套），88型设备4台（套），年皮棉加工能力10万吨。公司已实行办公自动化，设有棉花检验检测中心，设备齐全，有中级以上棉检专业技术人员6人，经国家棉麻局、兵团棉花质量监督检验测试中心考核，具备棉花质量签证检验资格。公司目前正在积极实施ISO9000国际标准质量体系工作，为保证农三师“前海”牌棉花立足于国内外市场奠定良好基础。

地址：新疆喀什市克孜都维路478号
邮编：844000
电话：0998-2525585、2525719
传真：0998-2525078

【农七师棉麻公司】

成立于1991年8月，是专业从事皮棉收购、销售的国有独立法人企业。公司下设8个职能科室，现有员工78人，其中：管理人员27名，大专以上学历的56人，取得中级职称的有7人，取得棉花检验签证资格的9人。并有占地18.6万平方米的棉花专用储备库，控股经营一个年产5 000吨皮棉的轧花厂和一个专营棉机设备、零配件和皮棉包装材料的有限责任公司。2001年4月公司在全国棉花经营单位首家通过ISO9002国际质量标准体系认证，同年6月公司经营的棉花，批准注册为“锦”牌商标，并获得国家十大知名品牌第一名，同年12月又获得新疆名牌产品。公司实施的品牌战略，经北京亚新无形资产评估事务所评估，无形资产价值达到6.18亿元。1999年棉花出口72 797吨，占全疆出口总量的45%，占全国出口总量的23%，品级、质量指标居兵团之首。2000年度创利2 100万元，跃居兵团同行业之首。

公司严格执行棉花检验《新标准》，强化质量管理，使“锦”牌棉花平均等级正常年份由3.1级上升到1.2级。为进一步提高棉花检验的精确度，公司投资购置了HVI900型大容量棉纤维检测仪器，为顾客及棉纺织企业提供更加准确、全面的棉花检验指标。正常年份下，皮棉品级率同步提高24.7%；异性纤维含量由0.4克/吨降低到0.02克/吨。“十五”期间公司将充分利用有利时机，积极引进区外资金合资经营，形成公司+基地+农户的产业链和经营形式，扩大企业经营实力，增强棉花产业的整体竞争力，提高企业知名度。

地址：新疆奎屯市团结西街101号
邮编：833200
电话：0992-3224423
传真：0992-3221551

【农一师供销合作总公司】

组建于1991年7月，下辖棉麻、农资、土产果品、茶畜日杂、回收、商贸、储运、物资经营、广厦实业开发8个独立核算专营分公司，以及驻乌鲁木齐市联络处，上海、珠海、武汉经销部。现有固定资产22 048万元，流动资产125 340万元，职工328人，管理人员120人，技术人员40人。2000年实现商品销售总额168 492万元，工业总产值700万元，国内生产总值5 566万元，利润总额406万元。

总公司主要经营：棉麻、瓜果、辣椒、烟叶、打瓜籽、酒花、茶叶、甘草膏、鹿茸、短绒、畜禽等农副土特产品；日用品、废旧回收、化肥、农药、农膜等农资和小型农机具；五金化工、摩托车，二、三类机电产品以及建材、百货、糖、烟、酒、纺织、文化用品，形成了较大的经营规模。今后不断扩大市场，拓宽经营领域，以社会化、产业化为方向深化流通体制改革，发展非公有经济，不断优化组织结构，为工农业生产和群众生活提供全面服务。

地址：阿克苏市东大街5号
邮编：843000
电话：0997-2124093
传真：0997-2516128

【农六师供销合作公司】

是1992年成立的国有批发贸易企业。下辖棉麻、农资、经贸、多种经营、日杂等8个公司。主要经营棉花、农业生产资料和农副土特产品。公司在北京、天津、上海设有联络处，经营辐射全国12个省、市、自治区。公司现有仓库2.27万平方米，其中露天2.14万平方米；大小汽车24辆。总资产3.49亿元，流动资金3.28亿元，固定资产2 267.8万元。2000年职工214人，干部128人，实现国内生产总值2 999万元，销售收入88 296万元，利润总额3 502万元。公司先后被国家企业认定委员会和兵团、自治区等单位授予“中国企业形象最佳单位”、“中国企业特级信誉单位”、“弘扬兵团精神模范集体”、“开发建设新疆先进企业”等光荣称号。

地址：新疆五家渠市向阳路
邮编：831300
电话：0994-5800744
传真：0994-5805548

【新疆生产建设兵团农业生产资料供应公司】

成立于1989年，现有资产总额1.6亿元，职工76人，其中管理人员18人，是中型国有流通企业。2000年产品销售收入30 359万元，国内生产总值1 699万元，利润总额752万元。农资经营规模为区同类企业的第二位，农资销售市场占有率保持在25%左右。先后被评为“中国最大500家服务企业的第103名”、“新疆最大50家批发贸易企业”等称号。

公司以经营化肥、农药为主营业务，以进口和国产化肥为主营产品。面对激烈的市场竞争，以及入世对农贸经营带来的冲击，先后在喀什、阿克苏、库尔勒、奎屯以及乌鲁木齐地区建起了集配送、销售、服务于一体的区域农资配销中心，有相应铁路专用线及配套仓储设施，并延伸拓展直销网点和特许加盟连锁经营体系，农资营销服务范围覆盖全疆13个地（州）、兵团13个农业师和174个农牧团场。已形成客户信赖、用户满意、银行支持的“兵团农贸”品牌形象和商业信誉。

地址：新疆乌鲁木齐市北京南路3号附1号
邮编：830011
电话：0991-4836612

传真：0991-4833716
网址：www. xjnz. com
E-mail：xjbtnz@ mail. xj. cninfo. net

【兵团机电设备有限责任公司】

注册资本900万元。主要专营汽车（包括进口汽车），二、三类机电产品，大型工程机械（包括进口机械）和农业机械产品等。公司与中国一汽、二汽、上海大众、北京吉普汽车厂、美国卡特挖掘机、纽荷兰拖拉机制造商等15个厂家建立了长期的业务关系。公司目前主要经营的产品：红旗轿车系列、庆铃轿车货车系列、东风载重车系列、解放系列、北京吉普系列、柳工装载机、压路机、挖掘机、卡特挖掘机、推土机、纽荷兰拖拉机、牧草机械16个系列和型号的汽车、工程农用机械等。

1997年公司荣获全国机电行业200强企业，1998年为100强企业。年度销售额最高达4.5亿元，销售品牌汽车3 600台，是一家专营机电产品的大型国有流通企业。现有员工40人，平均年龄34岁，其中具有本科学历10人，具有专科学历24人。公司拥有占地面积3万平方米的库房，2 500平方米的兵团汽车销售中心。

公司在新疆境内建立了完善的销售网络，在兵团14个师、近200个农牧团场、100多个工业企业和8个地州市分别建立了经营网点。被中国银行、市工商银行、建设银行、农业银行、交通银行指定为办理汽车消费贷款单位。被自治区招标办、铁路局招标办、兵团招标办、克拉玛依石油招标办认定具有招标资格的公司。

地址：乌鲁木齐市西北路85号、乌鲁木齐市阿勒泰路86号
邮编：830000
电话：0991-4538054
传真：0991-4522744

【石河子市棉麻公司】

始建于1960年，正式成立于1975年，是石河子垦区最主要的棉花经营企业。经过30余年的发展，经济实力不断增强，拥有固定资产7 784万元，流动资金591万元，职工197人，其中管理人员30人、技术人员81人。集经营棉花、短绒、棉机设备、包装材料、代储代运、客房、餐饮、娱乐、商贸等为一体的国有综合经济实体，是石河子财政收入和纳税大户。1999年度销售收入为13.89亿元，列全国供销社系统绩优企业，排名第九位，被石河子市人民政府授予模范集体荣誉称号。2000年完成国内生产总值3566万元，产品销售收入128 196万元，利润总额266万元。2001年国民生产总值17 596万元，创利润6 679万元，连续多年荣获石河子市精神文明单位称号。

公司以品牌、质量取胜，1999年7月率先在新疆打出了“银力”牌棉花，并制定了“银力”牌棉花质量标准，瞄准国际市场棉花品质检测标准，投资300万元购置了具有当今国际一流水准的HVIS Pectrum Ⅱ型棉花检验设备，使“银力”牌优质棉花质量更加可靠。现在公司质量检测中心已成为全国最具代表性的第八家棉花质量检测中心。

公司建立了微机管理系统，通过

http：//www. ylcotton. com 和 http：//www. westcotton. com 获取最新棉花商务信息和展示企业形象，实现网上交易。公司 2002 年进行了 ISO9001：2000 质量论证工作，即将通过评审。现以公司注册资金为基础，吸纳了石河子垦区 17 个植棉团场和沙湾县石河子乡的 34 个棉花加工厂，组成了石河子银力棉花集团（年加工皮棉能力 25 万吨），进一步壮大了公司的实力和发挥龙头骨干企业的作用。

地址：新疆石河子市北四路 204 号
邮编：832000
电话：0993-2014901、2014901
传真：0993-2020877

十、其他企业

【新疆通联实业总公司】

是一个以公路运输为主，集运输、工业、商贸为一体的综合性企业。公司下设8个运输分公司、5座工厂以及商贸公司、劳动服务公司、油料供应总库等单位。现有资产总额10 502万元（其中固定资产净值6 038万元，流动资金539万元，土地资产1 277万元）。现有员工1 334人，其中管理人员357人（专业技术人员252人），驾驶员351人，保养员223人。目前公司主业拥有营运车358辆（其中客车14辆，载重量10.5吨大型柴油货车344辆），货运主挂车总吨位6 364吨，客车总座位560座。主要承运润滑油、柴油、液体罐装沥青等特殊危险品货物及少量其他货物。2000年完成国内生产总值2 915万元，主营业务收入5 042万元。工业产品主要有：小型农机具、针织服装（曾荣获国家农业部和自治区优质产品证书）、塑料制品。并拥有PE农用地膜、PVC管材生产线等。公司的质量管理系统即将通过ISO9001—2000体系认证。

公司将围绕减负增效、市场开发、结构调整、改制改组、设备改造、管理创新等环节，把产权制度的多元化和建立现代企业制度结合起来，逐步实现企业的第二次创业。

地址：新疆石河子市东一路
邮编：832000
电话：0993-2037780
传真：0993-2012961

【新疆通用航空有限责任公司】

筹建于1983年5月，1995年7月，经民航总局批准，新疆通用航空公司与新疆航空公司依据《公司法》联合发起组建成立了通用航空股份制公司——新疆通用航空有限责任公司。

公司是由兵团控股、新疆航空公司和西北航空公司参股的全国通用航空骨干企业。现有员工194人，其中：管理职员20人，飞行人员37人，机务人员90人，机关后勤人员47人。拥有飞机35架，其中Y—5型10架，Y—5B型20架，Y—11型4架、Y—12型1架。固定资产6 200万元，并拥有设施完备国内领先的通用航空机场和Y—5、Y—5B型飞机大修厂。现主要服务项目有：飞机播种、化学除草、喷施化肥、灭虫治病、矮化催熟、护林巡航、卫生防疫、航摄航测、土地详查、遥感物探、包机旅游、短途运输、紧急救援、陆地石油服务等。作业范围遍及新疆10个地州的36个县市和兵团9个农业师和49个农牧团场以及部分内地省区。

自1995年以来，年均飞行量在5 500小时左右。截止到2001年底，公司已累计飞行59 408小时，起落214 000架次，处理土地面积337.07万公顷（次）。在近20年的通用航空服务中，被国家民航总局誉为全国通用航空企业进行改革的成功范例。

发展目标：到2015年，机队规模50架。其中：直升机5架，Y—12型5架，Y—5B型30架，其他机型10架。机场占地0.283千公顷，跑道长度1 500米，宽45米，可承重70吨的混凝土主跑道及辅助设施。员工队伍：空勤100人，地勤210人，机关后勤60人，总计370人。学历要求：空勤人员为大学本科以上学历；地勤人员50%本科学历，30%专科学历，20%中专学历，管理人员均为大专以上学历。

地址：新疆石河子市西环路102号
邮编：832000
电话：0993-2095868
传真：0993-2011974

【新疆生产建设兵团国有资产经营公司】

于2001年12月11日在乌鲁木齐注册成立，注册资本11.23亿元，总资产逾百亿元，权属及托管企业超过100家，是兵团国有资产管理委员会—国有资产经营公司—国有企业三个层次的国有资产管理体系中的关键环节。按照“国家所有，分级管理，授权经营，分工监督”的原则，建立兵团国有资产管理委员会以整体授权的形式，将兵团直属工交建商企业授权给兵团国有资产经营公司经营管理，对兵团直属工交建商企业行使资本受益、重大决策、选择经营者等国有资产出资人的职能，对国有资产的保值增值负责。

公司拥有一批集团公司、上市公司和高新技术企业。其中有从事水泥、化纤、药品、种子等生产企业；有从事石油、烟草、药品、金属、生产资料等商品批发零售的商贸流通企业；也有从事保险、担保、航空、旅游、运输等服务企业。具有行业分布多、产业布局广的特点。公司有博士、硕士在内的高素质经营管理人才组成的员工队伍，运用先进与国际接轨的管理机制和科学的资产管理理念及工具。以建立现代企业制度为方向，以投资主体多元化为重点，以科学规范的法人治理结构为核心，优化盘活存量资产，做大做强增量资产，全面提升兵团直属工交建商企业的核心竞争力和可持续发展能力。

总体工作思路：遵循党和国家的大政方针，严格地按照市场经济规律，以科学管理提高企业内在价值，以增量带动存量，立足新疆，面向全球，以全面资源整合为手段，从整体上搞活兵团直属企业，实现国有资产保值增值。

近期工作重点，加快兵团国有资产经营公司经济结构战略性调整，实现资源优化配置，提高国有资产的质量和经济效益；基本完成大中型企业的股份制改造和小企业的放开搞活任务；加强公司内部制度建设和业务管理；初步建立起符合社会主义市场经济要求和兵团特点的国有资产管理体系和运营体系。

地址：新疆乌鲁木齐市新医路15号
邮编：830054
电话：0991-4814560
传真：0991-4824151

【中华联合财产保险公司】

始创于1986年7月，具有独立法人资格的保险公司，也是国家财政部、农业部最早开办农业保险的试点单位。公司由开业初期单纯经营兵团范围内的农牧业保险业务，发展到目前经营各种财产保险及短期人险业务的全国性保险公司。现已开办"各种企业（家庭）财产保险、机动车辆及第三者责任保险、农业保险、团体人身保险和团体人身意外伤害保险、儿童保险、中小学生及独生子女系列保险、医疗保险、养老保险"等100多个险种，涉及社会生产、生活各个领域。累计实现保险业务费收入23.5亿元，保险业务收入由成立初期的212万元发展到2001年的4.96亿元，年平均增长率在50%以上。总资产由0.3亿元发展到11.2亿元，年平均增长30%。累计上缴兵团利润6 700多万元，上缴国家税收6 800多万元，所有者权益已达4.5亿元。其偿付能力、资产负债率、经济效益等主要保险监管指标，连续几年位居全国同行业之首。

1992年以前，公司主要经营兵团范围内的农牧业保险业务，把保险业务深入到农牧团场、边远山区和千家万户，保障范围基本覆盖了全兵团。1986～2001年累计承保各类农作物773万公顷，各类牲畜900万头（只），约占全国农业保险业务总量的20%以上。累计为师（局）、团场支付农业保险理赔款10亿多元，建立师（团）两级政策性农业保险风险基金5 500余万元，在没有国家财政任何补贴的情况下，做到了收支基本平衡。体现了兵团保险"取之于农垦、用之于农垦"的兵团特色，对推动全国农业保险的发展具有重要的示范作用。

1992年以后，国家为支持兵团事业的发展，中央银行放宽了兵团保险公司经营险种的范围，除农牧业保险外批准经营兵团范围内的人身、财产保险业务。同时，将公司更名为"新疆兵团保险公司"。2000年7月，为防范化解金融风险，根据国务院和中国保监会的要求，公司业务经营区域由兵团扩大到全自治区，并更名为"新疆兵团财产保险公司"。当年在自治区各地市、县筹建开业46个分支机构，并实现保险业务收入5 000多万元。2000年11月，我国加入WTO，保险市场对外开放，中国保监会又批准公司业务经营区域扩大到全国10省市，2002年在北京、上海、广州、重庆、大连、南京、杭州、成都、西安等市积极筹建分公司。

目前，兵团保险公司在全疆13个地（州）下设了14个分公司，158个支公司，兼业代理机构185家，拥有专职保险干部640余人，个人代理人员600多人，职工队伍中具有大专以上学历的占在职职工总数75%，具有中高级职称的占在职职工总数的24%，已初步建立了一支能适应保险市场发展需要的员工队伍。

地址：乌鲁木齐市民主路67号
邮编：830002
电话：0991-2830639
传真：0991-2830639

【中国农业银行新疆兵团分行】

以新疆生产建设兵团为主要服务对象。1992 年 7 月，经国务院确定，中国人民银行总行批准正式成立。1997 年 2 月，实行计划单列，成为中国农业银行总行直属分行。1998 年 8 月经中国人民银行总行批准成为一级分行。截止到 2001 年末，兵团分行共有机构 332 个，其中一级分行 1 个，二级分行 2 个，县级支行 23 个，营业所分理处 262 个，储蓄所 23 个，各级营业部 19 个，党校 1 个。分行全辖人员 3 737 人，其中长期合同工 2 742 人，储蓄合同工 875 人，短期合同工 120 人。年末各项存款余额 193.3 亿元，比年初增加 19.4 亿元；各项贷款余额 132.41 亿元，比年初增加 14.24 亿元，其中常规本币贷款余额 113.87 亿元，专项贷款余额 17.89 亿元，外币贷款余额 776 万美元。实现账面利润 11 048 万元，同比增盈 13 790 万元，其中常规业务账面赢利 14 545 万元，同比增盈 13 809 万元，专项业务账面亏损 3 497 万元，同比增亏 112 万元。各项费用支出 26 914 万元，同比增支 4 927 万元。信用卡发卡量 272 020 张，卡存款余额 23 651 万元，同比增加 14 758 万元；累计消费额 8 990 万元；非正常透支 41 万元。国际结算量 6 483 万美元，比上年增加 2 866 万美元。全年现金净投放 26.49 亿元。

"十五"期末改革与发展目标：在五大国有商业银行中市场占有率为 15%；存款余额达到 310 亿元，贷款余额达到 216 亿元。逐步扩大赢利规模；消化历年亏损挂账；不良资产占比逐年下降，2005 年控制在 15%；人均存款和人均贷款，分别达到 1 000 万元和 750 万元；到 2005 年，员工控制在 3 000 人。联网网点达到 100%；建成以自助银行、网上银行、客户服务中心、手机银行和电子商务网上结算等新型金融服务系统为代表的虚拟银行体系框架；初步建成计算机安全体系框架，确保计算机系统平稳、安全、高效运行。

地址：新疆乌鲁木齐解放南路 259 号金穗大厦

邮编：830002

电话：0991-2837170

传真：0991-2839450

【兵团投资中心】

于 1993 年 6 月成立，原为"兵团投资公司"，1994 年 11 月更名为"兵团投资中心"，并在工商局登记注册，注册资本 2.9378 亿元，总资产 26.6161 亿元。

主要业务：一是根据兵团计委安排承担预算内项目的拨款和项目跟踪管理。二是为兵团实施的重大项目融资投资，按兵团计划从国家政策银行和商业银行统一贷款，实行统借统还。

工作目标：充分发挥投融资的功能，以资本为纽带，推动兵团内部的经济合作和优化组合，代表兵团进行对外投资和经济合作，通过投融资的服务开展资本运营，实现资本增值，为兵团发展积累资金。

地址：乌鲁木齐市新民路 44 号附 1 号

邮编：830002

电话：0991-2630151

传真：0991-2630152

【新疆生产建设兵团工程咨询中心】

成立于1992年（副厅级事业单位），归口兵团计划委员会管理，致力于运用现代科学技术和管理方法，遵循独立、科学、公正的原则，为兵团经济建设提供咨询服务。中心具有国家发展计划委员会颁发的综合甲级工程咨询资格证书，是国际咨询工程师联合会（FIDIC）会员协会会员，中国工程咨询协会理事单位。

中心拥有专业技术人员25人，其中具有高级技术职称5人，中级职称12人。大专以上学历22人。设有各行业专家组成的专家咨询委员会。咨询范围有规划咨询、编制建议书、编制可研报告、评估咨询、工程设计、招标咨询、工程监理、投产后咨询、工程造价咨询等。中心成立以来，先后承担了兵团554个项目的咨询工作，投资总额达1 725.38亿元，财务收入2 100万元。其中1999～2001连续三年共完成各类咨询项目311个，总投资达1 292.33亿元。项目涉及农业、林业、畜牧业、轻工、建筑、水利、纺织、火电、煤炭、化工、风电等10余个行业，并参与了兵团在墨西哥、古巴等国有农业开发项目的咨询工作。曾荣获中国工程咨询协会、新疆维吾尔自治区人民政府的工程咨询优秀成果奖。被乌鲁木齐市和兵直工委授予“精神文明单位”的光荣称号。

地址：乌鲁木齐市前进街21号10楼
邮编：830002
电话：0991-2630134
传真：0991-2630137
E-mail：btecc@ xj. cninfo. net

【兵团信息中心】

于1996年1月成立，隶属兵团计委，目前拥有员工26人，2001年通过考试共有34人次取得美国思科、IBM、Oracle数据库、朗讯、微软等国际知名公司的网络设计、工程、销售、大型数据库、平面设计工程师、VB等国际认证工程师证书。

中心拥有的网络设备、操作应用软件平台和大型数据库包括：美国思科公司高端路由和交换设备4台套，中低端网络设备20余套，先进的视频和IP数据交换设备各1套，各类服务器21台套（包括小型机6台套，磁盘阵列1台套）。

业务范围：为领导提供经济决策服务。及时准确地把握兵团经济运行情况，对兵团经济进行监测预测和分析研究，提出对策建议，供领导和决策部门参考；为团场、企业和基层服务，积极开发市场供求与价格信息，沟通国内外客户，在生产经营计划制订、生产资料采购、产品销售、投资项目合作等方面，为团场、企业和基层服务；统筹规划、统一建设兵团信息网络，推进兵团信息化进程。

中心业务：信息网络建设实现了国家计委农经司与兵团计委的计算机联网。建设了以兵团信息中心为中心节点，与14个师（局）计委连接的农业经济信息系统计算机局域网。基本建成兵团乌鲁木齐市城域网工程和连接14个师的计划系统广域信息网络，完成了乌鲁木齐地区兵团机关各部门、各直属机构的兵团乌鲁木齐地区城域光纤和无线数字信息网络工程。初步建成语音、数据、图像三网合一的多媒体综合数据网络。现拥有单膜和多膜光纤组成的31.2千米多媒体数据光缆干线，68千米网距的5个无线（扩频）数据网络，一套卫星专网，初步形成了覆盖兵团驻乌市大部分行政机关、主要企事业单位、工一师师部、十二师师部、六师师机关的兵团综合数据专网。

信息资源开发：申请注册了新绿洲网站和中国新疆兵团网站2个国际域名（neooasis.com，cxbt.com），并将对外信息服务网站定名为“新绿洲”。与自治区物价信息中心合作完成了新疆价格信息网建设与上网工作。申请注册了新疆价格信息网域名（xjpi.gov.cn），同时承担了兵团计委对外信息网站的制作与发布工作。申请注册了新疆兵团计委信息网域名（btjw.gov.cn），2000年与国家信息中心合作，建立兵团联合经济专网，为宏观经济研究部门提供了安全、快捷、完整的经济信息服务。

地址：新疆乌鲁木齐市光明路15号
邮编：830002
电话：0991-2890801
传真：0991-2810464

【兵团勘测规划设计研究院】

建于1954年10月，现有在职职工837人，专业技术人员536人，其中教授级高工7人，高、中级工程技术人员322人，各类注册师22人。现有流动资金4 842万元，固定资产3 002万元。2001年经营收入5 950万元。1997年起连续4年被评为新疆勘察设计行业综合实力20强（名列第四），2000年进入全国勘察设计单位前200名（名列123位）。是全国农业系统综合性甲级设计院。

该院现有各类计算机近500台，技术人员平均0.93台/人，已建成两个局域网。至2001年，计算机方案设计达98%，数值计算97%，出图率100%，信息管理86%。现有GPS等测绘设备156台（套），钻机等勘察设备51部（台），原子吸收分光光度计等分析试验设备164台（套），并建立了CAD图文工作站、卫星定位系统、遥感系统、地理信息系统。现有馆藏图书资料等共30余万册（件、套、本），档案管理已通过国家二级标准验收，并荣获国家档案局、中央档案馆授予的“全国档案系统优秀集体”称号。

近50年来，共完成测制1:1～1:10万各种比例尺地形图40万平方千米；草原调查1 486.7万公顷，土壤概查详查800万公顷；完成40余座水库、30余座水电站、100多项工业和道路工程的地质勘察，9个大中型灌区、23个农场水源地的水文地质勘察；完成规划总面积达266.7余万公顷；完成大型灌区水利工程设计8项，水库设计20余座，大、中型输水干渠设计48项，大、中、小型引水枢纽设计31座，中、小型水电站设计15座，输变电工程设计14项，输电线路总长近1 000千米；完成塔里木河、玛纳斯河等流域的流域规划、建筑设计及各类建设项目的环境影响评价数百项，拥有石河子大学逸夫图书馆等136项成果分获国家级、省部（兵团）级科技进步奖或优秀勘察设计成果奖；有23个QC小组成果荣获省部级奖。

该院拥有工程设计、勘察、测绘、工程咨询、环境影响评价、编制水土保持方案、土地勘察、工程总承包、工程监理、工程招投标代理等甲级资质证书；公路、电力、市政、环境工程设计、水利工程蓄水安全鉴定、工程造价咨询等乙级资质证书；国外承包工程劳务合作经营许可证、进出口企业资格证书、ISO9001族标准质量体系认证证书等。

目前设置现代农业、生态农业、设施农业的综合规划与设计、土地权属勘界、水土保持方案编制，土壤详查，水利、水电、农田水利工程、输变电、节水灌溉的规划与设计，工程、地形、地籍、房产测绘、航空测量，工程咨询，工程监理，工程总承包，工业与民用建设设计，城镇规划，公路桥隧设计，工程地质，水文地质，岩土工程设计及施工，桩基工程，凿井，环境影响评价，环境工程，环境监测，绿色食品鉴定等专业。可在国内外对工程项目提供现场考察、工程报价、商务谈判、项目招投标、造价咨询、工程总承包、勘察与规划设计、设备采购、工程监理、竣工验收、商务结算等服务。

“十五”期间，实现改企建制目标；不断扩大经营规模，提高经济效益，预计到2005年全院经营总收入1亿元，全员劳动生产率12万元，国内生产总值5 500万元，职工年均收入达到2.5万元。“十五”期间用于技术进步、技术开发的资金共计投入1 870万元，把该院建成一个综合性、大型的勘测设计企业，综合实力进入新疆前三名，为“屯垦戍边”和西部大开发做出更大贡献。

地址：乌鲁木齐市天山区建设西路16号

邮编：830002

电话：0991-2825051

传真：0991-2311134

IX 历史文化信息

一、兵团史事

【兵团成立】

从 1949 年冬到 1952 年底，新疆军区的所有部队除担负剿匪，安定社会秩序，保卫国防，参加民主改革，支援各族人民恢复和发展生产外，又坚决执行了 1950 年毛泽东同志关于军队参加生产建设的指示，进行了大规模的农业生产和其他生产建设。1953 年 5 月，新疆军区根据毛泽东同志和西北军区的命令，将所属部队进行了整编，明确划分国防部队和生产部队。生产部队成立农业建设师。

为了管理生产部队，军区成立生产管理部。生产部队的军政工作和后勤供应，分别由军区司令部、政治部、后勤部负责，生产任务由军区生产管理部管理。编入生产部队的单位有：二军五师编为农一师，六师编为农二师；五军十四师编为农三师，十五师编为农四师；六军十六师编为农五师，十七师编为农六师；二十二兵团二十五师编为农七师，二十六师编为农八师，二十七师编为农九师，骑七师编为农十师，骑八师编为工一师。师一级单位还有军区建筑工程处和运输处。整编后生产部队人数达 15 万人，专门从事生产建设。

1954 年，国家已开始有计划、大规模的经济建设，军队即将实行义务兵役制和军官军衔、工薪制。在新形势下，为了使驻疆的十几万大军真正安下心、扎下根，长期屯垦戍边，在新疆从事社会主义经济建设，并把部队生产纳入国家计划，需要成立一个新的领导机构，以便统一集中领导新疆的生产部队。12 月 5 日，在乌鲁木齐市召开了庆祝新疆军区生产建设兵团成立大会。

兵团司令员陶峙岳、政委王恩茂（兼）、副司令员程悦长、赵锡光、副政委张仲瀚，参谋长陶晋初、政治部主任王季龙。

兵团党委由 27 名委员组成并由王恩茂、张仲瀚、程悦长、王季龙、陈实、杨贯之、刘一村、杨南桂、杨润贵、陶晋初等 10 人担任常委。王恩茂任第一书记，张仲瀚任第二书记，程悦长任第三书记，王季龙任副书记。

兵团领导机关设司令部、政治部、干部部和兵团军法处。

兵团下辖单位有：南疆生产管理处、石河子生产管理处，农业建设第一、二、三、四、五、六、七、八、九、十师，建筑工程第一师和建筑工程处、运输处，还有八一农学院等 6 个事业单位。

兵团成立时，有农牧团场43个，播种面积5.9万公顷，工交商建企业127个，总人口17.55万人，职工10.55万人，国内生产总值11 780万元。

兵团的成立，标志着新疆生产部队进入了新的历史时期，加强了集中统一领导，加快了正规化国营农场建设和工业、商业、交通运输业、建筑业以及社会事业的全面发展。

【国家批准兵团计划单列】

“七五”期间，我国经济已开始转轨。兵团在实施“七五”计划过程中，遇到很大困难。兵团是农业部直属企业，又是农工商交建全面发展的联合企业。农业部受其业务范围限制，除农业外无法管理和解决兵团非农企业和社会事业方面的问题。体制不顺，兵团很难发展，“屯垦戍边”的物质基础缺乏保证。为此，调整对兵团的管理体制势在必行。1987年4月，兵团向国务院写出请求计划单列的第一个请示，之后，兵团又不断请求调整经济管理体制，对兵团实行计划单列。1990年3月国务院批准兵团计划实行单列，对兵团主要农产品交售、外贸进出口权、农牧团场干部职工户粮关系、土地资源开发、优惠政策、边境农场建设、加强领导和团结等八个方面的内容作了规定。但在实施中又遇到工业交通和社会事业发展方面渠道不通，须进一步理顺和拓展。1997年10月，党中央、国务院在新的形势下，要求进一步加强新疆生产建设兵团工作，更为明确地规定兵团在国家实行计划单列。在计划方面，对兵团单列的内容和办法参照计划单列市的方式进行；在财务方面，兵团为一级预算单位。预算管理、经费拨款由财政部直接对兵团。至此兵团计划单列得到国家各部门的全力支持，臻于完善，工业、交通和社会发展方面的项目、资金渠道比较畅通。计划单列后，国家加强了对兵团直接、全面领导；兵团可以直接从国家获取信息，接受政策指导，得到资金、项目支持；解决了兵团原有经济体制不顺的问题，各项工作得到调整，各种关系得到理顺；扩大了兵团经营自主权，拓宽了投资、资金渠道；提高了兵团知名度，增强了兵团人的使命感，鼓舞了广大干部职工；促进了兵团国民经济和社会事业全面发展。

【江泽民视察兵团】

江泽民同志分别于1990年8月和1998年7月两次视察兵团。

第一次视察兵团在1990年8月27日至28日，江泽民到石河子垦区，瞻仰了周恩来总理纪念碑，参观了石河子总场棉花、甜菜丰产田，访问了两户农工家庭，考察了八一毛纺织厂、八一棉纺织厂，还接见了知青并合影留念。

江泽民在听取兵团领导同志工作汇报后，作了重要讲话，希望兵团做生产建设的模范，安定团结的模范，促进民族团结的模范。江泽民还为兵团题词：“艰苦奋斗，屯垦戍边，建设边疆，保卫边疆，维护祖国统一，增强民族团结，促进各民族共同繁荣。”

第二次视察兵团在1998年7月。江泽民在考察新疆期间，于7月9日到兵团机关看望了离退休老同志，听取了兵团领导的工作汇报，作了重要讲话。江泽民充分肯定了新疆生产建设兵团在建设边疆和保卫边疆中取得的成绩，并勉励兵团继续发扬艰苦奋斗的光荣传统，更好地担负起屯垦戍边的重要使命，为新疆的民族团结和经济社会发展做出新的贡献。希望兵团坚持以邓小平理论为指导，按照党的十五大精神，紧密结合兵团的实际，全面贯彻落实党的基本路线、基本纲领，认真履行中央关于新疆工作的各项要求。要求兵团紧紧抓住经济建设这个中心，坚持改革开放不动摇。全面提高干部职工的思想政治素质，科学文化素质，高度重视基层建设特别是边境一线团场的建设，不断增强屯垦戍边实力，不断提高兵团职工群众的物质文化水平。再次强调，兵团要做生产建设的模范，安定团结的模范，民族团结的模范，以及稳定新疆和巩固边防的模范。

【国家批准建立中国新建集团公司】

中共中央、国务院1997年发出进一步加强新疆生产建设兵团工作的通知。“通知”决定，兵团组建“中国新建集团公司”，享受国家大型企业集团试点的各项政策。集团公司在国家工商管理局登记注册，取得法人资格。兵团所属的师、团场为集团公司的分公司或子公司。

根据党中央、国务院的决定，兵团于1997年10月制订并上报“中国新建集团总公司组建方案”及“中国新建集团总公司章程（草案）”。国家计委、国家经贸委、原国家体改委对组建方案和章程（草案）提出了建议。1998年2月兵团根据这些建议结合兵团实际和特点，对方案及章程（草案）作了进一步修改，并呈报国家计委、国家经贸委、国家体改委。按照干部管理程序，自治区上报了“中国新建集团公司”董事会组成、总经理和监事会组成名单。2002年4月，国务院根据调整后的兵团领导班子决定，陈德敏为中国新建集团公司董事长，张庆黎为总经理，华士、阿勒布斯拜·拉合木、刘新齐为副总经理。

【国家批准拟在兵团新建四个自治区直辖县级市】

1997年，中共中央、国务院发出了关于进一步加强新疆生产建设兵团工作的通知。通知决定，要积极创造条件，参照石河子的管理方式，在兵团农一师、农三师、农六师、农十师所在的阿拉尔、图木舒克、五家渠和北屯设立自治区直辖县级市。

四年来，在自治区党委、人民政府和兵团党委的高度重视和领导下，有组织、有步骤地开展了4个拟设市的筹建工作。目前，除北屯外，国务院已批准成立阿拉尔市、图木舒克市、五家渠市。

阿拉尔市位于南疆阿克苏地区中南部，是兵团农一师阿拉尔垦区所在地，行政区划面积约4 000平方千米，由农一师7团、8团、9团、10团、11团、12团、13团、14团、15团、16

团、水利水电工程处、塔里木灌区水利灌溉管理处和托海乡组成。经过近半个世纪的开发建设，阿拉尔垦区的经济和社会事业有了较快的发展，城区的基础设施建设初具规模，有较为健全的社会保障和服务体系。

图木舒克市位于南疆巴楚县东部，是兵团农三师小海子垦区所在地，行政区划面积约 1 800 平方千米，由农三师 44 团、49 团、50 团、51 团、52 团、53 团、小海子水库管理处和工程团组成。经过 30 多年的开发建设，图木舒克的经济和社会事业有了较快发展。图木舒克设市后，将按照城市总体规划，加快市区建设，使图木舒克成为农三师小海子垦区文化中心、农副产品加工集散地和旅游业较为发达的新型园林城市。

五家渠市位于乌鲁木齐市北郊和昌吉市西部，是兵团农六师五家渠垦区所在地。行政区划面积约 810 平方千米，由五家渠城区、101 团、102 团和 103 团组成。五家渠是一座军垦新城，是农六师政治、经济、文化中心，近两年来，随着经济和社会事业的发展，城市的面貌发生了很大的变化，城区基础设施建设初具规模，生态环境不断优化。

在阿拉尔、图木舒克、五家渠和北屯设立自治区直辖县级市，充分体现了党中央、国务院对新疆和兵团事业的高度重视，是繁荣稳定新疆、发展壮大兵团的重要举措，对于实施西部大开发的战略也具有十分重要的作用。阿拉尔、图木舒克、五家渠和北屯正式批准成立市后，将参照石河子市的管理方式进行机构设置，按照“精简、统一、效能”的原则，设置师市合一的党政机构。

【国家批准石河子经济技术开发区为国家级开发区】

石河子经济技术开发区是 1992 年新疆维吾尔自治区人民政府批准设立的，当时是全国农垦系统惟一的省级开发区。规划面积 26.1 平方千米，一期开发 15.3 平方千米，二期开发 10.8 平方千米。已建成了装机容量 5 万千瓦、年供热 326 百万千焦的热电厂和日供水 7.2 万吨的自来水厂一期工程；完成了 4 平方千米“六通一平”建设。基本实现了开发一片、建成一片、收效一片、滚动发展和低成本开发的目的。与此同时，石河子开发区建立了精干的管理机构和高效的工作机制，投资环境得到全面改善。注册资本、引进外资、固定资产投资已初具规模。成为石河子市经济的重要支柱和兵团新的经济增长点。农八师、石河子市的经济总量，占兵团的 1/4 左右，又处于自治区率先发展的天山北坡经济带，石河子市被联合国授予“人居环境改善最佳范例奖”，是国家 110 家优化资本结构和配套改革试点城市之一。

1999 年兵团根据国务院关于“允许中西部各省、自治区、直辖市在其省会城市或首府城市，选择一个已建成的开发区，申办国家级经济技术开发区”的规定，两次呈文请示国务院将石河子经济技术开发区升格为国家级经济技术开发区。国务院于 2000 年 4 月批准石河子经济技术开发区为国家级经济技术开发区，实行现行的国家级经济技术开发区的政策。石河子经济技术开发区的建设和发展，纳入石河子市发展规划，并要求石河子经济技术开发区要坚持以工业项目为主、吸收外资为主、出口为主和致力于发展高新技术的方针，积极改善投资环境，逐步完善综合服务功能。要加强领导和管理，促进石河子经济技术开发区各项工作的健康发展。

石河子经济技术开发区升格为国家级开发区后，2000年新开项目31个，完成投资比上年增长1.4倍。

兵团和农八师、石河子市，“十五”规划要使石河子经济技术开发区实现超常规、跨越式发展。开发区国内生产总值平均年递增要达到34.76%，到“十五”末翻2.15番，达到13.44亿元，工业总值翻1.83番，达到31.33亿元。还制订了继续加强基础设施建设，创造良好的投资环境；制定更加优惠的政策，积极吸引外部资金；进一步加大招商引资力度，实现经济加速发展；强化服务意识和服务功能，提供良好投资环境；制定合理的科学规划，实行可持续发展等五个方面的措施，以实现“十五”规划目标。

【兵团建成国家级优质棉基地】

新疆丰富的自然资源和灌溉农业，是发展棉花产业的独特优势。20世纪90年代初，兵团在对自然资源、农业生产、管理、技术水平和棉花市场进行充分分析、论证的基础上，提出建设“兵团40万吨优质商品棉基地建设项目”，把棉产业作为支柱产业进行培育。在国家开发银行的大力支持下，项目进展顺利，棉花生产管理水平有了很大提高，与之相配套的水利等基础设施得到较大改善，同时，兵团棉花的优良品质和信誉在全国棉纺业逐步得到认同。根据兵团棉花基地建设情况，国家对新疆发展棉花产业的优势进行了充分论证，批准建设“新疆棉花基地建设项目”，计划到2000年新疆棉花产量达到150万吨，兵团作为分项目在原有40万吨基础上提出建设“50万吨优质棉基地项目”。

“九五”期间，项目区累计改造中低产田13.6万公顷，收复弃耕地及开荒7.93万公顷，新、扩建水库8座，打机井2 248眼，完成渠道防渗7 460千米，实现新增有效灌溉面积6.67万公顷，改善灌溉面积13.33万公顷；进行了以早熟、优质、高产、抗病（虫）为育种目标，引育结合，以自育为主的棉花良繁体系建设，建成棉花原（良）种繁育场5个，先后育成新陆早、新陆中、新海系列等多种适合新疆生态条件的品种，使兵团棉花原（良）种生产量由1995年的1 040万千克增加到8 025万千克，棉花良种统供率由85%提高到98%以上，为新疆棉改善品质，提高产量起到了积极的推动作用；加速了科技转化、推广和应用步伐，围绕改土培肥、精耕细作、模式栽培、节水农业、综合植保、耕作改制、科学施肥、持续农业、生物技术、地膜覆盖等十项主体技术，开发推广了一大批农业实用技术和高新技术，新建棉花病虫害测报站16个，土肥化验中心18个，使棉花生产科技含量大幅度提高，栽培技术更加完善，棉田病虫害防治水平居全国前列，有效地控制了棉铃虫、棉蚜虫、棉叶螨及棉花枯、黄萎病的蔓延危害，棉田病虫害有效防治面积达到33.33万公顷。

到2000年，棉花基地建设累计完成投资30.8亿元，建成了优质细绒棉生产基地及全国惟一优质长绒棉生产基地，棉花总产达到69.4万吨，占全疆的46.3%，占全国的16%，比1995年增加31.2万吨，增长81.7%；面积达到41.09万公顷，比1995年增加11.54万公顷，增长43.4%；平均公顷产1 695千克，增加225千克，增长17.8%。

棉花产业已成为20世纪90年代兵团经济社会发展的主要推动力之一，成为兵团农场职工增收的主要来源，对稳定全国棉花市场和建设我国优质商品棉基地发挥了重要作用。

二、有兵团特色的特殊用语

【兵团精神】

兵团党委在1989年11月12日《中共新疆生产建设兵团委员会关于全面持久地开展“弘扬兵团精神争先创模竞赛活动”的决定》中根据原全国政协副主席、新疆维吾尔自治区党委第一书记王恩茂同志的概括首次提出：“兵团精神即：坚持和发扬社会主义、爱国主义和全心全意为人民服务的精神，屯垦戍边，自力更生、艰苦创业、开拓奋进。”近年来，兵团领导在一些场合的讲话中又把上述兵团精神的提法简化为“热爱祖国，无私奉献，艰苦奋斗，开拓进取。”而广为应用。兵团精神是兵团人在长期斗争实践中用血和汗凝结成的宝贵的精神财富，是中华民族精神在兵团的生动体现，是延安精神、南泥湾精神的继承和发展，是毛泽东思想与新疆屯垦戍边事业相结合的成果。

【屯垦戍边】

是党和国家为了建设边疆和保卫边疆，直接组织军民到边疆从事生产建设，发展经济，保卫国防，反对民族分裂，维护祖国统一的一项爱国事业和历史使命，也是一种寓兵于农、兵农合一，以劳养武，劳武结合的军政制度。屯垦戍边的理论渊源于战国和西汉时期的“农战”和“屯戍”思想。以后历代王朝都坚持屯垦戍边，并把它作为基本国策加以贯彻实施，在开发边疆、抵御外侵中发挥了重要的历史作用。新中国成立后，毛泽东、周恩来、朱德、邓小平、王震等老一辈无产阶级革命家，高瞻远瞩，认真分析了新疆的形势，借鉴历代屯垦戍边经验，为了西陲边疆的长治久安乃至全国的稳定，决定在新疆大兴屯垦戍边事业，并处理好屯垦与戍边的辩证统一关系，极大地丰富和发展了屯垦戍边理论和实践，使我国屯垦戍边事业取得前所未有的大发展。1954年10月新疆军区生产建设兵团成立，标志着中国屯垦戍边事业进入一个划时代的新时期。40多年来，兵团屯垦戍边事业已经发展成为新疆经济建设的重要力量，安定团结的重要力量，巩固祖国统一的重要力量，加强民族团结的重要力量。特别是我国进入改革开放以来，兵团为了适应社会主义市场经济形势，在经济体制、政治体制方面进行了一系列的深刻改革，加强了对内对外开放，赋予了屯垦戍边事业以新的活力，在今后的西部大开发事业中，必将发挥更加重要的历史作用。

【团场】

兵团师以下的团和农场合称团场。它们都是县团一级的国营农场，即由国家投资经营，组织农业职工在国有土地上使用现代机器和科技，大规模进行以农业为主的生产建设和以国有制为主体的社会主义农垦企业单位。少数以从事牧业为主的称牧场。兵团团场是经过科学规划、机械化水平高、实行严格企业管理和贯彻多种经营方针的先进农业组织形式。它作为经济实体，依法成为自主经营、自负盈亏、自我发展、自我约束的商品生产者和经营者，并按照“两权”（所有权、经营权）分离的原则，对国家授予其经营管理的财产依法享有占有、经营使用的处置权利。团场领导体制实行党委领导下的团（场）长负责制。目前，兵团共有团一级的农牧团场174个，其中农场162个，牧场12个，总耕地面积107.28万公顷（2001年底）。

【家庭农场】

党的十一届三中全会后，农垦企业借鉴农村改革的成功经验，创造了职工家庭农场的经济组织形式，对国营农场原有高度集中统一的旧管理体制进行了重大改革。1983年，中央领导同志在视察兵团垦区时正式指出：“要兴办职工家庭农场”。职工家庭农场是在国营农场领导下，以户（联户）为单位，实行自主经营、定额上交、独立核算的经济实体。它是国营农场内部的一个经营层次，是大农场中的小农场。至2001年，全兵团已拥有职工大户承包、家庭农场1.7万个，拥有农工25.04万人。职工集资入股兴办股份合作制小农场58个，参加农工近千人。

【双重经营】

又称双层经营。双重经营体制是农垦经济体制改革的重要目标之一，有关文件曾指出：“农垦企业要从实际出发，把在农村改革中已经取得成功的经验，结合全民所有制的特点加以运用，划小核算单位，建立大农场套小农场的双层经营体制，从根本上改革农垦企业内部的经营管理，既发挥大农场的优越性和机械化优势，又调动小农场各方面的积极性、主动性，充分挖掘农场的劳动力潜力和资源潜力，变粗放经营为集约经营”。在双层经营中注意发挥劳动效益、规模效益和技术效益，处理好统和分的关系，兼顾国家、企业、职工三者的利益，改革团场机关管理机构。

【一主两翼】

是20世纪80年代兵团农场经济体制改革的重要内容之一。兵团党委创造性地把全国农垦改革的经验和兵团的实际结合起来，形象地指出了“一主两翼”的改革方向，指出：“在紧紧抓住全面办好大田家庭农场这个主体的同时，大力发展‘庭院经济’和开发性家庭农场这两翼，才能使农场的经济起飞，使广大职工摆脱贫困。”“要在兵团现有的86.7万公顷土地上全面办好家庭农场，这是主体”，“要认真抓两翼，光有主体没有两翼，经济是飞不起来的”。参见家庭农场和庭院经济条目。

【两费自理】

“两费自理”指生活费和生产费自理。在邓小平的提倡下，1981～1982年，内蒙古、黑龙江、湖北等省区部分国营农场，借鉴农村改革的成功经验，开始实行大包干到户为主要形式的家庭联产承包责任制。1982～1983年兵团部分团场也相继实行大包干到户责任制，即在农场统一管理下，把各项主要生产、经营指标包干到户，实行“定额上交、费用自理”。“定额上交”指承包户职工要向国家上缴税收，向农场上交利润、管理费、福利费和固定资产折旧费，上交数额年初定死不变；“费用自理”指承包户职工生活费和生产费两费自理，对职工不再按月发给等级工资，但保留工资级别和统一调工资级别的权利，以备调动和离退休时使用。产品收获销售前，职工费用困难的，可由农场垫付或向银行贷款。随着改革深化，团场兴办家庭农场，从组织上结束了长期高度集中的生产体制，打破了班排建制，实行单户、联户、联劳合作等形式的承包责任制，继续鼓励职工实行生产费和生活费两费自理。据2001年初步统计，全兵团生产费用自理的农工约24万人，自理金额约19亿元，分别占总数的61.3%和48.7%。生活费已全部达到自理。

【庭院经济】

庭院经济是兵团农场改革中出现的一种新的经济形态。1986年8月，被自治区党委、人民政府和农牧渔业部誉为“是兵团在改革中的成功创造。”1983年8月，为了给农工开辟一条治穷致富的新途径，兵团党委决定，给每户农工划分0.04公顷宅基地，0.07公顷自用地。要求两地合一，划好地，免收土地费。鼓励职工自建住房，在庭院内进行种植业、养殖业、加工业生产，收入全部归己。2001年兵团党委为鼓励支持职工发展庭院经济，在《关于深化兵团农牧团场改革的意见（试行）》中，进一步强调给连队职工划分“两地”要按照《兵团土地管理实施细》的规定，每户0.1～0.17公顷，并要长期固定，免收土地使用费。据2001年统计，全兵团已划“两地”户数达25.5万户，划分面积达2.57万公顷，分别占到95%左右，户均0.1公顷，达到0.1公顷以上的户数占53%。职工自营经济的比重达24%，自营经济总户数为51万户，完成总产值38亿元，实现收入13.92亿元，户均收入达到3 703元。全兵团个体私营经济比上年增长27.7%。庭院经济已成为职工致富的途径，屯垦戍边的依托，商品经济的摇篮。